사회복지행정의 이해 3판

| 강종수 저 |

학지사

3판 머리말

사회복지행정론 강의에 오신 여러분을 환영합니다!

교육학자인 켄 베인(Ken Bain)이 교육의 질은 교사의 질을 능가할 수 없다고 하였듯이, 사회복지실천의 질은 사회복지사의 역량과 사회복지행정의 수준에 달려 있다. 사회복지행정은 조직에서 일하는 사회복지사의 역량 강화에 필수적인 교육과정이다. 이번 개정에도 아쉬움이 크다. 저자의 공부가 부족한 탓이지만 실천현장의 요구를 반영하면서도 학술적 목표를 적절히 조화시키는 데 어려움이 크기 때문이다. 학문은 현실보다 앞서나가야 한다. 제3판의 주요 개정 내용은 다음과 같다.

첫째, 제9장 서비스의 질관리를 성과관리로 확장하였다. 서비스의 질이라는 한정된 개념을 성과관리라는 애초의 목적과 실천현장 수요에 맞게 설명하였다.

둘째, 제13장의 프로포절 작성법을 공동모금회의 변경된 서식에 맞춰 설명하였고, 제14장의 사회복지시설평가를 현재 평가지표로 변경하였다.

셋째, 불필요한 내용을 삭제하여 분량을 줄였고, 기출문제도 간소화하였다.

넷째, 최근의 학술적 성과를 최대한 반영하고자 하였다.

이번 개정에도 많은 분들의 도움을 받았다. 김제선 교수님은 여러 자료를 챙겨 주셨고, 전동일 교수님은 여전히 지지와 정을 주신다. 서울대학교 교환학생 중인 서진우 석사과정생과 학부생 김정빈 학생은 교정을 봐 주었고, 실천현장에 근무하는 대학원 학생들도 많은 의견을 주셨다. 모두에게 감사드린다. 아무쪼록 이 책으로 공부하는 사회복지학도 모두에게 공부에 큰 발전과 영광이 있고 참 좋은 사회복지사 되시기를 진심으로 바란다.

2024년 봄이 오는 3월 마지막 날
동해바다 등대연구실에서
강종수

1판 머리말

최근 사회복지조직을 둘러싼 환경은 급격한 시장화의 추세에 휩싸여 있다. 1999년에 시행된 시설평가부터 최근의 노인장기요양보험 및 바우처제도의 도입으로 사회복지기관 간의 경쟁은 물론 영리기업까지 가세해 생존을 위한 혁신적인 변화를 요구하고 있다. 이로 인해 창의적인 프로그램 개발과 실천, 홍보와 마케팅, 성과관리, 높은 서비스의 질 등에 대한 요구가 거세져 '양 중심의 복지'에서 '질 중심의 복지'로 이행되고 있다.

어느 해 한국사회복지행정학회 학술대회에서 좌장을 맡으신 교수님께서 이제 사회복지행정학회를 사회복지경영학회로 변경해야 할 것 같다는 우스개 말씀이 새롭게 느껴진다. 사회복지의 시장화에 따라 사회복지정책을 실천서비스로 전환하는 일련의 과정인 사회복지행정을 관리과정이 아닌 보다 창조적인 복지경영적 관점으로 이해할 시점이 되었다는 의미일 것이다. 그럼에도 이윤 추구가 아닌 조직의 미션에 충실한 효율적인 서비스 생산과 전달이 가능한 복지경영이어야 한다. 사회복지는 조직체의 활동이므로 이들이 활동하는 조직의 행정기능이 약하면, 그리고 사회복지사 역시 조직 내에서의 활동체계를 이해하지 못한다면 서비스의 질은 떨어질 수밖에 없다.

이 교재는 사회복지행정을 기초영역과 관리영역 및 개발영역으로 접근하였다. 제1부 기초영역은 사회복지행정의 개념과 복지경영, 사회복지행정의 기초, 사회복지조직, 전달체계로 구성되었고, 제2부 관리영역은 인력에 관한 인적자원관리와 노무관리와 동기부여, 회계에 관한 재정관리, 정보관리, 서비스의 질관리로 구성되었으며, 제3부 개발영역은 리더십과 커뮤니케이션, 홍보와 마케팅, 기획과 의사결정, 프로그램 개발과 평가, 조직환경과 책무성으로 구성되어 있다. 강의 일정에 맞추어 총 14장으로 구성하였다.

집필하는 내내 학생들이 사회복지행정을 쉽게 이해해 실무를 효율적으로 수행하도록, 실천가들에게는 새로운 영감과 아이디어를 제공하도록 고민하였다. 이를 위해 행정학과 복지경영에 도움이 될 조직행위론과 인적자원개발론, 산업 및 조직심리학, 마케팅 등의 이론을 참고하였다. 1급 국가시험을 대비해 교과목지침서의 전 영역을 포괄하였고, 공무원시험과 1급 국가시험의 기출문제를 〈부록〉에 첨부하였다. 또한 읽어 두면 유익한 사례나 부연 설명을 팁(tip)으로 설명하였다. 실천현장에 나가서도 참고할 만한 소장 가치가 있는 교과서가 되기를 희망한다. 동도제현께서는 이 책의 부족한 점에 관해 언제라도 연락 주시기 바란다.

끝으로, 이 책의 출발점인 저자의 박사학위논문 심사위원장이신 서울대학교 최성재 교수님과 심사위원이신 동국대학교 박경일 교수님, 학문의 자양분을 제공해 주신 은사님, 이 책에서 인용한 저자들, 초고를 읽고 유익한 조언을 해 주신 이화여자대학교 조상미 교수님과 동아대학교 문영주 교수님, 절영종합사회복지관 석선진 관장님, 그리고 기꺼이 토론을 해 주신 한국사회복지행정학회 교수님들과 현장의 사회복지사님들께 진심으로 감사드린다.

아무쪼록 이 책으로 공부하는 사회복지학도 모두에게 학문에 큰 발전이 있기를 바라며, 앞으로 참 좋은 사회복지사가 되어 복지사회를 만드는 참일꾼이 되시기를 바란다.

2011년 7월

강원대학교 언장골 연구실에서

강종수

제4장 사회복지조직 63

제5장 사회복지 전달체계 99

제6장 인적자원관리 123

제7장 재정관리 161

제1장

사회복지행정의 개념

1. 사회복지행정의 개념
2. 사회복지행정의 구분
3. 사회복지행정의 이념과 원칙
4. 사회복지행정가의 자질과 역할

1. 사회복지행정의 개념

1) 사회복지와 사회복지행정

사회복지의 실천과정을 거시적 관점에서 간략히 살펴보면, 우선 사회복지의 이념과 가치를 바탕으로 사회문제를 분석하고 사회복지정책을 통해 사회문제에 대한 해결 대안을 마련한다. 이렇게 마련된 대안은 사회복지법을 제・개정함으로써 법적 근거를 마련해 실행력을 담보하고, 사회복지행정을 통해 구체적인 사회복지실천이 이루어짐으로써 애초 사회문제를 겪는 클라이언트에게 서비스를 제공하여 사회문제를 해결하고자 한다. 따라서 사회복지행정은 이러한 사회복지의 실천과정에서 일차적으로 사회복지정책을 실천서비스로 전환시키는 과정이라 할 수 있고, 사회복지행정을 통해 구체적인 사회복지실천이 이루어진다.

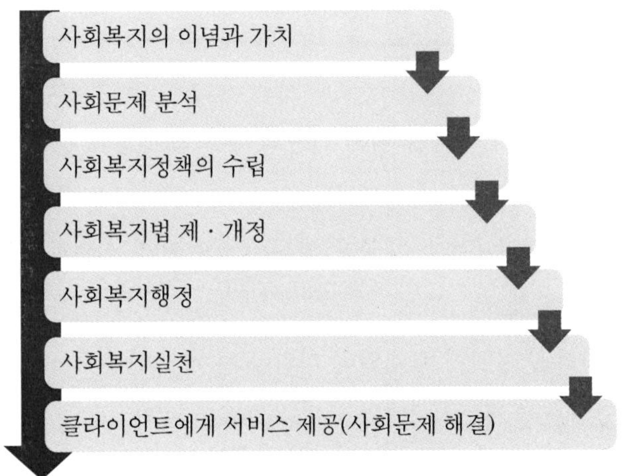

[그림 1-1] 사회복지 실천과정

2) 사회복지행정의 이념

행정(administration)의 개념이 명확하지 않고 날로 넓어지며 발전하고 있어 사회복지행정의 개념을 정의하기 또한 어렵다. 다만 대체적으로는 사회복지행정의 개념을 정책 전환과정의 특성을 강조하는 광의의 개념과 전문적인 실천활동 혹은 조직관리 과정으로 파악하는 협의의 개념으로 요약된다. 우선 정책의 전환과정을 강조한 학자들의 정의를 살펴보면 다음과 같다.

- 사회복지정책을 사회복지서비스로 전환하는 과정(Kidneigh, 1950)
- 조직의 목표를 설정하고 달성하기 위한 조정과 협조적인 노력의 과정(Stein, 1970)
- 조직의 자원을 활용해 사회복지서비스 제공의 목표를 달성하기 위해 조직 구성원들이 최대한 역량을 발휘하고 협력할 수 있도록 하는 과정(Trecker, 1971)
- 사회복지정책을 사회복지서비스로 전환시키는 데 필요한 사회복지조직에서의 총체적인 활동(Patti, 1983)
- 기관의 정책을 사회복지서비스로 전달되도록 전환시키기 위해 사회적 과정을 활용하는 조직 구성원들의 총체적 활동(Skidmore, 1983)

반면에 사회복지행정의 개념을 전문적인 실천활동 혹은 조직관리 과정으로 파악하는 학자들의 정의는 다음과 같다.

- 관리자가 기관의 목표 달성을 위해 기관의 내부 관계들과 활동에 의식적으로 지도력을 행사하는 과정(Spencer, 1961)
- 사회복지기관의 직접서비스 제공을 위해 필요하거나 부수적인 활동을 지지, 촉진시키는 과정(Dunham, 1962)
- 사회복지조직의 구성원에게 계획된 개입을 하여 사회복지서비스를 촉진시키고 이를 잘 전달하도록 하는 과정(Schwartz, 1970)
- 사회적 서비스의 관리운영(Titmuss, 1976)
- 문제해결 과정에서 기관 자원의 효과적인 활용을 극대화시키려는 사회사업의 한 방법(Ambrosino et al., 2001)

그러나 사회복지정책을 서비스로 전환하는 과정이나 목표를 설정하고 달성해 나가는 실천방법 내지 조직관리의 과정은 결국 정책이 목표를 설정하는 것이고, 이를 달성하기 위한 전문적 실천활동이므로 사실상 동일하다고 볼 수 있다. 따라서 두 관점을 포괄해 사회복지정책을 서비스로 전환시키는 사회복지조직의 목표 달성을 위한 조직 구성원들의 총체적인 활동체계와 관리운영이라 정의할 수 있다.

윌렌스키와 르보(Wilensky & Lebeaux, 1965)는 『사회복지 인식을 위한 지침』을 통해 현대 사회복지는 공식적 조직에 의한 활동이어야 함을 강조하였다. 이것은 사회복지활동이 조직을 통해 지속적이고 체계적으로 이루어져야 함을 의미한다. 오늘날에는 사회복지실천의 현장이 사회복지조직(기관)이므로 사회복지정책은 이러한 사회복지조직의 활동을 통해 실천서비스로 전환된다. 따라서 사회복지행정은 사회복지조직의 목적 달성을 위한 조직 구성원들의 모든 행정적 업무를 총칭한다고 할 수 있다. 여기서의 행정의 개념은 다음과 같이 정리할 수 있다(Trecker, 1977).

- 행정이란 지속적이며 동적인 과정이다.
- 이 과정은 공통의 목적 달성을 위하여 활용된다.
- 인적 · 물적 자원의 기반을 강화함으로써 공통의 목표를 달성하도록 한다.
- 조정과 협력은 인적 · 물적 자원의 기반을 강화하는 매체가 된다.
- 이러한 개념의 핵심 요소는 기획, 조직 및 리더십이다.

3) 사회복지행정의 필요성

행정이 없는 조직은 상상하기 어렵다. 사람들이 모여 활동하는 곳에는 행정이 있기 마련이다. 현대 사회복지는 조직화된 사회복지기관을 통해 전문적인 사회복지서비스가 제공된다. 교향악단과 같이 하나의 악기가 아니라 200명 가까운 음악가들이 각자의 전문적 기능을 공통된 과업을 위해 조직화함으로써 생산성 높은 성과를 만들어 낸다. 만일 사회복지조직에 행정이 없다면 다음과 같은 상태가 될 것이다(Weinbach, 2002).

- 직원들과 클라이언트는 기분 내키는 대로 나타나기도 하고 사라지기도 한다.
- 직원들은 업무를 시작하면서 할 일을 결정하고, 직원 간에 유기적 관련이 없을 것이다.

- 아무도 자신의 업무 또는 다른 사람의 업무에 대해 책임을 지지 않을 것이다.
- 아무도 다른 사람의 업무 또는 어떤 프로그램 및 서비스를 평가하지 않을 것이다.
- 아무도 조직의 현재 역할에 대해 알지 못할 것이고 미래에도 관심을 갖지 않을 것이다.
- 행동을 지도할 목표도 사명도 없을 것이다. 모든 행동은 제멋대로가 될 것이다.

2. 사회복지행정의 구분

1) 미시적 · 거시적 사회복지행정

사회복지행정의 개념을 미시적(협의)으로는 사회사업행정(social work administration), 사회사업기관행정(social work agency administration), 사회서비스행정(social service administration) 등으로 지칭할 수 있고, 거시적(광의)으로는 사회복지정책을 사회복지서비스로 전환시키는 복지조직의 총체적인 활동으로 정의할 수 있다(Patti, 1983). 따라서 거시적 사회복지행정은 주체와 객체에 관계없이 민간사회복지기관이 클라이언트에게 서비스를 제공하는 사회복지시설행정과 공공기관이 국민에게 서비스를 제공하는 사회복지공공행정을 모두 포함한다.

표 1-1 사회복지행정의 구분

미시적(협의) 사회복지행정	구분	거시적(광의) 사회복지행정
사회복지실천의 한 방법으로 관리자의 행정관리	개념	공공 및 민간기관을 포함한 사회복지조직 구성원들의 총체적 활동
사회사업행정으로, 사회사업의 3대 방법과 같은 사회복지실천 방법	내용	인간의 사회적 기능을 향상시키려는 사회과학적 관리과업
• 서비스 전달의 효과성과 효율성 문제 • 서비스의 접근성과 전문성 문제 • 서비스의 경쟁성 • 서비스 중복과 조정 문제 • 재정의 불확실성	주요 과제	• 중앙정부와 지방정부의 연계 강화 • 공공기관(중앙정부와 지방자치단체)과 민간단체의 연계체계 미흡

2) 사회복지행정과 일반 행정

사회복지행정과 일반 행정은 모두 공통적인 행정원리가 존재하므로, 조직의 목표와 구조 등이 다르다 하더라도 행정의 궁극적인 기술과 방법은 유사하다. 양자의 공통점을 살펴보면 다음과 같다(Spencer, 1959).

▶ 행정은 문제해결 과정이다.
▶ 행정은 서로 관련되고 상호작용하는 부분들의 집합체다.
▶ 행정은 대안 선택에서 가치 판단을 하며 미래 지향적이다.
▶ 행정은 지식과 기술의 창의적인 활용으로 이루어진다.
▶ 행정은 공공의지(public will)를 실천하는 체계다.
▶ 행정은 효율성을 위해 프로그램과 서비스, 직원들을 조직화하는 데 관심이 있다.
▶ 의사소통, 직원 간의 집단 관계, 행정에의 참여 등은 행정의 주요한 영역이다.

그러나 이러한 공통점에도 불구하고 사회복지행정과 일반 행정은 〈표 1-2〉와 같은 차이점이 있다.

표 1-2 사회복지행정과 일반 행정의 비교

사회복지행정	구분	일반 행정
지역사회 내의 인지된 욕구 충족 (사회문제 해결)	대상	전체 국민 혹은 일정한 지역주민의 욕구 충족(공공복리)
• 손상된 사회적 기능의 회복 • 사회적 · 개인적 자원의 제공 • 사회적 역기능의 예방	서비스 종류	• 국가 혹은 지자체 유지 업무 • 공공정책 입안 및 집행 • 대민 업무 활동
이사회가 집행	구성 및 활동	업무에 따라 중앙 부서, 지자체의 해당 부서
• 다양함. 광범위함 • 법령에 위반되지 않는 한 원칙적으로 자유	조직 규모 및 범위	• 법령에 따라 조직되고 업무도 정해짐 • 법적인 제약이 큼

조직의 내부 운영을 지역사회와 연계하여 책임(정당성, 자원 확보 차원)	행정가의 책임	전체 국민 혹은 지역주민에 대한 책임(선거를 통한 신임)
전문 사회사업적 성격(노인복지 등)	서비스 성격	전문 관리적 성격(주택 문제, 환경 문제 등)

출처: 우종모 외(2004), pp. 17-18.

3) 행정과 경영

행정과 경영(management 혹은 business management)은 상당한 유사점과 차이점을 갖고 있다. 일반적으로 행정은 정부와 공공단체 등 공익성이 강한 공공 부문을 의미하고, 경영은 영리성이 강한 민간기업을 의미한다. 양자 간에는 〈표 1-3〉과 같이 그 주체와 목적, 권력 수단 등에서 상당한 차이가 있다.

그러나 경영과 행정 모두 목적 달성을 위한 수단이며, 분업, 전문화, 계층제 등과 같은 관료제적 기능과 조직화, 예산, 위임, 통제 등의 관리기술을 사용하며, 구성원의 협동적인 노력을 필요로 한다는 공통점이 있다. 경영과 행정은 모두 각각의 실패성으로 인해 상호 보완과 협조를 필요로 한다. 민간 사회복지기관은 수행하는 업무의 공공성과 특수성 때문에 오랫동안 '사회복지행정'이라는 용어를 사용해 왔으나, 신공공관리론 등을 거치면서 이미 상당히 많은 경영기법을 도입하여 사용하고 있는 실정이다.

표 1-3 행정과 경영의 차이점

행정	구분	경영
정부 · 공공단체	주체	민간기업
공익	목적	사익
있음	권력 수단	없음
적용	평등원칙	비적용
측정 곤란	능률	측정 가능
강함	윤리성	약함
둔감함	기술 변화	민감함

4) 사회복지행정과 복지경영

사회복지조직을 포함한 대부분의 비영리조직들이 최근 자원의 한계와 영역 안팎의 경쟁을 극복하고 조직의 비전을 실현하기 위한 적극적인 수단으로 경영에 눈을 돌리기 시작했다. 최근의 사회복지 환경은 사회복지조직으로 하여금 책무성(accountability)에 대한 요구가 거세짐에 따라 사회복지조직은 수행하고 있는 사업의 효율성과 효과성을 제대로 입증하지 못하면 생존조차 하기 어렵다는 인식이 생겨났다. 그에 따라 효율적인 조직 운영을 위한 사회복지기관 행정에 경영적 요소들의 도입이 가속화된 것이다(이봉주, 2009). 경영이론은 모든 조직에 널리 적용될 수 있는 보편성을 지니고 있고, 그 결과 대다수의 비영리조직에 도입되고 있다. 그러나 사회복지조직의 공공성과 특수성을 훼손하지 않는 범위 내에서 조직의 미션과 비전에 충실하도록 경영이론과 방법을 적용해야 할 것이다.

사회복지조직의 효과적이고 효율적인 운영을 위한 복지경영 개념 도입의 필요성이 증가하고 있다면, 어떤 경영 역량이 사회복지조직에서 더욱 강화되어야 하는지에 대한 고려가 필요하다. 복지경영의 주요한 역량은 다음과 같다(이봉주, 2009).

- ▶ 의사소통과 대인관계 능력
- ▶ 인적자원관리와 개발
- ▶ 기획력
- ▶ 정보기술 역량
- ▶ 홍보와 마케팅
- ▶ 평가
- ▶ 윤리
- ▶ 거버넌스
- ▶ 리더십
- ▶ 프로그램 개발과 조직관리
- ▶ 공공정책에 대한 이해
- ▶ 재원 확보와 관리
- ▶ 옹호

3. 사회복지행정의 이념과 원칙

1) 사회복지행정의 이념

사회복지행정의 이념은 사회복지행정이 추구하는 기본적 가치 내지 행정가가 준수해야 할 활동규범이나 행동기준을 의미하며, 행정활동의 기본적인 목적 · 수단에 관한 일련의 지속적인 가치라고 할 수 있다. 이러한 사회복지행정의 이념은 사회복지행정 활동의 방향을 제시해 주고 또한 그것을 평가하는 기준이 된다. 사회복지행정이 추구하는 이념은 다음과 같다.

(1) 합법성

모든 행정활동이 법률을 준수하여 합법적으로 실행되어야 한다. 사회복지행정은 「헌법」을 비롯해 「사회복지사업법」, 「보조금 관리에 관한 법률」, 「사회복지법인 및 사회복지시설 재무 · 회계 규칙」 등에 맞게 이루어져야 한다. 전문가의 재량권은 합법성의 범위 내에서만 인정되며, 합법성이 강조될수록 행정의 예측성과 안정성이 도모되고 부당한 직무수행을 방지할 수 있으며 예산이 효율적으로 집행된다. 그러나 합법성을 지나치게 강조하면 행정의 합목적성과 전문성이 경시되고 법규만능으로 인하여 형식적이며 경직화되는 경향이 있다.

(2) 민주성

클라이언트를 위하고 그들의 뜻에 따라 서비스가 전달되어야 한다. 중요한 정책을 수립함에 있어 클라이언트의 참여를 통해 그들의 공정한 민의를 반영하도록 하고, 정책의 집행과정에서는 권한 위임과 이양을 통하여 기관장의 독단을 막아야 한다. 사회복지시설에 운영위원회를 두어 기관운영에 참여하도록 해야 하고, 기관장은 수시로 직원들과 의사소통의 길을 열어 일방적인 명령이나 지시보다는 협조와 이해를 바탕으로 업무를 집행해 나가야 한다.

(3) 합목적성

바람직한 사회복지정책을 수립하고 그 정책목표에 타당한 사회복지행정 활동이 수행되어야 한다. 목표와 수단 간에 괴리가 없어야 한다. 사회복지행정은 그 자체의 목적을 가지고 있다기보다는 사회복지정책을 실천서비스로 전환하여 정책목표를 달성하기 위한 수단이므로 사회복지행정은 정책의 수립과 실천, 평가에 이르기까지의 전 과정이 타당성 있고 합목적적으로 수행되어야 한다.

(4) 효율성과 효과성

효율성은 최소한의 자원과 시간을 투입하여 최대의 성과를 거두어야 한다는 양과 관련된 경제성의 원칙을 의미하고, 효과성은 목표 달성 또는 지역사회의 욕구나 소망에 부응해야 한다는, 즉 사회복지행정을 통해 제공되는 서비스나 산출이 당초의 목표를 어느 정도 달성했느냐의 질적 개념이다. 10을 투자해 50의 산출을 제공했다면 효율적이라고는 할 수 있지만, 클라이언트가 필요로 하는 정도가 100이라면 효과적이라고는 할 수 없다. 효율성을 강조하면 효과성이 떨어질 수도 있고, 그 반대의 경우도 있다.

(5) 형평성

비용과 혜택은 여러 집단에 평등하게 배분되어야 한다. 같은 상황에 있는 사람이라면 유사한 수준의 대우를 받아야 한다. 사회복지행정을 통해 제공되는 재화나 서비스 공급이 지역, 성별, 계층 간에 차별이 없어야 한다. 사회적 자원은 지불능력에 따라서가 아니라 필요 정도에 따라 배분되는 것이 바람직하다. 롤스(J. Rawls)는 『정의론(A Theory Justice)』에서 어려움이 비슷한 개인은 비슷한 수준의 서비스를 받아야 하지만 더 어려운 개인에게는 더 많은 배려를 하는 것이 중요하다고 하였다.

2) 사회복지행정의 원칙

사회복지행정가가 지켜야 할 몇 가지 원칙을 제시하면 다음과 같다. 이러한 원칙이 사회복지행정가 개개인 수준에서 확산되어 조직 전체가 공유하게 된다면 사회복지행정의 관리원칙으로 수용될 것이다(신복기, 박경일, 이명현, 2008).

- 사회복지행정가는 조직의 목적에 부합하는 임무에 대한 명확한 방향을 견지해야 한다.
- 사회복지행정가는 윤리적 기준에 따라 활동을 수행해야 한다.
- 사회복지행정가는 상황에 따라 리더십을 발휘할 수 있어야 한다.
- 사회복지행정가는 조직의 효과성과 효율성을 동시에 추구해야 한다.
- 사회복지행정가는 관리와 관련된 기술과 능력을 획득해야 한다.
- 사회복지행정가는 미래의 비전을 가져야 한다. 할 수 있는 교육과 개발 기회를 활용해야 한다.

4. 사회복지행정가의 자질과 역할

1) 관리계층과 사회복지행정가의 자질

'사회복지행정가'라고 하여 '~가(家)'를 붙이는 사람은 어떤 부서나 기관을 책임지고 있는 사람을 말한다. 조직을 유지하고 발전시킬 책임이 있는 사회복지행정가는 그 역할을 수행하기 위해서 우선 사회복지사로서의 지식과 기술, 경험 그리고 사회복지사를 지휘 · 감독할 능력을 갖추고 있어야 한다. 다음으로, 사회적 욕구를 충족시킬 수 있는 복지 프로그램을 개발하고 발전시킬 수 있는 능력을 갖추어야 하며, 마지막으로 복지조직을 유지 · 관리 · 발전시킬 수 있는 지식과 경험이 있어야 한다(신복기 외, 2008). 사회복지행정가는 조직 위계에서 차지하는 위치에 따라 최고관리자, 중간관리자, 일선관리자로 구분할 수 있다.

① 최고관리자 : 조직 최상부의 관리계층으로 민간시설의 경우 시설장이 해당된다. 최고관리자는 관리적 기능은 물론 정책 및 전략의 결정 기능과 대표적 기능을 행사한다. 즉, 조직의 기본 정책 및 방향을 결정하며, 조직을 통합 · 조정 · 통제하는 역할을 하며, 조직의 구성원과 환경을 관리한다.

② 중간관리자 : 최고관리자와 일선관리자의 중간에 위치한 관리계층으로 목표와 정책을 각 업무 분야에 구체화시켜 주고 일선관리자의 업무를 연결해 주며 해

당 부문에 대해서는 포괄적인 관리업무를 맡는다. 주로 사무국장과 부장이 여기에 해당한다. 중간관리자는 최고관리자와 하위계층을 잇는 허리 역할이 중요하고, 또한 정책 결정의 조언과 부문 계획 수립과 소관 부서의 업무수행 지식과 기술이 요구된다.

③ 일선관리자 : 클라이언트를 직접 대면하거나 대면하는 일선사회복지사와 함께 작업을 지도하고 촉진하는 역할을 담당하는 계층이다. 주로 과 · 팀장 및 선임급이 해당된다. 결정된 정책이나 부문별 계획에 따라 업무를 수행하거나 클라이언트에 대한 서비스 제공이 순조롭게 진행될 수 있도록 지도하고 촉진하는 업무를 수행한다.

따라서 사회복지행정가에게는 관리의 계층에 따라 최고관리자, 중간관리자, 일선관리자에게 요구되는 기술이 다르다(Katz, 1974).

① 기능적(technical) 기술 : 전문적 활동을 하는 데 필요한 직업적 기술을 의미한다. 상담, 사례관리, 프로그램 개발 등에 능숙해야 한다. 하위계층의 일선관리자는 부서 내의 직원들을 교육 · 훈련시키고 직접 일을 해야 하기 때문에 기능적(technical) 기술이 가장 필요하다.

② 개념적(conceptual) 기술 : 조직 내에서 여러 가지 인과관계를 이해할 수 있는 능력과 부분을 전체적으로 조정할 수 있는 능력을 의미한다. 최고관리자는 환경변화에 능동적으로 신속하게 대처하기 위한 정책적 의사결정과 조직의 미래 비전을 설정하고 제시하는 개념적(conceptual) 기술이 가장 요구된다.

③ 인간적(human) 기술 : 사람들과 의사를 전달하며 개인 및 집단을 이해하고 동기를 부여하는 기술을 의미한다. 직원들에게 일을 시키고 갈등을 예방하며 서로 협조적인 분위기를 만드는 인간적(human) 기술은 모든 계층에서 공통적으로 필요하다.

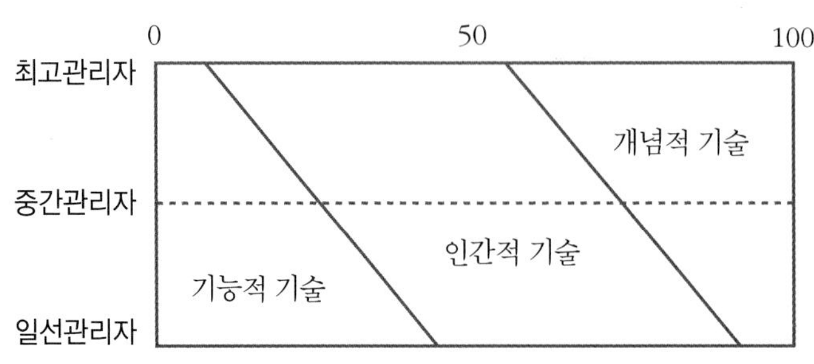

[그림 1-2] 관리자의 위계에 따른 관리기술

출처: Katz, R. L. (1974).

사회복지조직에서도 위계에 따라 요구되는 기술은 다르며 이러한 차이는 조직 위계에 따라 직무별로 성과를 높이기 위해 요구되는 역량의 차이를 통해서도 알 수 있다. 역량이란 특정한 상황이나 직무에서 준거에 따른 효과적이고 우수한 수행의 원인이 되는 개인의 내적 특성으로 기술, 지식, 자아개념, 특성, 동기 등을 포함한다(Spencer & Spencer, 1993). 사회복지조직에서 위계에 따라 직무별로 성과를 높이기 위

표 1-4 직급별 역량 모델

	핵심 역량	리더십 역량	직무공통 역량
시설장	• 공정성, 책임감 • 인간에 대한 존중 • 업무 전문성 • 공감 및 수용적 태도 • 대인감수성	• 비전 제시 • 계획 및 조직화 • 팀워크 조성 • 인적자원관리	• 상담 • 고객 욕구 파악 • 지역사회 환경 변화 인식 • 자원 발굴 및 관리
과장/ 부장 · 국장	• 솔선수범, 책임감/소명의식 • 인간에 대한 존중/공정성 • 업무 전문성/솔선수범 • 지속적 자기 계발 • 공감 및 수용적 태도	• 비전 제시 • 갈등 관리/계획 및 조직화 • 성과 관리 • 인적자원관리, 자기 관리	• 상담 • 문서 작성/고객 욕구 파악 • 자원 발굴 및 관리 • 기획력 • 개념적 사고/창의적 사고
사회복지사/ 대리 · 선임	• 책임감/공정성 • 인간에 대한 존중 • 업무 전문성 • 지속적 자기 계발 • 공감 및 수용적 태도	• 계획 및 조직화 • 갈등 관리 • 팀워크 조성 • 의사소통	• 상담/문서 작성 • 정보관리/고객 욕구 파악 • 지역사회 환경 변화 인식 • 자원 발굴 및 관리/기획력

출처: 경기복지재단(2012), pp. 65-66.

해 요구되는 역량을 핵심 역량과 리더십 역량, 직무공통 역량으로 구분해서 살펴보면 〈표 1-4〉에서 보는 바와 같이 직급별로 요구되는 핵심 역량에 차이가 있고, 그 내용 역시 위계에 의한 관리기술이 반영되어 있음을 알 수 있다(경기복지재단, 2012).

2) 사회복지행정가의 역할

사회복지행정가에게는 다양한 역할이 요구된다.

사회복지조직은 조직이나 그 구성원의 이익을 위해서가 아니라 클라이언트를 위해 존재하고, 서비스 활동의 성과를 객관적으로 계량화하기 쉽지 않다는 점에서 매우 독특하다. 이런 특성 때문에 드러커(Drucker, 2001)는 사회복지기관을 경영하기 가장 어려운 조직의 하나라고 하였다.

따라서 사회복지행정가의 역할은 무척 중요하다. 프로그램을 관리 · 운영하고, 인간 상호 간을 연결하며, 주요한 의사결정을 내려야 하고, 주요 정보를 관리하는 등 다양한 기능을 수행한다. 행정가가 자신에게 부여된 역할과 기능을 충분하게 발휘한다면, 사회복지서비스의 효과와 능력이 제고되어 클라이언트의 욕구 충족 및 행정의 성과가 보다 향상될 것이다. 사회복지행정가에게 요구되는 다차원적인 역할을 정리하면 〈표 1-5〉와 같다.

표 1-5 사회복지행정가의 다차원적 역할

구분	역할	사회복지행정가의 기능
인간 상호 간의 역할	명목상 수장	조직의 수장으로 특정한 상징적 의무를 수행한다.
	지도자	부하 직원들이 조직 목표를 달성할 수 있도록 동기부여한다.
	연락자	외부 정보체계와 상호 원조체계의 수립에 관계한다.
정보 제공자의 역할	모니터	조직에 유용한 정보를 받아들여 취사선택한다.
	홍보자	수집된 중요한 정보를 부하 직원에게 전달한다.
	대변인	외부 환경에 대하여 조직을 대변한다.
의사결정자의 역할	기업가	새 프로그램의 시행과 현재 과정에서의 변화를 결정한다.
	갈등조정자	조직 내에 잠재된 위기 상황에 대처해야 한다.
	자원할당자	조직 내 다양한 단위 조직 간 자원 분배를 결정한다.
	협상자	단위 조직 간 적절한 환경을 유지하도록 협상하고 책임을 진다.

출처: 우종모 외(2004), p. 31.

제2장

사회복지행정의 역사

1. 우리나라 사회복지행정의 역사

우리나라의 사회복지행정은 1950년대 이전에는 그 중요성이 인식되지 못하다가 그 이후의 명목상 인정 단계를 거쳐 1970년대에는 학계나 교육 분야에서 상당한 중요성이 인식되어 왔지만 실무현장에서는 여전히 인식되지 못하였다. 1980년대 이후 공공 및 민간조직에 의한 사회복지가 빠르게 진척되고 정책 및 프로그램이 다양화되기 시작하면서 사회복지행정의 중요성이 실질적으로 인식되기 시작하였고, 1990년대에 들어서 더욱 확산되었다. 시대별로 구분하여 특징과 주요 사건을 정리하면 다음과 같다.

1) 일제강점기와 미 군정기

이 시기는 근대화가 시작된 대한제국이 일제 강점기를 맞게 되고 1945년 해방을 거쳐 미군정이 끝나고, 1948년 8월 15일에 대한민국 정부가 수립된 시기까지를 말한다. 일제 강점기의 대표적인 공적 사회복지조직은 1921년 조선총독부 내무부에 설치한 사회과가 있고, 대표적인 사회복지사업은 1944년 제정된 「조선구호령」이 있다. 민간영역에서는 외국 선교단체에 의한 민간사회복지시설 설치와 단체 결성을 들 수 있다.

우선 조선총독부 사회과는 일제의 공적인 시혜활동을 총괄하는 부서로서 사회복지사업을 지도·통제하는 역할을 맡았다. 이 부서는 해방되면서 미군정 기간에 보건위생부(1946~1948년), 정부 수립 이후의 사회부(1949~1955년) 및 보건복지부(1955년 2월 이후)로 변화되어 왔다. 일제의 조선총독부 사회과 활동은 우리 민족의 순응을 도모하기 위한 정치적 목적으로 식민통치의 일부로 공적인 시혜가 제공되었으며, 따라서 사회복지행정이라기보다는 구호행정에 해당한다고 할 수 있다. 특히, 사회과의 활동에 대해 비록 한국사회복지행정 실천의 효시로 볼 수 있지만, 광복까지 공적 조직의 사회복지활동은 시혜적 활동에 국한되어 공적 사회복지조직이라고 보기 어렵다는 지적도 있다(최성재, 남기민, 2016).

일제가 1944년 3월 공포·실시한 「조선구호령」은 국민의 빈곤·불구·폐질 등에 대하여 생활부조·의료부조·조산부조·생업부조 등을 실시할 수 있다고 규정하였고, 구호의 방법으로는 거택구호와 수용구호를 구별하였으나 거택구호를 원칙으로 하였다. 사실 일제는 한일병합 이후 내선일체를 외쳤으나 현대적인 구빈제도인 「구호법」을 1929년 제정하였음에도 이를 조선에는 적용하지 아니하였다. 대동아전쟁의 확대 등으로 한국인에게 징병과 노무징용을 강요하게 되자 비로소 일본 본토에서 1929년부터 시행된 「구호법」을 1944년에 이르러서야 식민지 조선에 적용하게 된 것이다. 그럼에도 「조선구호령」을 통해 제공된 구빈행정의 실적을 거의 찾아볼 수 없는 등 정치적 구호에 그친 법률상의 규정에 불과하다고 평가되고 있다. 다만 「조선구호령」은 이후 미군정기 후생국보와 「생활보호법」 제정의 기초가 되었다.

민간영역에서는 19세기 말부터 외국인 선교사에 의해 고아원과 인보관 등이 설립되었다. 1906년 미국 감리교 선교단체가 원산에 설치한 반열방은 우리나라 최초의 사회복지관이라 할 수 있고, 1921년에는 서울 인사동에 태화여자관을 설치하였다. 이 밖에도 외국 종교기관이 선교활동의 일환으로 인보관, 사회관, 아동시설 등을 설치하였다. 또한 1921년에는 조선사회사업연구회가 조직되어 민간사회복지조직들의 상호 교류와 사회복지사업에 대한 조사 · 연구사업을 수행하였고, 이후 1929년에 재단법인 조선사회사업협회로 개편되었다.

태화사회관 전경(1939년)

대한민국이 일제로부터 광복이 되고 바로 정부를 수립하지 못하고 3년간 미군정이 실시되었다. 미군정은 빈곤과 사회적 혼란에 대처하기 위한 구호적 · 응급적인 대책을 펼쳤는데, 1945년 10월 「군정법」을 제정해 보건후생국을 설립하고 1946년 3월에는 보건후생부로 승격하였다. 보건후생국은 1946년 1월 후생국보 제3호와 제3A호를, 2월에는 제3C호를 발표하여 각종 공공부조사업을 실시하였다. 주로 빈민과 실업자에게 식량 · 주택 · 의료 · 연료 · 의류 등을 지원하는 내용이었다. 그러나 그 내용은 계획적인 구호행정의 필요성과 기준을 제시한 것에 불과하여 근대적인 복지행정과는 거리가 멀었다고 할 수 있다. 즉, 미군정의 구호정책은 요보호자에 대한 구호의 필요성에 대응한 것이 아니라 정치적 불안에 대응하여 전개되었고, 구호의 범위와 수준이 열악하고 구호행정이 배제적 · 일방적인 성격을 가지고 있었다고 할 수 있다(최항순,

2018). 다만 이 시기에 1946년 9월 「아동노동법규」 및 1947년 5월 「미성년자노동보호법」이 제정되어 미성년자의 노동을 보호하는 아동복지행정의 기초를 마련하였다.

2) 1950년대

이 기간은 1948년 정부 수립부터 한국전쟁을 거쳐 1961년 5 · 16 군사쿠데타까지의 제1 · 2공화국 기간을 말한다. 1948년 8월 15일에 대한민국 정부가 수립되었지만 정치 · 경제 · 사회 전반에 걸쳐 혼란과 불안정이 심하였고, 더욱이 1950년 한국전쟁이 발생하여 당시 우리나라의 사회복지는 미국 등에 의한 원조와 민간 차원의 외국원조기관(외원기관)이 실시하는 자선 및 구제수준에 의존하는 형편이었다.

물론 제정 「헌법」 제19조에서는 '노령, 질병, 기타 근로능력을 상실해 생활유지능력이 없는 자는 법률에 의해 국가의 보호를 받는다'고 규정하였지만 당시 우리나라의 경제적 상황이 열악하여 공공부조의 수준은 낮았고, 이러한 국가의 공공부조 부족을 1953년부터 1959년까지 39개 외원기관이 활동하면서 전쟁피해자인 고아 · 미망인 · 무의탁 노인 및 빈민에게 긴급구호를 실시하였다. 외원기관들은 효율적인 구호활동을 위해 외국민간원조기관한국협의회(Korea Association of Voluntary Agencies: KAVA)를 설립하여 1970년까지 13개국 123개 기관이 참여하였다. 이러한 외원기관들은 미국식 사회사업 실천방법을 국내에 전파하는 데 크게 기여하였으나, 주된 활동이 구호물자 배분에 치중되어 사회복지행정에 대한 관심은 거의 없었다.

다만 이 시기에 전쟁고아 등을 수용하는 고아원이 다수 설립되면서 정부는 1952년 10월에 사회부장관 훈령으로 「후생시설 운영요령」을 제정하여 사회복지시설 설치와 운영에 관한 기준과 지도감독의 준칙을 마련하였다. 또한 이 기간에 사회복지관은 꾸준히 설립되었다. 1956년 7월 이화여자대학교가 부설 사회복지관을 설립하였고, 1956년에 아현복지관, 1962년 목포사회복지관 등이 민간단체에 의해 설립되었다.

이 시기에 또한 사회복지교육에 대한 필요성이 대두되어 1957년 사회복지전문인력 양성을 목적으로 국립 중앙사회사업종사자훈련소(1977년, 현 한국보건복지인재원)가 설립되었고, 그리고 대학에서는 이화여자대학교에 1947년 기독교사회사업학과가 개설된 이래로 중앙신학교(1953년, 현 강남대학교), 이화여자대학교(1958년에 사회사업학과로 분리), 서울대학교(1958년에 대학원, 1959년에 학부) 등에 사회사업학과가 설치되었다.

3) 1960~1970년대

이 시기는 1961년 5 · 16 군사쿠데타로 시작된 군정부터 1979년 10 · 26사태로 등장한 신군부가 1980년 3월 집권한 시기까지로 제3 · 4공화국에 해당하는 기간이다. 이 시기는 무엇보다 '경제개발 5개년계획'을 통해 정부주도의 수출주도형 공업화로 우리나라의 경제가 고도성장을 하였고, 그 과정에서 산업화와 도시화가 급속하게 진행되었다. 그러나 선성장 후분배 정책에 따라 사회복지는 후순위에 머물러 큰 발전을 보지는 못했다.

여전히 1960년대에는 외원기관의 활동이 정부예산의 2배를 넘을 정도로 정부보다 민간 외원기관의 원조를 통해 사회복지적 긴급한 문제와 욕구를 해결하였고, 보건복지부의 역할도 전반적으로 생활보호 위주의 정책수행이었다. 이러한 상황에서 공적 사회복지 행정조직의 역할은 단순한 정책적 계획과 비전문적 활동을 위주로 하였으며, 사회복지서비스의 효과성과 효율성을 생각할 수 있는 정도가 전혀 되지 못하였다고 할 수 있다(최성재, 남기민, 2016).

그러나 이 시기에 경제 발전과 함께 사회문제가 심화됨에 따라 공공과 민간영역 모두에서 다양한 사회복지제도의 도입과 발전이 있어 비록 낮은 수준이지만 사회복지행정의 발전을 위한 토대가 마련되었다. 1961년 12월에 「생활보호법」이 제정되어 근로능력이 없는 저소득층에 대한 공공부조의 시초가 되어 2000년 10월 시행된 「국민기초생활 보장법」이 있기까지 40여 년간 공공부조의 중요한 역할을 수행하였다. 그리고 1960년 1월 「공무원연금법」과 1963년 1월에 「군인연금법」, 1963년 11월에 「산재보험법」이 제정되어 사회보험제도가 본격적으로 도입되다.

또한 1970년 1월에는 사회복지서비스법의 모법이라 할 수 있는 「사회복지사업법」이 제정되어 사회복지사업의 정의와 범위를 명확히 하고 사회복지법인제도를 도입하여 민간사회복지사업의 체계 확립뿐만 아니라 국가와 지방자치단체에 의한 사회복지행정을 위한 보조와 지도 · 감독이 가능해졌다. 동법의 제정으로 민간 사회복지행정과 그것의 지도 · 감독을 포함한 공공 사회복지행정의 발전 토대가 되었다.

사회복지행정 교육과 관련해 한국사회사업대학(1962년, 현 대구대학교) 등에 사회사업학과가 설치되어 1969년 기준으로 전국 9개 대학에 사회사업학과가 개설되었고, 모든 대학에서 사회복지행정론 과목이 개설되었다(국립사회사업지도자훈련원, 1969).

표 2-1 1969년 9개 대학별 교과목(일부)

바. 교과목 현황 (Curriaulum)

과목별 \ 학교별 학점	서울대	중대	이화여대	성심여대	한국사회사업대	원주대	서울여대	사회복지교	그리스도의신학교
사회사업개론	4	4	3	4		6	선택2	8	4
사회사업사			3						
C. W	9	6	9	8		12	선택4	8	9
G. W	9	6	9	4		12		8	9
C. O	6	6	9	2		6		7	6
C. D				2		4		2	3
인간성장발달		4	6	12		6		8	6
행동이해	12								
카운셀링				2					
가정복지						4			
정신위생		2	3			3		4	3
심리학				4		4		아동2	
사회복지행정		3	4	4		4		4	4

4) 제5 · 6공화국

이 시기는 1980년 등장한 신군부에 의한 제5공화국부터 1987년 6 · 29 민주화선언을 거쳐 제6공화국까지 이어지는 시기를 말한다. 산업화의 급속한 진전과 경제발전 위주의 국가정책 추진의 결과로 누적된 다양한 사회문제가 터져 나오기 시작하였고 이를 해결하기 위한 여러 가지의 제도적 뒷받침이 이루어져 공공과 민간영역 모두에서 사회복지가 확대된 시기라 할 수 있다. 사회복지전문요원제도가 도입되어 공공부문에서의 전달체계 확립 노력이 시작되었고 종합사회복지관이 대폭 설립되었다.

우선 1982년 12월에 「생활보호법」이 전면 개정되어 부양의무자가 없거나 부양의무자가 있어도 부양능력이 없는 자에게 생계보호 등 6종의 급여를 제공하도록 하였다. 기존에 비해 교육보호와 자활보호가 추가되어 공공부조행정의 범위가 생계보호 중심에서 자활 중심의 행정까지 확대되었다. 그리고 1988년 1월부터 국민연금이 시행되어 국민연금관리공단이 운영하였고, 또한 같은 달에는 농어촌 지역 및 7월에는 도시자영업자 의료보험이 확대 적용되었다.

이러한 사회적 변화와 업무 증가에 따라 사회복지 업무의 효율적 추진을 위해 공공 사회복지 전달체계 개선을 위해 사회복지전문요원이 1987년 7월 49명을 5개 직할시에 신규 배치하기 시작하여 1991년 7월에 「사회복지전문요원 직무 및 관리운영에 관한 규정」이 제정되어 중앙정부 및 지방정부 공식 직제 내에 사회복지 전달체계가 갖추어지기 시작하였다. 사회복지전문요원제는 1992년 12월에 사회복지직렬을 9급에서 5급까지 설치하도록 하였으며, 1999년 10월에는 별정직에서 사회복지직으로 직렬전환되면서 명칭도 사회복지전담공무원으로 변경되어 사회복지행정의 전문화를 위한 제도적 기반을 확립하였다.

성규탁 교수의 「사회복지행정론」

그리고 이 시기에 사회복지관이 대폭 증설되었다. 1989년에 「사회복지관 설치 · 운영규정」이 제정되고 사회복지관이 제도권 내로 편입되어 법적 보호를 받게 되었고, 특히 제6공화국 노태우 정권의 200만 가구 건설계획에 따라 영구임대아파트단지가 건립되면서 반드시 사회복지관을 이용시설로 의무화되었기 때문에 1988년에 불과 35개소였던 사회복지관이 1995년에 126개, 1998년에 305개소로 수적으로 대폭 증가하게 되었다.

사회복지교육과 관련하여 1981년 대학 졸업정원제 실시로 1980년대 후반에 많은 대학에서 사회복지학과를 신설하여 지금은 거의 모든 대학에 사회복지학과가 설치되어 있는 실정이며, 사회복지행정론 교과서로 1988년에 성규탁 교수의 『사회복지행정론』이 발간되었다.

5) 문민정부 이후

1993년 2월에 김영삼 대통령의 문민정부가 들어서면서 1995년 6월에 지방자치제가 전면 실시되었다. 이제 지방정부 스스로 지역의 사회문제를 해결하고 지역주민의 욕구를 충족시키기 위한 제도적 장치가 마련되어 적극적으로 사회복지시책을 개발할 필요가 제기되었고, 보다 효율적으로 주민의 복지수요를 충족시키기 위한 사회복지 전달체계를 구축해야 할 필요성도 증대되었다. 이러한 필요에 따라 보건복지사무소 시범사업이 전국 5개 지역에서 5년간 실시되었고, 이후 2004년에는 사회복지사무소 시범사업이 전국 9개 지역에서 실시되기도 하였다.

한국사회복지행정학회 창립(1999년)

1997년 3월에는 「사회복지공동모금회법」이 제정되어 다음 해 시행되었고, 8월에는 사회복지시설 설치신고제를 도입해 사회복지법인이 아닌 다른 법인이나 개인도 사회복지사업을 할 수 있도록 하여 미인가 시설을 개인운영시설로 양성화하였다. 또한 한국사회복지사협회가 법정단체로 개정되었고, 시·도사회복지협의회가 독립 법인화되었으며, 사회복지사 1급 국가시험이 도입되었다. 이 시기에 사회복지전문요원 확충과 사회복지 전달체계 구축 노력, 그리고 각종 민간사회복지조직들이 증가하면서 사회복지행정에 대한 교육과 연구활동이 점차 활성화되었고, 사회복지행정을 전공하거나 가르치는 연구자들이 늘어나기 시작하였다. 특히, 1999년 3월에는 한국사회복지행정학회가 창립하여 학술지를 발간하고 정기적인 학술대회를 개최하여 사회복지행정의 학문적 발전을 도모하고 있다.

1990년대 후반기 들어, 특히 1997년 IMF 구제금융사태 이후에는 산업화 이후에 경험하지 못한 경제위기와 대량실업, 빈곤의 문제에 직면하여 각종 사회복지 대책이 강구되면서 그 어느 때보다도 사회복지행정의 역할이 절실히 요구되었다(최성재, 남기민, 2016). 1998년 2월 시작된 김대중 정부(1998년 2월~)에서는 기존의 근로능력이 없는 가구에게만 급여를 제공하는 생활보호제도를 폐지하고 「국민기초생활 보장법」을 제정하여 2000년 10월부터 시행하여 근로능력에 관계없이 빈곤선 이하의 모든 저소득층에 대하여 생계급여, 주거급여, 의료급여 등을 지원하였고 근로능력자에 대해서는 체계적인 자활지원서비스를 제공하였다.

이후 노무현 정부(2003년 2월~), 이명박 정부(2008년 2월~), 박근혜 정부(2013년 2월) 및 문재인 정부(2017년 5월~) 및 윤석열 정부(2022년 5월~)로 이어지고 있으며, 시기별 주요 사회복지행정의 발달과정을 요약하면 〈표 2-2〉와 같다. 2000년 이후 다양한 사회문제의 출현과 국민들의 사회복지 욕구가 증대되면서 국가 중심의 보편적 복지정책이 확대되었고, 이에 따라 사회복지행정도 함께 강화되고 있다. 특히, 복지체감도 향상을 위해 사회복지 전달체계를 개편하였고, 전자정부 실현을 위해 사회복지통합관리망(행복e음)과 사회복지시설정보시스템을 본격 가동하였으며, 사회서비스가 폭발적으로 증가하고 있다.

표 2-2 우리나라 사회복지행정의 역사

시기	연도	내용
일제~미군정	1921년	• 조선총독부 내무국 내 사회과 설치
	1944년 3월	• 조선구호령(빈곤, 불구, 폐질 등 국민에 대한 생활구호) 실시
	1945년 10월	• 보건후생국 설립(1946년 3월 보건후생부로 승격)
	1946년 9월	• 후생국보 3A호, 3C호 발표, 아동노동법규 공포
	1947년	• 「미성년자 노동보호법」 공포
		• 이화여자대학교에 기독교사회사업학과 설치
정부 수립~2공화국	1949년	• 사회부 내 보건행정 분리하여 보건부 신설
	1950년 5월	• 후생시설 설치기준령 제정
	1955년	• 외원기관이 들어오면서 사회복지행정 실천의 장 마련
	1956년	• 보건부와 사회부를 보건사회부로 통합
	1958년	• 국립중앙사회사업종사자 훈련소 창설
		• 이화여자대학교 서울대학교 대학원 사회사업학과 개설(학부는 1959년 개설)
3~4공화국	1960년대	• 「생활보호법」 제정
		• 보건사회부 역할이 생활보호 위주이고 외원기관도 저소득층 원조 위주
		• 전쟁고아 해결을 위해 「고아입양특례법」, 「아동복리법」 제정
	1970년	• 「사회복지사업법」 제정
5~6공화국	1980년대	• 사회복지서비스 행정의 대두 및 국가와 지자체의 책임 강화
		• 사회복지행정의 범위 확장, 생계보호에서 자활보호 중시 병행
	1987년	• 사회복지전문요원 배치
	1991년	• 사회복지전담공무원 및 복지사무전담기구 설치 근거 신설
	1992년	• 사회복지직렬 설치(5급까지)
문민정부 · 김대중 정부	1995년	• 지방자치제 실시로 중앙과 지방 역할분담
		• 보건복지사무소 시범사업
	1997년	• 시설설치 신고제와 주체의 다양화, 사회복지시설평가제 도입
	1998년	• 사회복지공동모금회 설립
	1999년	• 국민기초생활보장제 도입
		• 한국사회복지행정학회 창립
	2000년	• 사회복지시설평가 실시, 국민기초생활보장제 시행
	2003년	• 사회복지사 1급 국가시험 실시

노무현 정부 ~현재	2004년	• 사회복지사무소 시범사업
	2005년	• 지역사회복지협의체 운영
	2006년	• 주민생활지원국 설치, 지방자치단체의 복지정책 수준평가
	2010년	• 사회복지통합관리망(행복e음) 본격 가동
	2012년	• 시 · 군 · 구에 희망복지지원단 설치
	2013년	• 동주민센터 복지허브화사업 실시
	2014년	• 기초연금 시행, 제1차 사회보장기본계획 수립
	2018년	• 아동수당 시행, 찾아가는 보건복지 서비스 실시

출처: 신복기 외(2008), pp. 85-86. 일부 수정.

2. 미국 사회복지행정의 역사

미국에서 근대적 의미의 사회복지는 19세기 중반에 등장해 20세기 초에 전문화가 진행되었으나 사회복지행정에 관한 관심은 19세기 말엽부터 인식되었다. 이후 1934년 실업 극복을 위해 연방긴급구호청(FERA)이 설립되면서 사회복지행정의 실천영역이 형성되어 기초가 정립되었다. 그러나 1960년대 빈곤과의 전쟁(War on Poverty)을 수행하면서 국민들의 불신이 증폭되어 그 대안으로 지역사회조직사업이 급격하게 발달하는 침체기를 겪었다. 1970년대 들어와 급증한 사회복지 비용 부담을 인플레이션으로 인해 감당하기 어렵게 되자 사회복지행정에 대한 수요가 증대되어 다양한 관리기법이 발달하게 되었다. 레이건(Reagan) 행정부가 등장한 1980년대 이후 연방정부의 사회복지 역할 축소와 민영화 등으로 새로운 도전과 응전기를 맞게 되었다.

패티(Patti, 1983)는 미국 사회복지행정의 역사를 발달과정상에 나타나는 중요한 내용을 중심으로 인식기(19세기 말~1930년대 초반), 기초 정립기(1930년대 중반~1960년대까지), 정체기(1960년대), 도전과 발달기(1970년대~)로 구분하였는데, 시기별 특징과 주요 사건을 정리하면 다음과 같다.

1) 인식기

근대적 의미의 사회복지는 산업혁명 이후 변화된 사회환경에 따른 다양한 사회문제가 발생함에 따라 19세기 중반에 출현하였지만 사회복지행정에 대한 관심은 거의 없었다. 이 시기에 전문직업인으로 사회복지의 독자적인 영역이 형성되었지만 당시 지배적인 실천방법은 개별사회사업(casework)이었고, 따라서 사회복지교육의 대부분을 차지하고 있었다. 다만 몇몇의 학자들이 다른 견해를 제시하였는데, 애벗(E. Abbot, 1931)은 사회복지 전공생들은 개별사회사업 같은 직접적 실천에 관한 지식과 경험뿐만 아니라 행정과 정책에 관한 지식과 경험을 갖추어야 한다고 주장하였고, 던햄(A. Dunham, 1939)은 사회복지행정과 사회복지실천을 서로 분리된 것으로 생각해서는 안 된다고 주장하였다. 이러한 주장들이 사회복지행정에 대한 인식의 시초라고 할 수 있다.

그리고 사회복지교육에서 사회복지행정이 최초로 나타난 것은 1914년이었으며, 이후로 여러 대학에서 사회복지행정을 가르치게 되었으나 핵심적인 필수과목도 아니었으며 전임 교수보다는 실천현장의 관리자들이 가르쳤기 때문에 당시 사회복지행정 과목은 전체 교육과정에서 차지하는 비중이 높지 않았다. 미국 사회사업대학원협의회에서 1923년에 대학원 석사과정 1년생을 위해 채택한 교과과정에는 사회복지행정론이 선택과목이었고, 1929년 밀퍼드(Milford) 회의에서는 사회사업교육기관은 전문적인 사회사업가 양성을 위해 개별사회사업, 집단사회사업, 지역사회조직사업, 사회조사 및 사회복지행정을 제안하였다. 다만 개별사회사업에 관해서는 자세한 방침을 제안했지만 사회복지행정에 관해서는 구체적으로 다루지 않았다.

2) 기초 정립기

1929년 10월 발생한 대공황이 1930년대에 지속되면서 1933년에 실업률이 25%(농업 부문을 제외한 실업률은 37%)까지 치솟았고 결국 같은 해 대통령에 취임한 루스벨트(Roosevelt)는 정부가 빈곤과 실업문제를 해결하기 위해 직접 개입하는 '새로운 처방(New Deal)'을 실시하게 되었다. 1934년 연방긴급구호청(Federal Emergency Relief Administration)이 설립되고 다음 해인 1935년에는 「사회보장법(Social Security Act)」이 제정되면서 연방과 각 주에서 공공부조제도가 생겨나면서 이를 담당할 인력 수요가 급증하였다.

이에 따라 대학원만으로는 인력 수요를 담당할 수 없게 되자 학부과정도 생겨나면서 공공복지 부문에 적합하도록 교육과정을 재검토하게 되었다. 당시 사회복지교육은 민간 사회복지기관에서 직접적 서비스 제공에 초점을 맞춘 개별사회사업이 중심이었으므로, 각 대학들은 개별사회사업과 집단사회사업기술이 공공복지 부문의 행정 및 감독 책임에 적합하도록 교육과정을 개편하였다. 개정 교육과정을 이수한 학생들과 민간사회복지기관의 사회복지사들이 대거 연방긴급구호청으로 옮겨 가면서 사회복지행정의 기초가 마련되었다. 공공 부문에서의 사회복지사 역할은 직접적 서비스 제공의 기능을 수행하지만 개별사회사업의 실천과는 다소 다른 행정절차에 따른 공공행정의 특성을 갖기 때문이다. 따라서 거대한 행정조직이 등장하고 다수의 인력의 고용됨에 따라 공공 부문에서의 사회복지행정이 발달하는 계기가 되었고, 민간에서도 자선과 빈곤구제를 위한 다수의 사회복지기관이 설립되어 민간영역에서의 사회복지행정이 발달하게 되었다.

대공황기 무료급식소

3) 정체기

경제 대공황을 계기로 공공과 민간영역 모두에서 발달하게 된 사회복지행정은 1960년대 접어들면서 상당히 정체되기 시작하였다. 물론 초기에는 긍정적인 요인들도 있었다. 가령 1961년에 사회사업교육협회(Council on Social Work Education: CSWE)는 교육과정에 사회복지행정을 포함시켰고, 1963년에는 전국사회복지사협회(NASW) 산하에 사회사업행정위원회를 설립하였다. 그러나 존슨(Johnson) 대통령은 1964년 베트남전을 본격적으로 치르게 되었고 국내적으로는 '빈곤과의 전쟁(War on Poverty)'을 선언하였음에도 불구하고 빈곤층의 문제가 해결되지 않았다. 그 결과 사회복지행정에 대한 필요성과 인식은 매우 증가하였으나 베트남전에 대한 반전운동과 정부에 대한 비난이 사회복지조직과 사회복지행정에 대한 비난으로 이어져 사회복지행정의 위축을 가져왔다.

그 당시 사회 변화의 요구에 적절히 대처하지 못한 사회복지조직에 대한 불신이 커졌고, 사회복지기관들이 클라이언트에 대한 서비스 제공은 소홀히 하면서 오히려 조직의 유지와 안정에 더 힘쓴다는 비난을 받았다. 피번과 클라워드(Piven & Cloward, 1971)는 사회복지가 자본주의 체제의 수호신으로 작동하여 오히려 불평등을 고착시키고 빈곤한 사람들이 권리와 서비스 및 기회에 접근하는 것을 막는다는 음모론을 제기하기도 하였다. 그 결과 사회복지행정의 대안으로 지역사회조직화가 빈곤문제 해결을 위한 실천 전략으로 급속하게 발전하게 되면서 사회복지행정의 발달을 정체시키는 결과를 가져왔다.

그러나 사회복지행정과 지역사회조직화는 별개의 것이 아니라 밀접한 관련이 있다. 지역사회조직사업에서 이루어진 많은 이론적 연구는 행정에 곧바로 적용될 수 있는 것이 많았고, 이 두 분야는 실제적인 면에서 서로 통하는 것이 많았으며 기획, 시민의 참여, 이사회 및 위원회 활동과 같은 영역은 행정의 이론과 실천에 직접 적용될 수 있는 것들이었다(최성재, 남기민, 2016).

4) 도전과 발달기

베트남전과 사회복지비 지출 증가, 인플레이션과 경제 성장 둔화 등의 위기를 맞으며 1960년대 사회복지행정은 정체되었고 1970년대에 들어서면서는 상당한 위기를 맞게 되었다. 1973년 사회사업교육위원회 기조연설에서 사리(Sarri) 교수는 사회사업전문직이 사회적 요구를 충족시키지 못하거나 사회복지서비스의 계획과 전달에 있어 리더십을 발휘하지 못한다면 다른 전문직의 시녀로 전락할 것이라고 경고하였다.

「Administration in Social Work」

베트남전과 사회복지비 지출 증가, 특히 1973년 1차 및 1978년의 2차 오일쇼크는 정부로 하여금 재정적 압박을 가져와 사회문제 해결에 필수적이면서 비용 대비 효과가 큰 사회복지 프로그램을 선별해야만 하게 되었고, 이제까지는 관심을 가지지 않았던 새로운 관리기법, 예를 들어 계획 예산(PPBS), 프로그램 평가검토 기법(PERT), 비용-편익분석 등이 사회복지행정에 도입되어 사회복지행정은 사회복지서비스의 계획, 유지, 관리, 평가의 주된 기술로서 전문사회사업의 고유한 방법으로 발전하게 되었다. 그러나 케이스워크를 중시하는 전통에 따라 사회복지행정 교육에 대한 관심은 낮아 1975년 전체 84개 사회복지대학원 중에서 사회복지행정을 개설한 학교는 19개에 불과했고(patti, 1988), 그럼에도 1976년에는 사회복지행정에 관한 전문학술지인 『Administration in Social Work』가 발간되었다.

1980년대에 들면서 신자유주의의 영향으로 레이건 행정부는 사회복지서비스 전달체계에서 민영화를 본격 시행하였고, 그에 따라 서비스 구입계약과 보조금에 의해 유지되는 많은 민간 사회복지기관들이 생겨나게 되었다. 이러한 민간 사회복지기관에서는 유능한 사회복지실천가와 함께 사회복지행정에 관한 전문지식을 갖춘 관리자를 필요로 하였다. 그 결과 사회복지교육에서 사회복지행정에 대한 수요와 요구가 증대되어 이제 사회복지행정은 사회사업실천의 한 분야로서 확고한 위치를 차지하게 되었고, 교육과 실천에서 사회사업에의 접목화 노력이 가속화되었다. 사회복지행정가들과 교수들이 별도의 학회를 창설하고 전문행정가 자격증 프로그램을 운영하였다.

1990년대의 미국 사회복지행정과 관련한 사회복지 환경은 기획에서 서비스 전달까지를 직접 담당했던 거대 공공관료조직들이 퇴조하였고, 계약이나 서비스 구입 등의 방법을 통한 민간 부문의 직접 서비스 전달에서의 역할이 증대되었으며, 민간과 공공의 엄격한 조직적 부분이 퇴조하였고, 서비스의 목적 실현을 위해서는 느슨하게 연결되어 있는 다양한 서비스 조직들을 연계할 서비스 전달체계의 통합이 필요하다는 인식이 확산되었으며, 사회복지서비스의 책임성에 대한 구체적인 행정실천 등으로 나타났다(김영종, 2017). 또한 사회복지기관에서 행정 경험을 쌓은 사회복지사들이 기업과 보건의료기관으로 진출하여 일자리가 많이 늘어났다. 이러한 환경 변화에 대응하기 위해 1990년대 이후로는 재정관리와 마케팅이 강조되기 시작하였고, 기존의 조직구조와 리더십에 대한 강조에 변화가 나타났으며, 사회복지조직 간의 합병과 연합이 등장하였다. 미국 사회복지행정의 발달과정을 요약하면 〈표 2-3〉과 같다.

표 2-3 미국 사회복지행정의 역사

시기	내용
19세기 말~ 1930년대 초반	• 사회복지행정에 대한 최초 관심 • 지역공동모금회와 지역사회복지기관협의회 창설 • 사회사업 교과과정에 최초로 행정 등장(1914년) • 1927년 공공복지행정을 포함하는 교육과정의 필요성 주장(Abott) • 사회복지행정을 실천의 보조적 방법으로 인식(Dunham) • Milford 회의(1929)에서 사회복지행정을 교육과정에 제안 • 미국 사회사업대학협의회에서 사회복지행정을 선택과목으로 채택(1923년)
1930년대 중반~ 1950년대 후반	• 연방긴급구호청 설립(1934년) • 「사회보장법」 제정(1935년): 연방과 주에 공적부조제도 창설 → 행정 발전의 기초 형성 • 사회복지행정의 개념과 기초 정립 → 행정을 독립적인 영역으로 확립
1960년대	• 사회사업가협회에서 행정 관련 이론 연구 및 건의안 발표 • 사회복지협의회에서 사회복지행정에 관한 논문 발표 • 사회사업교육협의회에서 사회복지행정을 강화하는 교과과정 인정(1961년) • NASW 산하에 사회사업행정위원회 창설(1963년) • 사회복지기관에 대한 불신, 지역사회조직사업 발달 → 행정 발달의 정체
1970년대~ 1980년대 중반	• 프로그램 비용 부담의 어려움, 사회복지정책 선택 문제에 직면 → 새로운 관리기법의 도입 • 1975년까지 84개 대학 중 19개 대학에 사회복지행정 교육 • 1977년까지 사회복지행정을 필수로 하는 대학이 35개로 증가 • 사회복지행정 관련 논문 급증 • 사회복지행정에 관한 문헌과 잡지 출현 • 최초의 「사회사업행정(Administration in Social Work)」 논문집 창간(1976년)
1980년대 후반~ 1990년대 중반	• 레이건 행정부의 사회복지 축소 이후 행정에 대한 도전과 응전 • 민간의 사회복지행정에의 참여 증대 • 서비스 연계조직 출현과 자원 제공처의 다양화
1990년대 후반~ 현재	• 행정정보시스템의 개발과 전자정부 구축으로 원스톱 서비스 및 디지털 서비스 제공 • 사회복지행정가 인정학회 및 인정 프로그램 창설 • 사회복지사의 활동과 클라이언트 성과의 연결 • 실천가 교육과 행정가 교육의 불균형 극복

출처: 신복기 외(2008), p. 70.

제3장

사회복지행정의 기초

1. 고전이론
2. 인간관계론
3. 근대 조직이론
4. 현대 조직이론

1. 고전이론

사회복지행정의 기초인 조직이론은 관료제론과 행정관리론, 과학적 관리론이라는 세 가지 고전이론에서 출발하여 호손실험을 거쳐 인간관계론으로 발달하였고, 근대 이론을 거쳐 현대에는 다양한 이론들이 제시되고 있다.

1) 관료제론

관료제(bureaucracy)란 엄격한 권한의 위임과 전문화된 직무의 체계를 가지고 합리적인 규칙에 따라 조직의 목표를 능률적으로 실현하는 조직의 관리운영체계를 말한다. 어원은 bureau(사무실, 책상)와 cracy(kratia: 관리, 지배)의 합성어로서 사무실 책상에서 미리 규정과 절차를 정해 놓고, 현장실무를 수행하는 구성원은 그에 따라 행동해야 한다는 뜻이다. 이 이론은 베버(M. Weber)가 주장한 이론으로, 그는 우선 개인들을 조직의 질서에 복종하게 하는 정당성의 기초인 권위(authority)에 주목하여 권위의 유형을 전통적 권위, 카리스마적 권위, 합법적 권위로 구분하였다.

막스 베버
(Max Weber, 1864~1920년)

① **전통적(traditional) 권위** : 하급자가 상급자의 명령에 대해서 그것이 전통적으로 그러했다는 근거에서 정당한 권위로 받아들일 때 나타나는 권위를 말한다. 왕이나 황제 등 세습적 리더가 통치하는 권위가 세습 권력에 의해 행사된다. 통치기간이 길고 세대에서 세대로 이어지는 특징이 있다.

② **카리스마적(charismatic) 권위** : 상사의 매우 특출한 비범한 자질과 특성에 기초하여 하급자가 상사의 명령을 정감적으로 수용하는 것으로, 영웅주의, 신앙심, 열광 등 개인적 자질을 통해 만들어진다. 그러나 개인적 자질은 유한하기 때문에 통치가 불안정하고 오래가지 않는다.

③ **합법적(rational) 권위** : 상사가 규칙과 절차에 의해 부여된 정당성과 전문성에 기

초해 법적 지위에서 행사하는 당연한 명령으로 인정되는 권위다. 목표를 달성하는 능력에 의해 권력이 발생한다.

이 중에서 합법적 권위에 기초한 관료제가 근대사회의 대규모 조직을 설명하기에 가장 적합하다고 보고, 합리적인 규칙과 최대한의 효율성을 목적으로 하는 행정의 관료화가 완전히 성취되는 것이 사회체계 내에서 자원과 권력을 동원하는 가장 합리적인 도구라고 보았다. 관료제의 주요 특성은 다음과 같다(Hoy & Miskel, 2008).

① **분업과 전문화** : 조직의 행위는 여러 가지 다른 업무들로 분할되어 있고, 각 직책(position)이 담당하는 권한과 의무가 명백하게 세분화되어 있다. 분업과 전문화를 통해 전문가를 배출한다.

② **사적 감정 배제** : 조직 운영에 있어서는 개인적인 감정이나 생각은 배제되고 공식적인 원칙과 절차가 중요시된다. 사적 감정을 배제한 전문가는 사실에 근거하여 기술적으로 정확하고 합리적인 결정을 내린다.

③ **권위의 위계** : 모든 직위는 공식적 명령 계통을 중심으로 계층구조를 갖는다. 즉, 직위 구조는 피라미드 형태의 위계구조를 띠어서 조직 구성원은 상급 직위로부터 지시와 감독을 받고 하급 직위에 명령하는 식으로 명령과 복종의 연쇄(chain)를 형성한다.

④ **규칙과 규정** : 모든 업무는 일관성과 통일성을 위해 규칙과 규정에 따라 수행된다. 이를 통해 개인의 변덕이나 정실에 좌우될 위험을 방지하고, 조직원이 변경되어도 직위는 유지되고 새로이 충원된 구성원도 역시 동일하게 업무수행하므로 연속성과 전문성이 보전된다.

⑤ **경력 지향성** : 모든 구성원들은 전문적 능력과 기술을 중요시하기 때문에 그들의 직무경력은 중요하게 여겨진다. 직위의 위계구조상에서 상향 이동, 즉 승진이 가능하고 이 과정에서 능력, 업적 및 연공서열이 종합적으로 반영된다.

관료제 조직에서 조직원은 상위자라는 특정 개인이 아니라 조직 그 자체에 충성하는 것이며, 자연인으로서의 직위 및 권한과 조직인으로서의 지위 구분이 명확해서 개인생활과 조직생활은 구분되어야 한다. 그리고 일 역시 단순히 생계를 위한 수단이 아니라 일종의 소명의식을 갖추고 감정적인 헌신이 요구되는 천직(vocation)이어야 하고, 조직에 채용되기 위해서는 연고나 다른 정실주의(nepotism)는 배제되고 조직이 필요로 하는 적정 수준의 훈련된 자격이 요구된다.

그러나 관료제의 이러한 특징은 비인간화 내지 융통성 결여 등의 역기능을 낳는다. 관료조직의 구성원들은 결국 대체 가능한 부품에 불과하며, 목표 달성을 위한 효율적 수단이 오히려 그 행위의 가치와 의미를 상실할 수 있다. 관료제의 주요 특징이 갖는 순기능뿐만 아니라 그 역기능을 정리해 보면 〈표 3-1〉과 같다.

표 3-1 관료제의 순기능과 역기능

순기능		주요 특징		역기능
전문성 강화	⇦	분업과 전문화	⇨	권태감 누적
합리성 증진	⇦	몰인정성	⇨	사기 저하
엄격한 지시 이행과 조정	⇦	권위의 계층	⇨	의사소통장애
계속성과 통일성 확보	⇦	규칙과 규정	⇨	경직성과 목표전치
유인 체계	⇦	경력 지향성	⇨	업적과 연공 간의 갈등

출처: Hoy, W. K., & Miskel, C. G. (2008), pp. 83-85.

그리고 이러한 관료제의 역기능은 필연적으로 다음과 같은 병폐를 가져온다.

- 규칙과 절차가 번거롭고 까다로워 불편하다(번문욕례, red tape).
- 상사의 명령을 절대적으로 추종한다(과잉 동조).
- 규정만을 고집하여 상황에 따른 유연한 대응을 하지 못한다(규정 만능주의).
- 새로운 아이디어나 변화를 시도하지 않고 현실에 안주한다(무사안일주의).
- 부처 간에 협조하지 않고 자기 부처의 이익만을 챙긴다(할거주의).

사회복지조직에서 나타나기 쉬운 대표적인 관료제의 병폐로는 크리밍(creamining or skimming) 현상과 번문욕례가 있다. ① 크리밍은 원유 가운데 맛있는 크림만 골라

먹는 데서 유리한 것으로, 사회복지조직이 유순하고 성공 가능성이 높은 클라이언트만을 선별적으로 받아들이고, 비협조적이고 성공 가능성이 낮은 매우 복잡하고 어려운 문제를 겪고 있는 클라이언트를 의도적으로 배척하는 현상을 말한다. 모든 전문직은 자신의 개입 전략에 적합해 결과가 성공적으로 나타날 가능성이 높은 케이스를 선호하는 경향이 있으며, 또는 실적에 대한 압박이 강할수록 크리밍 현상이 쉽게 나타난다. ② 번문욕례(red tape)는 관공서의 번거로운 행정절차 혹은 형식주의를 지칭하는 말로서, 일반적으로 행정사무를 지연시키고 행정 비용을 증대시키는 등의 관료제 병폐를 의미한다. red tape는 예전 관공서에서 공문서를 매는 데 쓰는 붉은 끈에서 유래된 말이다.

현대사회의 대부분의 조직은 관료제의 특성을 갖고 있다. 사회복지조직에서 관료제론은 전문화가 증가하는 방향인 사회복지조직에서 행정 통제와의 불협화음이 딜레마라는 단점과, 규칙 이행과 통제 강조는 직원의 자발성과 창의성에 제약이 된다는 점, 환경의 중요성을 간과하고 있다는 점, 조직 내의 인간적 요소를 간과하고 있다는 비판을 받고 있다. 이런 단점으로 인해 그 결과 장기적으로는 생산성 증대가 낮아지고 구성원의 반발로 이직과 결근 등이 증대되어 인간관계론이 등장하는 배경이 되었다.

2) 과학적 관리론

프레더릭 테일러
(Frederick Winslow Taylor, 1856~1915년)

과학적 관리론(scientific management theory)은 테일러(Taylor, 1911)가 기존의 주먹구구식 조직관리에서 탈피하여 합리성과 효율성을 강조한 이론이다. 우선 조직을 기계로 보고 조직 구성원을 그 부품으로 인식하여 작업의 표준화와 분업을 통해 표준작업량을 정하고 이를 초과하면 성과급을 지급함으로써 동기부여하는 방식이다. 그는 작업과정을 분석하여 과학화하면 능률과 생산성을 극대화할 수 있다고 믿었다. 이 이론은 현대 조직에 있어서 생산성의 가치와 기법의 기초가 되었다. 과학적 관리론에서 제시한 핵심적 기법은 다음과 같다.

① **시간 연구 및 동작 연구** : 숙련 기술자가 작업을 수행하는 데 소요되는 시간을 스톱워치로 측정해 가장 빠르고 쉬운 작업방법을 기준으로 표준시간과 표준동작

을 정한다.

② 표준작업량 : 시간 연구 및 동작 연구를 통해 작업자 개인별로 최대의 1일 표준작업량을 정한다.

③ 차별적 성과급 제도 : 직접적이고 신속한 동기부여를 위해 1일 표준작업량을 넘어서면 높은 성과급을 지급한다.

④ 과업관리 : 작업의 기획과 설계를 담당하는 관리자와 실제 생산을 담당하는 작업자는 서로 분리되어 관리의 전문화가 이루어져야 한다.

이 이론이 사회복지조직에 주는 시사점은, 조직 효율성을 위해 과학적 관리기법의 도입이 필요하고, 자원 할당은 목표의 우선순위에 따라 이루어지고, 부서의 효율성은 목표 달성 정도에 따라 평가할 수 있으며, 평가 피드백에 의거해 생산성이 낮은 부서를 독려하고 더욱 효율적으로 자원을 재분배해야 한다는 것이다.

그러나 사회복지조직은 목표가 상충되고 모호하며, 과학적 관리론이 의사결정 과정에서 엘리트주의적이고 인간에 대한 기계적 견해 때문에 외부적인 환경에 의존하기 쉬운 사회복지조직을 이해하는 데 뚜렷한 한계를 가진다. 또한 작업자의 비인간화와 성과급여만 중시하여 인간적인 욕구가 무시된다는 비판을 받고 있다.

Tip 삽과 삽질의 과학 

테일러가 1880년 베들레헴 철강회사에서 선철 운반작업을 분석했더니 노동자 1명이 힘들게 일해도 하루 12톤 정도 화차에 싣는 것을 알았다. 그래서 작업 공정과 피로의 모든 요소를 분석하고 슈미트(Schmit)라는 노동자에게 스톱워치를 이용해 쉬고 작업하는 것을 연구한 결과, 1시간 동안에 26분 일하고 34분을 쉬면 하루에 최대 47톤까지 일할 수 있다는 사실을 발견하였다. 또한 삽질 작업을 시간 및 동작 연구한 결과 한 삽에 9.8kg이 가장 효율적이라는 사실을 발견하였다.

3) 행정관리론

앙리 페이욜
(Henry Fayol, 1841~1925년)

행정관리론(Administration management)은 '아래로부터'의 생산성 및 효율성보다 '위로부터' 연구하여 조직의 최적 방법을 설계하기 위해 행정관리 기능의 향상에 초점을 둔 이론이다. 페이욜(H. Fayol)은 1916년 최고관리자의 관점에서 관리 문제를 연구해 기획 · 조직 · 명령 · 조정 · 통제라는 다섯 가지 관리 요소를 확인하고, 14가지 관리 원리를 제시하였다. 그는 집권화되고 전문화된 조직구조와 면밀한 감독과 통제를 강조하였다.

표 3-2 행정관리론의 다섯 가지 관리 요소

요소	내용
기획(planning)	미래를 예측하고 행동계획을 수립하는 일
조직(organizing)	인적 · 물적 자원을 조직하고 체계화하는 일
명령(commanding)	구성원으로 하여금 과업을 수행하도록 지시하는 일
조정(coordinating)	모든 활동을 통합하고 상호 조정하는 일
통제(controlling)	규칙과 명령에 따라 일이 이루어지는지 확인하는 일

행정관리론에서 주장하는 관리의 14가지 원칙은 다음과 같다.

- 분업을 통한 고도의 전문화는 효율성을 가져온다(분업).
- 권한은 경영 책임을 수행하기 위해 필요하다(권한).
- 조직 구성원은 조직을 지배하는 규율을 준수해야 한다(규율).
- 하위자는 오직 한 명의 상급자에게 보고하여야 한다(명령 일원화).
- 조직의 유사한 활동은 한 명의 관리자에게 통합되어야 한다(지휘 통일화).
- 개인의 이해가 조직 전체의 목적에 앞서서는 안 된다(전체 이익에 대한 개인의 복종).
- 보상은 구성원과 조직 모두에 공평해야 한다(보상).
- 권력과 권한은 가능한 한 상위계층에 집권화되어야 한다(집권화).
- 권한의 연쇄는 위에서 아래로 연결되어야 하며 항상 준수되어야 한다(계층화).
- 인적 · 물적 자원은 요구되는 장소와 시간에 따라 조정되어야 한다(질서).

- 관리자는 하위자를 다룰 때 친절하고 공정해야 한다(공정).
- 구성원의 이직률이 높아서는 안 된다(안정).
- 부하는 주도권을 갖고 일하는 자유를 가져야 한다(주도권).
- 팀워크, 단체정신, 단결력 등이 강조되고 유지되어야 한다(단결).

또한 귤릭과 어윅(Gulick & Urwick, 1937)은 미국 루스벨트(Roosevelt) 대통령의 일반적인 직무를 기능적으로 분석하여 관리자의 주요 기능을 POSDCoRB로 제시하였다.

① 기획(Planning) : 목표 설정, 활동 대상과 방법을 개괄적으로 확정하는 일

② 조직(Organizing) : 공식적인 권한구조를 설정하고 직무를 배분 · 규정하는 일

③ 인사(Staffing) : 직원을 채용, 배치, 교육훈련 및 근무조건을 유지하는 일

④ 지시(Directing) : 결정 사항을 각 부서에 명령하고 지시하여 구체화하는 일

⑤ 조정(Coordinating) : 부서별 업무를 상호 관련시키고 통합 · 조절하는 일

⑥ 보고(Reporting) : 작업을 기록, 조사, 연구, 감독하여 정보를 제공하는 일

⑦ 재정(Budgeting) : 예산을 편성하고, 회계, 예산통제, 결산 등을 하는 일

그러나 행정관리론은 개인적 동기, 리더십, 비공식 집단과 같은 조직 내에서의 인간적인 요소를 무시하였다는 점, 보편적인 진리와도 같은 원칙들을 경험적으로 구체화하는 데 성공적이지 못했다는 점에서 비판받고 있다.

2. 인간관계론

1) 등장 배경

고전이론이 1930년대 초까지 행정 전반에 큰 영향을 미쳤지만 1930년대 경제공황

앨턴 메이오(George Elton Mayo, 1880~1949년)

으로 조직관리의 한계를 느끼게 되고, 또한 지나치게 조직의 공식적인 구조나 과업조직, 구성원의 경제적 · 물리적 측면만을 강조함으로써 조직 구성원의 사회적 · 심리적 측면과 조직 내부에 존재하는 비공식 조직, 정치적인 요소 등을 간과했다는 비판을 받게 되었다. 이때 인간의 사회적 특성과 사회적 욕구를 중시하는 인간관계론(Human Relations)이 등장하게 되었다.

이 이론은 메이오(E. Mayo) 등의 호손(Hawthorne)실험을 통해 등장하게 되었다. 인간관계론은 과학적 관리론을 응용한 현장실험의 연장선상에서 예측하지 못한 상황들이 발견되었고 연구 결과 과학적 관리론의 기본 전제를 크게 수정하면서 등장한 이론이므로 신고전이론으로 분류되기도 한다.

2) 실험 과정

호손실험 장면 "우리는 그냥 일만 열심히 했어요"

호손실험은 1924년부터 8년간 서부전기회사 호손공장에서 네 차례 진행되었다. ① 1차 조명실험(1924~1927)에서 밝기와 생산성의 관계를 실험했지만 실험 집단과 통제 집단 모두에서 밝기를 높일수록 생산량이 늘어났고 심지어 밝기를 줄였을 때도 생산량이 증가하여 결국 생산성에는 조명 이외의 다른 요소가 있음을 알게 되었다. ② 2차 계전기조립실험(1927~1929)에서 여섯 명의 여직원들을 통해 물리적 환경(휴식시간 등)보다 자부심과 성취감 같은 심리적 요인이 생산성에 더 영향을 준다는 것을 발견하였고, ③ 3차 면접실험(1928)에서 21,126명을 면접한 결과 작업자의 태도, 감정 등의 심리적 요인의 중요성이 확인되었고, ④ 4차 배선 관찰실험(1931)에서는 14명의 작업자 사이에 비공식 집단의 규제와 기능 등이 밝혀졌다. 실험 결과를 요약하면 다음과 같다.

- 근로자의 만족과 동기유발에는 경제적 요인보다 칭찬과 고충처리 같은 비경제

적인 보상이 더 중요하다.

- 근로자들은 관리자의 요구나 규범, 보상 등에 대해 개인이 아니라 집단의 구성원으로서 반응한다.
- 근로자의 작업량은 자신의 육체적 능력이 아니라 소속한 비공식 집단의 집단규범에 의해 결정된다.
- 집단규범의 설정과 수행에는 비공식 조직, 특히 비공식 리더의 역할이 중요하다.

3) 인간관계 후속 연구

호손실험 이후에도 인간을 사회적 동물로 인식하는 후속 연구들이 진행되었다. ① 리피트 등(Lippit, White, & Lewin)의 연구에서는 상위자와 하위자 사이의 인간관계에 중점을 두고 리더십 유형을 연구한 결과 민주형 리더가 가장 이상적이라는 것을 발견하였고, ② 레윈(Lewin)의 연구에서는 여성적십자 회원을 대상으로 식생활 개선에 관해 세 집단은 강연을 듣게 하고 세 집단은 토론을 했는데, 토론 참여자들이 상당히 적극적으로 반응하였다. ③ 코치와 프렌치(Coch & French)의 연구에서는 잠옷 공장에서 생산 방식을 변경할 때마다 이직률이 높은 문제를 해결하고자 직공을 불참여 집단, 대표자 참여 집단, 적극적 참여 집단으로 나누어 실험했더니 적극적 참여 집단이 이직률도 낮고 생산성도 높게 나타났다.

4) 인간관계론 평가

인간관계론은 조직 내의 비공식 집단이 개인의 태도와 생산성과 밀접한 관련이 있으며, 비경제적 요소가 동기부여 요인이라는 점을 강조한다. 특히, 리더십의 유형은 권위주의적이 아닌 민주적이어야 하며 조직 구성원들의 참여는 특히 효과적인 조직 내의 원활한 의사소통을 위해서 중요하다.

그러나 인간관계론은 조직환경이나 임금, 전문가 능력 등 조직변수를 전혀 고려하지 않았고, 조직 내의 정치 및 경제적 과정을 무시하였으며, 동기부여와 의사결정 참여 등을 과대평가하였고, 소집단보다 큰 광범한 사회구조의 영향을 무시하였다는 비판을 받고 있다. 그리하여 레인 등(Lane et al., 1967)은 과학적 관리론은 '인간 없는 조직'을 강조한 것과 대조적으로 인간관계론은 '조직 없는 인간'이라는 이미지를 형성하였다고 하였다. 고전이론과 인간관계론을 비교하면 〈표 3-3〉과 같다.

표 3-3 고전이론과 인간관계론 비교

고전이론	구분	인간관계론
합리적 · 경제적 인간관	인간관	사회적 인간관
공식적 조직	조직구조	비공식적 조직
능률	가치기준	사회적 능률
경제적 · 물질적 유인	동기부여 유인	비경제적 · 사회적 유인
폐쇄체제	환경과의 관계	환경유관론적 입장
형식적 과학성	과학성	경험주의 제창

3. 근대 조직이론

전통적인 조직이론은 환경이나 조건에 관계없이 모든 조직에 공통적으로 유효하다고 인정되는 조직구조나 관리원칙을 확립하고자 노력하였다. 그러나 모든 조직은 사실 목표와 크기, 주위 환경, 사용 기술이나 전략 및 구성원들의 특성도 모두 다르기 때문에 모든 상황에 똑같이 적용될 수 있는 유일 최선의 조직관리이론은 존재할 수 없다. 그리하여 1960년대 말에서 1970년대 중반까지는 상황과 조직과의 적합성 등을 규명하고자 노력하였다.

1) 상황이론

상황이론(contingency theory)은 조직을 개방체계로 보고 상황에 적합한 조직구조와 형태를 유지해야 한다는 이론이다. 즉, 조직구조는 외부의 환경 변화, 사용하는 기술의 복잡성, 그리고 조직 규모에 적합(fit) 해야 조직의 생존과 성과가 달라진다는 것이다. 상황 요인별 조직구조는 다음과 같아야 한다.

- 환경이 안정적이면 조직구조는 집권화와 공식화의 정도를 높일 수 있지만, 환경이 불안하고 변화가 클수록 조직구조가 유연해야 효과적으로 대응할 수 있다.
- 사용하는 기술이 복잡하고 전문적인 경우에는 분권화하는 것이 더욱 적합하고 조정의 필요성이 크게 강조될 수 있다.
- 조직 규모가 큰 경우 공식화의 정도를 높여서 계층별 승인과 결재가 요구된다면 상당히 비효율적이다.

외부 환경에 민감한 사회복지조직에 환경적 변수의 중요성을 강조한 상황이론이 주는 시사점은 매우 크다. 상황이론을 활용할 경우 우선 사회복지행정가는 가장 우선적으로 자신이 운영하는 사회복지조직의 특성과 욕구를 분명히 파악하고, 그다음으로 환경적 특성을 잘 이해해야 한다(Lewis et al., 2011). 만일 단일계층의 클라이언트에게 같은 유형의 서비스를 단순 반복적으로 계속 제공한다면 정형화된 기계적 조직구조를 갖추어도 되고, 반면에 다양한 클라이언트 집단에게 욕구에 맞는 다양한 차별적인 서비스를 제공해야 한다면 더욱 유연한 조직 형태를 갖추어야 할 것이다. 그러나 이 이론은 어떤 상황에 어떤 조직이 적합한지에 대한 구체적인 지침을 제공해 주지 않으며, 또한 조직구조의 형성 주체인 의사결정, 가치관, 사명과 비전 등을 간과하고 있다는 단점이 있다.

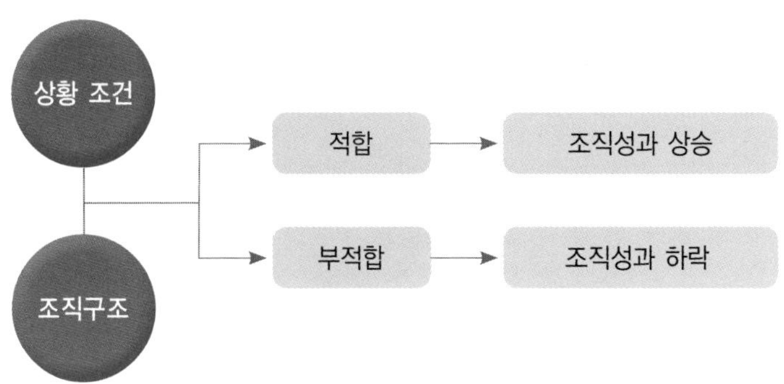

[그림 3-1] 상황이론의 기본 개념

2) 체계이론

체계이론(system theory)은 조직을 하나의 살아 있는 유기체로 간주하고 유기체가 생존을 위해 성장과 적응을 하는 것처럼 안정성을 유지한 채 성장하고 환경에 적응한다고 본다(Katz & Khan, 1978). 이 이론은 생물학자 베르탈란피(L. Bertalanffy, 1947)의 체계이론이 조직에 적용된 것으로, 체계(system)란 상호 복잡하게 연결된 부분들이 통일적으로 구성되어 이루어져 있는 실체를 말한다. 하나의 체계 속의 각 부분들은 외부 환경과의 경계 안에서 존재하며 서로 영향을 주고받으며 연결되어 있다. 그리고 대부분의 체계는 그보다 작은 하위체계(sub-system)를 가지며, 한편으로 그보다 큰 전체체계(total-system)의 하위체계로 존재하면서 전체체계 또는 다른 체계와 상호관계를 가지기도 한다.

체계이론(system model)에 의하면 사회복지조직은 다양한 하위체계로 구성된 복합체이며(Katz & Kahn, 1978), 따라서 관리자에게 조직의 하위체계들이 각각 어떠한 기능을 하며 역동성 및 기제를 수행하는가의 표준을 제시함으로써 특정한 조직의 성과를 그 표준과 비교·평가해 볼 수 있다. 체계이론은 〈표 3-4〉의 다섯 가지 하위체계로 구성되어 있다(Neugeboren, 1985).

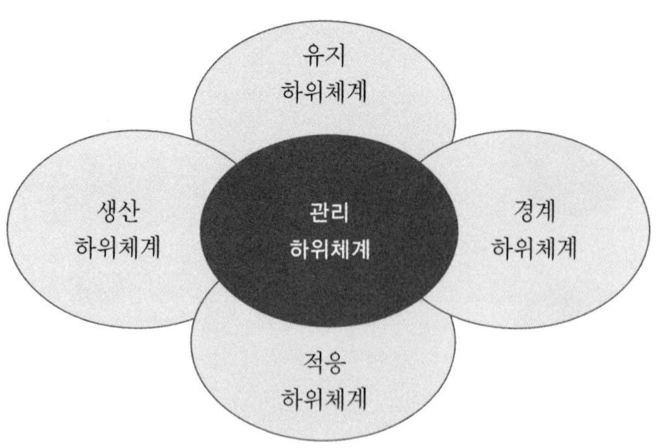

[그림 3-2] 체계모형

표 3-4 체계이론의 다섯 가지 하위체계

구분	개념	내용
생산 하위체계	생산을 담당해 클라이언트에게 서비스를 제공하는 부분	• 고전이론의 가정에 기초 • 각종 투입 자원이 서비스로 변형되는 과정 • 숙련과 합리성을 강조하는 전문화의 원리가 중요 • 조직 명칭은 대부분 생산 하위체계의 서비스와 관련
유지 하위체계	조직의 계속성을 확보해 안정 상태를 유지하는 부분	• 인간관계이론에 기초 • 개인 목표를 조직 목표에 통합되도록 촉진 • 활동 공식화, 보상체계 확립, 사회화, 선발과 훈련을 사용
경계 하위체계	조직의 외부 환경에 영향을 미치는 부분	• 구조이론과 관련된 가정에 기초 • 생산지지 체계(서비스 전달에 후원과 지지를 보내기 위해 필요한 활동)와 제도적 체계(지역사회의 지지와 정통성을 확보하는 것)로 구성
적응 하위체계	연구와 계획에 관련된 조직의 지적인 부분	• 고전이론(연구와 계획)과 구조이론(환경)에 기초 • 연구와 평가를 통해 조직 변화의 필요성을 관리층에 건의 • 전산화된 정보관리 체계의 활용 필요
관리 하위체계	다른 하위체계를 조정 및 통합하는 부분	• 고전이론(통제)과 구조이론(환경), 인간관계이론(타협)에 기초 • 리더십을 통해 갈등 해결, 하위체계 조정 및 조직 재구조화

4. 현대 조직이론

1) 신공공관리론과 신공공서비스론

신공공관리론(new public management)은 1980년대 정부혁신운동의 하나로서 후드(Hood, 1986)에 의해 제시된 이론이며, 과중한 복지비용으로 인한 민영화와 정부 축소 등에서 나타난 공공 부문의 비효율을 이유로 경쟁·고객만족과 같은 민간의 경영기법을 공공행정 부문에 도입하고자 하는 운동이다. 시장 지향적 행정, 기업가적 정부, 성과관리 등 다양한 명칭으로 불린다. 정부를 보다 효과적이고 반응적으로 만들려 노력하였고, 그 결과 경쟁원리의 도입, 고객만족의 추구, 일선 기관으로의 권한 위임, 성과관리, 번문욕례(red tape)의 제거, 효율성 제고를 위한 정보통신기술의 도입 등으로 특징지을 수 있다.

신공공서비스론(new public service theory)은 정부로 하여금 민간기업의 능률성만을 지나치게 강조한 신공공관리론이 관료의 권력만을 강화하였다는 반성에서 21세기에 들어서면서 등장한 이론으로, 경영적 방식을 정부 단독이 아닌 시민 참여의 민주적 방식에 의해 운영되어야 한다는 입장이다. 덴하르트와 덴하르트(J. Denhardt & R. Denhardt, 2007)는 관료는 민주적 원칙에 입각해서 공공서비스를 제공해야 하고, 공익, 거버넌스 과정, 민주적 시민의식의 확대 등과 같은 민주적 이상의 실현을 위해 노력해야 함을 강조한다. 따라서 관료에게 집중된 권한을 시민에게 위임하고, 시민을 위해 봉사하게 하며, 시민 중심의 공직제도를 구축하는 데 초점을 둔다.

2) 총체적 품질관리

총체적 품질관리(Total Quality Management: TQM)는 조직이 산출하는 서비스의 질을 향상시켜 궁극적으로 소비자의 만족을 추구하기 위한 효과적인 관리기법을 통합적으로 운영하는 조직관리 방법이다. 단순히 제품이나 서비스의 결함을 발견하여 그것을 제거하는 데 있는 것이 아니라, 총체적으로 소비자가 만족할 수 있는 제품과 서비스를 향상시키는 조직관리와 경영기법으로 이해해야 한다. 조직 내 품질 향상을 위한 팀을 구성하여 팀원들이 여러 기법을 활용하여 투입과 산출에 관한 전반적인 자료 수집과 분석을 한다.

3) 학습조직

개인이 학습하듯 조직 역시 학습한다. 학습의 일상화와 습관화로 지속적으로 변화하고 적응할 수 있는 능력을 가지고 있는 조직을 학습조직이라 한다. 즉, 학습조직은 구성원들이 낡은 사고방식을 버리고, 서로 열린 마음을 갖고 학습하고, 조직이 실제로 어떻게 움직이는지를 이해하고, 모든 구성원이 동의할 수 있는 계획이나 비전을 만들고, 그러한 비전을 달성하기 위해 함께 일한다. 조직과 인력을 강화시켜 클라이언트 집단에 효과적인 서비스를 제공하는 방안으로 제시되고 있다. 학습조직은 다음과 같은 특징을 갖는다(Senge, 2000).

▶ 모든 구성원들이 동의할 수 있는 공유된 비전이 존재한다.
▶ 구성원들은 문제해결과 업무를 하는 데 사용되는 낡은 사고방식과 표준화된 규칙을 탈피한다.
▶ 구성원들은 조직의 프로세서, 활동, 기능, 환경과의 상호작용을 상호 연결된 시스템의 한 부분으로 생각한다.
▶ 구성원들은 수직적 · 수평적 경계를 가로질러 비판이나 처벌에 대한 두려움 없이 개방적으로 의사소통한다.
▶ 구성원들은 개인적인 이익이나 자기 부서의 이익을 승화시켜 조직 전체의 공통 비전을 달성하기 위해 함께 노력한다.

학습조직은 다음의 다섯 가지로 구성되어 있다(P. Senge, 2000).

- 조직 구성원들이 공동으로 추구하는 목표와 원칙에 관한 공감대를 형성하고 있어야 한다(공유 비전).
- 개인은 원하는 결과를 창출할 수 있는 자기 역량을 지속적으로 넓혀 가고 심화시켜 나가야 한다(개인 숙련).
- 구성원들은 대화와 집단적인 사고의 과정을 통해 개인적 능력의 합을 능가하는 지혜와 능력을 구축해야 한다(팀 학습).

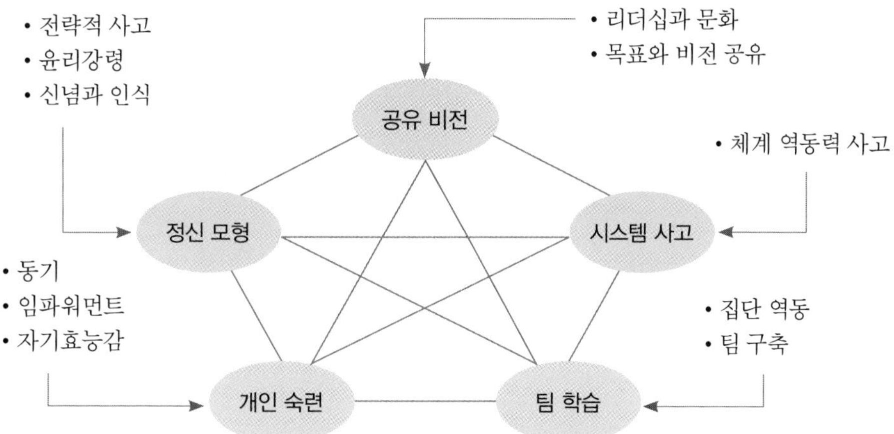

[그림 3-3] 학습조직의 구성 요소

- 생태체계적이고 역동적인 관점에서 서로 연결되고 의존되어 있는 하나의 전체로 이해해야 한다(시스템 사고).
- 현실 인식과 행동양식에 관한 고정된 전제나 이미지를 성찰해 상호 이해를 새롭게 하고 사고를 전환한다(정신 모형).

4) 애드호크라시 이론

애드호크라시(Adhocracy)는 관료제와는 대조를 이루는 개념으로, 다양한 전문기술을 가진 비교적 이질적인 전문가들이 프로젝트를 중심으로 집단을 구성해 문제를 해결하는, 변화가 빠르고 적응적인 '특별임시조직'을 말한다. 애드호크라시의 기원은 제2차 세계 대전 중의 애드혹팀(ad hoc team)으로 불리던 기동타격대(task force)로서, 이 특수부대는 임무를 완수하면 해체하였다가 새로운 임무가 부여되면 재구성되는 특성을 가졌다. 이를 앨빈 토플러(Alvin Toffler)가 『미래의 충격』(1984)에서 관료조직을 대체할 미래 조직으로 지칭하였다. 애드호크라시는 대체로 영구적인 부서나 공식화된 규칙, 표준화된 절차 없이 상황에 맞게 팀을 구성해 문제를 해결하는 특징이 있다. 애드호크라시 조직 형태로는 매트릭스(matrix) 조직, 태스크 포스(task force), 위원회 조직 등이 있다. 이 이론의 특징은 다음과 같다.

- ▶ 전통적 조직구조에 비하여 수평적 분화가 높으며 복잡성과 공식화가 낮다.
- ▶ 고도의 유기적 조직으로서 신축성과 융통성이 높다.
- ▶ 기능별 집단과 목적별 집단이 공존한다.
- ▶ 고도로 훈련된 전문가들에게 의존하기 때문에 분권적 의사결정 구조를 가지며 영향력의 근거는 전문성에 있다.
- ▶ 표준화를 거부하며, 공식적인 규칙이 존재하지 않는다.

5) 임파워먼트

임파워먼트(empowerment)는 관리자가 보유하고 있는 권한을 실무자에게 위임하고 책임 범위를 확대시킴으로써 그들의 잠재능력과 창의력을 최대한 발휘하도록 만드는 관리기법을 말한다. 즉, 실질적인 권한의 이양과 활동을 지지함으로써 개인의 능력과 의욕을 극대화시키는 기술을 말한다. 임파워먼트의 장점은 사회복지사에게 권한을 강화시켜 줌으로써 직무에 더욱 몰입하게 할 수 있도록 만들어 주고, 창의성과 잠재능력을 개발해 주어 그들이 클라이언트에게 제공하는 서비스의 질을 향상시킬 수 있으며, 상급자의 하급자에 대한 지시, 감독, 감시 등에 필요한 비용과 시간을 절약할 수 있다는 데 있다(원석조, 2009).

임파워먼트는 부하 직원에게 권한을 배분하는 관계적 개념과 일에 있어 스스로 의지를 갖고 할 수 있다는 동기부여적 개념까지를 포괄하는 복잡한 개념으로, 임파워먼트를 통해 자신의 능력에 대한 강한 과업수행 자신감과 신념을 갖게 되며 또한 상사 신뢰까지 높아지게 된다(강종수, 2011). 또한 직무에 더욱 몰입할 수 있게 만들고, 창의성과 잠재능력을 개발해 주며 업무수행능력을 향상시킨다.

제4장

사회복지조직

1. 조직의 개념과 구성 요소
2. 미션과 비전
3. 조직구조
4. 조직 유형 및 형태
5. 사회복지법인과 시설

1. 조직의 개념과 구성 요소

1) 조직의 개념

'인간은 사회적 동물'이라고 한 아리스토텔레스(Aristoteles)의 지적처럼, 인간은 조직 속에서 각자의 욕구를 충족하면서 공동의 이익을 추구하므로 결코 조직을 떠나서는 살 수 없다. 조직(organization)이란 특정한 목표를 달성하기 위해 의도적으로 구성된 사회적 단위 혹은 인간의 집합체를 말한다(Etzioni, 1964). 즉, 조직은 의도적으로 체계화된 구조에 따라 구성원들이 일정한 경계 내에서 상호 의존적인 활동을 수행하며, 외부 환경과 상호작용하는 집합체다. 조직에 관한 학자들의 정의는 다음과 같다.

응원단은 조직이고 관중은 조직이 아니다.

- 폐쇄되어 있거나 규칙에 의해 외부인의 출입을 제한하는 사회적 관계(Weber, 1947)
- 사람들의 의식적이고 목표 지향적인 협동 행위(Banard, 1968)
- 사람들의 상호작용의 집합체인 하나의 사회제도(March & Simon, 1958)
- 특정한 목표를 달성하기 위해 의도적으로 만들어진 사회적 단위(Etzioni, 1964)

이러한 정의를 종합해 보면 조직의 속성은 다음과 같이 요약할 수 있다. 조직이 있기 때문에 조직을 관리하기 위한 행정 혹은 경영이 필요하다.

- 조직은 공동의 목표를 갖고 있는 사람들의 집합체다.
- 조직은 목표 달성을 위해 구성원을 조정하고 통제하는 규칙이 있다.
- 공동의 목표 달성을 위해 구성원들은 상호 협력한다.
- 조직은 체계화된 구조와 절차를 확립하여야 한다.

• 조직은 외부 환경과 영향을 주고받는 상호작용적인 관계 속에서 유지 · 발전하는 개방체제다.

2) 조직의 구성 요소

조직의 구성 요소에 대해서는 다양한 견해가 제시되고 있다(Scott, 1987).

▶ 바너드(Barnard, 1938): 의사소통, 봉사 · 협동하려는 의지, 공동의 목적

▶ 캠벨 등(Campbell et al., 1983): 목표, 기술, 분업, 권력구조, 환경

▶ 가우스(Gaus, 1952): 공동의 목표, 책임과 업무의 분담, 협력 관계

▶ 카츠와 칸(Katz & Kahn, 1978): 생산구조, 역할구조, 권한구조, 규제 장치 및 적응구조

▶ 스콧(Scott, 1987): 사회적 구조, 참여자, 목표, 기술, 환경

스콧(Scott)의 이론을 중심으로 살펴보면 조직은, ① 조직활동에 영향을 미치는 과업환경과 일반환경과 같은 외부의 환경, ② 가치와 규범 및 역할기대와 같은 구조화된 규범적 구조와 행동적 구조의 사회적 구조, ③ 미션에 기반한 조직활동을 수행하

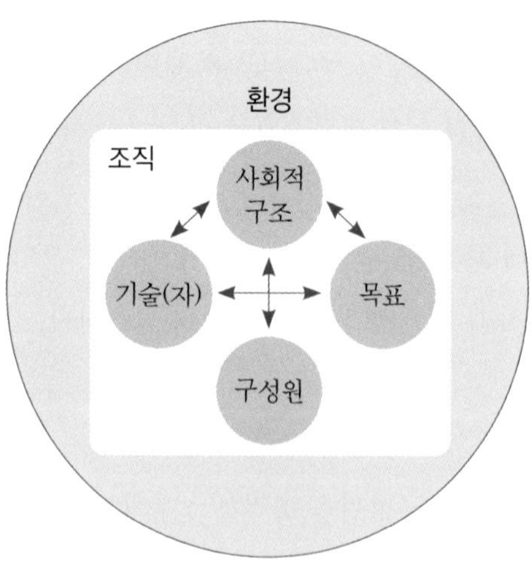

[그림 4-1] 조직의 구성 요소

출처: Scott, W. R. (1987).

는 참여자, ④ 참여자들이 달성하고자 하는 조직의 바람직한 미래인 목표, ⑤ 목표 달성을 위한 장비와 지식, 기법 등의 기술로 구성된다.

3) 사회복지조직의 특성

(1) 휴먼서비스조직과 사회복지조직

휴먼서비스조직(human service organization: HSO)은 사회복지조직과 혼용되는 개념이다. 두 조직 모두 클라이언트의 변화를 목적으로 하며, 사용하는 기술이 정형화되어 있지 않고, 또한 필요한 재원을 제3자에게 의존한다는 공통점이 있다. 그러나 휴먼서비스조직은 보건, 의료, 교육, 사회서비스 등을 포괄하는 개념으로, 사회복지조직은 휴먼서비스조직의 한 종류다.

사회복지조직은 휴먼서비스조직에 비해 더 비우호적인 환경을 가지고 있으며 동시에 환경에 대한 의존성이 크다. 학교나 병원에 비해 님비(NIMBY) 현상이 강하고, 클라이언트 대부분이 스스로 사회적 욕구를 해결하지 못하는 소외 집단에 해당한다. 사회복지조직의 활동이 정형화된 기술력이 부족하며, 검증되지 않은 전문가에 의존하는 경향이 더 강하다(Patti, 2000).

표 4-1 휴먼서비스조직과 사회복지조직 특성 비교

휴먼서비스조직	조직 특성	사회복지조직
인간 변화	목적	인간 변화
일선 전문가의 역할 중요	주요 활동	검증되지 않은 일선 전문가에 의존
비정형화된 기술	활동 기술	기술력 약함
제3자에 의존	재원	제3자에 의존, 자본 창출 능력 매우 약함
환경 의존	환경 특성	비우호적 환경에 대한 절대적 의존

출처: 신준섭(2021), p. 47.

(2) 사회복지조직의 특성

많은 조직 중에서 사회복지조직은 클라이언트에게 사회복지서비스를 제공함으로써 인간 또는 사회문제를 해결 내지 완화시키는 모든 조직을 말한다. 사회복지조직은 공식조직과 구별되는 다음과 같은 특성을 갖고 있다(Hasenfeld, 1983).

① **사회복지의 대상** : 인간을 대상으로 하며, 인간의 가치와 도덕성을 중시하고 전체적 접근방식에 의한 개별화된 클라이언트의 욕구를 구현하는 데 목적을 둔다. 사회복지서비스 기술이 사회적 가치에 제약받게 되므로 도덕적으로 정당화될 수 있어야 한다.

② **목표의 모호성** : 대상이 인간이므로 목표를 달성하기 위한 조직원 간의 합의점을 찾아내기가 어렵다. 외부의 업무환경은 다양한 집단으로 구성되어 있고, 사회복지조직에서 각 집단의 상이한 목표들을 모두 수용하려는 과정에서 목표가 모호해지고 불확실해지기 쉽다.

③ **기술의 불확실성** : 사회복지조직의 대상이 인간이라는 측면에서 불확실성이 발생한다. 인간은 복잡한 체계로 상호 연관되어 있고 다양한 속성을 지녔으며, 변동적이고 불안정한 존재로 인간의 변화와 기능하는 방법에 대한 기술은 명료하지 못하고 불확실하다.

④ **직원과 클라이언트의 거래 관계** : 사회복지서비스의 전달과정은 사회복지조직의 직원과 클라이언트 관계에서 이루어지므로 직원과 클라이언트의 관계는 조직의 성패를 좌우하는 요인이 된다.

⑤ **효과성 · 효율성의 척도 부재** : 사회복지조직은 인간을 대상으로 하고 있어 도덕적 모호성과 목표의 애매성으로 인해 신뢰성 · 타당성 있는 효과성과 효율성을 측정할 수 있는 척도가 부족하다.

⑥ **환경에 대한 의존성** : 사회복지행정은 국가의 이념, 개발 방향, 정책 등에 따라 결정되는 성격이 농후하다. 따라서 사회복지조직은 이 같은 환경 요소들의 욕구 변화에 지속적인 관심을 두고 이를 충족시키기 위해 노력해야 한다.

(3) 우리나라 사회복지조직의 구조적 특성

사회복지조직의 일반적 특성에 추가하여 우리나라 사회복지조직의 구조적 특성을 몇 가지 살펴보면 다음과 같다(강종수, 2007).

- 종사자 수 50인 이상이 전체 기관의 5% 미만으로 대부분이 소규모다.
- 종사자 중 여성이 전체의 70% 정도를 차지하고 있다.
- 1990년 7,804명이던 사회복지사가 2023년 148만 명으로 공급 과잉 상태다.
- 대부분 법인이나 단체에 의해 운영된다.
- 다소 획일적인 급여기준 등의 분배구조를 가지고 있다.

이러한 특성을 갖는 우리나라 사회복지조직에 맞는 사회복지행정이 필요하다. 소규모 비영리조직에 맞는 조직이론이 적용되어야 하고, 여성사회복지사가 많다면 일-가정 양립제도와 모성보호정책이 더 필요하고, 사회복지 노동시장에서 공급 과잉상태라면 이를 조절하기 위한 행정기제가 작동되어야 한다. 또한 운영 주체가 법인이 다수인 상황에 맞게 법인과 시설 간의 관계와 법인 운영 전반에 걸친 민주적 운영체계 등이 모색되어야 할 것이다.

2. 미션과 비전

1) 미션

미션(mission)이란 조직의 설립 목적 및 존재 이유를 밝힌 이념적인 세계를 말한다. 즉, 조직의 존재 이유를 밝히고 조직이 가지는 정체성과 국가, 사회, 고객에게 어떻게 기여하겠다고 선언하는 것을 의미한다. 미션은 흔히 미션 헌장(mission statement, 사명 선언문)의 형태로 존재한다.

미션 헌장은 조직이 누구를 위해, 무엇을, 어떻게, 그리고 왜 하는가에 대한 간결한 선언서다. 미션 헌장을 통해 기관의 존립 이유가 구체화되고, 조직의 주요 의도가 명시된다. 미션 헌장의 기능은 다음과 같다.

- 조직의 존립과 활동에 대한 정당성의 근거가 된다.
- 조직의 목표, 자원 배분, 활동의 우선순위 결정에 준거를 제공한다.
- 조직의 주체성을 확인해 준다.

- 조직 구성원에게 목적의식을 높여 준다.
- 고객 지향의 조직 운영을 가능하게 해 준다.

사례 1) 사회복지공동모금회

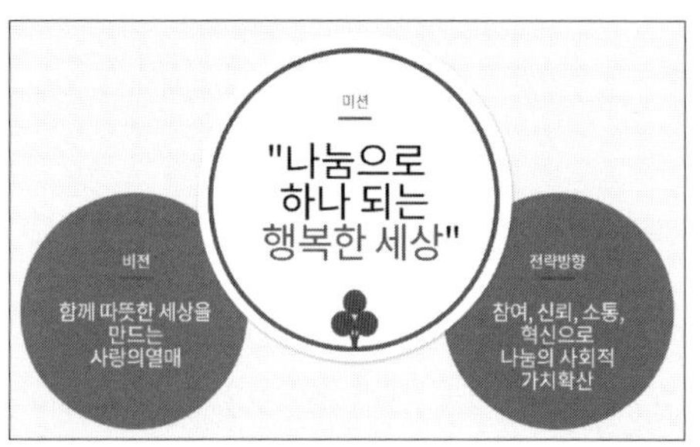

사례 2) 한국사회복지사협회

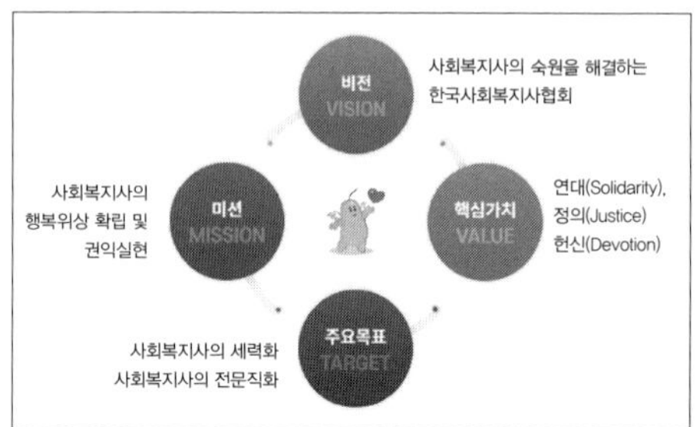

미션은 미션 헌장의 형태로 문서화해서 모든 구성원들이 자기 것으로 내면화하고 업무수행에 항상 참고하여야 한다. 누구나 언제라도 볼 수 있도록 기관 입구와 사무실에 게시하는 경우가 일반적이다. 미션 헌장은 조직의 모든 것을 열거하는 것이 아니라 가장 핵심 업무에 초점을 맞춰 명료하게 작성하여 누구나 쉽게 이해하고 각인되도록 해야 한다. 미션 헌장은 다음과 같은 질문에 답을 줄 수 있도록 작성되어야 한다(Bryson & Alston, 1996).

- ▶ 우리는 왜 존재하는가? (주요 목적에 대한 질문)
- ▶ 우리는 누구를 위해 일하는가? (주요 고객에 대한 질문)
- ▶ 우리는 무엇을 제공하기 위해 존재하는가? (기관의 핵심 서비스에 대한 질문)
- ▶ 그것을 왜 우리가 하는가? (다른 기관과의 차별성에 대한 질문)

조직의 미션을 정하는 것은 너무나 중요하기 때문에 단순히 그럴듯하게 만들어서는 안 되고, 성급하게 만들어서도 안 되고, 고통 없이 만들어서도 안 된다(Drucker, 1974). 미션 헌장 작성은 환경평가, 클라이언트 및 이해관계자 분석, 위임 사항 확인을 바탕으로 하는 분석적이고 합리적인 사고와 창조성과 다양성이 필요한 과정이며, 다양한 참여와 의견 수렴이 이루어져야 한다. 일반적인 미션 헌장 작성 과정은 다음과 같다.

- 1단계 : 조직의 기본 목적 및 클라이언트와 이해관계인의 욕구 확인
- 2단계 : 기존 미션 헌장 검토
- 3단계 : 미션 헌장 초안 작성
- 4단계 : 주요 이해관계자의 의견 수렴
- 5단계 : 미션 헌장 확정 및 설명서 작성
- 6단계 : 공표 및 활용

미션 헌장의 초안을 작성할 때는 전략기획 TF를 구성하는 것이 좋다. 미션 헌장은 간결하고 명확하면서 전달하기 쉽게 작성되어야 한다. 일반적인 미션 헌장은 〈표 4-2〉와 같은 형식으로 표현하게 된다.

표 4-2 미션 헌장 작성의 기본 형식

(기관명)	은
(주요 클라이언트)	에게
(서비스 제공 이유)	를 위해
(제공하는 서비스)	를
(제공 방법)	으로
제공함을 사명으로 한다.	

2) 비전

비전(vision)은 예측 가능한 가까운 미래에 조직이 달성하고자 하는 바람직한 미래상을 의미한다. 그 미래상은 단순한 희망이나 시간이 지남에 따라 저절로 달성되는 것이 아니라, 조직 구성원의 적극적인 노력으로 달성하고자 하는 목표를 담고 있다. 미국항공우주국(NASA)은 '1960년대가 끝나기 전까지 인간을 달에 보낸다'라는 비전을 갖고 조직 구성원을 동기부여했다. 결국 아폴로 11호가 달에 착륙한 것은 1969년 7월이었다. 이와 같이 비전은 조직의 현재 모습과 미래의 목표를 결부시킨 장기적인 경영 구상이며, 조직과 고객들이 바라고 있는 미래의 한 장면을 글로 기술한 것이다. 비전의 구성 요소는 다음과 같다.

- 비전은 방향성을 가져야 한다.
- 비전은 목표를 가져야 한다.
- 비전은 기간에 대한 의미를 내포해야 한다.
- 비전은 달성 가능해야 한다.

이러한 비전은 미래의 청사진으로 조직활동의 나침반과 같은 역할을 하며 구체적인 목표와 전략 수립을 위한 준거틀의 기능을 한다. 따라서 비전은 명확한 목표를 가지고 기간을 정해 실현 가능하게 만들어야 하며, 최고 결정권자의 일방적인 지시가 아니라 조직 구성원들이 직접 참여해서 만드는 공유된 비전이어야 한다.

비전은, ① 조직 의지의 표현인 '하고 싶은 일', ② 조직의 설립 목적에서 기인하는 '해야 할 일', ③ 조직 역량을 고려한 '할 수 있는 일', ④ 벤치마킹을 통한 '하고 싶은 일'과 '해야 할 일'의 종합체로서 수립해야 한다. 이러한 네 가지 원천을 깊이 이해하고 분석한 후에 조직의 미래에 적합한 비전이 만들어져야 한다. 좋은 비전이 갖추어야 할 조건은 다음과 같다.

- 짧고 쉬운 용어로 작성되어야 한다.
- 평범한 것 이상의 높은 이상과 야망을 반영해야 한다.
- 구성원과 이해관계자의 마음을 끌고 감동을 주어야 한다.
- 어느 정도 장기간의 지속성이 있어야 한다.
- 전략적 기획의 맥락 속에서 만들어져야 한다.

추상적인 개념인 미션은 비전을 통해 구체화된다. 즉, 조직이 추구하는 추상적인 미션이 구체적으로 실현된 모습이 비전이다. 그리고 미션은 조직의 근본적인 존재 이유이므로 다소 고정적이지만, 비전은 상황과 시기에 따라 새롭게 변화한다. 미션과 비전이 수립된 후에 비전에 부합하는 목표(goal)를 설정하고 이를 효과적으로 달성하기 위한 전략(strategy)을 세우게 된다.

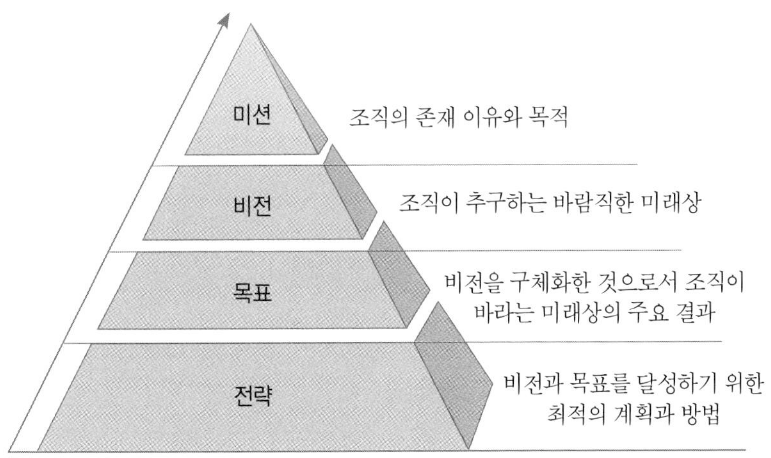

[그림 4-2] 미션과 비전 체계도

출처: 서울시복지재단(2008), p. 20.

3. 조직구조

1) 조직구조의 개념

모든 조직에는 구성원의 역할과 업무 분장 그리고 계층 등을 명확히 하기 위해 조직구조를 갖추고 있다. 대표적인 사회복지기관인 S복지관의 조직도를 살펴보면, [그림 4-3]와 같이 관장-과-팀 등으로 수직적으로 계층화되어 있고, 업무는 업무지원팀-복지 1팀-복지 2팀 등으로 수평적으로 분화되어 있음을 알 수 있다.

조직도는 조직목표 달성을 위해 필요한 업무의 분담과 공식적인 권한 관계를 그림으로 표현한 것으로, 흔히 박스와 선으로 그려지는데 박스는 조직 내 직위(position)를 보여 주고 선은 지시와 보고가 이루어지는 경로를 나타낸다. 직위는 조직 내에서 한 개인이 차지하는 위치이고 직위에 따라 주위에서 기대하는 역할이 정해진다. 조직도는 사무실 벽에 붙어 있는 단순한 도표가 아니라, 권한의 위계(보고체계), 수퍼비전의 흐름, 분업의 형태, 통제의 폭, 라인-스태프 관계, 각 팀의 사업 내용 등에 관한 종합적인 정보를 보여 준다.

사회복지조직을 포함한 모든 조직은 고유의 목적을 달성하기 위한 활동을 하고 있

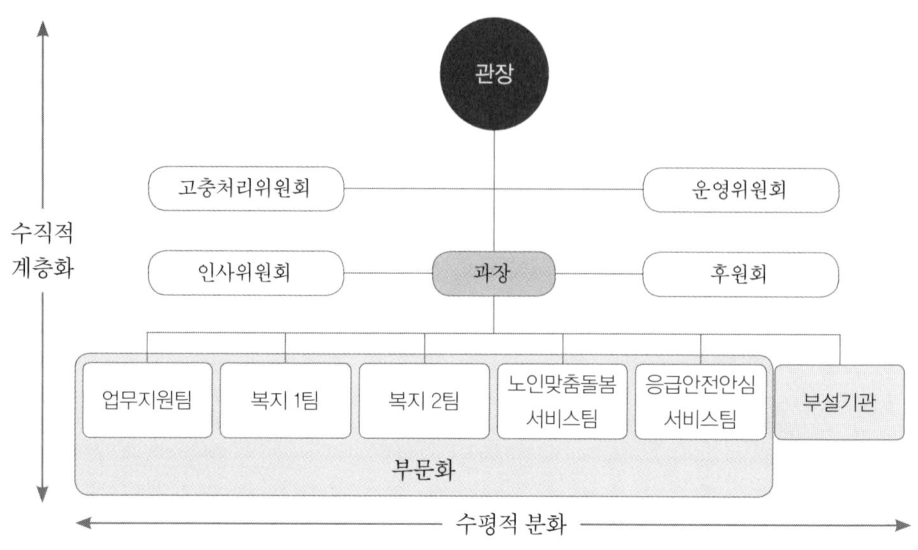

[그림 4-3] S복지관 조직도

출처: www.samcheok.org

으며, 이러한 활동은 유형화(patterned), 즉 구조화되어 있다. 조직구조란 기본적으로 노동의 분화와 통합에 관한 것으로, 조직에는 계층과 등급이 존재하고 조직이나 작업단위 요소들 사이의 패턴과 관계를 나타내는 근간을 의미한다(강종수, 2007). 조직구조의 기능은 다음과 같다.

- 조직의 산출물을 생산하고 조직 목표를 달성하려고 한다.
- 조직 구성원의 다양성 때문에 생기는 영향력을 최소화하거나 통제하도록 설계되어 있다.
- 권한을 행사하고 의사결정이 이루어지는 통로다.
- 조직의 활동이 수행되는 장소다.

2) 조직구조의 구성 요소

조직구조는 조직 내의 직무 간에 존재하는 비교적 고정적이고 정태적인 관계다. 조직구조는 매우 다양한 차원에서 파악되나 대체로 복잡성, 공식화, 분권화(혹은 집권화)로 구성된다. 이들 요소는 조직특성 변수이며 동시에 조직설계의 기본 요소다.

(1) 복잡성

복잡성(complexity)은 조직 내 과업의 분화 정도, 즉 과업이 얼마나 작은 단위로 세분화되어 있느냐를 의미한다. 주로 ① 하위 부서 간의 업무 전문화 내지 부서화된 정도인 수평적 분화, ② 업무를 조정하고 통제하기 위한 위계구조상의 계층화 정도인 수직적 분화, 그리고 ③ 시설이나 인력이 지리적으로 분산된 정도인 공간적 분화를 포함한다. 이들 3요소가 늘어날수록 복잡성은 높아진다. 분업화할수록 업무의 능률성과 생산성은 높아진다. 애덤 스미스(A. Smith)는 국부론에서 혼자 못을 만들면 하루 열 개를 만들지만 공정별로 분업하면 열 명이 48,000개 생산할 수 있다고 하였다. 그러나 지나친 분업화는 비인간화 내지 업무조정이 어렵다는 단점이 있다.

(2) 공식화

공식화(formalization)는 직무와 수행과정의 표준화 정도로서, 조직 구성원이 문서화된 규칙이나 절차에 의존하는 정도를 의미한다. 주로 절차의 표준화, 역할의 표준화 그리고 기록의 공식화에 해당한다. 조직에서 공식화의 필요성은 다음과 같은 가정에 근거하고 있다.

- 과업이 표준화되면 높은 성과를 가져온다.
- 과업이 분명하지 않으면 다른 구성원의 영역을 침범하여 갈등이 발생한다.
- 구성원은 과업이 분명하지 않으면 책임지기를 꺼린다.
- 구성원은 역할이 모호한 과업보다는 분명한 과업을 선호한다.

공식화는 누가 무엇을 해야 하며, 그리고 그 일을 어떻게 하면 가장 효율적인가를 정한 지침이다. 공식화가 높을수록 직무내용과 절차가 명시된 직무기술서나 규칙에 있어서 책임성과 안정성, 공정성을 확보할 수 있다는 장점이 있다. 그러나 조직은 항상 변화에 직면해 있고, 상황에 따라 융통성을 발휘해야 하는 경우가 많다. 그럼에도 공식화 정도가 높을수록 규칙과 절차에 얽매여 유연성이 저하되며 결과적으로 효율성이 떨어질 수 있다. 특히, 사회복지사의 전문적 판단과 개입이 필요한 사회복지조직에서는 높은 공식화가 전문적인 판단과 실천의 자율성 내지 재량권을 저해할 수 있다는 단점이 있다.

(3) 집권화(분권화)

집권화(centralization) 혹은 분권화는 공식적인 의사결정 권한이 상부에 집중되거나 혹은 일선에게 위임된 정도로서, 권한과 명령의 연쇄와 관련되어 있다. 최고관리자에게 의사결정권이 집중되어 있으면 집권화의 정도가 높고, 반대이면 분권화된 경우다. 분권화는 신속한 의사결정이 가능하며, 하위층까지의 자발적인 참여와 책임감을 높일 수 있는 장점이 있는 반면에, 집권화는 통일된 정책이 가능하고, 통제가 수월하며, 비상시 신속한 대응이 가능하다는 장점이 있다. 의사결정에서 일선 사회복지사의 재량권이 필요한 사회복지조직에서는 어느 정도의 분권화가 요청된다.

표 4-3 조직구조의 세 가지 구성 요소

구분	개념	내용
복잡성	과업의 분화 정도	• 분화란 조직이 작은 단위로 세분화되는 상태 • 수평적 분화: 업무의 전문화된 분업화 내지 부서화 • 수직적 분화: 업무를 조정하고 통제하기 위한 위계구조 • 공간적 분화: 물리적 시설이나 인력의 지리적 분산
공식화	직무와 수행과정의 표준화 정도	• 조직 구성원이 문서화된 규칙이나 절차에 의존하는 정도 • 공식화는 책임성, 안정성, 공정성을 확보하고 소외를 억제함 • 높은 공식화는 전문적 판단과 실천의 자율성을 저해함
분권/집권화	권한이 집중되거나 분산된 정도	• 분권화는 신속한 의사결정과 자발적 협조, 책임감을 증진시킴 • 집권화는 통일된 정책, 통제 수월, 비상시 신속한 대응이라는 장점이 있음

3) 조직구조의 영향 요인

어떤 조직구조가 가장 효율적인가 하는 것은 조직이 처한 상황에 따라 다르다. 상황이론에서는 조직이 처한 상황에 따라 조직구조의 적합성이 달라지며 그 결과에 따라 조직성과가 좌우된다. 조직구조에 영향을 미치는 영향 요인들은 규모, 기술, 환경, 전략 등을 들 수 있다.

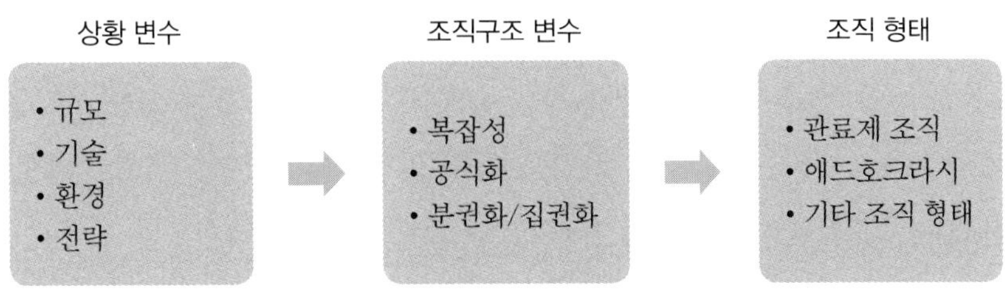

[그림 4-4] 조직구조 체계

(1) 규모

조직의 규모는 일반적으로 직원의 수로 판단되나 이외에도 클라이언트의 수, 프로그램의 수, 예산 규모 등과 같은 양적인 측면과 과업의 장소적 분화, 전문직종의 수, 훈련 기간 같은 질적인 측면으로 파악할 수 있다. 규모가 커질수록 복잡성이 커지며 또한 업무수행에 필요한 규정과 절차 등이 표준화되어 공식화 수준 역시 높아지게 된다. 다만 어느 수준을 넘어서면 규모의 증대에 따른 분화의 증가 비율은 점차 감소한다. 반면에 최고관리자 혼자 의사결정을 하기에는 시간적 제약과 정보의 부족 등으로 한계가 있으므로 아래로 위임하는 분권화가 진행되게 된다.

(2) 기술

기술(technology)은 조직이 투입물을 산출물로 전환시키는, 즉 서비스를 생산하는 방법을 말한다. 조직의 사용기술에 따라 이에 적합한 조직구조가 달라지게 된다. 기술의 종류에 관해 우드워드(Woodward, 1965)는 제조업을 대상으로, ① 주문에 따라 제작되는 단위소량 생산기술, ② 조립작업 공정을 거치는 대량 생산기술, ③ 연속적인 변환과정을 통해 생산되는 연속공정 생산기술로 구분하였다. 그는 단위소량 생산기술이나 연속공정 생산기술을 사용하는 조직은 대체로 유기적 조직이며, 대량 생산기술을 사용하는 경우는 기계적 조직이 보다 효과적이라고 하였다.

(3) 환경

환경을 구성하는 요소는 매우 많다. 조직이 업무활동을 통해 직접적으로 관련을 맺고 있는 과업환경과 비록 간접적이긴 하지만 과업환경에 대한 영향을 통해 조직에 중대한 영향을 미치는 일반환경으로 구성되어 있다. 다양한 환경에 직접적으로 영향을 받는 사회복지조직은 환경에 대응하는 조직구조를 만들어야 한다. 번스와 스토커(Burns & Stalker, 1961)는 환경의 변화 정도에 효과적으로 대응할 수 있는 조직구조로 기계적 구조와 유기적 구조를 제시하였는데, 환경이 안정적일수록 기계적 모델이 효과적이고 환경이 가변적일수록 유기적 조직이 효과적이라 하였다.

(4) 전략

전략은 조직의 목표 달성에 결정적인 역할을 하므로 이에 따라 적합한 조직구조가 설계되어야 한다. 마일스와 스노우(Miles & Snow, 1978)는 조직 전략을, ① 기존 제품의 본질적 측면을 변화시키는 혁신 전략, ② 제품 원가를 최소화시키는 데 초점을 맞추는 원가최소화 전략, ③ 위험부담을 최소화하려는 모방 전략으로 구분하여 설명하였는데, 혁신 전략은 복잡성과 공식화는 낮고 분권화가 높아서 유기적 조직이 적합하고, 원가최소화 전략은 복잡성과 공식화는 높고 분권화는 비교적 낮아서 기계적 조직이 적합하다. 모방 전략은 유기적 조직과 기계적 조직이 혼재되어 있다.

4) 사회복지조직화의 원리

조직화의 원리란 조직을 가장 잘 구조화하고 능률적으로 관리하기 위한 방법을 말한다. 조직화의 핵심은 분업을 통해 전문화를 이루고, 이를 다시 통제 조정하는 것이다. 사회복지조직을 구조화하는 원리는 〈표 4-4〉와 같다.

사회복지조직에 적용 가능한 부문화 방법으로는 다음의 아홉 가지가 있다(Weinbach, 2002). 그러나 각각의 방법은 장단점이 있으므로 다른 기준과 병행하여 적용하는 것이 바람직하다.

표 4-4 조직화의 원리

구분	개념	내용
계층제의 원리	상하 간에 계층을 나누고 명령과 지휘감독 체계를 확립해야 한다.	• 조직이 확대될수록 계층도 증가 • 통일성 유지, 명령과 의사소통의 경로
통솔 범위의 원리	한 명의 상관은 합리적 범위 내에서 부하 직원을 통솔해야 한다.	• 5~6명(Fayol) • 상위층 4명, 하위층 8~12명(Urwick)

분업 · 전문화의 원리	업무를 구분해 한 사람에게 동일한 업무를 시켜야 한다.	• 지나친 전문화는 사기 저하, 훈련된 무능 발생
명령 통일의 원리	한 사람의 상관으로부터만 명령을 받고 보고해야 한다.	• 의사전달의 능률성과 책임성 유지 • 수평적 협력이 저하되어 비능률적일 수 있음
조정의 원리	분화된 업무들은 일관성 있게 조정되어야 한다.	• 조직화의 원리 중 제1의 원리(Mooney)
부문화의 원리	분화된 업무들은 목적이나 기능에 따라 조직을 개편해야 한다.	• 업무 분화로 인해 부서 증가로 효율성 저해

① 수 기준 : 한 수퍼바이저 아래에 같은 역할을 하는 사람들을 몇 명씩 묶는다(예: 3명씩 묶어 자원개발 1팀, 자원개발 2팀).

② 근무시간 기준 : 야간이나 주말에도 서비스를 제공하는 경우 업무시간을 기준으로 한다(예: 야간팀, 주말팀).

③ 기능 기준 : 주요 업무나 기능을 기준으로 부서를 조직한다(예: 주민조직화팀, 서비스제공팀, 사례관리팀).

④ 지역 기준 : 클라이언트 거주 지역에 따라 부문화한다(예: 강원영동팀, 강원영서팀).

⑤ 서비스 기준 : 전통적인 사회복지실천 방법론에 따라 부문화한다(예: 개별사회사업팀, 집단사회사업팀).

⑥ 클라이언트 기준 : 클라이언트의 종류와 문제에 따라 부문화한다(예: 아동복지팀, 노인복지팀).

⑦ 마케팅 경로 기준 : 제공하는 서비스의 마케팅이 이루어지는 경로에 따라 부서를 조직한다(예: 학교팀, 병원팀).

⑧ 직능 기준 : 여러 전문가 집단으로 구성된 경우에는 교육과 수련 받는 직능별로 묶는다(예: 정신보건사회복지팀, 정신보건심리팀, 정신보건간호팀).

⑨ 통합팀 기준 : 다양한 분야의 전문가 집단을 한 팀으로 묶는다(예: 사례관리팀).

부문화와 특히 관련되는 것이 통제의 범위다. 부문의 규모를 얼마로 하느냐에 따라 부서의 수와 관리자의 수가 달라지고, 이는 결국 한 사람이 관리할 수 있는 조직 구성원의 수에 대한 문제로 연결된다. 관리의 폭을 확대하면 계층의 수가 줄어들고 반대의 경우 계층의 수가 증가한다. 계층의 수가 많을수록 수직적인 분화의 정도가 높아져 복잡성이 커진다.

부문화에 의한 집단을 구성할 때 고려할 것이 시너지(synergy) 효과와 링겔만(Ringelmann) 효과다. ① 시너지 효과는 1+1이 2 이상의 효과를 내는 상승효과를 말하고, ② 링겔만 효과는 그 반대로 집단의 구성원이 증가할수록 개인의 역량은 감소하는 효과를 말한다. 링겔만(M. Ringelmann)은 줄다리기에서 2명이면 혼자에 비해 93%, 3명이면 85%, 8명이면 겨우 49%의 힘만 쓴다고 하였다. 집단 수가 커질수록 1인당 공헌도는 오히려 떨어질 수도 있다. 그리고 계층을 몇 단계로 하여 통제의 범위를 얼마로 할 것인가는 관리자의 능력에 달려 있고, 다음과 같은 요인에 의해 결정된다.

- 부하의 능력이 뛰어날수록 관리의 폭이 확대될 수 있다.
- 리더와 부하 간에 권한관계가 복잡하거나 잘못되어 있으면 리더의 개입 정도가 높아진다.
- 부하 스스로 역할을 정확히 알고 있으면 리더는 관리에 보다 적은 시간을 소비한다.
- 정책 및 업무처리 방식의 변화가 적으면 관리의 폭이 매우 넓다.
- 대면 회합을 통해서만 관리할 경우 시간이 많이 소요된다.

5) 직무설계

직무설계(job design)란 구성원에게 직위에 따라 담당해야 할 직무를 설계하는 것으로, 개인과 조직을 연결시켜 주는 가장 기본적인 단위인 직무의 내용과 방법 및 관계를 구체화하여 조직의 목표와 개인의 욕구를 통합시키는 것을 말한다. 기존에는 분업화 및 전문화의 원리에 따른 단조로움과 조정의 어려움 등의 직무의 포괄성을 강조하였다. 즉, 전통적인 직무설계는 '직무'를 중심으로 여기에 사람을 적응시키는 효율성의 논리에 바탕을 두었으나 최근에는 '인간' 중심으로 승화시켜 직무수행자에게 의미와 만족을 줄 수 있도록 직무 내용과 작업방법 등을 설계함으로써 개인의 욕구도 충족시키고 조직의 목표도 효율적으로 달성하는 것을 추구한다.

만일에 효율성만 강조하여 단순한 업무만 수년간 매일 반복하게 한다면 당연히 일에 대한 흥미를 느끼지 못할 것이며 근무의욕 감퇴와 책임감 저하를 가져오고 그 결과 오히려 생산성도 떨어지고 심지어는 이직 등의 문제도 발생할 것이다. 따라서 직무설계는 결국 조직 구성원이 일에 대한 의미를 느끼고 일 자체로부터 만족을 얻으며 업무성과를 높일 수 있도록 일련의 직무 내용과 방법을 설계하거나 변경시키는 활동이다.

(1) 직무순환과 직무확대, 직무충실

① 직무순환(job ratation)은 구성원들을 여러 직무에 순환시켜 근무하게 함으로써 지루함을 덜어 주고 다양한 직무 경험과 능력을 개발시키려는 다소 초보적인 방법이고, ② 직무확대(job enlargement)는 한 개인이 수행하는 직무의 수를 증가시켜 다양한 직무를 수행토록 함으로써 지루한 단순 반복적인 업무에 변화를 가져오거나, 세분화된 몇 개의 작업을 하나로 재편성하는 등의 수평적 확대 방법이다. ③ 직무충실(jon enrichment)은 한 개인이 수행하는 기본 직무 이외에 관리기능의 일부인 계획과 통제기능을 위임하여 개인적 성장과 의미 있는 작업에 대한 기회를 제공할 수 있도록 직무 내용을 재편성하는 수직적 확대 방법이다. 직무확대가 단순히 직무의 수를 늘리는 것이라면, 직무충실은 직무의 질을 높이는 방법이다.

(2) 직무특성이론

해크먼과 올덤(Hackman & Oldham, 1976)은 직무가 다음의 다섯 가지 핵심 직무특성을 가지고 있을 때에 작업자는 직무에 의미를 부여하고 책임감을 느끼기 때문에 결과적으로 높은 성과를 낸다고 주장하였다. 즉, ① 모든 직무가 담당자에게 자신의 다양한 기능이나 능력, 지식, 특기 등을 발휘할 수 있도록 하는 기술다양성(skill variety), ② 개인이 수행하는 직무가 얼마나 완전한 하나의 전체로서의 일인가 하는 과업정체성(task identity), ③ 개인의 직무가 다른 사람의 작업이나 행동에 미치는 영향의 정도가 얼마나 큰가하는 과업중요성(task significance), ④ 직무담당자가 작업의 일정과 방법을 택하는 데 어느 정도의 재량권을 가졌는가 하는 자율성(autonomy), ⑤ 직무담당자가 자신이 행한 일이 얼마나 효과적으로 잘 수행되었는가에 대한 정보를 습득할 수

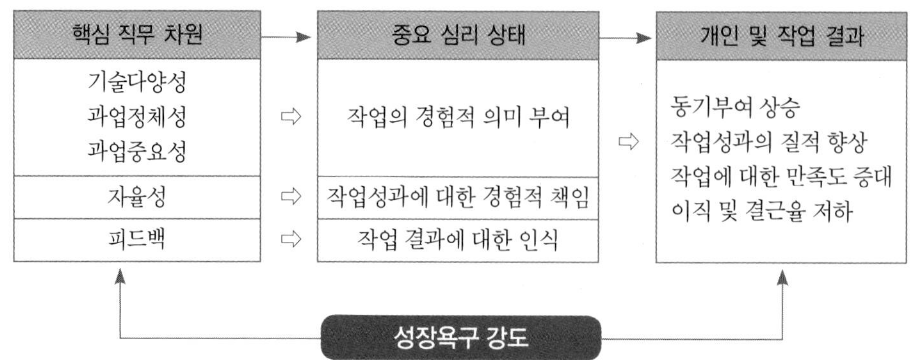

[그림 4-5] 직무특성 모형

출처: Hackman, J. R., & Oldham, G. R. (1976), pp. 250-278.

있는 정도인 피드백(feedback)을 갖추어야 한다.

직무특성의 차원 중 기술다양성, 과업정체성, 과업중요성은 개인으로 하여금 유의미한 직무를 경험하도록 하며, 자율성은 작업성과에 대한 책임성이라는 심리적 상태를 경험하게 하고, 피드백은 작업 결과에 대한 인식을 경험하게 한다. 개인이 이러한 심리 상태를 높은 수준으로 경험하게 되면 높은 내적 작업동기가 생기며, 높은 수준의 직무수행을 가져오고, 직무만족을 느끼며 낮은 결근율과 이직률을 가져온다. 특히, 개인의 성장욕구 강도에 따라 직무결과가 달라진다. 결국 이 이론의 핵심은 일의 의미성(meaningfulness)을 느끼도록 직무를 설계하라는 것이다. 사회복지조직에서도 다섯 가지 직무특성이 조직성과를 가져오는 것으로 연구되었고, 따라서 애초부터 직무를 직무특성이론에 기초하여 설계해야 할 것이다(강종수, 류기형, 2007).

(3) 자기주도 직무설계

직무특성이론은 여전히 top-down 방식이라는 한계가 있어 최근에는 자기주도 직무설계(job crafting)가 주목받고 있다. 자기주도 직무설계란 조직 구성원이 조직 및 상사로부터 달성할 목표를 부여받고, 실제 직무를 수행할 때에는 자신의 가치관, 역량, 선호에 맞도록 자신의 일을 자발적으로 수정하거나 재조정함으로써 직무만족도와 행복감을 높이는 자발적인 행동을 말한다(Tims, Bakker, & Derks, 2012). 이 방식은 직무몰입, 동기부여, 조직성과 등에 긍정적인 영향을 미친다는 사실이 여러 연구에서 밝혀졌다.

4. 조직 유형 및 형태

1) 일반적인 조직 유형

사회복지조직을 포함한 모든 조직을 대상으로 한 일반적인 조직유형으로는, ① 권력과 복종관계를 기준으로 한 에치오니(A. Etzioni, 1961) 분류, ② 조직 수혜자를 기준으로 한 블라우와 스콧(P. Blau & W. R. Scott, 1962)의 분류, ③ 조직의 본질적 기능에 따른 카츠와 칸(D. Katz & R. L. Kahn, 1978)의 분류 등이 있다.

(1) 에치오니의 분류

조직이 통합을 유지하면서 제 기능을 수행하려면 구성원들의 행동을 통제해야 하고 구성원 역시 조직의 목적과 규칙에 복종하여야 한다. 그는 이러한 조직의 권력(power)과 개인의 복종(compliance)이라는 관점에서 분류하였다. 구성원을 통제하는 조직의 권력으로는, ① 위협이나 신체적인 탄압인 강제적 권력, ② 금전을 통한 보상적 권력, ③ 지위의 상징에 근거한 규범적 권력이 있고, 이러한 권력에 대해 구성원은 ① 어쩔 수 없는 복종인 소외적 관여, ② 이익이나 혜택을 고려한 타산적 관여, ③ 자발적으로 조직과 일체감을 갖는 도덕적 관여라는 세 가지 형태의 복종을 하게 된다. 이들 세 가지 권력 유형과 세 가지 관여 유형을 조합하면 아홉 가지로 분류되지만 이 중에서 양자가 일치하는 유형 1 · 5 · 9가 가장 효과적이며 실제로도 많이 발견된다. 대부분의 조직은 이 세 가지 중에서 하나의 형태를 취하게 된다.

① 강제적 조직 : 통제의 주요 수단은 물리적인 힘이나 위협이며 이에 대해 구성원은 고도의 소외감을 느끼게 된다. 교도소와 강제수용소, 수용정신병원 등이 해당된다.

② 공리적 조직 : 임금과 같은 물질적 · 금전적 대가 때문에 구성원들이 이해 타산적으로 참여하는 조직이다. 기업체와 같은 영리조직이 대표적이며 각종 이익단체 등이 해당된다.

표 4-5 에치오니 조직유형 분류

		관여		
		소외적	타산적	도덕적
권력	강제적	**유형** 1(강제적 조직) 교도소, 수용소, 정신병원	**유형** 2	**유형** 3
	보상적	**유형** 4	**유형** 5(공리적 조직) 기업체, 이익단체	**유형** 6
	규범적	**유형** 7	**유형** 8	**유형** 9(규범적 조직) 사회복지기관, 학교, 종교단체

③ 규범적 조직 : 상징적 보상이나 제재를 통해 구성원의 행동을 규범적으로 통제하고 이에 구성원들이 도의적으로 참여하며 헌신적이고 사명감을 갖는다. 주로 종교단체나 정치단체뿐만 아니라 각종 학교와 사회복지기관이 해당된다.

(2) 블라우와 스콧의 분류

조직활동의 주된 수혜자가 누구인가를 기준으로, ① 정당, 노동조합, 종교단체와 같이 조직 구성원이 주된 수혜자인 호혜조직(mutual-benefit association), ② 영리기업과 같이 조직 소유자가 주된 수혜자인 영리조직(business concerns), ③ 사회복지지관, 병원, 학교와 같이 조직과 직접적인 관계가 있는 클라이언트가 주된 수혜자인 서비스조직(service organization), ④ 행정기관, 경찰과 같이 일반 대중이 주된 수혜자인 공공조직(commonwealth organization)으로 분류하였다.

(3) 카츠와 칸의 분류

사회에서 기여하는 그 조직의 본질적 기능에 따라 ① 1 · 2 · 3차 산업과 같이 사회를 위해 재화를 생산하고 서비스를 제공하는 생산(productive) 조직, ② 학교, 병원, 사회복지조직과 같이 교육훈련이나 복지, 치료를 통해 사람들을 사회에서 역할을 수행할 수 있도록 사회화하는 유지(maintenance) 조직, ③ 대학과 연구소와 같이 지식을 창출하고 문제해결 방안을 개발하는 적응(adaptive) 조직, ④ 정부기관과 같이 사람과 자원에 대한 조사와 통제를 담당하는 관리(managerial) 조직으로 분류하였다.

2) 사회복지조직의 유형

사회복지조직을 분류한 이론으로는, ① 클라이언트의 상태와 클라이언트를 위해 사용하는 기술에 따른 하센펠드(Y. Hasenfeld, 1983)의 휴먼서비스조직 분류, ② 업무 통제성에 따른 스미스(G. Smith, 1982)의 분류 등이 있다.

(1) 하센펠드 분류

휴먼서비스조직이 클라이언트를 위해 사용하는 기술과 클라이언트의 상태에 따라 여섯 가지로 분류하였다. 우선 클라이언트의 상태를 정상 기능과 비정상 기능으로 구분하고, 휴먼서비스조직이 클라이언트를 변화시키기 위해 사용하는 기술로는, ① 개인적 속성을 변화시키지 않고 사회적 명칭 부여와 공식적인 지위 부여를 통해 클라이언트 변화를 시도하는 인간식별기술, ② 현 상태를 유지하려는 인간유지기술, ③ 클라이언트를 직접 변화시키려는 인간변화기술로 구분하였다. 이 분류법에 의하면 사회복지조직은 휴먼서비스조직 중에서 유형 III에 해당한다.

표 4-6 하센펠드 휴먼서비스조직 분류

		사용기술 유형		
		인간식별기술	인간유지기술	인간변화기술
수혜자의 상태	정상 기능	**유형 I** 대학(신입생 선발), 신용카드회사	**유형 III** 사회보장청, 양로시설	**유형 V** 국공립학교, YMCA
	비정상 기능	**유형 II** 소년법원, 진료소	**유형 IV** 공공부조 사무소, 요양시설	**유형 VI** 병원, 수용치료센터

출처: Hasenfeld, Y. (1983), p. 6.

(2) 스미스 분류

업무의 통제성에 따라 사회복지조직을 ① 관공서와 같이 공식적인 규정과 위계적 권위구조의 관료조직, ② 일선 업무 단위가 주도권을 갖는 상호 독립적인 일선 조직, ③ 자원봉사조직과 같이 통제성이 약하고 자발적으로 참여하는 투명성 조직, ④ 정신병원이나 요양시설과 같이 관리자가 입소자에게 강한 통제권을 갖는 전면통제 조직으로 분류하였다.

3) 조직 형태

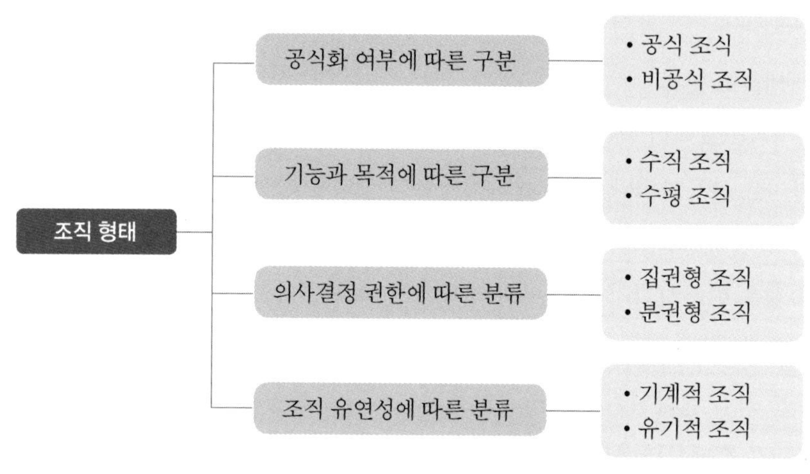

[그림 4-6] 조직 형태의 종류

(1) 공식화 여부에 따른 구분

조직은 공식화 여부에 따라 공식 조직과 비공식 조직으로 분류할 수 있다. ① 공식(formal) 조직은 조직목표 달성을 위해 업무와 역할을 할당하고 권한과 책임을 부여하는 전형적인 조직이며, 반면에 ② 비공식(informal) 조직은 구성원 간의 접촉이나 친분관계로 형성된 자연발생적 조직으로, 호손실험을 통해 중요성이 인식되기 시작하였다. 공식 조직에는 자연발생적으로 일부 구성원들에 의해 맺어지는 비공식 조직이 존재한다. 비공식 조직은 인간적 교분을 통해 정보 교환, 욕구 불만 배설 등의 긍정적인 기능을 하지만, 파벌 형성이나 정실 조장으로 비합리적인 의사결정이 이루어질 수 있다는 단점이 있다. 관리자는 비공식 조직을 외면하거나 억제하기보다는 공식 조직의 목표수행에 순기능적으로 작용할 수 있도록 활용할 필요가 있다. 뉴스트롬(Newstrom, 2007)은 다음과 같은 지침을 제시하고 있다.

• 비공식 조직을 인정하고 이해한다.

표 4-7 공식 조직과 비공식 조직의 차이

공식 조직	구분	비공식 조직
공식적	본질적 성격	비공식적
권위와 책임	주요 개념	권력과 정치
직위	기본 초점	사람
행정가 위임	리더 권력의 권원	집단이 부여
규칙과 정책	행위의 지침	규범
보상과 벌(불이익)	통제의 권원	구속력(제재)

- 비공식 조직 내의 다양한 수준의 태도와 행동을 확인한다.
- 어떤 행동을 취할 때에는 비공식 집단에 대한 영향을 고려한다.
- 비공식 집단의 이해와 공식 조직의 이해를 가능한 통합하도록 한다.
- 비공식 조직에 불필요한 위협이 되는 공식적 활동은 자제한다.

(2) 기능과 목적에 따른 구분

조직은 기능과 목적에 따라 수직 조직과 수평 조직으로 분류할 수 있다. ① 수직(line) 조직은 계선 조직이라고도 하며 명령과 복종관계를 가진 수직적 구조를 형성하여 업무를 직접적으로 결정하고 집행하는 조직을 말한다. 가령 시설장–부장–과장–팀장 등과 같이 직위에 따른 계층적인 형태를 띠며, 조직 구성원은 직위 상급자의 명령에 따라 행동하고 그에게만 책임을 진다. 공식 조직은 신속한 의사결정이 가능하고, 권한과 책임의 한계가 명확하며, 강력한 통솔력을 행사할 수 있는 장점이 있지만, 경직성을 띠게 될 수 있고, 책임자의 독단성이 우려되며, 대규모 조직일수록 업무량이 과중할 수 있다는 단점이 있다.

반면에, ② 수평(staff) 조직은 참모 조직이라고도 하며 계선 조직이 그 목적 수행을 원활하게 할 수 있도록 지원하고 촉진하는 조직을 말한다. 주로 자문 · 권고 · 건의를 하며 또한 협의 · 정보판단 · 조사 등을 통해 조직목표를 효율적으로 달성하도록 도와준다. 참모 조직을 통해 전문지식과 경험을 활용할 수 있고, 수평적인 업무의 조정과 협조가 가능하며, 조직에 융통성을 부여할 수 있다.

(3) 의사결정 권한에 따른 분류

의사결정 권한에 따라 집권형 조직과 분권형 조직으로 분류할 수 있다. ① 집권형 조직은 의사결정 권한이 조직 내 상위계층에 집중된 조직으로, 주로 소규모 조직이거나 조직운영이 특정 개인의 리더십에 의존하는 경우 집권화 경향이 높다. 반면에 ② 분권형 조직은 의사결정 권한이 하위계층에게 위임되어 있는 조직으로, 조직이 성장해 규모가 커질수록 조직의 복잡성으로 인해 분권화가 요구되고, 특히 조직이 처한 환경이 동태적이고 복잡할수록 많은 결정을 신속하게 해야 하므로 분권화의 필요성이 높아지게 된다.

(4) 조직 유연성에 따른 분류

번스와 스토커(Burns & Stalker, 1961)는 조직구조의 기본 변수인 복잡성, 공식화 및 집권화를 통합해 조직 유연성에 따라 기계적 조직과 유기적 조직으로 구분하였다. ① 기계적(mechanistics) 조직은 과업이 세분화되고 구성원들이 주로 수직적으로 상호작용하는 조직이다. 즉, 복잡성과 공식화, 집권화의 정도가 높다. 반면에 ② 유기적(organic) 조직은 복잡성과 공식화, 집권화의 정도가 낮아 구성원들이 수직적 · 수평적으로 밀접하게 상호작용하는 조직을 말한다. 둘 중 어느 조직이 더 효과적이냐 단언할 수는 없고 상황적합이론에 따라 판단해야 한다. 즉, 조직환경이 안정적이라면 기계적 조직이, 환경의 불확실성이 큰 상황에서는 유기적 조직이 더 효과적이다. 기계적 조직과 유기적 조직을 비교하면 다음과 같다.

기계적 구조

- 높은 전문화
- 엄격한 부서화
- 명확한 명령계통
- 좁은 통제 범위
- 집권화
- 높은 공식화

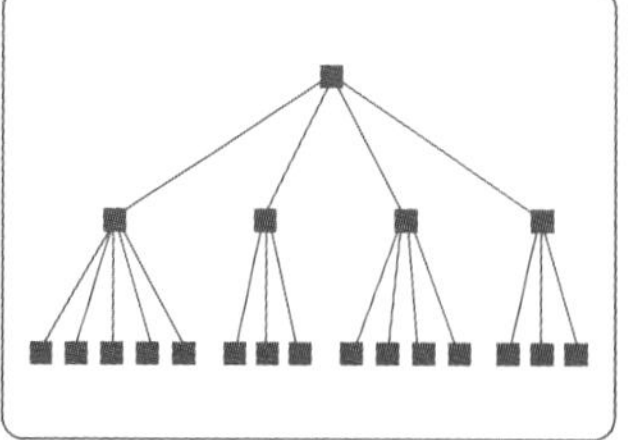

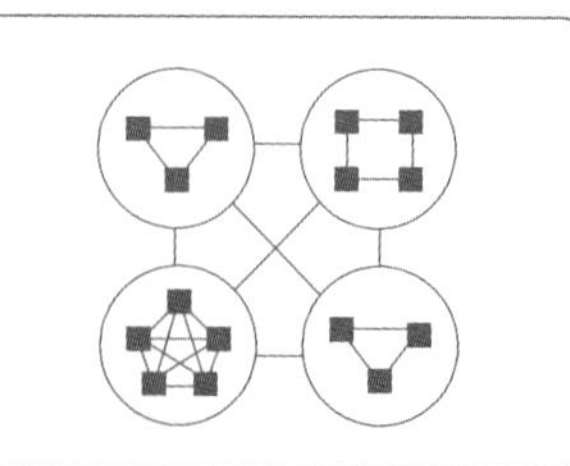

유기적 구조

- 기능횡단팀
- 계층횡단팀
- 자유로운 정보 흐름
- 넓은 통제 범위
- 분권화
- 낮은 공식화

[그림 4-7] 기계적 구조와 유기적 구조

출처: Robbins, S. P., & Judge, T. A. (2010), p. 386.

4) 동태적 조직 유형

(1) 프로젝트(Project) 조직

특정한 프로젝트를 위해 관련 부서에서 인력을 파견하고 수평적 접촉을 통해 프로젝트를 해결한 후 원래 자신의 부서로 복귀하는 조직이다. 부서 간의 경계 없이 다양한 전문성을 가진 구성원을 팀으로 조직하여 임시적으로 운영한다.

(2) 매트릭스(matrix) 조직

전통적 기능 조직과 프로젝트 조직이 결합된 구조로서 프로젝트 조직이 공식 조직으로 전환된 경우다. 구성원은 각자 기능부서에 속하면서 특정 프로젝트를 동시에 수행하는 조직이다. 사회복지조직은 형식적으로 보면 팀제나 사업부제조직으로 보이지만 부서 고유의 목적사업을 수행하면서 다양한 내외부의 프로젝트를 동시에 수행하므로 사실상 매트릭스 조직에 가깝다. 가령 복지관에서 3개 사회복지사업팀이 동시에 공동모금회 프로포절 프로젝트와 시설평가 프로젝트를 수행한다면 매트릭스 조직에 해당한다.

	서비스제공팀	사례관리팀	지역조직팀
시설평가 프로젝트	A	A	A
프로포절 프로젝트	B	B	B
	C		C

[그림 4-8] 매트릭스 조직

(3) 팀(team) 조직

상호 보완적인 기능을 가진 소수의 사람들이 공동의 목표를 달성하기 위해 상호 책임을 공유하며, 문제해결을 위해 공동의 접근목표를 설정하는 조직으로 전통적인 부, 과, 계의 조직을 업무 재편을 통해 통합하여 팀으로 전환함으로써 팀장을 중심으로 업무가 이루어지도록 만들어진 조직이다. 팀 조직은 소수의 상호 보완적인 기능과 능력을 가진 사람들로 구성되고, 공동의 목표가 설정되며, 효과적인 운영을 위해 업무 배

표 4-8 전통적 조직과 팀 조직의 차이

전통적 조직	구분	팀 조직
수직적 계층(부 · 과 · 계)	조직구조	수평적 팀
기능 단위	조직화 원리	업무 프로세스 단위
분업화(좁은 범위의 단순과업)	직무설계	다기능화(다차원적 과업)
지시 · 통제	관리자 역할	코치 · 촉진자
지시적 · 하향적	리더십	후원적 · 참여적

분이나 작업 방법 등의 제반 업무수행에 대한 합의를 필요로 한다는 특징이 있다.

(4) 네트워크(network) 조직

환경변화에 보다 신속하고 적절하게 대응할 수 있도록 외부 자원의 효과적인 활용을 꾀하는 조직구조로서, 조직활동을 상대적 비교 우위가 있는 핵심 사업에 집중하고, 나머지 활동 분야는 아웃소싱(outsourcing, 외부 위탁)하거나 전략적 제휴 등을 통해 외부에 맡기는 조직이다. 네트워크 조직은 계층이 거의 없고, 조직 간의 벽도 없으며, 부문 간 교류가 활발하게 이루어지는 특징이 있다.

5. 사회복지법인과 시설

가장 대표적인 사회복지조직은 사회복지법인과 그 법인이나 개인이 운영하는 각종 사회복지시설이라 할 수 있다. 법인은 사물과 같이 유형의 실체가 없이 서류상 존재하는 것으로, 개인에 의해서는 목적을 달성하기 어려운 사업을 수행할 수 있도록 사람의 결합이나 특정한 재산에 대하여 자연인과 마찬가지로 법률관계의 주체로서의 지위를 인정한 것이며, 이러한 사회복지법인이 실제로 구체적인 개별사회복지시설을 운영하게 된다.

1) 사회복지법인

(1) 사회복지법인의 의의

사회복지법인이란 사회복지사업을 행할 목적으로 설립된 법인으로(「사회복지사업법」 제2조 제2항), 민간사회복지사업의 공공성과 안정성을 높이기 위해 설립한다. 물론 사회복지법인 이외에도 재단법인이나 사단법인 그리고 개인도 사회복지시설을 운영할 수 있지만, 사회복지사업의 공익성을 고려하면 사회복지법인이 시설을 운영하는 것이 바람직하다.

사회복지법인은 사회복지시설운영법인과 지원법인으로 구분된다. ① 시설운영법인은 사회복지시설의 설치와 운영을 목적으로 설립된 법인이며, ② 지원법인은 시설을 설치하거나 운영하지 않고 사회복지사업을 지원하는 것을 목적으로 설립된 법인이다. 법인에 관한 사항은 우선적으로 「사회복지사업법」에서 정한 규정을 따르고 만일에 이 법에 규정되지 아니한 사항은 「민법」과 「공익법인의 설립·운영에 관한 법률」을 준용한다.

(2) 사회복지법인 이사회 구성

사회복지기관에서 이사회와 위원회는 정보 수집, 목표 수립, 계획 및 결정을 하고 결과를 평가하는 중요한 수단이다. 사회복지행정가는 정책을 개발하고 이를 효과적인 서비스로 전환하는 데 있어 이사회와 위원회의 승인 내지 지원을 받아야 기관을 효율적으로 운영할 수 있다. 다만 이사회와 위원회는 명칭만으로는 큰 차이가 없지만 법적 지위와 책임, 역할 등은 서로 다르다.

이사회(board of directors)는 조직의 목표를 달성할 수 있도록 법적 책임을 지고 있는 조직의 최고 정책 결정 기구다. 실제로 이사회는 법인의 사무를 집행하며 원칙적으로 법인을 대표하여 법률행위를 하는 직무권한을 갖는 상설적 필요기관이다. 따라서 이사회는 조직을 이끄는 정책을 공식화하고, 실천가를 고용하고 평가하며, 후원자 및 지역사회 지도자와의 연계를 유지하고, 미래에 대한 계획을 수립하는 것 등에 책임을 진다. 또한 사회복지기관의 정책형성 기관으로서 그 조직의 활동이 목표와 목적에 지속적으로 일치되도록 지도하는 확실한 법적인 의무를 가진 곳이다.

사회복지법인은 7인 이상의 이사를 두어야 하고, 다만 친족 등의 특별한 관계에 있는 자는 이사 현원의 1/5를 초과할 수 없으며, 특히 2013년부터는 외부 추천이사제가 실시되어 이사 정수의 1/3 이상을 시 · 도의 사회복지위원회 또는 시 · 군 · 구 지역사회보장협의체에서 2배수 추천한 사람 중에서 선임하여야 한다.

(3) 사회복지법인 이사회 역할

이사회의 역할에 관해 「공익법인의 설립 · 운영에 관한 법률」 제7조에 의하면 이사회는 ① 법인의 예산, 결산, 차입금 및 재산의 취득 · 처분과 관리에 관한 사항, ② 정관의 변경에 관한 사항, ③ 법인의 합병 · 해산에 관한 사항, ④ 임원의 임면에 관한 사항, ⑤ 수익사업에 관한 사항, ⑥ 기타 법령이나 정관에 의하여 그 권한에 속하는 사항을 심의 의결하도록 규정되어 있다.

그리고 사회복지법인의 정관에 규정되어 있는 이사회의 의결 사항을 살펴보면 다음과 같다. 다만 다음 사항은 보건복지부의 예시이므로 법인 특성에 따라 의결 사항을 가감할 수 있다(보건복지부, 2018).

- ▶ 정관의 변경에 관한 사항
- ▶ 제규정의 제정 및 개정에 관한 사항
- ▶ 법인 합병 및 해산에 관한 사항
- ▶ 임원 임면에 관한 사항
- ▶ 사업계획 · 실적 및 예산 · 결산에 관한 사항
- ▶ 재산의 취득, 처분 및 관리에 관한 사항
- ▶ 법인이 설치한 시설의 장의 임면에 관한 사항
- ▶ 법인이 설치한 시설의 운영에 관한 사항
- ▶ 수익사업에 관한 사항
- ▶ 그 밖에 법령이나 정관에 의하여 이사회의 권한에 속하는 사항

2) 사회복지시설

(1) 사회복지시설의 의의

사회복지시설이란 「사회복지사업법」 제2조에 따른 사회복지사업을 행할 목적으로 설치된 시설을 의미하며, 동법 제2조에서 개별 법령에 의한 보호 · 선도 또는 복지에 관한 사업과 사회복지상담 · 직업지원 · 무료 숙박 · 지역사회복지 · 의료복지 · 재가복지 · 사회복지관 운영 · 정신질환자 및 한센병력자 사회복귀에 관한 사업 등 각종 복지사업과 이와 관련된 자원봉사활동 및 복지시설의 운영 또는 지원을 목적으로 하는 사업이라 규정하고 있다. 사회복지시설 여부는 시설운영자가 주관적으로 판단하는 것이 아니라 실질적으로 사회복지사업을 행하는지에 따라 판단된다. 국가 또는 지방자치단체, 사회복지법인 또는 비영리법인, 개인 등은 결격 사유가 없는 한 누구나 사회복지시설을 설치 · 운영할 수 있다.

(2) 사회복지시설의 설치 및 종류

국가 또는 지방자치단체 외의 자가 시설을 설치 · 운영하고자 하는 때에는 시장 · 군수 · 구청장에게 신고하여야 하고, 만일 신고하지 않고 사회복지시설을 설치 · 운영할 경우에는 해당시설은 폐쇄조치되며, 또한 1년 이하 징역 또는 1천만 원 이하의 벌금에 처하게 된다. 시설 설치는 1997년 「사회복지사업법」 개정을 통해 허가제에서 신고제로 전환되었다. 설치 신고된 사회복지시설은 세무행정 및 시설운영의 투명성을 위해 사업자등록증 또는 고유번호증을 발급받는다.

「사회복지사업법」과 관련 법에 따른 보건복지부와 여성가족부 소관의 사회복지시설의 종류는 〈표 4-9〉와 같다.

표 4-9 사회복지시설의 종류

소관 부처	시설 종류	세부 종류		관련 법
		생활시설	이용시설	
보건복지부	노인복지시설	• 노인주거복지시설 • 노인의료복지시설 • 학대피해노인전용쉼터	• 재가노인복지시설 • 노인여가복지시설 • 노인보호전문기관 • 노인일자리지원기관	「노인복지법」
	복합노인복지시설	• 농어촌 지역에 한해 「노인복지법」 제31조 노인복지시설을 종합적으로 배치한 복합노인복지시설을 설치 · 운영 가능		「농어촌주민의 보건복지 증진을 위한 특별법」
	아동복지시설	• 아동양육시설 • 아동일시보호시설 • 아동보호치료시설 • 자립지원시설 • 공동생활가정 • 학대피해아동센터	• 아동상담소 • 아동전용시설 • 지역아동센터 • 아동보호전문기관 • 가정위탁지원센터 • 자립지원전담기구	「아동복지법」
	장애인복지시설	• 장애유형별 거주시설 • 중증장애인 거주시설 • 장애영유아 거주시설 • 장애인단기 거주시설 • 장애인공동생활가정 • 피해장애인쉼터 • 피해장애아동쉼터	• 장애인지역사회재활시설 • 장애인직업재활시설 • 장애인의료재활시설 • 장애인생산품판매시설	「장애인복지법」
	어린이집		• 어린이집	「영유아보육법」
	정신건강증진시설	• 정신요양시설 • 정신재활시설 중 생활시설	• 정신재활시설 중 이용시설	「정신건강증진 및 정신질환자 복지서비스 지원에 관한 법률」
	노숙인시설	• 노숙인자활시설 • 노숙인재활시설 • 노숙인요양시설	• 노숙인종합지원센터 • 노숙인일시보호시설 • 노숙인급식시설 • 노숙인진료시설 • 쪽방상담소	「노숙인 등의 복지 및 자립지원에 관한 법률」
	사회복지관		• 사회복지관	「사회복지사업법」
	지역자활센터		• 지역자활센터	「국민기초 생활 보장법」
	다함께돌봄센터		• 다함께돌봄센터 (학교돌봄터 포함)	「아동복지법」

질병관리청	결핵 · 한센시설	• 결핵 · 한센시설		「사회복지사업법」
여성가족부	성매매피해지원시설	• 일반지원시설 • 청소년지원시설 • 외국인지원시설 • 자립지원공동생활시설	• 자활지원센터 • 성매매피해상담소	「성매매방지 및 피해자보호 등에 관한 법률」
	성폭력피해보호시설	• 성폭력피해자보호시설	• 성폭력피해상담소	「성폭력방지 및 피해자보호 등에 관한 법률」
	가정폭력보호시설	• 가정폭력피해자보호시설	• 가정폭력상담소 • 긴급전화센터디지털	「가정폭력방지 및 피해자보호 등에 관한 법률」
	한부모가족복지시설	• 출산지원시설 • 양육지원시설 • 생활지원시설 • 일시지원시설	• 한부모가족복지상담소	「한부모가족지원법」
	다문화가족지원센터		• 다문화가족지원센터	「다문화가족지원법」
	건강가정지원센터		• 건강가정지원센터	「건강가정기본법」
	청소년복지시설	• 청소년쉼터 • 청소년자립지원관 • 청소년치료재활센터 • 청소년회복지원시설		「청소년복지 지원법」

출처: 보건복지부(2024), p. 15.

(3) 사회복지시설 위원회

위원회(committee or commission)는 특정한 목적을 달성하기 위해 임명 또는 선출된 위원들로 구성된 합의기구를 말한다. 합의에 참여하는 정도나 종류는 위원회가 법적으로 자문기구인지 혹은 구속력을 갖는 결정권을 갖는지에 따라 다르다. 일반적으로 위원회는 그 조직의 일상적인 업무를 수행하는 기구와는 별도로 특별한 과업이나 문제해결을 위해 구성된 전문가 혹은 업무 관련자들의 활동기구다. 「사회복지사업법」상 운영위원회, 「근로자참여 및 협력증진에 관한 법률」에 의한 노사협의회 등은 관계 법률에 의해 설치가 강제되어 있는 위원회이고, 직원의 징계 등을 위한 인사위원회, 사회복지시설평가를 대비하기 위한 평가위원회 등은 필요에 따라 설치하는 임의기구다.

위원회 운영의 장점은 중요한 의사결정을 단독으로 하지 않고 여러 사람의 합의를 통해 진행함으로써 많은 경험과 전문지식을 동원할 수 있어서 결정의 신중성과 공정성을 기할 수 있고, 이해관계가 다른 여러 사람이 참여함으로써 보다 많은 만족과 지지를 얻을 수 있다. 또한 서로 대면하여 의견과 정보를 교환하게 되므로 협조적인 인간관계가 조성되고 의사소통이 원활해진다. 반면에 단점으로는 위원회 유지와 운영에 비용이 많이 들고, 심의와 결정이 지체되어 시간이 소요되며, 다수의 위원이 참여함으로써 책임의식이 희박하고 전가현상이 야기될 수 있으며, 이해관계가 얽힌 경우에는 타협적으로 결정되거나 위원회의 시야가 좁아질 수 있다.

(4) 운영위원회

모든 사회복지시설에는 운영의 민주성 · 투명성 제고 및 생활자 권익 향상 등을 위해 운영위원회를 두도록 하고 있으며(법 제36조), 최소 분기별로 1회 이상의 정기회의를 개최하여야 한다. 위원회의 위원은, ① 능력이 있는 자, ② 해당 과업이나 문제에 관심이 있는 자, ③ 시간과 노력을 제공할 용의가 있는 자, ④ 과업이나 문제와 관련된 여러 측면에서 대표자가 될 수 있는 자, ⑤ 경우에 따라서는 여성 등 소수집단을 대표할 수 있는 자가 되는 것이 바람직하다(Skidmore, 1995). 시설운영위원회의 경우 위원장 1인을 포함해 5인 이상 15인 이하의 위원으로 구성하고, 다음에 해당하는 자 중에서 관할 시장 · 군수 · 구청장이 임명 또는 위촉한다.

- ▶ 시설의 장
- ▶ 시설 거주자(이용자) 대표
- ▶ 시설 거주자(이용자)의 보호자 대표
- ▶ 시설 종사자의 대표
- ▶ 해당 시 · 군 · 구 소속의 사회복지 업무를 담당하는 공무원
- ▶ 후원자 또는 지역주민
- ▶ 공익단체에서 추천한 사람
- ▶ 그 밖에 시설의 운영 또는 사회복지에 관하여 전문적인 지식과 경험이 풍부한 자

시설운영위원회는 해당 사회복지시설의 운영에 관한 전반적인 사항을 심의하거나 보고받는다. 여기서 심의란 운영위원 다수의 의견을 모으는 행위를 말하고 따라서 시설장이 반드시 그 결과에 따라야 할 법적인 구속력은 없다. 다만, 시설장은 위원회의 순기능적 측면을 감안하여 그 심의사항을 거부할 만한 합리적인 이유가 없는 한 위원회의 심의 결과를 최대한 존중하여야 한다. 시설운영위원회의 심의 사항은 다음과 같다(법 제36조 제1항).

▶ 시설운영계획의 수립 · 평가에 관한 사항
▶ 사회복지 프로그램의 수립 · 평가에 관한 사항
▶ 시설 종사자의 근무환경 개선에 관한 사항
▶ 시설 거주자의 생활환경 개선 및 고충처리 등에 관한 사항
▶ 시설 종사자와 거주자의 인권보호 및 권익증진에 관한 사항
▶ 시설과 지역사회와의 협력에 관한 사항
▶ 그 밖에 시설의 장이 운영위원회의 회의에 부치는 사항

(5) 이사회와 위원회의 차이점

이사회와 위원회 모두 회의기구라는 점에서는 비슷하지만 역할과 운영에 있어서는 다음과 같은 차이가 있다(Skidmore, 1995).

- 이사회는 정책을 결정하고 위원회는 건의하는 역할을 주로 한다.
- 이사회는 위원회에 비해 조직의 운영과 서비스 전달에 더 많은 영향력을 발휘한다.
- 이사회는 조직의 행정책임자의 참석하에 회의를 하는 것이 일반적이고, 위원회는 책임자보다 실무담당자가 참여한다.
- 이사회에 조직의 직원이 이사가 되는 경우가 드물지만 위원회는 담당하는 직원이 참여한다.
- 이사회의 구성원 수는 위원회의 구성원 수보다 적다.
- 이사회는 위원회에 비하여 수혜자가 참여하는 경우가 드물다.

제5장

사회복지 전달체계

1. 전달체계의 개념과 원칙
2. 서비스 접근성과 활용
3. 공공 전달체계
4. 민간 전달체계
5. 사회복지 역할분담

1. 전달체계의 개념과 원칙

1) 전달체계의 개념

사회복지 전달체계(Delivery system)란 사회복지서비스의 공급자와 클라이언트를 연결시키는 조직적 장치로서, 복지서비스와 급여를 효율적으로 클라이언트에게 전달하기 위해 어떠한 조직체계를 통해서 실천할 것인가의 전략을 선택하는 것이다. 사회복지정책을 통해 제공되는 다양한 재화나 서비스를 클라이언트에게 전달하는 방법으로 전달체계의 중요성은 복지정책이 추구하는 가치나 목표의 성취가 바로 이 전달체계에 따라 달라질 수 있기 때문에 강조된다.

2) 전달체계의 구분

(1) 운영 주체에 따른 분류

사회복지 전달체계를 운영 주체에 따라 공공 전달체계와 민간 전달체계로 구분할 수 있다. ① 공공 전달체계는 정부(중앙정부와 지방정부)와 공공기관이 직접 관리 · 운영하는 것을 말하며, 조세라는 안정적인 재원을 바탕으로 관료적이고 고도로 분업화된 특징을 갖는 관료제 조직에 해당하고 공공부조와 사회보험 등에 관련된 서비스를 주로 담당하고 있다. 반면에 ② 민간 전달체계는 복지기관 등의 민간이 클라이언트를 직접 관리 · 운영하는 것으로, 재정이 취약한 단점은 있지만 창의적이고 유연한 조직체계를 갖추고 외부 환경 변화에 민감하게 반응하는 특징이 있다.

(2) 공급자 간의 구조와 기능에 따른 분류

사회복지 전달체계를 공급자 간의 구조와 기능에 따라 행정체계와 집행체계로 구분할 수 있다. ① 행정체계는 주로 서비스 제공을 기획하거나 지시, 지원, 관리 · 감독하는 기능을 담당한다. 공공 전달체계에서는 보건복지부 → 특별시 및 광역시 · 도 → 시 · 군 · 구가 해당되고, 민간 전달체계에서는 가령 복지관에서 관장을 비롯해 기획, 관리, 정책수립의 업무를 담당하는 담당자들이 해당된다. 반면에, ② 집행체계는 주

표 5-1 전달체계의 구분

기준	구분	내용
공급자 간의 구조와 기능	행정체계	• 주로 서비스를 기획, 지시, 지원, 관리, 감독하는 업무 • (공공) 보건복지부 → 광역시 · 도 → 시 · 군 · 구 • (민간) 복지관의 관장, 운영위원회, 기획관리부
	집행체계	• 주로 대상자에게 직접 서비스를 제공하는 업무 • (공공) 읍 · 면 · 동 → 기초생활보장수급자 • (민간) 복지관의 각 일선 부서
운영 주체	공공 전달체계	• 정부, 공공기관 • 재정은 안정적이나 관료적, 외부 요인에 둔감
	민간 전달체계	• 민간, 민간단체 • 재정은 취약하나 창의적, 외부 요인에 민감, 유연한 대처

로 클라이언트에게 서비스를 직접 전달하는 기능을 담당하는 체계로서, 공공 전달체계에서는 읍 · 면 · 동 → 지역주민이 해당되고, 민간 전달체계에서는 복지관의 각 일선 부서가 해당된다.

3) 전달체계의 원칙

이상적인 사회복지서비스 전달체계는 통합되어 있고, 연속적이며, 접근 가능성이 높고, 그 책임성이 명백한 체계라고 할 수 있다. 길버트와 스펙트(Gilbert & Specht, 1986)는 사회복지 전달체계에 있어 주로 제기되는 문제로 단편성, 비연속성, 무책임성, 비접근성 등을 들고 있다. 다음과 같은 사회복지급여 수급 상황을 가정해 보자.

> 알코올 중독 문제를 갖고 있으면서 실직자인 한부모 A씨는 주중에는 매일 미취학 자녀 B를 어린이집에 맡기고는 본인은 알코올 중독 재활치료를 받기 위해 재활센터로 향한다. 치료를 받은 후에는 지역자활센터에서 직업훈련을 받는다. 그러나 세 곳의 서비스 제공기관이 서로 멀리 떨어져 있음에도 이동수단도 없고, 서로 다른 스케줄에 따라 운영되며, 심지어 서비스가 중복되기도 한다. A씨가 이러한 상황을 여러 번 고충 호소했으나 상황은 개선되지 않았다.

앞의 상황은 사회복지서비스의 전달체계에 심각한 문제가 발생한 것이다. 하나씩 살펴보면 다음과 같다.

(1) 단편성

만일 어린이집, 알코올중독 재활센터, 지역자활센터가 도시의 다른 지역에 위치해 서로 멀어서 다니기 불편하고, 심지어 서로 다른 스케줄에 따라 운영되며, 서로 중복되는 서비스를 제공한다면 이러한 상황은 단편성(fragmentation)에 해당한다. 클라이언트의 문제들은 대부분 다양한 문제들을 포함하고 있다. 예를 들어, 청소년 폭력이라는 문제가 나타났다 하더라도 가정 폭력이 그 원인일 수 있고, 아버지의 알코올 중독이 가정 폭력의 원인일 수 있고, 다시 알코올 중독은 실직으로 인한 빈곤이 원인일 수 있다. 이와 같이 문제해결을 위한 서비스 프로그램들은 서로 분절되지 않고 연관되어야 한다. 이를 통합성의 원칙이라 한다.

복지전달체계를 비판한 영화

(2) 비연속성

만일 세 기관 사이를 연결하는 편리한 이동수단이 없거나, 재활센터와 자활센터 간에 의뢰체계가 없다면 이러한 상황은 비연속성(discontinuity)에 해당한다. 즉, 클라이언트가 서비스를 연속적으로 이용하기 불편하거나 의사소통과 이동에 필요한 교통편이 충분하지 못한 경우를 말한다. 서비스 제공기관 사이에 연계를 통해 문제해결에 필요한 서비스가 연속적으로 일정 기간에 걸쳐 제공되어야 한다. 예를 들어, 알코올중독이 치료되고 지역자활센터에서 직업훈련을 받았으면 다음으로 직업알선 프로그램이 연속적으로 제공되어야 하고, 직업알선을 통해 일자리를 구하게 되더라도 고용유지 프로그램이 또한 중단 없이 제공되어야 한다. 이를 연속성의 원칙이라 한다.

(3) 비접근성

만일 클라이언트가 거주하는 지역이 알코올중독 재활센터나 직업훈련을 받는 지역자활센터에 멀어서 이용하기 곤란하거나 수급자격 등의 문제로 재활센터나 자활센터 이용이 곤란하다면 이러한 상황은 비접근성(inaccessibility)에 해당한다. 접근성을 제한하는 사유는 다양하다. 지리적으로 먼 거리뿐만 아니라 정보의 부족이나 노출에 대한 두려움, 선정 절차의 어려움 등을 들 수 있다. 서비스 활용 장애 요인은 뒤에서 상세히 설명한다. 누구나 서비스 이용에 아무런 장애가 없도록 해야 하며, 이를 접근성의 원칙이라 한다.

(4) 무책임성

만일 위와 같은 여러 문제가 발생하여 클라이언트가 자신의 고충을 토로하였음에도 이를 해결할 적절한 수단이 없다면 이러한 상황은 무책임성(unaccountability)에 해당한다. 서비스 제공기관이 클라이언트의 욕구와 이익에 무감각해지는 경우를 포함한다. 서비스 제공기관은 적절한 서비스의 제공뿐만 아니라 전달절차의 적합성 및 효과적이고 효율적인 서비스 제공 등 서비스 전달 전반에 걸쳐 책임을 져야 한다. 이를 책임성의 원칙이라 한다.

이외에도, ① 알코올 중독 재활치료나 직업훈련 등에서 핵심적인 서비스는 반드시 전문가에 의해 수준 높은 서비스가 제공되어야 한다는 전문성의 원칙, ② 서비스의 질과 양, 기간 등이 클라이언트의 문제해결과 목표 달성에 충분해야 한다는 충분성의 원칙, ③ 클라이언트의 다양한 욕구나 문제해결을 위해 다양한 서비스를 포괄적으로 지원해야 한다는 포괄성의 원칙 등이 필요하다고 할 수 있다.

2. 서비스 접근성과 활용

1) 서비스 접근성

전달체계 구축에서 특히 중요하게 고려되어야 할 부문이 서비스의 접근성과 활용이다. 양질의 서비스를 이용 가능한 비용으로 지속적이고 안정적으로 제공하기 위해서는 서비스에 대한 적절한 접근성이 고려되어야 한다. 적절한 접근성은 서비스 이용을 증가시켜 결과적으로 서비스 정책의 궁극적 목표를 달성시킬 수 있기 때문이다. 접근성(accessibility)이란 서비스 전달체계로의 진입과 그로 인한 결과까지를 포함하는 폭넓고 다차원적인 개념으로, 애초 이 개념을 제시한 보건의료 분야의 앤더슨과 뉴먼(Andersen & Newman, 1973)은 환자가 의료서비스 체계로 진입하여 치료과정을 지속적으로 제공받는 상태로 정의하였다. 접근성이 높다는 것은 서비스를 필요로 하는 사람들이 서비스를 활용하는 데 아무런 장애가 없다는 것을 의미하고, 서비스 이용에 대한 물리적·사회 심리적 장애 요인을 제거해야 한다. 따라서 서비스 접근성을 보장하기 위해서는 서비스 제공기관이 클라이언트가 찾기 편한 가까운 장소에 위치해야 하고 편리한 시간에 운영되고 적절한 수준의 예약 대기자를 유지해야 한다. 또한 합리적 이용료와 이용 시 편안함을 제공하여 심리적 거리낌이 없어야 한다.

2) 접근성과 활용 오류

서비스 접근성에 장애물을 설치하거나 혹은 반대로 없애면 클라이언트의 서비스 활용에 영향을 미친다. 접근성이 떨어져 복지서비스가 저활용될 경우 표적 인구집단이 갖고 있는 문제가 여전히 해결되지 못한다는 문제가 있고, 반대로 지나치게 과활용될 경우 기회비용에 따른 사회적 자원의 낭비라는 문제가 발생한다. 기회비용(opportunity cost)이란 하나를 선택함으로써 다른 대안을 선택할 수 있는 기회를 포기해야 하는 손실비용, 즉 보다 적절한 다른 곳에 쓰일 기회를 상실한다는 것을 의미한

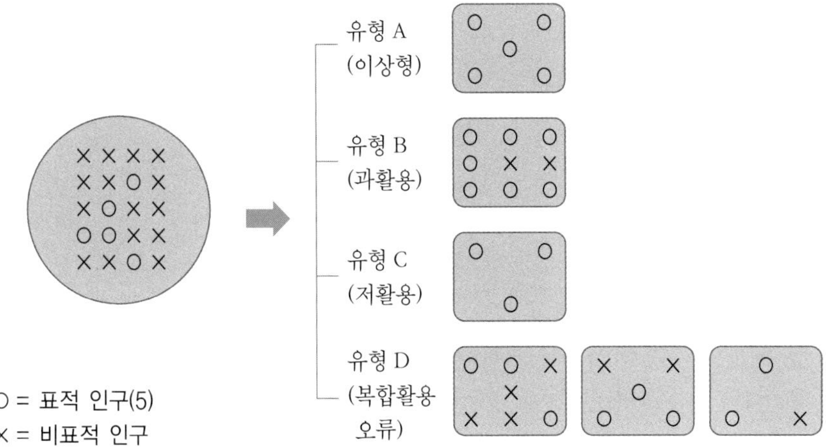

[그림 5-1] 서비스 활용 오류의 유형

출처: 김영종(2017), p. 410 수정 인용.

다. 따라서 접근성이 떨어지면 곧바로 사회적 비용의 초래라는 문제로 직결된다. [그림 5-1]과 같이 욕구를 가진 표적 인구집단과 실제로 그 서비스를 이용하는 클라이언트 집단이 정확히 일치한다면 불필요하게 낭비되지도 않고 꼭 서비스를 받아야 할 클라이언트가 제외되지도 않으므로 가장 바람직하다(유형 A). 그러나 서비스를 이용할 필요가 없는 사람까지 과활용하면 사회적 자원이 낭비되는 것이고(유형 B), 표적 인구조차 모두 서비스를 활용하지 못하는 저활용 역시 기관의 책임성이 문제된다(유형 C). 유형 D는 과활용과 저활용이 중첩되는 복합 활용 오류다.

3) 접근성 장애 요인

서비스 활용을 가로막는 장애 요인은 [그림 5-2]와 같이 서비스의 이용과정 곳곳에서 작용한다.

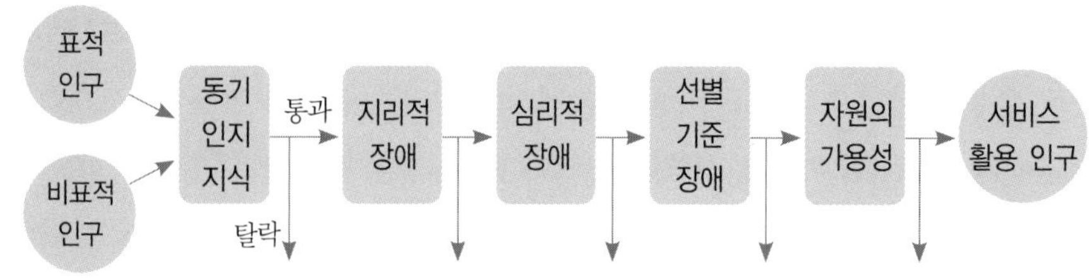

[그림 5-2] 서비스 활용과정의 장애

출처: 김영종(2017), p. 416 수정 인용.

① 동기 · 인지 · 지식 : 공식적인 제도권의 서비스를 활용하려면 우선 서비스를 구하려는 동기와 외부 도움 없이는 스스로 해결할 수 없다는 인지가 있어야 하고, 어디에서 도움을 구해야 할 것인지를 아는 것이 필요하다.

② 지리적 장애 : 거리가 멀수록 서비스 이용률이 떨어지는 현상과 같이 물리적 거리 때문에 서비스 이용을 주저하게 된다. 물리적 거리감은 절대 기준이 아닌 사람들이 느끼는 거리감에 따라 달라질 수 있다.

③ 심리적 장애 : 낯선 것에 대한 두려움, 개인 문제를 낯선 사람에게 설명해야 하는 꺼림칙함, 사회적 스티그마(Stigma) 등을 말한다. 서비스 활용의 전 과정에서 계

속적으로 작용한다.

④ 선별기준의 장애 : 이용자를 선별하는 일정한 기준, 가령 기초생활수급자와 같은 자격 요건, 번거로운 행정 절차, 욕구 파악을 위한 진단기준, 이용료 부과 등을 말한다.

⑤ 자원의 가용성 : 한정된 예산에 비해 수요가 초과되어 조기 마감 등의 이유로 서비스를 이용하지 못할 수 있다.

4) 활용 전략

접근성을 개선하여 서비스의 활용을 증대시키려는 전략으로는, ① 서비스 기관이나 담당자들이 적극적으로 이용자들을 찾아 나서는 아웃리치(outreach, 찾아가는 서비스), ② 자기 기관의 서비스와 일치하지 않는 클라이언트를 그냥 돌려보내지 않고, 가능한 한 다른 적절한 서비스의 종류와 소재를 파악해서 의뢰해 주는 정보 및 의뢰(Information and Referral) 시스템, ③ 적극적인 홍보, ④ 크리밍 현상 등의 관료제 병폐를 해소하려는 서비스 조직의 개선, ⑤ 서비스 실행과정에서 클라이언트와의 신뢰 구축 등이 필요하다(김영종, 2010).

3. 공공 전달체계

1) 공공 사회복지 전달체계의 실태

공적 사회복지 전달체계란 중앙정부나 지방정부가 계획을 수립하고 직접 운영 주체가 되어 서비스를 대상자에게 전달하는 과정을 말한다. 현재 우리나라의 경우 각종 사회보험은 중앙정부 차원에서 전달되고 있고, 공공부조와 사회복지서비스는 중앙 및 지방자치단체가 분담하여 제공하고 있지만 일부는 사적 전달체계를 통해 제공된다. 각각의 전달체계를 간략하게 도식화하면 [그림 5-3]과 같다.

먼저 사회보험은 보건복지부와 노동부가 담당한다. 국민연금과 국민건강보험 그

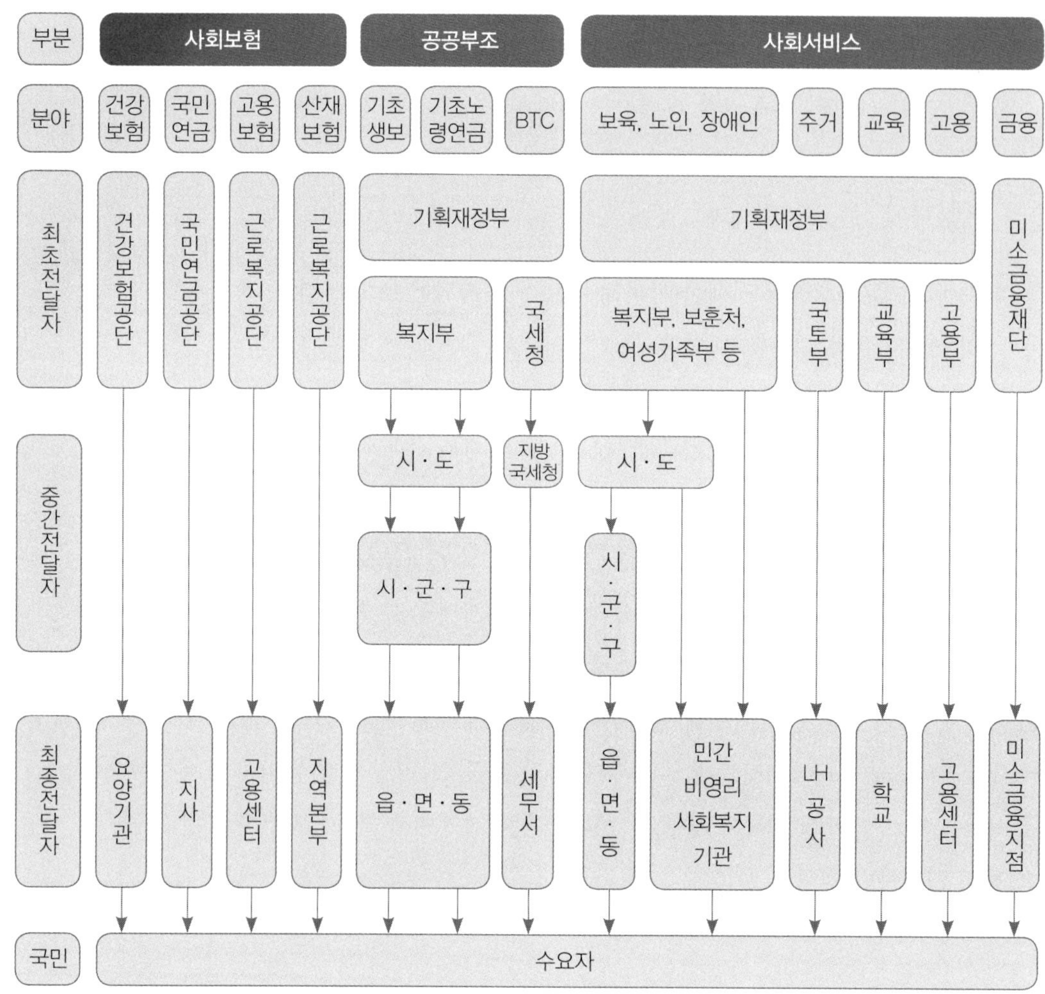

[그림 5-3] 공적 사회복지 전달체계 현황

리고 노인장기요양보험은 보건복지부 소관으로, 산하에 국민연금공단, 국민건강보험공단이 담당하고 있으며, 지역 차원에서는 본부와 지부를 두어 독자적인 전달체계를 형성하고 있다. 2011년부터는 국민건강보험공단에서 4대 보험을 통합징수하고 있으며, 자격관리와 부과, 급여업무는 각 공단이 담당하고 있다. 그리고 고용보험과 산재보험은 고용노동부 소관으로, 실제로는 근로복지공단과 고용센터가 지부를 두어 자체적인 전달체계를 가지고 있다.

그러나 공공부조와 사회복지서비스는 보건복지부 및 여성가족부 등이 소관부처이지만 지방에는 보건복지사무소 같은 독자적인 전달체계를 구축하지 못하고 행정안

전부 소속의 지방자치단체에 업무를 위탁하여 전달하고 있다. 특별시(광역시)와 도 단위에 사회복지과 · 가정복지과 · 여성복지과 등이 설치되어 있고, 시 · 군 · 구에는 주민생활지원국 아래에 사회복지과 · 여성청소년과 · 복지정책과 등이 설치되어 있다. 그리고 실제 필요한 업무는 다시 일선조직인 읍 · 면 · 동의 사회복지직 공무원이 담당하고 있다. 이와 같이 보건복지부 산하에 광역 및 기초 지방자치단체까지 별도의 전달체계가 구축되어 있지 않은 상황에서 몇 차례 전달체계 개편작업이 있었다.

2) 전달체계 개편과정

사회복지 욕구가 증대되고 복잡화되면서 사회복지서비스를 확대하고 효율적으로 제공하기 위해 효율적인 전달체계를 구축하고자 1987년 사회복지전문요원(현 사회복지직공무원) 제도를 도입한 이후 여러 차례 개편 작업이 진행되어 왔다. 그중 대표적인 노력으로는 보건복지사무소 시범사업, 사회복지사무소 시범사업, 주민생활지원서비스, 희망복지지원단, 동주민센터 복지허브화 등을 꼽을 수 있다. 이러한 노력에도 불구하고 개편과정이 다수의 이해관계자, 조직, 문화와 인식, 재정, 제도의 문제가 결부된 문제로서 늘 복잡하고 어려우며, 전달체계가 담아내는 제도와 환경은 지속적으로 변화하기 때문에 현재에도 성공적이라 하기 어렵다.

(1) 보건복지사무소 시범사업

1995년 7월부터 5개 지역에서 5년간 실시된 시범사업으로, 읍 · 면 · 동사무소에 있던 사회복지 부서를 보건소에 통합 · 재배치하는 형태로 시작되었다. 복지 업무 집중에 따라, ① 복지행정의 포괄성 향상, ② 이용자 중심의 통합 · 전달체계 구축, ③ 책임성과 신속성, 공정성, 전문성 향상 등의 효과가 있었다. 그러나 보건복지 연계 효과가 미흡했고, 접근성의 감소 등의 문제가 나타나 시범사업으로 마무리되었다. 이 당시 거의 모든 사회복지 업무는 읍 · 면 · 동사무소에 배치된 1인의 복지담당공무원에 의해 집행되었고, 그 결과 과중한 업무 부담과 서비스 전달의 비효율성이 제기되면서 새로운 전달체계를 모색하게 되었다.

(2) 사회복지사무소 시범사업

이전 시범사업의 한계를 극복하고 복지 업무의 독자적인 전달체계 구축하고자 2004년 7월부터 2년간 9개 지역에서 사회복지사무소 시범사업이 실시되었다. 이 시범사업은 사회복지사무소를 시 · 군 · 구 단위에 설치하고 시 · 군 · 구 사회복지 부서 및 읍 · 면 · 동사무소의 사회복지 담당인력을 사회복지사무소에 배치함으로써 사회복지 전문인력의 효율적 이용, 시 · 군 · 구 복지조직의 전문성 강화, 수요자 중심의 복지서비스 제공, 지역 중심 복지 실현 등의 효과를 기대하였다. 그러나 여전히 주민의 접근성 어려움, 사회복지전담공무원의 업무과중, 시 · 군 · 구 및 보건복지 등과의 연계 미흡 등의 문제점이 나타나 시범사업으로 마무리되었다. 특히, 모든 복지 업무가 사회복지사무소 한 곳에서 처리함으로써 농촌 지역의 경우 물리적 접근성 저하 문제가 심각하게 비판받았다.

(3) 지역사회복지협의체

2001년 10월부터 1년간 시범사업을 거쳐 2005년 전면 실시되었다. 지역사회복지협의체는 지역의 사회복지에 관한 전반적인 사항을 다루는 거버넌스 실천기구로서, 시 · 군 · 구 단위로 설치되어 복지 자원의 확충, 효율화, 서비스 간 연계를 도모하고 서비스 대상자의 욕구 충족 및 문제해결을 위한 지역의 역량강화를 위해 운영되고 있다. 다만 지역사회복지협의체는 「사회보장급여의 이용 · 제공 및 수급권자 발굴에 관한 법률」이 제정됨에 따라 2015년 7월부터 지역사회보장협의체로 변경되었다. 자세한 변경 사항은 〈표 5-2〉와 같다.

표 5-2 사회보장급여법 시행에 따른 지역사회보장협의체의 변화

구분	지역사회복지협의체	지역사회보장협의체
법적 근거	「사회복지사업법」 제7조의 2	「사회보장급여의 이용 · 제공 및 수급권자 발굴에 관한 법률」 제41조
범주	보건의료 및 사회복지서비스 중심	보건의료 및 사회복지뿐만 아니라 고용 · 주거 · 교육 · 문화 · 환경 등 영역 확대
연계체계	(시 · 도) 사회복지위원회 (시 · 군 · 구) 지역사회복지협의체 (읍 · 면 · 동) 복지위원	(시 · 도) 사회보장위원회 (시 · 군 · 구) 지역사회보장협의체 (읍 · 면 · 동) 읍 · 면 · 동 단위의 지역사회보장협의체

협의체 운영	협의체 업무의 효율적 수행을 위하여 실무협의체 구성 · 운영	• 실무협의체 구성 · 운영 • 보장기관의 인력 및 운영비 등 재정 지원
협의체 기능	• 관할 지역의 사회복지사업에 관한 중요 사항과 지역사회복지계획 상의 또는 건의 • 사회복지 및 보건의료서비스 연계 협력 강화	• 심의 · 자문 사항 • 지역사회보장계획의 수립 · 시행 · 평가 • 지역사회보장조사 및 지역사회보장지표 • 시 · 군 · 구 사회보장급여 제공 • 시 · 군 · 구의 사회보장 추진 • 읍 · 면 · 동 단위 지역사회보장협의체 구성 · 운영 등

(4) 주민생활지원서비스 및 희망복지지원단 신설

2006년 7월부터 시작된 주민생활지원서비스는 '희망한국 21'이라는 정부의 종합복지대책에 따라 주민생활지원국을 설치해 복지 · 보건 · 주거 · 고용 · 교육 · 체육 · 문화 · 관광의 8대 영역 서비스를 포괄해 지방행정의 틀을 복지 중심으로 바꾸고,

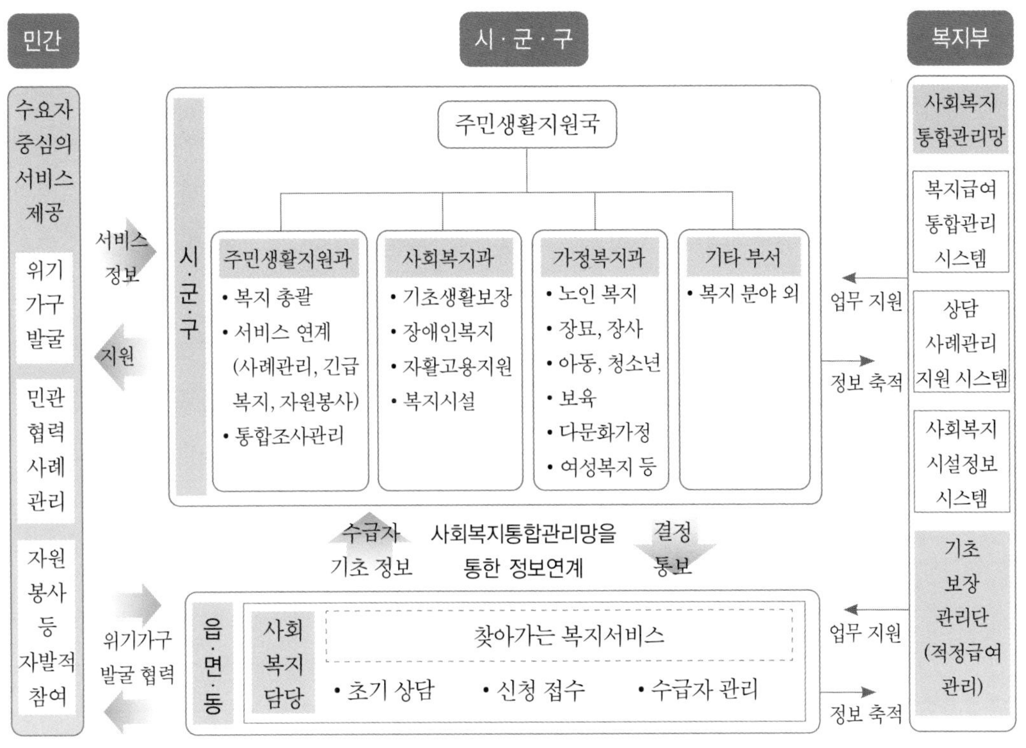

[그림 5-4] 전달체계 개선의 기본 방향과 체계도

민 · 관 협력의 거버넌스(goverance) 체제를 갖추어 참여복지를 실현하며, 수요자 중심의 맞춤형 통합서비스 전달체계로 개편하고자 하였다. 또한 읍 · 면 · 동사무소를 '주민복지센터'로 명칭을 변경하고 여기에 주민생활지원팀(6급 담당)을 신설하여 복지서비스 제공의 기능을 강화하고자 하였다.

그리고 2010년 1월부터 시 · 군 · 구의 사회복지업무 지원시스템인 사회복지통합관리망(행복e음)이 본격 가동됨에 따라 이에 적합하도록 업무 프로세서와 조직 · 기능 · 인력을 정비하는 전달체계의 개선을 추진하였다. 그 결과 시 · 군 · 구의 주민생활지원국 주민생활지원과 내 통합조사관리팀으로 복지 대상자의 자산조사와 자격관리가 일원화되고, 서비스연계팀에서는 민간서비스 연계 제공과 사례관리를, 그리고 읍 · 면 · 동에서는 상담 및 신청 접수와 수급자 관리 업무를 맡게 되었다. 2012년부터는 시 · 군 · 구에 희망복지지원단을 신설하여 복합적 욕구를 가진 대상자에게 통합사례관리를 제공하고 지역 내 자원 및 방문형서비스 사업 등을 총괄 관리함으로써 지역 단위 통합서비스 제공의 중추적 역할을 수행하도록 하였다. 이를 위해 단계적으로 총 7천 명의 사회복지담당공무원을 확충하였다.

(5) 동주민센터 복지허브화

2013년 11월에는 동주민센터 복지허브화 전략을 발표하여 현재의 동을 통합하거나 혹은 복지업무만을 수행하는 거점센터를 설계하는 방안을 제시하였다. 도시형과 농촌형으로 구분하여, 도시형은 기능보강형, 부분거점형, 거점형, 통합형으로, 그리고 농촌형은 기능보강형과 희망복지지원단 기능강화로 구분된다. 기능보강형이란 현재의 읍 · 면 · 동을 통합하지 않은 채, 인력을 보강하여 복지서비스 기능을 강화시키겠다는 계획이고, 부분거점형이나 거점형, 통합형은 기본적으로 현재의 읍 · 면 · 동의 일부 혹은 전체의 기능을 작게는 두 개 많게는 네 개까지 통합하는 계획이다.

(6) 찾아가는 보건복지서비스

주민 참여를 통한 지역사회 중심의 복지전달체계 구현을 목표로 2018년 찾아가는 보건복지서비스가 실시되었다. 사회복지공무원과 방문간호사가 주민을 직접 찾아가 복지 상담 및 방문건강관리 등을 실시하는 읍면동 중심의 찾아가는 보건복지서비스 확대와 보건 · 복지 분야 통합사례관리 및 민관협력체계 운영을 통해 주민 참여형 서비스 제공 기반을 마련하여 지역사회 중심의 촘촘한 사회안전망을 구축하고 운영하기 위해 도입되었다. 이를 위해 읍 · 면 · 동에 맞춤형복지팀을 설치하여 찾아가는 방문상담, 통합사례관리 등을 추진해 시민의 복지체감도를 높이려 하였고, 읍 · 면 · 동 단위의 마을복지계획을 수립하고 인적 · 물적 관계망을 구축하여 수요자 중심의 주민참여형 복지서비스를 제공하고자 하였다.

3) 희망복지지원단과 통합사례관리

(1) 희망복지지원단

공공 사회복지 전달체계의 문제점으로 오랫동안 지적되어 온 것이 복지, 고용, 보건 등의 다양한 서비스들이 각각 다른 기관에서 분절적으로 제공됨으로써 수요자의 욕구에 맞는 통합적 서비스가 원스톱으로 제공되지 못한다는 것이었다. 즉, 기존의 전달체계로는 수요자 중심의 맞춤형 서비스가 한 장소에 통합적으로 전달되지 못하였다. 이러한 필요에 따라 2012년 4월부터 시 · 군 · 구에 희망복지지원단이 설치되었다. 희망복지지원단은 복합적 욕구를 가진 대상자에게 통합사례관리를 제공하고, 지역 내 자원 및 방문형 서비스 사업을 총괄관리함으로써 지역 단위 통합서비스 제공의 중추적 역할을 수행하는 전담조직이다. 희망복지지원단의 업무수행체계를 살펴보면 다음과 같다(보건복지부, 2014).

- 읍 · 면 · 동 주민센터와 시 · 군 · 구의 각 부서, 지역주민 및 기관에서 발굴된 대상자에 대해 초기 상담을 실시한다(대상자 발굴).
- 희망복지지원단을 중심으로 읍 · 면 · 동 주민센터와 지역사회보장협의체, 지역 내 서비스 제공기관 간의 연계와 협력을 통해 대상자의 다양한 욕구를 충족시키는 맞춤형 서비스를 제공하고, 대상자별 서비스 제공계획을 수립하여 통합적인 서비스를 제공하며 이를 점검한 후에 사후관리를 실시한다(통합사례관리 실시).
- 읍 · 면 · 동 주민센터와 지역사회보장협의체, 지역 내 관련 기관과의 연계와 협력을 적극 추진한다(자원관리).
- 지역사회보장협의체를 중심으로 공공 및 민간협력 강화를 통한 지역 단위 통합서비스 제공체계를 구축한다(민관협력).

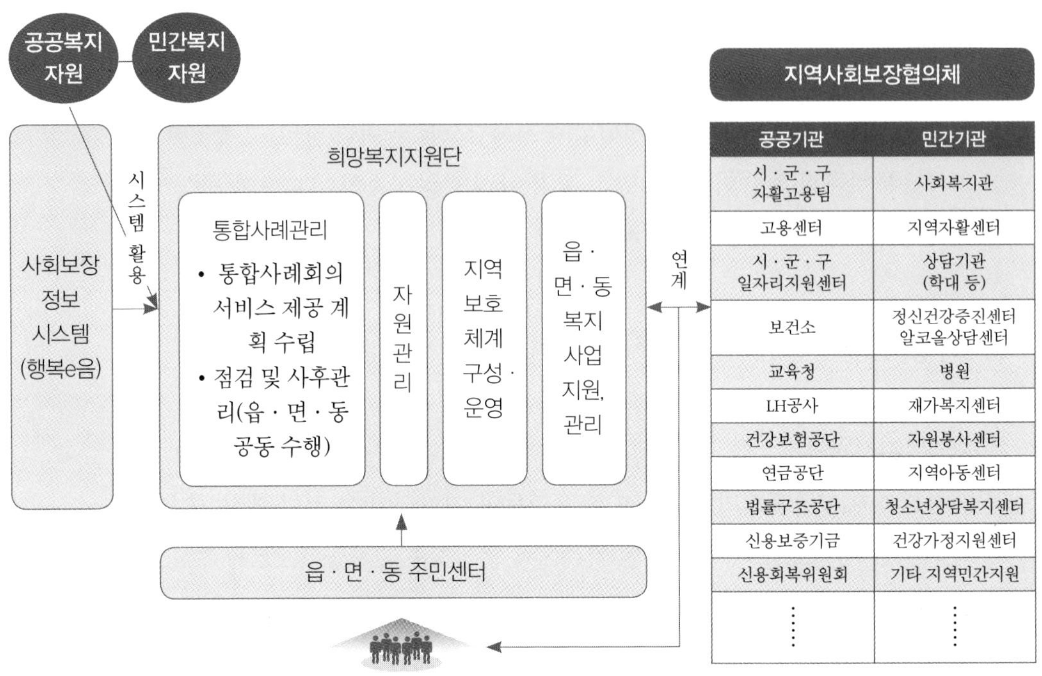

[그림 5-5] 희망복지지원단 업무수행 체계도

출처: 보건복지부(2014), p. 16.

희망복지지원단의 주요 업무는, ① 통합사례관리사업, ② 자원관리, ③ 지역보호체계 운영, 그리고 ④ 읍 · 면 · 동 복지업무 지원과 관리이며, 이 중에서 핵심 업무는 통합사례관리라 할 수 있다.

(2) 통합사례관리

통합사례관리란 지역사회 공공과 민간자원에 대해 체계적인 관리와 지원체계를 토대로 복합적이고 다양한 욕구를 가진 대상자에게 복지 · 보건 · 고용 · 주거 · 교육 · 신용 · 법률 등 필요한 서비스를 통합적으로 연계 · 제공함으로써 정서적 자립, 경제적 자립, 신체적 자립을 지원하면서, 이를 지속적으로 상담 · 모니터링해 나가는 것을 말한다(보건복지부, 2014). 통합사례관리의 목표는 민관협력을 통해 지역주민의 다양한 욕구에 맞는 통합적이고 맞춤형 서비스를 제공함으로써 지역주민의 삶을 안정적으로 지원하고 복지체감도를 향상시키는 것이다.

일반적으로 사례관리 과정을 살펴보면, ① 대상자 접수(이용자 발굴 및 초기 상담),

② 욕구사정(assessment), ③ 대상자 구분 및 선정(screening), ④ 사례회의 개최, ⑤ 서비스 제공 계획 수립, ⑥ 서비스 제공 및 점검, ⑦ 종결, ⑧ 사후관리 순으로 진행된다. 그러나 사례관리는 일회의 서비스 제공으로 종결되는 것이 아니라 재사정의 과정을 몇 번이나 반복하면서 시간의 경과에 따라 변화하는 대상자의 상황이나 욕구에 적절하게 대응하며 서비스를 계획하고 제공해야 한다. 이것이 사례관리의 가장 큰 특징이다. 그리고 통합사례관리실천은 독립이 아니라 자립을, 손상의 회복(recovery)이 아니라 또 다른 가능성의 발견을 목적으로 한다. 회복이 건강했던 과거 상태로 돌아가는 것을 의미한다면 발견은 과거의 건강한 상태를 목표로 삼지 않고 생산적이고 만족스러운 삶을 얻는 것을 목표로 한다. 따라서 통합사례관리실천은 대상자의 자립을 지향하며, 강점을 기반으로 대상자의 역량을 강화해 나가는 과정이어야 한다(김제선 외, 2015).

4) 문제점과 개선 방향

해마다 사회복지에 대한 수요와 예산은 폭증하고 있고 이에 따라 수차례 전달체계 개편과 인력 역시 점진적으로 보강되고 있다. 그러나 공공 사회복지 전달체계는 확대된 서비스사업에 대한 기획력과 수행체계가 부재함으로써 서비스 수요에 대한 대응력이 취약하고, 수요자 욕구사정과 서비스 기획을 통한 맞춤형 통합서비스 제공에 한계가 있다. 주민생활지원서비스 및 희망복지지원단 설치 그리고 통합사례관리 실시로 수요자 중심의 통합적 맞춤형 복지를 기대하였으나 아직은 그 성과가 예상에 미치지 못한다고 보인다. 특히, 지역사회보장협의체가 가동되고 있으나 민간과의 협력은 아직 부족하고, 지역사회보장계획 역시 제5기(2023~2026년)까지 수립 · 시행되고 있지만 지역실정에 맞는 차별화된 서비스 제공은 여전히 부족하다. 공공 사회복지 전달체계의 현황과 문제점 그리고 발전 방향을 역할, 사업, 환경, 조직 측면으로 나누어 살펴보면 〈표 5-3〉과 같다.

표 5-3 공공 전달체계의 현황과 문제점

구분	현황 및 문제점	발전 방향
역할	• 지역 단위 중심 복지센터의 역할 미흡 • 지역별 복지계획의 부재 • 민간 복지기관과의 역할분담 모호	• 시 · 군 · 구 수준의 복지 전담 행정조직 설치 • 지역복지계획 수립의 법 계획
사업	• 현금급여 지급 위주의 사업 수행 • 대인서비스 수행 미흡 • 취약계층 중심의 제한적 급여 • 복지행정 대상 부문 간의 업무 중복 • 민간복지기관 및 보건소와 서비스 중복 • 읍 · 면 · 동사무소의 일반 행정 업무 수행으로 전문적 서비스 제공 논란	• 도시 지역의 민간복지기관 연계 강화 • 농촌 지역 공공 행정조직의 서비스 제공 기능 확충 • 일반 주민 이용 가능 서비스 확대 • 지역 담당제 및 업무 담당제의 적정 운영 • 급여 통합 지급체계 마련 • 보건 및 복지서비스 전달의 연계 • 소규모 지역별 사업 거점(센터) 설치 • 복지전담 행정체계 설치
환경	• 고령화, 실업 등 복지 수요 급등 • 구조조정 등 행정 환경의 효율화 • 민간복지기관의 증대 및 서비스 다양화	• 복지 부문에 대한 선별적 재정 투자 확대 • 민간자원 동원 활성화 • 읍 · 면 · 동사무소 기능 전환 시 복지전담 일선조직 마련 • 민간기관의 역할분담 명확화 • 지역별 복지 네트워크 구축
조직	• 복지전담 행정조직의 부재 • 복지전문인력의 부족 및 전문인력 배치의 지역별 형평성 미흡	• 사회복지전담공무원의 시 · 군 · 구 전원 배치 및 확대 • 통합 읍 · 면 · 동 단위의 일선 사업 거점 설치

출처: 이상구 외(2009), p. 333.

4. 민간 전달체계

1) 민간 전달체계 실태

민간 사회복지조직이란 영리를 목적으로 하지 않는 주민조직과 사회복지법인, 재단법인 및 사단법인, 종교단체, 법정단체 및 기타 특수법인, 등록단체나 그 법인 또는 단체가 사회복지사업을 목적으로 운영하는 시설과 기관을 말한다(신복기 외, 2005).

사회복지 자원총량조사에서 민간자원의 비중이 60~70%에 이를 정도로 우리나라 사회복지서비스 대부분은 민간 부문에서 담당하고 있다(김교성 외, 2007). 민간 사회복지시설은 사회복지법인, 개인 위탁 또는 국가 · 지자체 직영의 형태로 운영되며, 서비스 유형별로는 현재 「사회복지사업법」, 「노인복지법」 등 15개 관계 법령에 의거해 총 118개 유형이 운영되고 있다.

민간 사회복지 전달체계에 있어서 중요한 기능을 하는 것이 사회복지협의체다. 사회복지협의체는 대략 세 가지 유형으로 구분할 수 있다. ① 전통적인 사회복지기관협의회(Councils of Social Agencies)로서, 한국사회복지협의회의 전신인 한국사회사업연합회나 한국사회복지관협회가 이 유형에 해당한다. ② 지역사회복지협의체로서 사회복지협의회와 각 시 · 도의 사회복지협의회가 여기에 해당한다. ③ 직능별 협의체로 전문분야협회가 있다(최성재, 남기민, 2016). 실제로 우리나라의 대표적인 민간 전달체계로는 사회복지협의회, 사회복지사협회, 사회복지관협회, 그리고 사회복지공동모금회가 있다. 한국사회복지협의회는 지역사회복지사업을 추진하기 위한 중간 시설로서 사회복지에 관한 조사 · 연구와 각종 복지사업을 조정하고 각종 사회사업과 활동을 조직적으로 협의 · 조정하여 사회복지에 대한 국민의 참여를 유도함으로

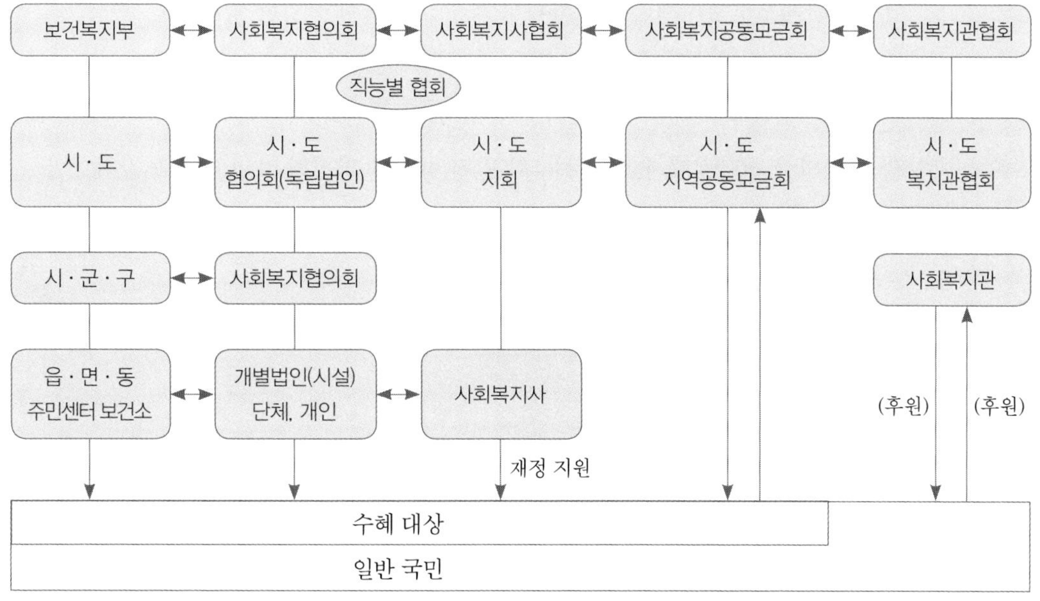

[그림 5-6] 민간 사회복지 전달체계도

써 우리나라 사회복지 증진과 발전에 기여함을 목적으로 한다. 다만 현재는 기획재정부의 기타 공공기관으로 지정되어 있다.

2) 문제점과 개선 방향

민간 전달체계는 공공부문이 제공할 수 없는 서비스 제공이 가능하고, 경쟁을 통한 서비스의 질을 높일 수 있으며, 민간의 사회복지 참여 욕구(예: 자원봉사 등)를 수렴할 수 있다는 장점이 있다. 이외에도 정부의 사회복지 활동에 대한 압력단체 역할을 할 수 있고, 국가의 사회복지비용을 절약할 수 있으며, 사회복지서비스의 선도적 개발 및 보급이 가능하다. 그러나 이러한 장점에도 불구하고 민간 전달체계는 다음과 같은 문제점을 갖고 있다.

- 공통적으로 서비스 간 연계가 부족하여 통합적 서비스를 제공받기 어렵다.
- 재정의 상당 부분을 정부에 의존하고 있어 정부의 지도 · 감독을 받아야 한다.
- 낮은 보수 등으로 소진과 이직이 잦고 책임감이 저하되며 전문성을 향상시키기 어렵다.
- 지역사회보장협의체는 지역사회의 욕구를 충분히 수렴하지 못하고 있다.
- 주로 도시에 집중되어 농촌의 경우 서비스 이용이 어렵다.

앞으로 민간 전달체계가 추구해야 할 발전 방향을 정리해 보면 다음과 같다.

▶ 수요자인 클라이언트 중심의 서비스 전달체계 구축

▶ 통합적인 서비스 전달체계 마련

▶ 사회복지행정 전달 인력의 전문화

▶ 서비스 연계 시스템 확립

▶ 모든 시민이 언제 어디서나 원스톱(one-stop) 서비스를 받을 수 있는 U-복지(U-welfare) 서비스 시스템 구축

특히, 서비스 전달체계 개선을 통해 서비스를 통합하는 방법으로는, ① 사례관리자가 중심이 되어 조직들 간의 네트워크를 이용하여 클라이언트를 관리하고 욕구를 만족시켜 주는 사례관리, ② 전달체계들을 단순 조정하는 방법으로 각기 독립성을 유지하면서 서비스 제공을 강화하는 종합적인 정보와 의뢰(I&R) 시스템, ③ 클라이언트의 다양한 욕구를 종합적으로 평가하여 적절한 서비스 계획을 개발하도록 하는 인테이크(intake)의 단일화, ④ 하나의 서비스 분야를 두고서 복수의 서비스가 제공될 수 있도록 하는 종합서비스센터, ⑤ 서로 다른 각각의 기관과 프로그램에서 다루었던 클라이언트에 대한 정보를 서로 공유할 수 있게 하는 시스템인 트래킹(tracking) 등을 들 수 있다.

5. 사회복지 역할분담

1) 중앙과 지방정부 역할분담

중앙정부가 일정한 기준을 세워 전국적으로 통일된 서비스를 제공하는 것이 바람직한지 아니면 지방정부가 지역의 특수성에 맞게 합리적인 범위 내에서 자율적으로 복지사업을 추진하는 것이 타당한지는 여전히 논란이다. 분명한 것은 중앙정부 독단적인 사업은 결코 바람직하지 않다는 것이다. 공공과 민간이 상호 협력해야 하듯이 중앙정부도 지방정부와 일정한 역할분담을 통해 상호 협력하는 방식이 바람직하다.

이러한 취지로 지난 2004년에 「지방분권특별법」을 제정하고 국고보조금사업을 정비하면서 복지사무를 대폭 지방으로 이양하였다. 대략 13개 부처의 149개 사업, 9,581억 원이 2005년부터 지방정부로 이양되었는데, 이 중에서 사회복지 업무가 금액기준으로 62%에 달할 정도로 압도적으로 많았다. 당시 보건복지부 소관 전체 국고보조사업 138개 중에서 67개 사업이 지방정부로 이양되었다. 정부는 또한 지방이양된 사업의 수행에 필요한 재원 마련을 위해 분권교부세를 도입하였다. 2005년 분권교부세 도입 당시 재원은 내국세 수입의 0.83%로 책정하였다. 그 결과 149개 사업의 예산규모 9,581억 원의 88.2%에 해당되어 나머지는 인상된 지방정부의 담배소비세 수입으로 충당토록 하였다.

중앙정부가 지방정부에게 재정을 지원하는 방식은 일반적으로 항목별 보조금, 기능별 보조금, 특별 보조금 등이 있다. ① 항목별 보조금(categorial grants)은 재원이 사용될 세부적 항목을 지정하여 제공하는 방식이고, ② 기능별 혹은 포괄 보조금(block grants)은 프로그램의 기능별로 지원하는 다소 포괄적으로 제공하는 보조금이고, ③ 특별 보조금(special revenue sharing)은 중앙정부의 예산 가운데 일정부분을 구체적인 조건 없이 지방정부에 넘겨주는 방식이다. 특별보조금, 기능별 보조금, 항목별 보조금 순으로 지방정부의 재량권이 낮아진다.

사회복지사무 지방 이양 이후 20여 년이 지나면서 지방정부의 낮은 재정자립도와 단체장의 복지마인드 결여, 담당공무원의 잦은 보직 이동으로 인한 전문성 부족 등으로 오히려 복지수준이 후퇴 내지 지역 간 격차가 심화되고 있다는 지적이 계속해서 제기되고 있다. 특히, 지방정부로서는 폭증하는 사회복지사업을 충족할 지방재정 재원을 마련할 방안이 부족해 현재 서울특별시를 제외하고는 재정 부족이 심각한 지경이다. 따라서 생활시설 운영비의 국고환원 또는 일부 사회복지사업의 국고 환원 요구가 지방자치단체와 사회복지시설단체 등을 중심으로 강하게 제기되고 있으며, 지방자치단체 재정부담 증대 및 서비스 배분의 지역 간 격차발생 문제 등이 여전히 상존하고 있다.

2) 공공과 민간 부분 역할분담

중앙정부와 지방정부 간의 역할분담도 중요하지만 공공과 민간 부분 간의 역할분담 또한 중요하다. 민간 서비스 전달체계는 공공부문에 비해 효율성, 경쟁성, 접근성, 신속성, 융통성 등이 높다는 장점이 있다. 반면에 재정이 취약하기 때문에 지속성, 안정성, 전국적 평등성 등에서는 취약하다는 단점이 있다. 따라서 상호 보완적으로 적절히 역할분담하는 것이 바람직하다. 석유파동에 이은 복지국가 위기 이후에 많은 국가에서 복지혼합 내지 민영화가 진행되었다. 공공과 민간 부문 간의 역할분담 유형을 살펴보면 다음과 같다(Kramer, 1981).

① 국유화 모형 : 정부 부문이 독점에 가까울 정도로 전달체계의 대부분을 차지하는 모형으로, 민간 부문은 극소수이고 역할 역시 주변적인 역할에 머문다. 공공부

조와 사회보험이 여기에 해당한다.

② 정부 주도 모형 : 정부 부문이 재정과 서비스 공급에 있어 상대적으로 비중이 크고 민간 부문의 비중이 적은 모형으로, 정부 부문이 보편적 서비스를 제공하는 역할을 담당하고 민간 부문은 주변적이 아닌 보충적 역할을 담당한다.

③ 실용적 동반자 모형 : 정부 부문이 재정을 담당하면서 민간 부문에 이를 제공해서 민간조직이 직접서비스 제공을 담당하는 상호 협력적인 모형으로, 정부의 재정과 책임으로 보편적인 서비스를 형평성 있게 제공하려 하지만, 실제 서비스 공급은 계약을 통해 민간 부문에 보조금을 지급하고 운영권을 위임한다.

④ 민간 강화 모형 : 정부는 서비스 제공의 기준만 설정하고 민간 조직이 주도적이고 자율적으로 서비스 제공 역할을 담당하는 모형으로, 민간의 자율성은 강조되지만 정부의 재정적 기여가 부족하면 서비스 공급이 위축될 우려가 높다.

⑤ 민영화 모형 : 복지재정과 서비스 모두를 민간 조직이 독점하고 정부의 역할은 최소한에 그치는 모형으로, 영리부문의 이윤 추구 동기를 활용해 서비스 공급을 늘리고 비효율을 극복하면서 시장경제의 원리에 따라 최적의 자원배분을 이루려고 한다.

공공과 민간 부분 간의 역할분담에서 중요한 것은 민관협력이다. 민관협력이란 행정 주체가 전면적으로 담당하였던 공적 서비스 업무를 민간과 공공 부문, 개인과 단체가 상호 이익을 추구하기 위하여 서로 역할분담을 하여 파트너십의 형태로 공적 서비스 업무를 수행하는 것을 의미한다. 지역사회 내에 존재하는 사회복지서비스의 공·사 부문의 조직체계들이 서로 연계하고 양질의 복지서비스를 지역주민에게 보다 효율적으로 제공하거나 사회문제를 해결하기 위하여 정부와 민간 부문이 자원을 분담하고 협력하는 것이다. 이와 같은 민관의 파트너십에 의한 공적 업무수행은 정부와 민간이 서로의 장점을 활용하여 공공서비스의 질적 향상을 가져온다.

제6장

인적자원관리

1. 인적자원관리의 의의

1) 인적자원관리의 의의

조직은 세 가지 형태의 자원을 갖고 있다. 인적 · 물적 · 재정 자원이 그것이다(3M: material, money, man). ① 물적자원은 건물, 설비, 기구 같은 고정자산을 의미하고, ② 재정자원은 운영비와 같은 유동자산을 의미하며, ③ 인적자원은 조직에 고용된 사람을 의미한다. 사회복지는 사회복지사라는 인적자원이 생산하는 서비스이므로 훈련된 수준 높은 사회복지사일수록 조직에 더 많은 가치를 창출하며 클라이언트에게도 이롭다.

우리 속담에 "인사(人事)가 만사(萬事)"라는 말이 있듯이 조직의 성패는 사람에게 달려 있다고 해도 과언이 아니다. 인적자원관리(Human Resource Management)란 조직의 목적 달성에 효과적으로 인력을 조달 · 유지 · 개발 · 활용하는 일련의 관리활동을 말한다. 조직 유지를 위해 적시에 직무 요건에 맞는 인원을 계획하고 조달 · 개발 · 활용 · 유지 · 배치 · 이동하며 평가 · 관리하는 과정을 포함한다. 예전에는 조직 구성원을 단순한 노동력(manpower)으로 인식하여 인사행정 또는 인사관리라 하였으나, 오늘날에는 조직 구성원을 조직의 핵심 자원으로 인식하며 구성원의 성장과 발달을 도모함과 동시에 조직의 성과를 제고시키고자 하는 패러다임 변화에 따라 '인적자원관리' 혹은 '인적자원개발(Human Resource Development: HRD)'이라고 부른다.

2) 인적자원관리의 원칙

인적자원관리에서는 유능한 인재를 확보하여 적재적소에 배치함으로써 개인의 능력을 최대한 발휘하도록 하는 것이 중요하다. 인적자원관리의 원칙을 살펴보면 다음과 같다.

- 개인의 능력을 최대한 발휘할 수 있도록 끊임없이 교육 · 훈련하여 보다 큰 인재로 육성하여야 한다(인재 육성의 원칙).

- 구성원의 능력과 적성, 흥미에 맞게 배치함으로써 구성원의 직무만족과 사기를 높여야 한다(적재적소의 원칙).
- 학연이나 지연 등 정실을 배제하고 누구나 능력과 업적에 따라 동등한 기회가 부여되어야 한다(공정성의 원칙).
- 너무 과중한 업무가 할당되지 않도록 업무량을 고려해 적절한 수준의 인원이 적시에 공급되어야 한다(적정 수급의 원칙).
- 의사결정 과정에 구성원의 참여를 최대한 보장하고, 각종 경영 정보가 공개되어야 한다(민주성의 원칙).
- 승진, 성과 배분 등에서 개인의 실적이 우선되어야 한다. 다만 연공서열과도 조화되어야 한다(실적주의 원칙).

3) 인적자원관리의 과정

인적자원관리의 과정은 [그림 6-1]과 같이, ① 충원 계획, ② 모집과 선발, ③ 교육훈련 · 평가, ④ 배치 전환 · 승진, ⑤ 이직으로 나누어 볼 수 있다.

[그림 6-1] 인적자원관리의 과정

2. 채용과 이직

1) 충원 계획

충원은 조직이 필요로 하는 인적자원의 양과 질을 획득하여 최대로 활용하며 잠재적인 인력의 부족이나 과잉을 예측하고 적절히 대응하는 것이다. 따라서 충원 계획은 능력 있고 원만한 인간관계를 이루어 나갈 수 있는 사람을 채용하기 위해 장 · 단기 충원 계획을 수립하여 실시해야 한다. 충원 계획은 해당 직무에 대한 직무분석에

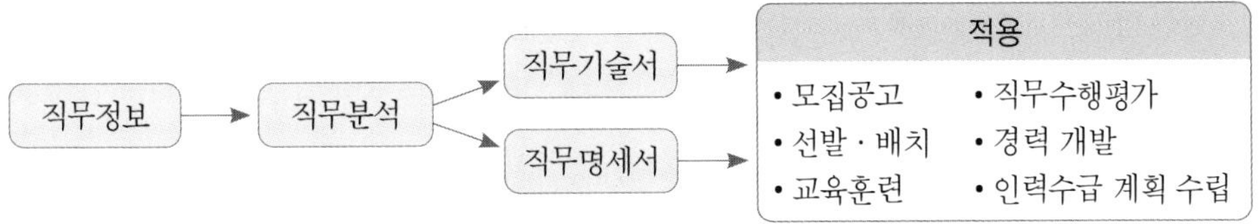

[그림 6-2] 직무분석의 적용

서부터 출발한다. 일찍이 윌슨(Wilson, 1976)은 "업무를 설계하기 전에 모집을 시작하는 것은 마치 음악이 시작되기 전에 춤을 추려는 것과 같다."고 지적하였다.

(1) 직무분석

직무분석(job analysis)은 특정 직무에 대한 정보를 수집, 분석, 종합하는 활동으로 인적자원관리의 출발점이라고 할 수 있다. 즉, 조직의 계획 수립과 설계, 인적자원관리, 기타 관리적 기능들을 수행하기 위한 기초 정보를 얻기 위하여 조직 내에서 특정 직무에 관한 정보를 수집하는 것이다. 가령 채용과정에서 선발은 조직 내에서 필요로 하는 어떤 직무를 가장 잘 수행하는 사람을 확인하는 과정이므로 그 직무를 잘 수행하기 위해서는 어떤 자질이 필요한지를 알지 못한다면 여러 지원자 중에서 찾고자 하는 능력과 자질을 알 수 없을 것이다. 예를 들어, 모금 분야 직원을 채용하고자 할 경우 모금에 필요한 자질과 능력을 갖추었는지가 중요하지 정신보건사회복지사일 필요는 없다. 따라서 그 직무에 필요한 구체적인 기술과 능력을 결정하기 위해 직무분석이 필요하다. 또한 각 직무를 수행함에 필요한 지식과 기술, 숙련 등의 종류와 정도를 명확히 알 수 있으므로 교육훈련에도 필요하며, 직무수행평가나 경력 개발 등에도 필수적으로 작용한다.

(2) 직무기술서와 직무명세서

직무분석의 결과를 토대로 직무기술서와 직무명세서를 작성한다. 직무기술서(job description)는 직무 자체에 대한 설명으로서 직무 명칭, 직무 개요, 장비, 환경, 작업활동 등이 포함된다. 직무기술서가 잘 작성되어 있으면 그 직무에 대해 전혀 모르는 사람일지라도 한번 읽어 보기만 하면 머릿속에서 그 직무에서 이루어지는 활동이나 작업 환경을 생생하게 그려 볼 수 있을 것이다.

직무명세서(job specification)는 특정 직무수행에 필요한 지식, 기능, 능력, 기타 특성 등을 명시해 놓은 문서를 말한다. 이를 통해 충원되어야 할 직무의 상세한 내용과 요건을 파악한다. 직무기술서와 직무명세서를 구분하면 〈표 6-1〉과 같고, 이를 예시하면 [그림 6-3]과 같다.

표 6-1 직무기술서와 직무명세서의 구분

직무기술서	구분	직무명세서
직무 자체에 관한 기술 (어떤 일을 하는가?)	개념	직무수행자의 요건과 관련된 사항 (어떤 요건이 필요한가?)
• 직무 명칭 및 개요 • 장비 • 환경 • 작업활동	주요 내용	• 교육수준 및 경력 • 정신적 특성 및 육체적 능력 • 작업 경력 및 책임 정도 • 필요 자격증 등

직무기술서		
직무 정의	직무 명칭	
	부 서	
	직 급	
	보고 체계	
직무 요약		
과제 및 활동	① ② ③ ⋮	
직무 환경		

직무명세서		
직무 정의	직무 명칭	
	부 서	
	직 급	
	보고 체계	
지식 및 기술		
필요 자격증	① ② ③ ⋮	
능력 및 성격, 기타		

[그림 6-3] 직무기술서와 직무명세서의 예시

직장을 구할 때나 입시를 치를 때 요구되는 학점이나 토익 점수, 자격증 등의 평가 요소를 흔히 스펙(spec)이라 하는데 이러한 스펙은 직무명세서(job specification)의 약자이다. 따라서 구직자 입장에서 스펙의 핵심은 모든 평가 요소를 조금씩 갖추는 것이 아니라 우선 내가 목표로 하는 직무를 정하고 그 직무에 필요한 지식과 경험 등을 철저하게 준비하는 것이 중요하다.

2) 모집과 선발

(1) 모집

모집(recruitment)은 빈 직위에 적합한 인력을 확보하기 위해 우수한 인력을 유인하는 활동을 의미한다. 즉, 선발을 전제로 양질의 지원자를 확보하는 활동을 말한다. 모집에서는 유능한 지원자들이 많이 지원할 수 있도록 신문(사회복지신문 포함), 사회복지 관련 잡지, 고용알선기관 등에 적극적으로 모집 공고를 하고 대학 등에 이를 널리 알린다. 모집 공고는 직무분석의 결과 채용하고자 하는 직무에 대한 구체적인 직무명세서를 밝혀 해당 조건을 갖춘 적임자가 지원하도록 하는 것이 가장 중요하다.

보다 적극적이고 효과적인 홍보를 통해 우수한 지원자들이 모집 공고를 보고 지원할 수 있도록 유인해야 하며, 또한 적절한 자격 요건을 갖추지 못한 지원자는 스스로 판단해 지원하지 않도록 그 직무에 관한 충분한 정보를 제공함으로써 심사과정에 소요되는 시간과 비용의 낭비를 막도록 해야 한다. 모집 방법에 따른 직무성과를 조사한 연구에 의하면 직무에 대해 보다 정확하고 완전한 정보를 소유한 사람이 그렇지 못한 사람보다 더욱 생산적이고 직무만족이 높게 나타났다(Breaugh, 1984).

사회복지시설은 공개모집이 원칙이다(보건복지부, 2018). 과거에는 대부분 비공식적인 경로로 폐쇄적으로 채용하였으나 2005년 공개모집 원칙이 시행된 이후에는 전체 사회복지조직 중 95%가 공개채용 방식을 채택하고 있는 것으로 나타나(정선욱 외, 2006), 직원 선발의 불공정성과 폐쇄성은 상당 부분 개선된 것으로 보고되고 있다. 공개채용은 채용 절차의 투명성을 높인다는 측면뿐만 아니라 채용하고자 하는 직종과 요구되는 직무능력을 사전에 공개함으로써 유능한 지원자가 많이 지원하도록 하는 것이 중요하다. 그러나 실제 사회복지조직에서 채용공고 사례를 분석한 연구에 의하면 여전히 채용 공고를 기본적인 원칙에 따라 이행하고 있을 뿐 조직에 필요한 인재로서의 적합성이나 전문성을 판단할 수 있는 구체적인 평가기준을 제시하지 못하고 있는 실정이다(이화조 외, 2010).

(2) 선발

선발(selection)은 모집을 통한 다수의 지원자 중에서 직무에 가장 적합한 지원자를 식별하는 활동이다. 더 정확하게는 특정 직무를 어떤 지원자가 가장 성공적으로 수행할 수 있는지를 살펴보는 것이다. 이런 선발과정을 통해 채용 여부가 결정되기 때문에 선발은 인력확보활동의 핵심이다. 선발과정에서는 면접에 앞서 입사지원서, 이력서, 자기소개서를 통해 일차적으로 자질을 검증한다.

① **입사지원서** : 어떤 기관이든 지원서를 작성하지 않는 경우는 거의 없다. 입사지원서는 성명, 주소, 성별, 교육·경력 등 신상 자료부터 재정 상태, 취미 등 개인적인 항목까지 포함되어 있다. 입사지원서는 선발에 유용한 지침을 제공하는 질문들로 한정되어야 하고, 지나치게 긴 지원서는 시간낭비일 뿐이다. 입사지원서를 작성하는 요령은 다음과 같다.

- ▶ 사진은 최근 3개월 내에 정장 차림에 밝은 표정으로 촬영한 것을 사용한다.
- ▶ 성명은 한글과 한자를 함께 적는다.
- ▶ 생년월일은 기입란 양식에 맞춰 기재한다.
- ▶ 주소 및 우편번호는 현재 거주지를 기준으로 작성한다.
- ▶ 학력은 고등학교 이후부터 기재하고, 대학원은 재학, 수료, 학위 취득을 구분한다.
- ▶ 자격사항은 국가공인뿐만 아니라 사설기관에서 발행한 것도 기재한다.
- ▶ 병역사항은 군필 혹은 면제라고 기재하고, 면제자는 사유를 간략히 밝힌다.
- ▶ 신장, 체중, 시력 등 신체 사항은 정확하게 기재한다.
- ▶ 가족사항은 부모, 배우자, 형제, 자매 순으로 모두 기재한다.
- ▶ 경험사항은 해외연수, 자원봉사, 동아리활동 등을 중심으로 구체적으로 기술한다.

② **이력서** : 이력서는 개인의 특성과 지적인 측면을 알아보기 위해 학력을 기재하고, 그 사람이 이전에 무엇을 경험했는지를 알아보기 위해 경력을 기재한다.

③ **자기소개서** : 특정한 서식이 없거나 기관에서 대략적인 항목을 지정해 준다. 일

반적으로는 개인의 성장 환경, 학력 및 경력 소개, 지원동기, 장래희망 등을 기재한다. 자기소개서를 작성하는 요령은 다음과 같다.

- ▶ 모집 기관의 속성에 맞춰 자신을 소개하라.
- ▶ 자기 이미지를 만들어라.
- ▶ 중간중간에 재치 있는 헤드라인을 달아라.
- ▶ 자신이 적임자임을 강조하라.
- ▶ 구체적인 경험을 바탕으로 작성하라.
- ▶ 참신한 문구로 시작하라.
- ▶ 입사 지원동기를 구체적으로 밝혀라.
- ▶ 자신의 장점을 최대한 부각시켜라.
- ▶ 경력(수상, 자격증, 봉사활동)을 강조하라.
- ▶ 자신의 포부와 비전을 제시하라.

선발은 일반적으로 서류 전형 → 선발 시험 → 면접 → 경력 조회 → 신체검사 → 선발 결정순으로 진행되며, 필요에 따라 일부가 생략되거나 추가 또는 순서가 변경될 수 있다.

사회복지기관에서는 선발 과정에서 통상 면접이 가장 중요한 작용을 한다. 오늘날 면접을 받지 않고 채용되는 경우는 거의 없다. 어떤 다른 선발방법이 이용되든 간에 사회복지행정가는 모든 지원자를 만나 보고자 한다. 면접을 통해 지원자의 적합성을 평가할 수 있을 뿐만 아니라, 양방향의 정보교류가 이루어져 각자가 상대방을 평가할 수도 있다. 면접의 형태는 〈표 6-2〉와 같다.

표 6-2 면접의 형태

면접 종류	방법	장점	단점
개별 면접	면접위원이 지원자 1명을 상대로 면접하는 방법	• 상세한 정보 수집이 가능	• 시간이 오래 걸림 • 지원자에게 긴장과 압박감 줌

집단 면접	면접위원이 여러 명의 지원자를 동시에 면접하는 방법	• 면접시간 단축 • 지원자의 심리적 안정 • 지원자 간 경쟁 유발	• 심층면접 불가 • 자리 순서에 따른 불이익 있음
집단토론식 면접	지원자 팀별로 과제를 주어 자체 토론을 하고, 면접위원이 이를 관찰하는 방법	• 리더십, 표현력, 적극성 등 다양한 요소 평가 가능	• 신상 질문 불가능 • 소극적 지원자 평가 불가능
특이한 면접	• 프레젠테이션 면접: 지원자가 특정 주체에 대한 자신의 의견을 개진하는 방식 • 무자료 면접: 지원자의 학력, 경력 등의 신상 자료를 전혀 모르는 상태에서 선입견 없이 임하는 방식 • 다차원 면접: 선배 직원들이 지원자들과 조를 이루어 다양한 장소(예: 산, 술집 등)에서 만나 자유롭게 집단토론하는 방식		

사회복지조직에서 신규 직원을 선발할 때 가장 중요하게 생각하는 채용기준으로는 자원봉사와 실습을 통한 현장경험, 사회복지사 1급 자격증 소지 여부, 지원자와 조직의 비전 일치, 사회복지 마인드, 대인관계 등이다(이화조 외, 2010). 또한 실천현장에서 요구되는 신입 사회복지사의 자질은 '사회복지 마인드'라고 불리는 전문적 윤리와 태도가 중요하며, 구체적인 개입기술보다는 문서 작업, 프로그램 개발 및 평가와 같은 실용적인 수준의 지식과 기술을 요구한다(한상미 외, 2008).

(3) 임명과 오리엔테이션

선발과정을 통해 최종적으로 대상자가 선정되면, 임명과정(통상 임명장 교부 및 근로계약서 체결)을 거쳐 기관에 대한 오리엔테이션을 하게 된다. 오리엔테이션에서는 조직 구성원을 사회화하는 과정으로, 기관의 목적, 조직의 구성, 이사회, 기관이 속한 지역사회 등에 관한 사항을 알려 주어야 한다. 또한 보수, 근무시간, 휴가, 직원회의, 직원 개발 계획, 지역사회의 타 기관과의 관계 등을 포함한 직무에 관한 정보와 의무가 설명되어야 한다.

3) 이직

이직이란 여러 가지 이유로 조직 구성원이 사회복지조직을 떠나는 것을 의미한다.

표 6-3 이직의 유형

구분		내용
자발적 이직	전직	임금 등 근로조건을 이유로 다른 조직으로 옮기는 것
	사직	질병 등 개인의 일신상의 사유로 인한 이직
비자발적 이직	해고	구조 조정, 징계 등에 의한 이직
	퇴직	정년에 의한 고용관계의 종료

이직은 떠나는 행위를 결정하는 주체가 본인인지 아니면 조직인지에 따라 〈표 6-3〉과 같이 자발적 이직과 비자발적 이직으로 구별된다.

적정 수준의 이직은 인사관리의 통풍 역할을 하며 사회복지사 개인에게는 새로운 경험 축적 및 성장과 발전의 기회를 제공해 줄 수도 있다. 그러나 무능한 직원은 남고 유능한 인재가 떠난다면 클라이언트에게 제공되는 서비스의 질뿐만 아니라 사회복지조직 전반에 부정적인 영향을 미친다. 서비스 전달과정에서 사회복지사와 클라이언트의 관계가 서비스의 질을 좌우할 수 있는데, 이직으로 인해 그 자리가 비거나 적응이 필요한 새로운 인력으로 대체될 때 관계상의 결손으로 인한 유해한 결과가 발생될 수 있다.

또한 조직 분위기 손상과 업무 혼란 등 이직으로 인한 비용이 증가될 수 있고, 특히 전문적 개입기술의 축적 구조를 어떻게 마련하는지가 사회복지조직의 목적 달성이나 효과성 및 효율성 증진에 매우 결정적일 수 있는데, 조직 구성원의 이직이 빈발

표 6-4 이직의 순기능과 역기능

구분	조직	이직자	잔류자
순기능	• 무능한 직원의 배제 • 이동에 따른 신기술, 지식 습득 • 조직의 정책, 관행 변화 촉진 • 내부 이동 기회 및 유동성 증대 • 결근, 지각 등 일탈 행위의 감소	• 소득의 증대 • 경력의 증대 • 스트레스 감소 • 자기 계발 기회 획득 • 새로운 환경에 따른 자극	• 내부 승진 기회 증가 • 신참자에 의한 자극 • 신기술 습득
역기능	• 이직 관리 비용(모집, 훈련) 발생 • 인간관계, 의사소통 체계의 파괴 • 생산성 저하 • 숙련된 인력의 손실 • 이직자의 조직 비방 가능성	• 고참으로서의 선임권 상실 • 대인관계의 손실 • 이동에 따른 스트레스 증가 • 경력 기회의 축소	• 대인관계, 의사소통의 패턴 파괴 • 호의적 동료의 손실 • 단결, 몰입의 감소 • 작업량의 증가

하게 되면 이러한 구조를 제대로 구축하기 어려워지기 때문에 이직은 큰 문제가 된다(Mor Barak et al., 2001). 이직의 순기능과 역기능을 살펴보면 〈표 6-4〉와 같다. 따라서 사회복지 분야 전반에 걸쳐 나타나고 있는 사회복지사들의 높은 이직률은 조직의 차원에서 본다면 심각한 문제로 간주될 수 있다.

사회복지사 통계연감(2023)에 의하면 이직을 경험한 사회복지사는 59.6%, 이직 횟수는 평균 2.3회였으며, 이직 결정 이유로는 열악한 근무환경 및 복리후생제도 부족이 42.5%로 가장 많았고, 다음으로 임금수준의 적정성 문제, 나와 조직의 비전 등이 맞지 않아서 순으로 조사되었다.

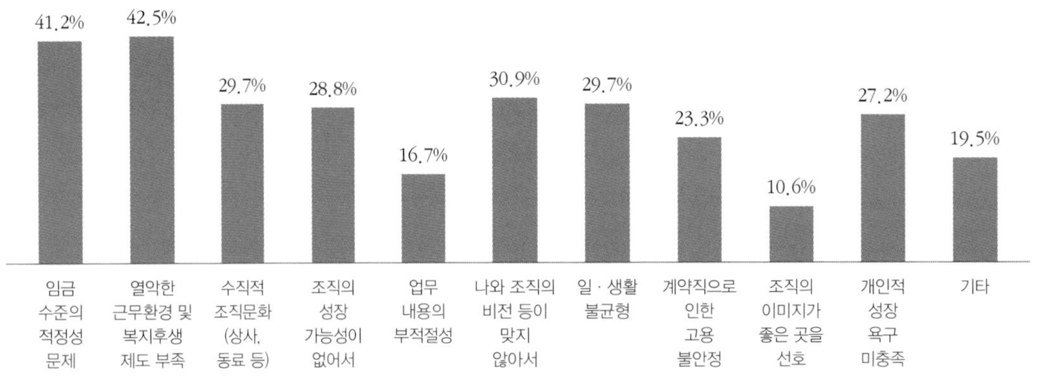

[그림 6-4] 이직 결정 이유

출처: 한국사회복지사협회(2023), p. 215.

3. 유지 개발

1) 보상과 승진 관리

직원의 긍정적 행동을 강화하기 위해서는 적절한 보상관리가 필요하다. 스키너(Skinner)의 학습이론에 따라 보상은 개인에게 만족을 주며, 그 개인이 바람직하다고 여기는 것으로 행동의 빈도를 증가시킬 수 있다. 보상(compensation)이란 고용관계로 인해 받게 되는 모든 형태의 경제적 보답과 서비스, 그리고 부가적 혜택을 말한다. 사회복지사 역시 임금 근로자이므로 임금은 근로의 대가이면서 생활비의 원천이다. 따라서 정당한 대우뿐만 아니라 일정한 삶의 질을 유지할 수 있을 정도의 임금수준은 보장되어야 한다.

보상은 일반적으로, ① 물질적 보상이나 타인의 평가 등 행동 반응의 만족감이 외부 환경으로부터 오는 외재적 보상과 ② 성취감, 도전감, 책임감 등 만족감이 자기 자신으로부터 오는 내재적 보상으로 나뉜다(Luthans & Kreiner, 1985). 외재적 보상으로는 물질적 보상, 부가급부, 그리고 지위 상징 등이 있고, 내재적 보상으로는 과업 자체의 보상, 자신으로부터의 보상, 그리고 사회적 인간관계로부터의 보상 등이 있다. 보상이 효율적인 강화 요인이 되기 위해서는 성과와 결부되어야 하며, 직무 수행자의 욕구와 결부되어야 한다.

표 6-5 보상의 형태

외재적 보상			내재적 보상		
물적 보상	부가급부	지위 상징	사회적/대인간 관계 보상	과업 자체의 보상	자신으로부터의 보상
-급여 인상 -수당 인상 -자사 주식 취득 -이윤 공유 -상여금 제도 -인센티브 플랜 -복리후생비 -휴가비 지급 -교통비 지급	-차량 지원 -보험 혜택 -연금제도 -제품 할인 -휴양시설 -직원 주택 -취미/친목회 -회원 멤버십 -접대비 처리 -각종 부조	-사무실 공간 -창문 쪽 자리 배치 -카펫/커튼 설치 -벽그림 비치 -반지나 뱃지 -화분/조각품 -공공청정기 -고급 집기 -명패	-공식적 표창 -비공식적 인정 -칭찬/미소 -명예 언급 -비언어적 격려 -추천 의뢰 -식사 초대 -회보 게재 -벽 장식판	-성취감 -인정 -책임 있는 직무 부여 -직무 교대 -실적 피드백 -직무 확대 -직무충실화	-자부심 -자신감 -자축감 -확신 -신념 -긍지 -명예

보건복지부에서는 「사회복지사 등 처우 및 지위 향상을 위한 법률」 제3조에 따라 매년 직위별 호봉체계에 따른 사회복지시설 종사자 인건비 가이드라인을 제시하고 있다. 직위(호봉)별 기본급 권고 기준은 〈표 6-6〉과 같으며, 기본급 이외에 명절휴가비(봉급액의 120%)와 시간외 근무수당(통상시급의 150%), 가족수당, 처우개선비 등이 추가된다.

표 6-6 2024년 사회복지시설 종사자 기본급 권고 기준 (단위: 원/월)

직위(호봉)	생활시설	원장	사무국장	과장, 생활복지사	생활지도원
	(사회, 노인) 이용시설_사회복지직	관장	부장	과장	사회복지사
	(장애인) 이용시설_일반직	관장	1급	2급	4급
1호봉		2,795,900	2,516,800	2,323,600	2,140,300
2호봉		2,891,300	2,597,900	2,381,200	2,180,200
3호봉		2,989,300	2,692,600	2,444,600	2,219,800
~		……	……	……	……

출처: 보건복지부(2024), p. 7.(일부)

승진(promotion)은 수직적 이동의 형태로서 하위의 직급이나 직위에서 상위로 상승함을 의미한다. 승진은 조직에서 개인 목표와 조직 목표를 합치시켜 주는 역할을 하며, 조직에서 중요하게 생각하는 가치기준은 승진기준에 구체적으로 나타난다. 또한 합리적 승진기준 및 승진제도를 통해 인사정체현상을 해결할 수 있으며, 공평성 원리에 바탕을 두는 합리적인 승진 관리는 인재를 육성하고 작업능률과 근로의욕을 향상시킨다. 따라서 조직 구성원 모두에게 수용될 수 있는 합리적이고 공정한 인사제도가 확립되어야 한다. 만일 인사관리에 불공정성을 지각하면 좌절하고 조직몰입도는 급격하게 떨어질 것이다.

2) 교육훈련

교육훈련이란 조직 구성원들의 소양과 능력을 개발하고 직무수행에 필요한 지식과 기술을 향상시키며 가치관과 태도를 바람직한 방향으로 변화시키기 위한 제반 활동을 말한다. 교육(education)은 이해력과 지적 활동을 활성화시킴으로써 지식 및 기능을 습득하는 과정이고, 훈련(training)은 주로 반복적인 연습을 통해 지식 및 기능을 습득하는 과정을 말한다. 그러나 많은 경우 서로 구분되지 않고 혼용되어 사용된다. 결과적으로 직무수행 능력을 높이기 위한 것이며, 이에 따라 적절한 업무 배치와 업무수행에 따른 보상이 주어져야 직무만족도가 높아진다. 새로운 집단의 서비스 욕구에 대처하기 위한 새로운 서비스 프로그램의 개발과 실천을 위해서는 사회복지사에게 지속적인 훈련 및 개발을 위한 노력이 필요하다. 인적자원개발을 위한 교육훈련 방법은 다음과 같다.

① **직장 내 훈련(OJT: On the Job Training)** : 자신의 직무를 수행하면서 상사나 선배 동료로부터 지식과 기술을 학습하는 방법이다. 일대일로 가르치는 코칭법과 여러 업무를 순환보직하며 배우는 직무순환이 주로 사용된다. 이 방법은 실무와 연결되어 매우 구체적이고 실제적이어서 학습동기가 쉽게 유발되며, 교육훈련 대상자와 상사 내지 동료 간의 이해와 협동정신을 고취시킨다는 장점이 있다. 그러나 한번에 다수를 교육훈련 시킬 수 없고, 우수한 상사가 반드시 우수한 교사는 아니므로 교육훈련의 질을 보장할 수 없으며, 일과 교육 모두 부실화될 우려가 있다.

② **강의법(lecture)** : 일정한 장소에 직원을 모아서 강사가 전문지식이나 기술 등을 일방적으로 전달하는 방식을 말한다. 가장 널리 쓰이는 보편적인 방법으로, 한 번에 많은 수의 인원까지 수강할 수 있으므로 비용 면에서는 가장 경제적인 방법이다. 그러나 강사 자질에 크게 의존하고, 일방적인 의사소통만 이루어지므로 실제 지식 전달 정도가 높지 않으며, 연습이나 피드백의 기회가 없기 때문에 학습효과가 크지 않다.

③ **토의법(discussion)** : 어떤 주제에 관해 논의하고 토의하는 방식으로, 강사와 피교육생 사이에 양방향 의사소통이 촉진되어 적극적으로 교육훈련에 참여할 수 있고, 따라서 동기수준을 높이고 피드백을 제공할 수 있는 기회도 있다. 그러나 주제에 대한 사전 지식이 있어야 되고 교육성과가 참가자의 질에 크게 좌우된다. 또한 피교육생의 수가 적을 때에만 사용할 수 있다.

④ **사례연구법(case studies)** : 특정 사례에 대한 상황진술을 제공하고 피교육생들에게 해결책을 모색하도록 한 후에 그것을 평가하고 피드백을 제공하는 방법이다. 따라서 분석력, 판단력, 의사결정 능력 등의 문제해결 능력을 높일 수 있고, 흥미가 있어 동기유발할 수 있으며, 현실적인 문제에 대한 학습이 가능하다. 그러나 적절한 사례를 찾기 어렵고 이론에 대한 체계적인 습득이 어렵다는 단점

이 있다.

⑤ 역할연기법(role playing) : 피교육생에게 문제 상황의 당사자 역할을 직접 해 보게 함으로써 사람들 간의 상호작용이나 역할연기 후의 경험, 문제를 효과적으로 해결하기 위해 어떤 행동이 필요한지 등을 토의하게 하는 방법이다. 관찰자는 관찰을 통해 문제에 대한 올바른 이해와 태도의 변화를 기대할 수 있다. 대인관계 기술, 인터뷰, 리더십 등의 다양한 목적의 교육훈련 방법으로 활용되고 있다.

교육훈련은 직급별로 핵심역량을 고려하여 설계되고 개발되어야 한다. 직무성과를 높이기 위해 뛰어난 성과를 산출하는 개인의 특성, 즉 역량이 무엇인지를 명확히 하는 역량 모델을 개발하고 이를 기준으로 평가하여 부족한 역량을 교육훈련이나 코칭, 업무경험 등을 통해 체계적이고 계획적으로 향상시키는 것은 매우 중요하다. 사회복지행정가의 자질에서 소개된 직급별 역량 모델 연구에 의하면 계층별로 필요한 역량 중심 교육체계는 [그림 6-5]와 같다(경기복지재단, 2012).

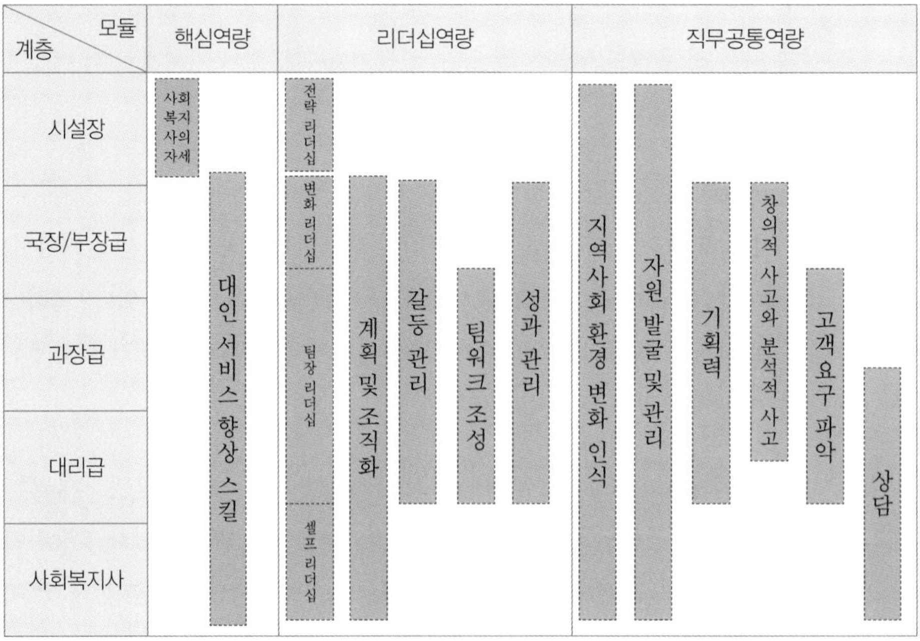

[그림 6-5] 사회복지인력의 역량 중심 교육체계

출처: 경기복지재단(2012), p. 80.

현장 사회복지사의 전문지식 습득 등을 위해 2007년 「사회복지사업법」 개정으로 연간 8시간의 보수교육이 의무화되었다. 이로써 대학 졸업 이후에도 계속하여 재교육의 기회를 제공함으로써 변화하는 시대 환경에 맞는 보다 수준 높은 전문성을 유지 발전시킬 수 있게 되었다. 그러나 교육시간이 매우 짧으므로 개정이 필요하다. 현재 보수교육은 한국사회복지사협회 보수교육센터에서 주관하고 있으며, 2023년 기준으로 의무 대상자는 6만5천 명 정도이고 희망 대상자 포함하여 연간 9만 명 정도가 보수교육을 받는다.

3) 경력 개발

경력(career)이란 '전속력으로 달리는 경주용 마차'라는 어원에서 나온 말로서 개인이 일을 하면서 접하게 되는 인생 전반에 걸친 활동과 관계되는 행동 또는 일의 총체를 의미한다. 조직에 속해 있는 개인은 모두 자기 나름대로의 경력 목표를 갖고 이를 달성하기 위해 노력하게 되는데, 개인이 세운 경력의 목표를 달성할 수 있도록 개인과 조직이 상호 노력해 나가는 과정을 경력 개발(career development)이라 한다.

개인이 조직 내에서 경력에 대한 성취감을 느끼는 과정은 [그림 6-6]과 같이 개인에게 도전적인 직무를 주고 업무 수행의 자율성을 부여하면 경력 목표에 몰입하게 되고 그것이 스스로의 노력과 더불어 적절한 지지와 피드백이 주어질 때 경력 목표 달성으로 이어지며, 이때 개인은 심리적 성공을 경험하게 된다(Hall, 1976). 사회복지직에서의

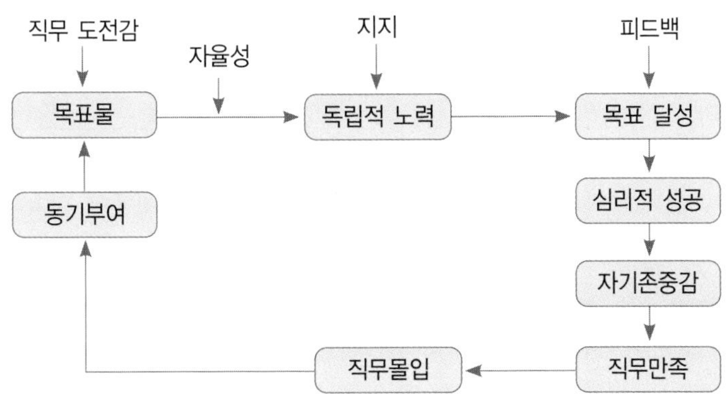

[그림 6-6] 경력 개발의 심리적 성공모형

출처: 경기복지재단(2012), p. 80.

경력 개발은 조직 구성원인 사회복지사가 자신이 바라는 경력 목표를 달성하기 위해서 노력하는 과정을 의미하는 경력 계획과 사회복지기관이 사회복지사의 경력 목표가 달성될 수 있도록 도와주는 경력관리가 서로 조화되어 나타나는 과정이다. 사회복지기관에서의 경력 개발 장애 요인으로는 업무의 단순과다, 시간 부족, 능력과 경험 부족, 교육(기회)의 부족, 기관의 인사정책 순으로 조사되었다(류기형, 강종수, 2006).

4) 직무수행평가

직원의 수행평가는 흔히 '인사고과(人事考課)'라고도 하며, 조직 구성원의 능력과 업적을 평가해 그가 보유하고 있는 잠재적 유용성을 조직적으로 파악하는 방법이다. 수행평가는 조직 구성원들의 가치를 객관적으로 정확히 측정해 합리적인 인적자원 개발의 기초를 부여함과 동시에 동기부여를 형성하는 데 있다. 수행평가는 조직, 프로그램의 목적 성취에 대한 기여도를 평가하는 직무능력평가와 일과 업무환경에 대하여 지닌 태도나 인지 상태를 파악하는 직무만족도 평가를 포함한다. 직무능력 평가는 주로, ① 전문적 능력 및 수행성과, ② 조직에의 충성, ③ 인화 및 협력을 중심으로 평가한다. 일반적으로 사용되는 수행평가의 방법은 〈표 6-7〉과 같다.

표 6-7 수행평가 방법)

방법	내용
서열법	• 직원을 능력과 업적에 따라 순위를 매기는 방법 예) 1위 강○○, 2위 박○○, 3위 김○○ ……
강제할당법	• 미리 정해 놓은 비율에 맞추어 직원을 강제로 할당하는 방법 예) 최우수 10%, 우수 20%, 보통 40%, 미흡 10%, 매우 미흡 10%
평가척도법	• 사전에 마련된 평가척도에 따라 직무수행 달성 수준을 체크하는 방법 예) 기획력, 친화력, 추진력, 후원자 개발, 근태 상황 …… 각 5점 만점
기록법	• 직원의 근무 성적 기준을 객관적으로 정해 놓고 이를 기록하는 방법
자기보고법	• 직원 스스로가 작업 성적을 구체적으로 적어서 평가를 받는 방법
목표관리법	• 직원과 관리자가 협의하여 목표를 결정하고 이에 대한 성과를 측정하는 방법
중요사건기록법	• 중요 사건을 중점적으로 기록 · 검토하여 평가하는 방법

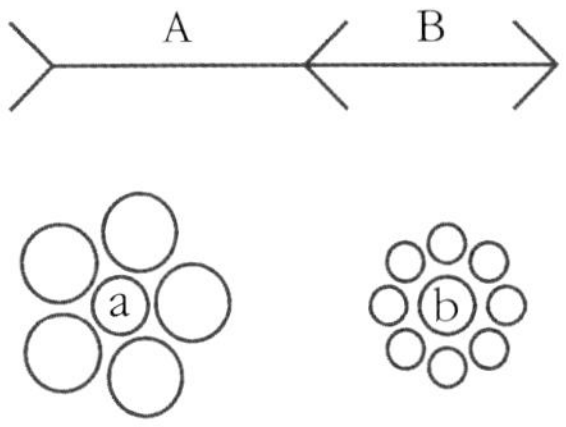

공정한 수행평가를 위해서는 평가 대상자의 업무와 책임을 명확하게 반영할 수 있는 평가기준의 설정이 필요하고, 또한 평가와 관련된 훈련이 필요하다.

옆의 그림을 보면 사실 A와 B는 길이와 크기가 동일하다. 그러나 주어진 상황에 따라 길거나 작게 보이게 된다. 이와 같이 수행평가 역시 사람의 인지를 통해 이루어지는 과정이므로 다양한 오류가 발생할 수 있다. 수행평가 과정에서 흔히 발생하는 오류는 다음과 같다.

A B

ⓐ ⓑ

A와 B는 사실 같다.

① **후광효과와 뿔효과** : 평가자가 피평가자의 어느 한 단면을 기준으로 나머지 전체를 판단하려는 경향을 말한다. 후광효과(halo effect)는 피평가자의 어느 한 뛰어난 실적이나 장점에 현혹되어 다른 측면도 모두 높게 평가하는 오류다. 예를 들어, 모금실적이 뛰어나면 대인관계, 정직성까지 높게 평가하는 오류다. 반면에 뿔효과(horns effect)는 뿔로 인해 악마로 보이는 것처럼 하나의 특성으로 인해 다른 모든 면을 나쁘게 평가하는 오류를 말한다.

② **순서에 의한 오류** : 정보가 제시되는 순서가 평가에 영향을 주는 것으로 최근 효과와 대조효과가 있다. ⓐ 최근효과는 최근 정보만을 가지고 평가하는 경향으로, 만일 상반기 성과가 좋아도 하반기가 나쁘면 높게 평가받기 어렵다. ⓑ 대조효과란 바로 이전 혹은 바로 옆과 대조해서 과잉이거나 과소평가하는 경향으로, 면접시험에서 바로 앞 사람이 뛰어나면 다음 사람은 실제보다 낮게 평가받는다.

③ **중심화 · 관대화 · 엄격화 경향** : ⓐ 중심화 경향(central tendency)은 평가자가 너무 높거나 낮은 점수를 피하고 평균치에 가까운 평정을 하려는 경향을 말하고, ⓑ 관대화 경향(leniency tendency)은 가능하면 긍정적으로 후하게 평가하는 경향을 말하며, 이와 반대로 ⓒ 엄격화 경향(harsh tendency)은 능력이나 성과를 실제보다 의도적으로 낮게 평가하는 경우를 말한다.

5) 직무만족

조직 구성원들은 자기의 직무에 얼마나 만족하느냐에 따라 조직에 대하여 긍정적

일 수도 있고 부정적일 수도 있으므로 직무만족은 조직 효과성의 중요한 요인이 된다. 직무수행자가 직무수행 과정에서 경험하거나 직무수행 결과로 얻게 되는 성취감 등의 욕구 만족 함수를 직무만족이라 한다. 직무와 관련된 욕구의 충족 정도와 희망하는 사항과 실제 얻는 것과의 비교에서 나타나는 주관적인 만족을 포함한다. 인생의 1/3 정도를 불만족스러운 직무와 지루한 일로 보낸다는 것은 직장생활의 질(Quality of Work Life: QWL)을 저하시키는 것이다. 직무만족에 영향을 미치는 요인들은 학자들에 따라 다양한 견해가 제시되고 있다.

일반적으로 스트레스와 소진을 경험하는 사회복지사는 그들 직업에 대한 만족도가 낮게 나타난다. 사회복지사 통계연감(2023)에 의하면 사회복지사 직무만족도는 [그림 6-7]과 같이 5점 만점에 동료관계(3.7)와 직무(3.5)가 비교적 높고, 급여(2.5)가 가장 낮게 나타났다.

- ▶ 브룸(Vroom): 감독, 작업 진단, 직무 내용, 책임, 승진, 작업 시간
- ▶ 스미스(Smith): 감독, 대인관계, 보수, 업무, 승진
- ▶ 허즈버그(Herzberg): 성취감, 인정감, 직무 자체, 책임감, 성장과 발전
- ▶ 로남(Ronam): 감독, 동료, 직무 내용, 보수와 기업복지, 승진 기회, 작업 환경
- ▶ 마이어스(Myers): 동료, 보수, 안전, 근로조건, 활용할 수 있는 설비 및 환경

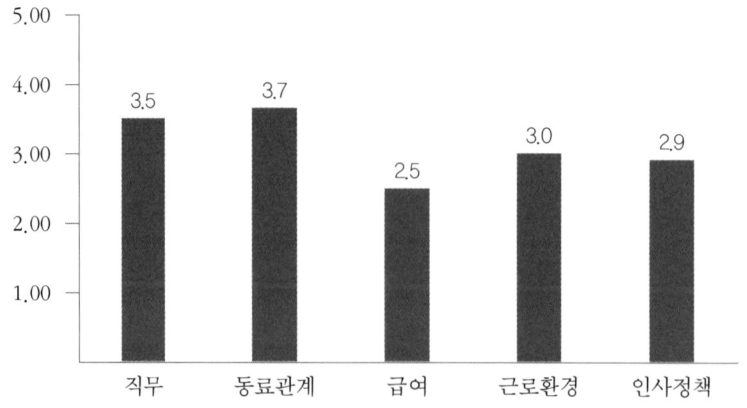

[그림 6-7] 사회복지사의 직무만족도

출처 : 한국사회복지사협회(2023), p. 201.

6) 소진

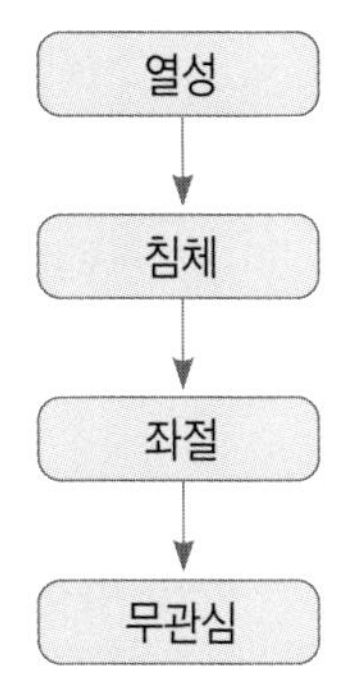

[그림 6-8] 소진의 단계

소진(burn-out)이란 휴먼서비스를 제공하는 인간관계에서 직무 스트레스가 많은 직종에서 흔히 나타나는 부정적인 현상으로, 과도한 스트레스에 장기간 노출되어 신체적 · 정신적 · 정서적으로 기력이 고갈된 상태가 되어 직무수행 능력이 떨어지고 비인격화된 행동을 보이며 개인적 성취감이 결여되는 양상을 말한다.

소진은 [그림 6-8]과 같이, ① 일에 대해 희망과 열정으로 모든 노력을 집중하는 열성의 단계, ② 보수와 근무환경 등에 신경을 쓰고 개인적인 욕구 충족을 더 중요하게 여기는 침체의 단계, ③ 일 자체의 가치와 직무 수행 능력에 대한 의문을 갖게 되어 일을 회피하고, 성격의 변화와 신체의 아픔을 호소하는 등 불평 · 불만을 토로하는 좌절의 단계, ④ 정서적 · 신체적 자포자기 상태에서 무관심하게 업무를 수행하거나 아예 직장을 떠나는 무관심의 단계를 거친다.

소진은 사회복지사 자신뿐만 아니라 조직(직무 태만과 생산성 저하, 업무 지연, 이직 등)과 클라이언트에게도 부정적인 영향(무관심, 냉소적 경향 등)을 미친다. 소진은 갑자기 발생하는 현상이 아니라 점진적으로 나타나며, 개인의 결함이 아닌 조직 및 상황 변수에 의해 발생한다. 따라서 조직 차원에서 소진을 예방하고 최소화하기 위해 다음과 같은 노력이 필요하다.

- 업무량을 줄인다.
- 경력 개발 관리를 시행한다.
- 동료 간 지지체계를 구축한다.
- 소진에 대한 대처 방법을 알려 준다.
- 최대한 즐거운 일터를 만든다.
- 직무에서 최대한 동기부여를 한다.
- 소진 정도와 원인을 파악한다.
- 건강관리시설과 검진 등을 제공한다.
- 단순 반복보다는 다양한 업무를 할당한다.
- 자기 계발 기회를 정기적으로 부여한다.

- 수퍼바이저의 지지적 기능을 강화한다.
- 일에 대한 사명감과 대의에 충실하게 한다.
- 안식년(월)과 같은 일정한 휴식시간을 준다.

7) 몰입

사회복지조직과 같은 비영리 조직의 성과 제고에 무엇보다 중요한 것이 바로 조직의 미션에 기반한 구성원의 헌신적인 몰입인 조직몰입이다(강철희, 김교성, 2003). 몰입(commitment)은 애착 · 동일시 · 충성심 · 신뢰 등을 종합적으로 내포하는 심리적 태도와 행위 의사의 개념으로, 어떤 대상에 대한 심리적 유대 내지 일련의 행동에 개인을 결속시키는 힘을 의미한다(Cohen, 2003).

가장 대표적인 조직몰입(organization commitment)은, ① 조직에 대해 구성원이 갖는 감정적 애착과 조직과의 일체감(정서적 몰입), ② 조직 구성원으로 남으려는 도덕적 의무감(규범적 몰입), ③ 이직으로 인해 발생하는 손실비용 때문에 계속 남으려는 의도(계속적 몰입)로 구성된다. 조직몰입이 높으면 조직활동에 적극적으로 참여하고, 결근율과 이직률이 낮고, 높은 실적을 보이므로 조직몰입을 높이기 위한 다각적인 노력이 요청된다. 그러나 근로 현장에서 조직 구성원이 경험하는 몰입은 조직몰입 이외에도 그 대상에 따라 〈표 6-8〉과 같이 다양하게 존재하므로 차별적인 관리 전략이 필요하다(강종수, 2007).

표 6-8 근로몰입의 유형

	직무몰입	조직몰입	경력몰입	관계몰입	노조몰입
정의	현 직무에 대한 인지적 신념 상태	조직에 대한 심리적 애착	개인의 직업에 대한 태도	클라이언트와의 심리적 애착	노동조합을 위한 헌신과 지속
초점	직무	조직	직업	클라이언트	노동조합
영향 요인	직무특성 요인	조직 관련 변수	초기 사회화 경험	관계 효익, 신념	노사 분위기
결과	성과, 업무 노력	이직 의도, 자기 희생 의향	업무 노력	클라이언트에 대한 자기 희생	노동운동 신념

출처: 강종수(2007), p. 270.

4. 갈등 관리

1) 갈등의 의의

인간의 삶에서 갈등(conflict)은 필연적인 현상이다. 갈등은 칡의 한자어 갈(葛)과 등나무 등(藤)의 합성어로, 오른쪽으로 감으며 자라는 칡과 왼쪽으로 자라는 등나무가 서로 얽히면 풀기 어렵다는 뜻에서 유래되었다. 즉, 이 두 나무가 뒤엉켜 있는 것과 같이 서로 적대시하며 분쟁을 일으켜 상호 간에 불화, 대립, 충돌하는 경우를 말한다. 갈등이 발생하면 긴장과 스트레스를 유발하고, 서로에 대한 신뢰가 무너져 상대방에 대한 적대감이 고조되고 공격적인 행동을 하게 되어 협동 시스템이 붕괴될 수 있다.

그렇다고 갈등이 전혀 없으면 조직의 변화나 발전도 기대하기 어렵다. 갈등해결 과정에서 새로운 가능성을 모색할 기회를 제공한다는 측면에서 긍정적인 부분도 있다. 갈등의 순기능에 대한 일화가 있는데, 캐나다 동부에서 잡은 물고기를 기차로 서부까지 운송하는 데 3일이 소요되어 싱싱한 물고기가 거의 없었다. 이때 수조에 작은 상어를 한 마리 넣었더니 잡아먹힌 몇 마리를 제외하고는 대부분 싱싱하게 살아 있었

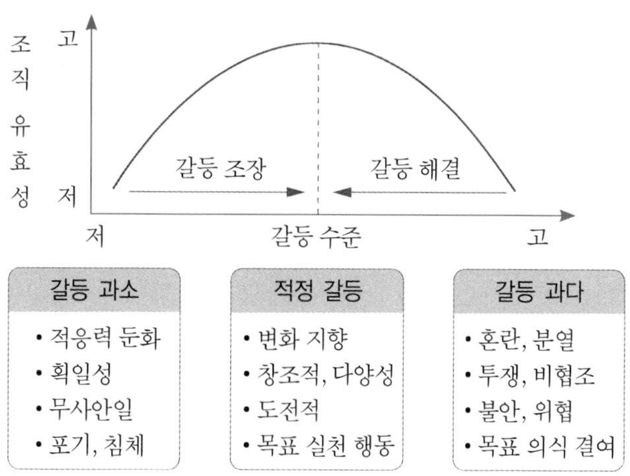

[그림 6-9] 갈등과 조직 유효성의 관계

출처: Kreitner, R., & Kinicki, A. (2010), p. 374.

다. 상어를 피해 도망 다니느라 열심히 운동했기 때문이다. 따라서 [그림 6-9]와 같이 갈등이 너무 많으면 반드시 해결해야 되지만, 반면에 전혀 없으면 일부 조장할 필요도 있다.

2) 갈등의 원인

조직 내에서 갈등은 다양한 원인에 의해 발생한다. 이를 몇 가지로 분류해 보면 크게 인적 요인과 과업 요인, 조직 요인으로 나누어 볼 수 있다.

① 인적 요인 : 구성원 간의 성격 및 가치관의 차이, 조직 내에서 기대되는 역할의 차이, 구성원들 개개인이 갖고 있는 숙련 및 능력의 차이, 그리고 적절치 못한 커뮤니케이션에 의해 발생할 수 있다.

② 과업 요인 : 부서 간의 기능과 이해관계의 차이와 과업이 대부분 독립적인 아닌 상호 의존성을 갖는 경우, 어느 과업을 누가 해야 하는지 명확하지 않은 과업 역할 및 권한 모호성, 개별 부서마다 추구하는 목표가 서로 상이할 경우에 발생할 수 있다.

③ 조직 요인 : 제한된 자원을 서로 확보하기 위한 부서 간의 다툼, 리더의 관리스타일, 성과에 대한 임금과 승진 등의 보상 시스템을 신뢰하지 못할 경우, 그리고 복잡성과 공식화 그리고 분권화 등의 조직구조가 잘못 설계되어 혼선을 초래할 때 흔히 발생한다.

3) 갈등 관리 전략

(1) 갈등 예방 전략

앞으로 발생할 가능성이 있는 역기능적인 갈등을 미연에 발견하여 방지하는 것이 중요하다. 구체적으로는 다음과 같은 방법이 있다.

▶ 갈등의 원천을 기본적으로 진단하는 것이 선결 과제다.

▶ 갈등 예방을 위해 개방적인 의사소통이나 합리적인 문제해결 방법을 습득한다.

▶ 건전한 인간관계의 형성을 위한 교육 및 훈련의 기회가 마련되어야 한다.

(2) 갈등 해결 전략

갈등이 발생하면 취할 수 있는 방안은 크게 보아 자신의 주장을 전적으로 관철시키거나 아니면 상대방의 의견을 전적으로 수용하는 것이다. 전자를 독단성(assertiveness)이라 하고, 후자를 협조성(cooperativeness)이라 한다. 이 두 차원의 조합에 따라 다음의 다섯 가지 해결 유형이 제시될 수 있다(Thomas, 1992).

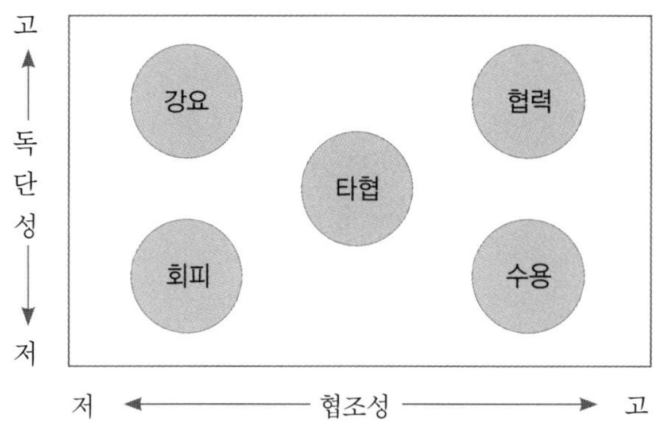

[그림 6-10] 갈등 해결 유형

출처: Thomas, K. W. (1992), p. 200.

① 회피 : 자신이 갈등 문제로부터 물러나거나 적극적인 역할 수행을 포기해 이를 회피함으로써 자신뿐만 아니라 상대방의 관심사도 무시하는 방식이다. 결국 자신뿐만 아니라 상대방이 원하는 것 모두가 충족되지 않는다. 이 방식은 갈등문제는 여전히 해결되지 않으며 상황을 일시적으로 미루는 것에 불과하다.

② 수용 : 자신의 주장과 원하는 바를 포기하고 상대방의 것을 전적으로 받아들이는 방식이다. 도저히 상대방을 압도하기 불가능한 경우에 차라리 후일을 기약하며 자신의 이익을 포기하는 것이다.

③ 강요 : 자신의 주장을 관철시키기 위해 상대방을 압도하는 방식이다. 이 방식은 의사결정을 신속하게 처리하는 장점이 있지만 자칫 상대방의 저항을 야기할 수도 있다.

④ 타협 : 자신과 상대방이 다 같이 양보하여 서로의 관심사를 부분적으로 충족하는 방식이다. 서로 간에 상호 교환과 희생을 통해 부분적으로 만족을 취한다. 서로 간에 큰 피해가 없으므로 갈등해결에서 가장 보편적으로 활용된다.

⑤ 협력 : 자신과 상대방이 원하는 모든 것을 서로 충족시키는 방식이다. 가장 이상적이기는 하지만 현실적으로 그러한 해결책을 찾기는 쉽지 않다.

(3) 갈등 조장 전략

조직의 효과성 제고를 위해 순기능적 갈등을 조장할 필요성이 있을 때 사용하는 전략이다. 다음과 같은 방법이 있다.

- ▶ 구성원 간의 경쟁을 유도할 수 있는 분위기 조성
- ▶ 자신들의 의견을 피력할 수 있는 토론 기회의 조성
- ▶ 조직구조의 변경이나 기능적 조직 단위의 확대
- ▶ 의식적으로 의사소통의 경로 변경을 통하여 갈등을 촉진 및 조장
- ▶ 외부 집단의 도전이나 위협을 느끼도록 유도하는 충격요법적 방법(예: 기관 평가)
- ▶ 이질적인 구성원들을 집단에 유입시키는 인사정책적 방법
- ▶ 경쟁적인 환경의 조성 등 고려

5. 동기부여

1) 동기부여의 의의

동기(motive)란 행동을 유발하는 인간 내면적인 추진력으로서 개인이 어떤 목적을

위하여 행동을 일정한 방향으로 작동시키려는 내적인 심리 상태를 말한다. 이것은 욕구(needs)나 욕망(wants)에 의해 일어나고 동기가 부여되면 행동으로 이어진다.

따라서 동기부여(motivation)란 조직 구성원으로 하여금 조직의 목표 달성을 위한 지속적인 노력을 유발시키는 것을 말한다. 개인이나 집단이 조직 목표를 지향하는 방향으로 그 행동의 방향과 정도에 영향을 주는 관리자의 의식적이고 시도된 행위다. 동기부여에는 이미 강력한 목표 지향성을 내포하고 있다. 동기부여가 갖는 특성을 요약하면 다음과 같다.

- 동기부여는 행동을 위한 동인과 자발적 의욕을 부여하는 것이다.
- 동기부여는 행동을 일으키는 내적인 상태이고, 내적인 힘이다.
- 동기부여는 단순한 행동이 아니라 목표 지향적인 행동과 관련된다.
- 동기부여는 강제된 것이 아니라 자발적이어야 한다.
- 동기부여는 다양한 욕구의 결핍으로부터 시작되는 과정이다.
- 동기부여는 경영자나 관리자의 의식적으로 시도된 행위다.

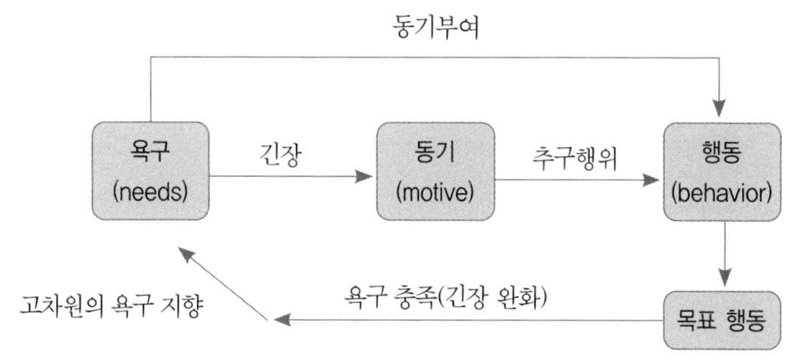

[그림 6-11] 동기부여 과정

동기부여가 중요한 이유는 생산성과 높은 상관성이 있기 때문이다. 최선의 모집과 선발, 교육훈련을 거쳤다 하더라도 일에 노력을 다하겠다는 동기부여가 되지 않고 직무로부터 아무런 의미를 찾지 못한다면 생산성은 낮을 수밖에 없다. 동기부여가 직무만족에 이르게 할 수 있고, 직무만족은 다시 동기를 유발시킬 수 있다. 제임스(James)는 동기부여가 없으면 직원들은 자신의 능력을 20~30% 정도 발휘하고, 동기부여가 활발한 조직에서는 80~90% 발휘한다고 지적하여 직원 능력의 약 60%는 동기부여에 의해 좌우된다. 또한 직원의 입장에서도 인생의 1/3, 낮 시간의 대부분을 불만스럽고 지루한 일을 하며 보낸다면 직장생활의 질(QWL)은 매우 나쁠 것이고, 일에 대한 불만족은 생활 전체에 영향을 미치고 신체적 · 정신적 건강까지 해칠 수 있다.

2) 동기부여 내용이론

동기부여이론은 어떤 욕구를 충족시키면 동기가 유발될 것인지의 내용을 탐구한 내용이론과 특정한 욕구들을 어떻게 충족시킬 것인지의 과정을 탐구한 과정이론으로 분류된다.

표 6-9 동기부여이론의 분류

	관심의 초점	주요 이론
내용이론	동기의 구성 요소 (동기를 부여하는 요인은 무엇인가?)	• 매슬로의 욕구단계이론 • 알더퍼의 ERG 이론 • 허즈버그의 동기위생이론 • 매클렌드의 성취동기이론
과정이론	동기의 인지적 과정 (동기는 어떤 과정을 통해 부여되는가?)	• 브룸의 기대이론 • 애덤스의 공정성이론

(1) 욕구단계이론

매슬로(A. H. Maslow)는 욕구단계이론(need hierarchy theory)을 통해 인간의 욕구는 낮은 수준부터 높은 수준까지 5단계의 위계적 구조를 가지며, 각 단계의 욕구가 충족되면 더 이상 동기부여가 될 수 없고 다음 단계의 욕구가 행위를 동기부여할 수 있는 요인으로 작용한다고 하였다. 그가 제시한 5단계의 욕구는 [그림 6-12]와 같다.

매슬로(Abraham Harold Maslow, 1908~1970년)

매슬로(1954)는 스스로 이론을 수정해 모든 사람들에게 이 이론이 적용되는 것은 아니며, 특히 5단계 이외에도 무엇을 알고 이해하려는 인지적 욕구(cognitive needs)와 아름다움을 추구하는 심미적 욕구(aesthetic needs)가 있다고 하였다. 그러나 이 이론을 입증하는 실증연구가 없어 부정되기도 하고, 직무에서는 관련성이 떨어진다는 비판도

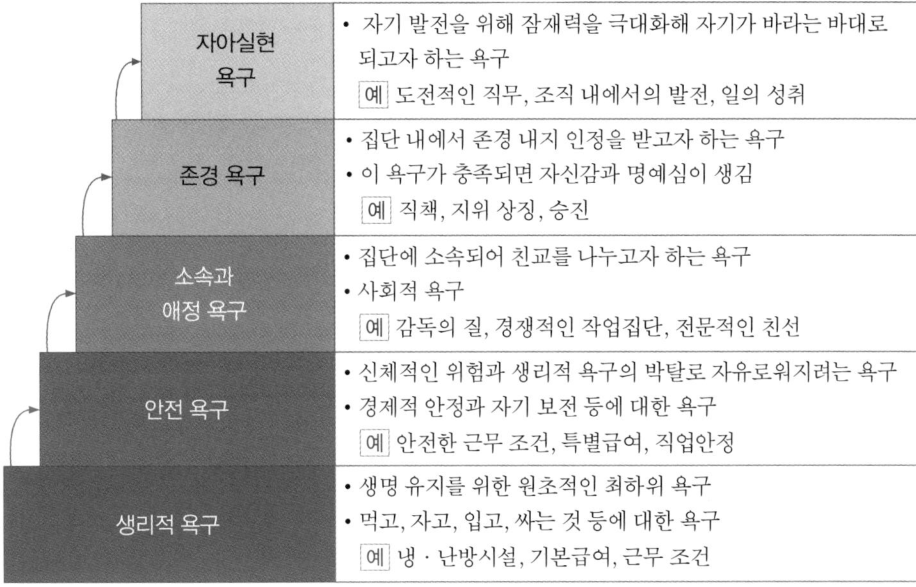

[그림 6-12] 욕구 5단계별 직업 환경 적용

있다. 또한 열심히 공부하다가도 허기를 느끼면 간식을 먹으려는 욕구가 지배적이 되듯이 인간의 욕구는 상위 욕구에서 하위 욕구로 후퇴하기도 한다. 따라서 이 이론은 이론이라기보다는 철학에 가깝다는 평가를 받기도 한다. 그러나 욕구를 체계적으로 인식하게 해 주었고, 무엇보다 하위 수준의 욕구를 일차적으로 충족시켜 주어야 한다는 중요성을 일깨워 준 의의가 있다.

(2) ERG 이론

알더퍼(Alderfer, 1972)는 매슬로의 이론을 세 가지로 단순화해 ERG 이론이라 하였다. 다만, 욕구 간에 수준의 차이가 없이 동시에 나타날 수 있다고 하였다. ERG 이론에서 제시된 세 가지 욕구는 〈표 6-10〉과 같다.

표 6-10 ERG 이론

존재 욕구(Existence)	• 모든 형태의 생리적이고 물질적인 욕망 • 직장에서는 임금이나 쾌적한 작업 환경에 대한 욕구 • 매슬로의 생리적 욕구와 일부 존경의 욕구에 해당

관계 욕구(Relatedness)	• 주위 사람들과 의미 있는 인간관계를 맺고자 하는 욕망 • 매슬로의 사회적 욕구와 일부 존경의 욕구에 해당
성장 욕구(Growth)	• 창조적이고 개인적인 성장을 위한 개인의 노력과 관련된 욕망 • 매슬로의 자아실현의 욕구에 해당

(3) 동기위생(2요인)이론

허즈버그(F. Herzberg, 1959)는 직무만족과 직무불만족이 서로 반대 개념이 아니며 같은 연속선상에 있지 않은 두 개의 별개 차원이라 주장하며 직무만족에 영향을 미치는 요인들(동기 요인)과 불만족에 영향을 미치는 요인들(위생 요인)을 구분하였다. 즉, 좋지 않은 여건과 상황이 불만족을 초래하지만, 좋은 직무 상황이 반드시 만족을 증대시키는 것은 아니라는 것이다.

① 동기 요인(motivation factor) : 충족되지 않아도 불만은 없지만 일단 충족되면 보다 적극적으로 만족하는 요인이다. 주로 성취감, 인정, 도전감, 책임감 등과 같은 주로 직무 내용과 관련된 요소들이다.

② 위생 요인(hygience factor) : 불만 요인이 존재하면 불만을 갖게 되지만 이런 요인이 없다고 해서 만족에는 크게 기여하지 못하는 요인으로, 회사 정책, 감독 유형, 작업 조건, 인간관계, 임금 등과 같은 주로 작업 상황에 관련된 요소들이다.

위생 요인은 아무리 향상시키더라도 이것이 직무불만족을 억제하는 데에는 효과가 있겠지만 직무만족을 증대시키지는 못한다. 따라서 임금이나 작업조건 등의 개선

위생 요인	동기 요인
• 회사정책 • 감독 • 작업 조건 • 인간관계 • 임금	• 성취감 • 타인의 인정 • 도전감 • 책임감 • 개인의 성장 · 발전

[그림 6-13] 위생 요인과 동기 요인

출처: Kreitner, R., & Kinicki, A. (2010), p. 273.

을 통해 조직 구성원을 동기부여하려한다면 적절한 처방이 될 수 없다. 이 이론은 동기 요인이나 위생 요인 중 어느 하나에 해당한다고 엄격히 구분하기 어렵다는 점과 또한 만족 요인은 보통 개인의 내적 요인이며, 위생 요인은 환경 요인이 많기 때문에 객관적인 것이 아니라 자신의 경험 후 추론일 가능성이 높다는 한계가 있다.

허즈버그(Frederick Herzberg, 1923~2000년)

지금까지 세 가지 이론의 관련성을 비교해 보면 〈표 6-12〉와 같다.

표 6-11 욕구이론의 관련성

<table>
<tr><th></th><th>욕구단계이론</th><th>동기위생이론</th><th>ERG 이론</th><th></th></tr>
<tr><td rowspan="2">고차 욕구
↑
↓
저차 욕구</td><td>자아실현 욕구</td><td rowspan="2">동기 요인</td><td rowspan="2">성장 욕구</td><td rowspan="5">내재적 동기부여
↑
↓
외재적 동기부여</td></tr>
<tr><td>존경 욕구</td></tr>
<tr><td></td><td>소속과 애정 욕구</td><td rowspan="3">위생 요인</td><td>관계 욕구</td></tr>
<tr><td></td><td>안전 욕구</td><td rowspan="2">존재 욕구</td></tr>
<tr><td></td><td>생리적 욕구</td></tr>
</table>

(4) 성취동기이론

매클렌드(D. McClelland, 1961)는 개인이 갖는 욕구들은 사회문화적인 환경에서 학습을 통해 습득되는 것이라 하면서 동기를 부여하는 욕구를 다음의 세 가지로 파악하였다.

매클렌드(David Clarence McClelland, 1917~1998년)

① 성취(achievement) 욕구 : 일을 수행함에 있어 장애를 극복하여 탁월한 업적을 이루려는 욕구로서, 결과에 대한 피드백을 받고 싶어 하고 언제나 경력을 증대시키려고 노력한다. 성취동기가 높은 사람은 과업 지향성, 모험가적 특성, 강한 자신감, 활동성, 책임감, 결과에 대한 관심, 미래 지향적 특성을 갖는다.

② 권력(power) 욕구 : 다른 사람에게 영향을 미치고 영향력을 행사하여 그를 통제하고 싶은 욕구로서, 집단에서는 리더가 되려하고 남 앞에 나서기를 원한다. 또

한 개인적 책임과 피드백 있는 업무를 더 좋아하고 위험성이나 난이도가 내포된 업무를 선호하며, 과업 역시 자신이 직접 책임지고 도맡아 하려고 한다. 보통 권력욕구가 높으면 성취욕구도 높다.

③ 친교(affiliation) 욕구 : 남들과 사이좋게 잘 지내고 싶은 욕구로서, 이런 욕구가 강한 사람은 인간관계가 빈번한 일자리를 원할 것이며 평소에도 타인과의 인간관계에 대해 생각이 많은 사람들이다. 그러므로 이런 욕구가 강한 사람에게는 집단적 과업을 맡기고 커뮤니케이션의 기회를 잘 만들어 주어야 한다.

모든 사람은 이러한 세 가지 유형의 욕구를 조합적으로 가지고 있으면서 어느 한 가지 특성을 두드러지게 나타낸다. 성취동기검사를 통해 이런 성향을 측정할 수 있다(Hermans, 1970). 따라서 개인을 특정 유형이 더 요구되는 조직에 적절히 배치하는 것이 중요하다. 예를 들어, 이 이론을 자원봉사자관리에 적용해 보자. 자원봉사자의 동기요인에 따라 선호 직무는 〈표 6-12〉와 같을 것이다.

표 6-12 매클렌드 동기요인에 따른 선호 직무

성취 지향적	권력 지향적	친교 지향적
• 기금 증진, 모집 캠페인 • 이벤트 기획 및 추진 • 각종 조사 및 분석 • 보고서 작성 • 책임 있는 관리 업무 • 어렵고 도전적인 일	• 공공연설 • 일대일 기금 모금 • 신문에 논단 기고 • 활동그룹 회장 · 리더 • 행사 사회자, 다수의 사람 관리 • 대중적 문제의 사회화	• 행사 안내 담당 • 연회 준비위원 • 친교행사 준비 • 데이케어센터 보조활동 • 가정방문활동 등 • 회원 유대

출처: 볼런티어21(2002), p. 38.

(5) X · Y이론

맥그리거(D. McGregor, 1960)는 인간이 가지고 있는 두 가지 상반된 태도에 주목하여 X · Y이론을 주장하였다.

① X이론 : 인간은 원래 게으르고 일하기 싫어하며, 책임감과 창의력이 부족해 지도받기를 원하며, 변화에 대하여 저항적으로 대응하는 등 인간을 부정적이며 소

극적인 측면에서 보는 입장이다. 따라서 개인은 수동적인 존재로 인식되고, 조직은 개인에게 생리적 조건만 충족시켜 주고 지시와 명령 · 통제가 필요하며, 과학적 관리론의 입장에서 업무지향적 리더십이 요구된다.

맥그리거(Douglas McGregor, 1906~1964년)

② Y이론 : 인간은 원래 일에 능동적 · 적극적이고 일을 통한 자아실현 동기를 갖기 때문에 책임감과 자율성을 지닌 존재라고 파악한다. 만약 조직이 비효율적이라면 조직 구성원의 책임이 아니라 적절한 조직 상황을 만들어 주지 못한 관리자의 책임으로 보며 개인 목표를 조직 목표와 통합해 조직에 헌신하도록 자신의 능력과 창의력을 최대한 발휘하도록 해야 하는 민주적 리더십이 요구되며, 또한 직무에 있어서 도전감과 책임감을 증가시키기 위해 직무충실화(job enrichment)가 필요하다.

표 6-13 X · Y이론

X이론(전통적 인간관)	구분	Y이론(현대적 인간관)
• 본래 일을 하기 싫어함 • 책임감과 창의력의 부족 • 생리적 · 안전적 수준의 욕구 • 통제와 강제의 대상	인간관	• 본래 매우 능동적임 • 목표를 위한 자기 통제 가능 • 자아실현 수준의 욕구 • 자율적이고 권한을 부여
• 저차원의 욕구 충족 • 지시 · 명령 · 감독 · 통제 • 권위주의적 관리	동기부여 방식	• 고차원의 욕구 충족 • 조직 목표와 개인 목표의 조화 • 민주적 관리

(6) Z이론

X · Y이론 이후 여러 Z이론이 발표되었다. 명칭만 같을 뿐 내용은 상이하다.

① 룬트스테트의 Z이론 : 룬트스테트(S. Lundstedt)는 X이론이 권위형이고, Y이론이 민주형이라면 자유방임형이라는 Z이론을 추가하여야 한다고 주장하였다. 자유방임적 상태가 지속되면 조직성과에는 나쁘지만 휴식과 같이 경우에 따라서는 유용할 수도 있다고 하였다.

② 롤리스의 Z이론 : 롤리스(D. Lawless)는 X · Y이론의 고정적이고 획일적인 관리전략의 절대성을 부정하고, Z이론을 통해 조직의 관리방식은 구체적인 조직의 형편에 대응하는 관리 전략을 펴야 한다고 주장하였다.

③ 오우치의 Z이론 : 오우치(W. Ouichi)는 일본식 조직관리 방식을 Z이론이라고 하였다. Z이론의 특징으로는 종신고용과 같은 장기고용, 비공식적인 평가, 늦은 승진 속도, 비공식적 통제 강조, 순환근무제가 널리 활용된다.

(7) 미성숙–성숙이론

아지리스(C. Argyris, 1957)는 한 개인이 자라면서 성숙한 인간으로 발전하려면 〈표 6–14〉와 같은 7가지 미성숙에서 성숙으로의 성격 변화를 거쳐야 한다고 주장하였다. 고전이론에서 강조하는 공식조직의 분업과 통제 등의 관리방식은 X이론에 입각한 조직관리로 인해 인간의 미성숙 상태를 고정시키거나 조장한다며 이를 미성숙이론(immaturity theory)이라 하였다.

아지리스
(Chris Argyris, 1923~2013년)

이를 대체할 관리 전략으로 모든 조직 구성원들이 조직의 성공을 위한 성장지향적 욕구를 충족할 수 있도록 분위기를 조성할 것을 주장하였다. 이를 성숙이론(maturity theory)이라 하는데, 여기에는 Y이론에 대한 지지를 담고 있다. 그는 인간의 성장 내지 성숙을 방해하는 공식조직의 관리 전략을 수정하기 위해 학습을 강조하는 인간중심적 접근방법을 주장하였다.

표 6–14 미성숙 · 성숙 연속선

미성숙	성숙
수동적	능동적
의존적	독립적
변덕스러움과 얕은 관심	깊고 강한 관심
단기적인 안목	장기적인 안목
종속적인	대등하거나 우월한
자아의식의 결여	자아의식과 통제
한정된 행동 대안	다양한 행동 대안

표 6-15 욕구이론들의 비교

주창자	이론의 내용				
매슬로	생리적 욕구	안전욕구	사회적 욕구	존경 욕구	자아실현 욕구
아들퍼	생존 욕구		관계 욕구		성장 욕구
허즈버그	위생 요인			동기 요인	
맥그리거	X이론			Y이론	
아지리스	미성숙 이론			성숙이론	

하위 욕구 ←→ 상위 욕구

3) 동기부여 과정이론

(1) 기대이론

브룸(V. H. Vroom, 1964)의 기대이론(expectancy theory)은 동기부여와 행동 사이에 기대라는 개념을 도입하여 노력을 통해 결과를 얻을 가능성(Expectancy, 기대치)과 그 결과의 매력성(Valence, 유의성)에 의해 결정된다는 것이다. 구체적으로 그는 기대감, 수단성, 유의성을 이용하여 설명하고 있다.

브룸
(Victor Vroom, 1932~2023년)

우선 ① 기대감(expectancy)은 일정한 노력을 기울이면 일정한 수준의 성과를 거둘 수 있으리라는 가능성에 대한 주관적인 확률과 관련된 믿음을 의미하고, ② 수단성(instrumentality)은 성과와 보상 간의 관계에 대한 주관적 확률을 의미한다. 앞서 기대감이 노력과 성과 간의 관계라면 수단성은 목표를 달성했을 때 급여 인상, 승진, 인정감 등의 보상이 주어질 가능성을 말한다. ③ 유의성(valence)은 기대되는 일과 보상에 대한 주관적인 가치 부여, 즉 성과를 거두는 것이나 보상을 받는 것이 자신에게 얼마나 매력적이고 가치 있는가를 의미한다. 그는 이러한 개념을 통해 동기부여 과정을 다음과 같이 설명하였다.

① $p = f(M \times A)$: 성과(P)를 내려면 동기부여(M)가 강하고 능력(A)이 높아야 한다.

② $M = f(V_1 \times E)$: 동기부여(M)는 1차 수준 결과에 대한 유의성(V_1)과 결과에 대한

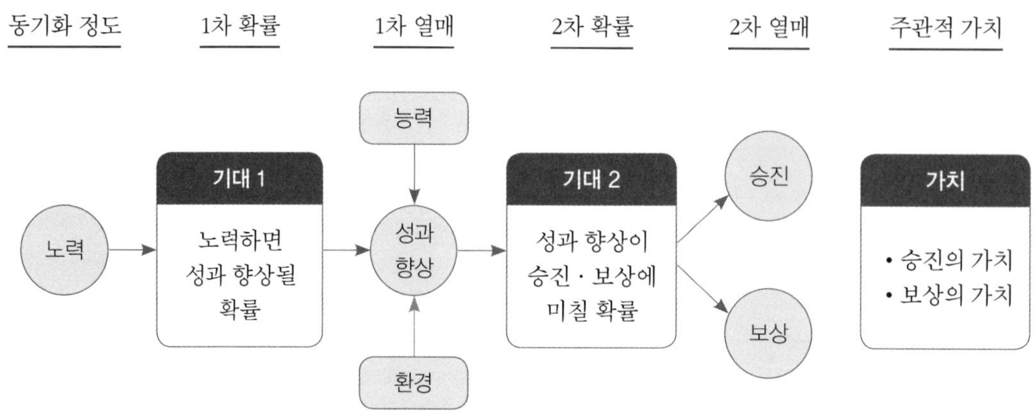

[그림 6-14] 기대이론의 과정

기대감(E)에 달려 있다.

③ $V_1 = \Sigma(V_1 \times I)$: 1차 수준 결과에 대한 유의성(V_1)은 2차 수준 결과에 대한 유의성(V_2)과 수단성(I)에 좌우된다.

기대이론에서 동기부여의 강도는 결과에 대한 매력의 강도를 나타내는 유의성과 결과의 달성 가능성에 달려 있다. 예를 들어, 열심히 노력해서 승진하려 한다면 승진의 결과 얻게 될 급여 인상이나 지위 향상 등이 가치 있어야 하고, 열심히 노력하면 승진할 수 있다는 믿음이 있어야 한다. 기대이론이 주는 시사점은 다음과 같다.

- 조직이 조직 구성원에게 제공할 수 있는 가치(V) 있는 보상을 파악해야 한다.
- 조직 구성원에게 요구되는 성과가 무엇인지 구체적인 기준을 알려 주어야 한다.
- 조직 구성원에게 교육훈련 등을 통해 역량을 높여 기대치(E)를 높여야 한다.
- 보상 등의 약속을 실천하여 직원들의 신뢰를 얻는다.
- 보상 · 승진 등의 기준이 되는 평가과정을 공정하게 하고 공개한다.

(2) 공정성이론

애덤스(J. S. Adams, 1965)의 공정성이론(equity theory)은 인지부조화이론(L. Festinger, 1957)에 근거하는데, 인간은 자기가 알고 있는 바와 자신의 행동이 다를 때

부조화를 느끼고 이를 조화시키려고 노력하는 동기가 일어난다. 즉, 직무수행에 들인 투입(노력, 경험, 교육 등)과 그 결과 자신이 받는 보상(급여, 직급, 인정 등)의 비율을 유사한 일을 하는 다른 사람과 비교하여 공정성 여부를 인지하게 된다. 그 결과가 서로 비슷하면 공정하다고 인식하고, 비율이 불균형적이라면 인식하면 긴장이 발생해 이를 바로잡기 위한 시도를 하는 등 긍정적 혹은 부정적 동기가 유발된다는 것이다.

애덤스
(J. Stacy Adams, 1925~1984년)

(자신: A)		(타인: B)
성과 / 투입	대	성과 / 투입

공정성 여부는 매우 주관적이어서 사람마다 다르고 불공정성을 인식한 다음에 나타나는 행동 역시 다양하지만 대표적인 행동은 다음과 같다.

- 투입량을 변화시킨다(덜 혹은 더 많이 일한다).
- 산출물을 변화시킨다.
- 자신에 대한 지각을 왜곡시킨다(김○○보다 내가 일을 많이 하는구나).
- 타인에 대한 지각을 왜곡시킨다(김○○이 하는 일은 별 가치가 없구나).
- 비교 대상을 변경한다(김○○는 아니지만 박○○보다는 내가 낫다).
- 직장을 그만둔다.

개인이 조직으로부터 받는 대우의 공정한 정도인 조직 공정성(organizational justice)은 ① 임금이나 승진 등의 보상을 자신의 기여와 비교하는 분배 공정성, ② 의사결정의 결과와 수단이나 절차에 관한 절차 공정성, 그리고 ③ 의사소통의 과정에서의 처우의 질을 고려한 상호작용 공정성으로 구성된다. 사회복지조직에서의 조직 공정성 인식은 비교적 낮은 수준이지만 이러한 조직 공정성 지각은 상사 신뢰와 조직몰입 등에 긍정적인 영향을 미치는 것으로 나타났다(강종수, 2006).

제7장

재정관리

1. 재정관리의 의의
2. 예산 수립
3. 예산집행 및 결산
4. 회계
5. 사회복지법인 재무회계규칙

1. 재정관리의 의의

1) 재정관리의 개념

재정관리는 조직이 목표 달성을 위해 필요한 재화와 용역을 조달하고 관리하는 제반 경제활동을 의미한다. 재정관리는 물적 자원의 동원에 해당하는 세입과 자원의 활용을 의미하는 지출로 구분된다. 사회복지조직에서도 재무 계획, 기금 조성, 부채 관리, 예산편성, 지출 통제와 관련한 일들을 사회복지행정가가 주도한다. 재정관리를 통해 기관의 목표 달성을 촉진하고 법률, 전문직의 윤리 및 지역사회의 수준과 일치하는 방향에서 재원과 다른 부족한 자원을 통제하고 계획적으로 사용하게 된다. 사회복지조직의 재정관리는 목적적인 측면에서는 예산이나 교부금 신청, 급여, 세금 및 여비 등에 관련된 범위가 좁고 기술적인 문제이지만 수단적인 측면에서는 사회복지기관의 근본적인 활동에 광범위하게 관계하고 있다(Lohmann, 1980).

2) 사회복지 재정관리의 특징

사회복지조직의 재정관리는 다음과 같은 특징을 갖고 있다(Hasenfeld, 1992; 황성철 외, 2009).

(1) 재원 조달 통제의 어려움

사회복지조직은 재원의 지속적인 조달을 스스로 통제할 수 없으며 통제하려 하지도 않는다. 사회복지기관의 업무는 법적으로 위임된 공적 서비스이지만 필요한 재원을 스스로 정할 수 없고 법률 등에 따라 중앙이나 지방정부에서 정해 준다. 이는 사회복지조직이 예산과 관련된 정책 결정 과정에 참여할 수 있는 권한을 제한당하는 것을 의미한다. 사회복지조직은 수입을 늘릴 수 있는 홍보, 마케팅, 기타 시도를 충분히 하지 못하고 있다.

(2) 재원의 다양성

사회복지조직은 매우 다양한 재원을 갖는다. 정부로부터 직접적으로 받거나 계약의 형태로 지원받는 정부보조금이나 협찬 후원금, 직접적인 개별 기부, 종교기관 기부 등의 형태로서의 기부금, 서비스 요금, 대여, 상품 판매 등의 수익사업에 의한 이용료, 기타 특별한 행사나 기증, 투자 등의 수입 등 다양하다.

(3) 다양한 재원 확보 전략 추진

재원이 다양한 만큼 다양한 원천으로부터 재원을 확보하기 위해 특별한 재원 확보 전략을 추진해야 한다. 재단에 사업제안서(proposal)를 신청하거나 정부와 계약관계를 맺고, 기부자에게 후원금을 요청하고, 자체 모금행사를 개최하고, 클라이언트에게 요금을 지불하도록 마케팅하고, 기부금품을 모집하거나 접수를 받고, 특별행사를 조직화하는 등의 다양한 업무를 수행해야 한다.

3) 재정관리의 과정

재정관리는 [그림 7-1]과 같이 보통, ① 예산안을 계획하고 확정하는 예산 수립, ② 수립된 예산에 따라 실제로 집행하는 예산집행, ③ 예산을 집행하면서 기록하고 정리하는 회계, ④ 예산집행 내역을 정산하고 감사하는 감사의 4단계로 이루어진다.

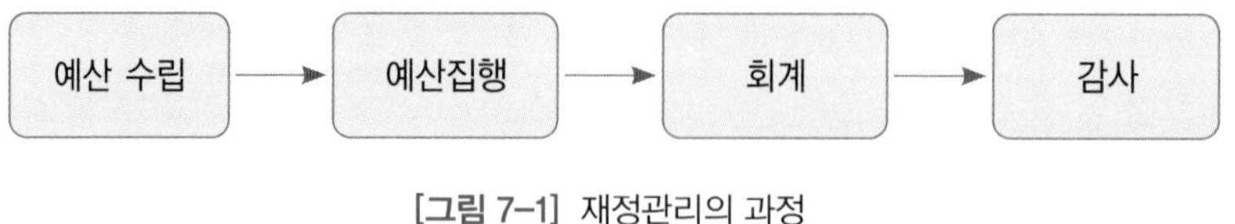

[그림 7-1] 재정관리의 과정

2. 예산 수립

1) 예산의 의의와 성격

예산(budget)은 일정 기간에 걸쳐 계획된 지출과 그 지출을 위한 자금 조달 계획으로, 일반적으로 다음 1년간 조직의 목표를 금전적으로 표시한 것을 말한다. budget은 가죽가방이라는 bougette에서 유래된 것으로 영국 재무장관이 의회에서 재정 설명을 할 때에 서류를 넣어가는 가방에서 유래하였다. 예산은 수입·지출의 종류 및 금액을 계통적·조직적으로 편성한 예정적 계산이며, 사업 계획의 내용과 방향을 계수적으로 표시하여 재정의 규모, 내용 및 방향을 알 수 있게 해 준다. 그러나 예산 수립은 단순히 1년간의 수입과 지출을 계획한다는 것을 넘어서 좀 더 포괄적이고 다면적인 성격을 갖는다. 즉, 예산 수립 이면에는 정치적 과정이라는 특성, 사업의 기획과 관리의 측면, 회계절차, 인간적 과정, 미래를 변화시키는 특성 등 다양한 성격이 포함되어 있다(최성재, 남기민, 2016).

- 예산은 자원 배분이 초점이 되며 이러한 자원 배분에 대한 의사결정은 정치적으로 이루어진다.
- 예산 수립은 조직의 목표 달성을 위한 사업을 수행하기 위한 것이고, 예산 수립 과정은 목표 설정, 대안 개발 및 기대효과 분석, 효과성 평가기준 설정 등의 사업 기획 절차와 병행·통합되므로 사업기획 과정이라 할 수 있다.
- 예산 수립은 관리자가 조직 각 단위의 활동과 그 책임자 및 시행일정 등을 검토하므로 사업관리적 성격을 지닌다.
- 예산서는 회계담당자가 자금의 내적·외적 흐름을 통제하고 재정활동을 승인하는 근거가 되므로 예산 수립은 회계절차의 성격을 지닌다.
- 예산은 클라이언트와 예산을 집행하는 조직 구성원, 지역사회 주민들에게 큰 영향을 끼치게 되므로 예산 수립을 잘하기 위해서는 이들과 접촉하고 대화하는 기회를 가지는 것이 필요하다.
- 예산은 장래에 대한 활동 계획에 대한 재정계획이므로 미래의 목표를 새로 설정할 수 있고 이에 따른 새로운 활동을 잘할 수 있기 때문에 미래를 변화시키는 과정이 될 수 있다.

2) 예산의 원칙

예산은 다음의 원칙에 따라 편성되고 집행되어야 한다. 이러한 원칙은 예산운영과정에서 구체적으로 규정할 수 없는 보편적이며 가치지향적인 내용을 개념화하여 제시한 것으로 모든 기관들이 통일과 균형 및 표준화 유지를 목적으로 하고 있다.

- 모든 세입은 세입예산에, 모든 세출은 세출예산에 계상되어야 한다(예산 총계주의 원칙).
- 예산은 일관된 질서를 가지고 계통적으로 종합 · 조정되어야 한다(예산 통일의 원칙).
- 당해 연도의 경비는 당해 연도 세입으로 조달하고, 세출은 다음 연도에 사용할 수 없다(회계연도 독립의 원칙).
- 예산은 회계연도 이전에 의결을 얻어야 한다(사전 의결의 원칙).
- 민주적이고 효율적인 재정 운영을 위해 예산은 공개되어야 한다(공개의 원칙).
- 세출 예산이 정한 목적 외에 사용하지 못한다(목적 외 사용금지의 원칙).
- 수입 범위 내에서 지출하여야 한다(건전재정 혹은 수지균등의 원칙).

3) 예산의 종류

예산은 기관 운영을 위한 실질적인 도구이자 계획서이므로 재정활동은 한눈에 파악할 수 있도록 단일의 예산을 수립하는 것이 가장 바람직하다. 그러나 예산의 편성 · 심의 · 집행 과정에서 재정환경의 변화가 발생하기 때문에 여러 종류의 예산이 있다.

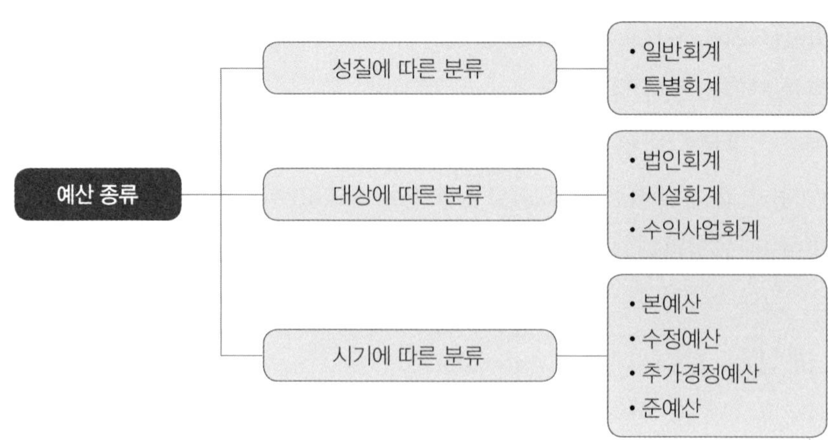

[그림 7-2] 예산의 종류

(1) 성질에 따른 예산의 종류

예산을 성질에 따라 분류하면 일반회계와 특별회계가 있다. ① 일반회계는 국가, 지방자치단체 또는 사회복지기관의 일반적이고 항구적인 재정활동에 관한 총 세입과 총 세출을 열거하여 편성한 예산으로 단체 고유의 일반적인 재정활동이다. 반면에 ② 특별회계는 특정세입으로 특정세출에 충당하거나, 특정사업 운영, 특정자금 보유를 위해 일반적인 세입・세출과 구분하여 경리하는 예산을 말한다.

(2) 대상에 따른 예산의 종류

예산을 수립할 대상에 따라 법인회계, 시설회계, 수익사업회계가 있다. ① 법인회계는 법인 업무 전반에 관한 회계이며, ② 시설회계는 그 법인이 설치・운영하는 사회복지시설에 관한 회계를 말한다. 만약 A사회복지법인에서 B생활시설을 운영할 경우 법인회계와 시설회계를 각각 작성한다. ③ 수익사업회계는 만일에 법인이 수행하는 별도의 수익사업이 있을 경우 그 수익사업에 관한 회계를 말한다.

(3) 시기에 따른 예산의 종류

예산은 성립시기에 따라 본예산, 수정예산, 추가경정예산, 준예산으로 구분된다. ① 본예산은 예산 수립절차에 따라 확정된 예산을 말하고, ② 수정예산은 본예산 수립과정에서 필요에 따라 일부 수정한 예산을 말하며, ③ 추가경정예산은 예산이 성립되고 회계연도가 개시된 후에 변경이 필요해서 추가로 편성한 예산을 말한다. ④ 준예산은 회계연도 개시 전까지 예산이 성립되지 못하였을 때 전년도에 준하여 집행하는 예산을 말한다. 준예산 체제가 되면 임직원의 보수, 운영에 직접 사용되는 필수 경비, 법령상 지급 의무가 있는 경비만 사용 가능하다. 따라서 준예산이 수립되면 조직의 최소한의 필수기능만 수행할 수 있으므로 가능하면 준예산이 수립되는 상황을 피해야 한다.

4) 예산편성의 과정

예산편성은 조직의 특정 목표를 달성하기 위해 필요한 비용을 추정하는 과정이다. 따라서 예산편성은 매우 정치적인 과정이며, 조직활동의 기획 및 관리과정이며, 조직을 변화시키는 매우 광범위하면서도 포괄적이고 미래 지향적인 과정이다. 예산의 편성과정은 예산의 종류에 따라 다소 차이가 있지만, 일반적으로 [그림 7-3]의 과정을 거친다(Flynn, 1985).

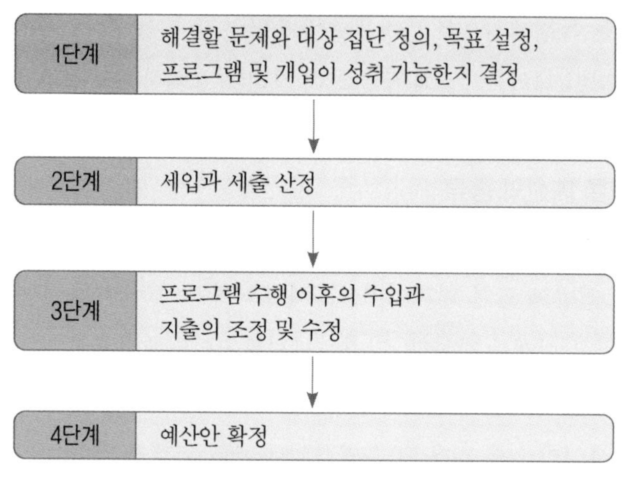

[그림 7-3] 예산편성 과정

예산편성 및 결정 절차에 관해 「사회복지법인 및 사회복지시설 재무 · 회계 규칙」에 의하면 우선 법인의 대표이사는 회계연도 개시 1개월 전까지 예산편성 요령을 정하고, 이를 바탕으로 회계별 예산을 편성하여 이사회의 의결을 거쳐 확정하고, 이를 회계연도 개시 5일 전까지 관할 시장 · 군수 · 구청장에게 제출하여야 한다. 예산에 첨부되어야 할 서류는 다음과 같다.

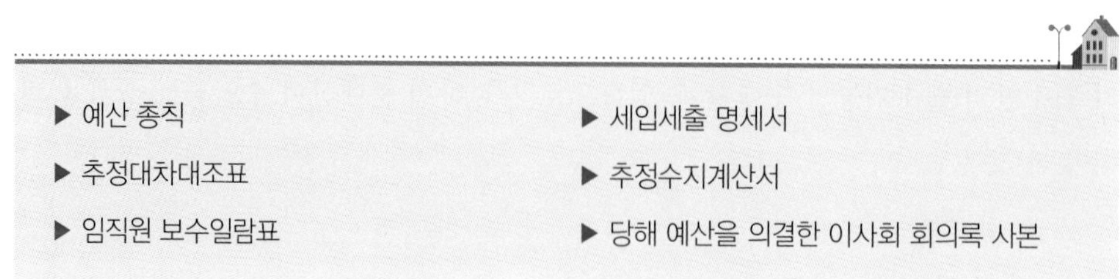

- 예산 총칙
- 세입세출 명세서
- 추정대차대조표
- 추정수지계산서
- 임직원 보수일람표
- 당해 예산을 의결한 이사회 회의록 사본

5) 예산의 내용

예산은 세입(모든 수입)과 세출(모든 지출)로 구성되며, 세입과 세출은 모두 예산에 계상되어야 한다. 세입은 주로 사업수익, 보조금, 후원금 등으로 구성되고, 세출은 사무비, 재산조성비, 사업비 등으로 구성된다.

표 7-1 세입·세출의 예시

세입				
과목			금액(단위: 천 원)	예산 산출 근거 (단위: 천 원)
관	항	목		
후원금	후원금	지정 후원금	30,000	기부금: 30,000

세출				
과목			금액(단위: 천 원)	예산 산출 근거 (단위: 천 원)
관	항	목		
사업비	일반 사업비	무료급식 서비스	30,000	-재료비: 20,000 -인건비: 5,000 -비품: 5,000

예산은 보건복지부의 「사회복지법인 및 사회복지시설 재무 · 회계 규칙」에 따라 세입예산과 세출예산으로 구분해 편성하고, 과목 구분은 관 · 항 · 목으로 구분한다.

① 관은 기능별, 조직별, 사업 목적별 분류기준으로 활용되며, ② 항은 경상예산별, 사업예산별, 채무상환, 예비비 등으로, 그리고 ③ 목은 사업의 성격이나 사업 내용을 구분하는 기준으로 활용된다. 복지관 등 시설회계의 세입예산과 세출예산의 과목 구분은 〈표 7-2〉와 같다. 세출예산 과목 구분은 01사무비부터 07예비비까지 일곱 가지로 구분되고, 다시 01사무비는 항에서 11인건비부터 13운영비까지 세 가지로 구분되고, 또다시 11인건비는 목에서 111급여부터 117기타후생경비까지 일곱 가지로 구분된다. 사회복지기관의 예산편성은 이 규칙의 적용을 받아 표준화되어 있다.

표 7-2 세입·세출의 예시

세입예산 과목 구분			세출예산 과목 구분		
관	항	목	관	항	목
01 사업수익	11 사업수익	111 ○○수입	01 사무비	11 인건비	111 급여 112 상여금 113 일용잡급 114 제수당 115 퇴직금 및 퇴직적립금 116 사회보험부담 비용 117 기타후생경비
02 과년도 수입	21 과년도 수입	211 과년도 수입		12 업무 추진비	121 기관운영비 122 직책보조비 123 회의비
03 보조금 수입	31 보조금 수입	311 국고보조금 312 시 · 도보조금 313 시 · 군 · 구보조금 314 기타보조금		13 운영비	131 여비 132 수용비 및 수수료 133 공공요금 134 제세공과금 135 차량비 136 연료비 137 기타운영비
04 후원금 수입	41 후원금 수입	411 지정후원금 412 비지정후원금	02 재산조성비	21 시설비	211 시설비 212 자산취득비 213 시설장비유지비
05 차입금	51 차입금	511 금융기관차입금 512 기타차입금	03 사업비	31 사업비	311 ○○사업비
06 전입금	61 전입금	611 법인전입금	04 과년도 지출	41 과년도 지출	411 과년도 지출
07 이월금	71 이월금	711 전년도이월금	05 상환금	51 부채상환금	511 원금상환금 512 이자지급금
		712 이월사업비	06 잡지출	61 잡지출	611 잡지출
08 잡수입	81 잡수입	811 불용품매각대 812 기타 예금이자수입 813 기타 잡수입	07 예비비	71 예비비	711 예비비

6) 예산체계 모형

예산체계 모형은 예산 수립에서 무엇을 가장 중요한 요소로 삼느냐에 따라 항목별 예산(LIB), 성과주의 예산(PB), 계획 예산(PPBS), 영기준 예산(ZBB)으로 구분되며, 실제로는 두 가지 이상이 결합되어 적용되는 경우가 많다.

(1) 항목별 예산

항목별 예산(Line-Item Budget: LIB)은 보통 1회계연도를 기준으로 지출하고자 하는 항목별로 예상되는 돈을 기재하는 가장 전형적인 예산체계다. 보통 항목은 봉급, 수당 등을 묶어서 급여로, 우표, 소포, 택배 등을 묶어서 우송료와 같은 방식으로 일정한 범주로 정리된다. 그리고 보통 전년도 예산을 근거로 일정한 양만큼 증가시키는 방식으로 편성된다.

이 방식은 회계 담당자가 지출을 통제하기 쉬우며, 관할 부처가 명확하여 집행 후 책임 소재를 분명하게 할 수 있는 장점이 있다. 그러나 예산편성이 신축적이지 못하고, 예산이 목표를 어느 정도 달성했는지를 파악하기 어려운 단점이 있다.

표 7-3 항목별 예산 사례 (단위: 천 원)

항목	2010년 예산(A)	2011년 예산(B)	증감액(B-A)	증감률(%)
급여	88,720	91,330	2,610	2.94
복리후생비	3,210	3,520	310	9.65
우편 및 소포비	1,010	1,050	40~300	3.96
소모품	3,500	3,200	−300	−8.57
인쇄 및 출판비	1,200	1,300	100	8.33
......	......	......	......	
총계	......	......	......	

(2) 성과주의 예산

성과주의 예산(Performance Budget: PB)은 조직활동을 기능별 또는 프로그램별로 나눈 다음에 세부 프로그램으로 다시 나누고, 세부 프로그램의 단위 원가를 업무량에 곱해 예산액을 편성하는 예산체계다. 항목별 예산은 어떤 물품을 얼마만큼 구입했는지는 알 수 있지만 왜 그것을 구입했는지는 알 수 없다. 그러나 성과주의 예산은 예산액 = 단위 원가(소요되는 경비) × 업무량(달성하고자 하는 성과)이므로 예산을 통해 프로그램 등 조직활동을 쉽게 알 수 있다. 〈표 7-4〉에서 아동 · 청소년복지사업의 세부 프로그램으로 문화체험의 경우 단위 원가는 2만 원이고, 업무량은 참가자 30명 × 2회를 곱해 120만 원으로 예산이 수립되었다. 성과에 인센티브를 주도록 예산에 반영하므로 기능적 예산 또는 프로그램 예산이라고도 한다.

이 방식은 단위 원가에 따라 예산을 배분하므로 합리화가 가능하며, 사업평가가 용이하다는 장점이 있다. 그러나 업무성과에 대한 측정 단위를 선정하기가 어렵고, 단위원가 산출이 쉽지 않으며, 재정의 비용 효과성에 치중해 프로그램 효과성이 소홀해질 수 있다는 단점이 있다. 사회복지조직의 활동을 계량적으로 측정할 수 없는 것들도 많고 전문적인 회계지식이 있어야만 되기 때문에 장점에 비해 도입하기가 쉽지 않은 방식이다.

표 7-4 성과주의 예산 사례 (단위: 천 원)

항목	세부 사업 명		2011년 예산
아동 · 청소년 복지사업	집단상담	진행비(2만 원 × 10명 × 1회)	200
	문화 체험	견학비(2만 원 × 30명 × 2회)	1,200
	대학생 멘토링	봉사자 활동비(10만 원 × 30명)	3,000
재가복지사업	자원봉사자	교육교재 및 다과(2만 원 × 30명 × 2회)	1,200
	도시락 배달	부식비(3천 원 × 50개 × 월 10회 × 6개월)	……
	……	……	……
지원개발사업	……		……
소계			……

(3) 계획 예산

계획 예산(Planning-Programming-Budgeting Systems: PPBS)은 장기적인 계획을 수립하고 그것을 실천하기 위한 프로그램을 계획하여 이에 맞게 예산을 수립하는 방식으로, 자원 배분에 관한 의사결정의 합리화를 도모할 수 있다. 이전 방식들에 비해 중·단기 계획을 수립한다는 점, 실시 계획을 구체적으로 기술한다는 점, 비용-효과 분석 같은 수량적 분석기법이 필요하다는 점이 다르다.

이 방식은 프로그램 계획과 예산 수립의 괴리를 막을 수 있고, 프로그램 효과성을 높일 수 있다는 장점이 있다. 그러나 장기 계획과 단기 계획이 연결되어 사회 변동에 탄력적이지 못하며, 결과에만 치중해 과정을 등한시하고, 의사결정이 중앙집권화되기 쉬우며, 무엇보다 평가 기준을 계량화하기 어렵다는 단점이 있다.

표 7-5 농어촌 주민의 보건복지 향상을 위한 계획 예산

목표 / 연도별 세부 목표	농어촌 주민의 보건복지 향상 (전체 예산 3조)			
농어촌 사회안전망 확충(2006년)	기초생활보장 및 자활 지원 (5,000억 원)	치매 노인 그룹홈 설치(3,000억 원)	국민연금 확충 (2,000억 원)	
농어촌 보건복지 공급 기반 개선(2007년)	공공의료기관 확대 (4,000억 원)	응급의료시설 확충 (3,000억 원)	5대 암 조기검진 (2,000억 원)	건강보험 개선 (1,000억 원)
주민의 복지 참여 (2008년)	가사·간병 인력의 확대 배치 (3,000억 원)	농어촌 재가복지센터 확충 (4,000억 원)	농어촌 지역보건복지 네트워크 구축 (3,000억 원)	

출처: 신복기 외(2008), p. 332.

(4) 영기준 예산

영기준 예산(Zero-Based Budget: ZBB)은 전년도와 무관하게 영(0)의 상태에서 기존의 프로그램이나 신규 프로그램의 정당화를 역설하고 프로그램의 우선순위에 따라 예산을 편성하는 형식으로서, 현재 프로그램의 효과성과 효율성, 시급성에 따라 예산의 증감을 결정한다.

이 방식은 관례적 예산 책정을 탈피하여 예산 절약과 프로그램 쇄신에 기여하는 장점이 있다. 또한 재정자원의 합리적인 배분과 탄력성에 기여하고 프로그램의 효과성과 효율성에 도움이 된다. 그러나 합리성만을 강조하므로 심리적인 요인을 무시하는 경향이 있으며, 장기적인 예산계획으로는 부적절하다.

표 7-6 예산체계 모형 비교

특성	항목별 예산	성과주의 예산	계획 예산	영기준 예산
기준 방향	통제	관리	계획	의사결정
범위	투입	투입, 산출	투입, 산출, 효과, 대안	투입, 산출, 효과, 대안
기능	회계	관리	경제학, 기획	관리와 기획
중요 정보	지출 대상	기관 활동	기관 목적	사업 계획 혹은 기관의 목적
정책 결정 방식	점증적	점증적	체제적	체제적
예산기관의 역할	재정적 적절성	능률	정책	정책의 우선순위화
기획 책임	일반적으로 부재	분산적	중앙	분권화

출처: 정무성, 정진모(2001), p. 141.

3. 예산집행 및 결산

1) 예산집행의 개념

수립된 예산을 적절하게 집행해야만 사회복지조직의 목표를 효과적으로 달성할 수 있을 뿐만 아니라 투명성을 높일 수 있다. 예산집행이란 세입·세출 예산안이 담고 있는 정책 목표와 프로그램을 성취하는 데 필요한 수입과 지출을 실행하는 일체의 행위를 말한다. 예산집행의 목적은 예산안을 심의·확정한 본래의 의도를 충실히 구현하고 재정적 한계를 준수하여, 조직의 신뢰성을 높이는 것이다. 그러나 애초에 정해진 예산 그대로 집행하기 어려운 경우가 있으므로 재정관리에서는 예산의 전용 등을 통해 신축적으로 운영한다.

2) 예산집행의 통제 방법 및 원칙

원활한 조직활동을 위해서는 필요한 시기에 예산이 충분히 조달되어야 한다. 그러나 그렇지 못한 경우도 발생할 수 있으므로 이 같은 경우를 예상하여 인위적으로 예산을 통제할 필요가 있다. 예산집행을 통제하는 방법은 다음과 같다(Weiner, 1990).

① 분기별 할당 : 수입 혹은 지출이 특정 시기에 집중될 수 있으므로 예산의 수립과 지출을 분기별로 조정하여 수지의 균형을 유지하도록 한다.

② 지출의 사전 승인 : 일정액 이상의 지출을 할 경우 관리자의 사전 승인을 받도록 한다. 통상적으로 액수에 따라 중간관리자 혹은 기관장의 승인 여부가 정해져 있다. 수입과 지출의 균형 유지에 도움이 되고 승인을 미루어 지출을 억제할 수도 있다.

③ 지출 취소 : 예상된 수입이 인가되지 않거나 입금되지 않을 경우에는 자금 지출을 잠정적으로 또는 영구적으로 취소할 수 있다.

④ 정기적 보고 : 관리자는 월별, 분기별로 재정 현황을 보고받아 검토하고, 법인이나 행정 관청에 정기적으로 보고해야 한다.

⑤ 대체 : 회계연도 말에 사업별 또는 계정별로 과다 지출되거나 과소 지출된 경우에는 과다 지출분을 과소 지출분으로 충당하기 위해 관리자의 승인을 받아 대체한다.

⑥ 지불 연기 : 지불할 돈을 의도적으로 적당한 방법을 동원해 연기함으로써 수입 예산이 입금되기까지 여유를 가질 수 있다.

⑦ 차용 : 수입이 없는 상태에서 불가피한 지출을 위해 은행 등 금융기관이나 관련 단체로부터 자금을 빌릴 수 있다.

위와 같은 방법으로 예산집행을 통제할 경우에도 다음과 같은 원칙에 따라 통제되어야 한다.

- 예산통제는 개별 조직의 특성에 맞게 실시되어야 한다(개별화의 원칙).
- 예산통제는 명시적인 강제 규정에 근거하여 강제성을 가져야 한다(강제성의 원칙).
- 예외 상황에 적용할 수 있는 예외적인 규칙이 있어야 한다(예외성의 원칙).
- 정기적으로 재정 상황을 보고하여야 한다(보고의 원칙).
- 규칙은 일정 기간이 지나면 상황에 맞게 개정할 수 있어야 한다(개정의 원칙).

- 예산통제는 비용과 시간을 최소화하는 정도에서 이루어져야 한다(효율성의 원칙).
- 규칙이나 기준은 모든 사람에게 동일하게 이해되어야 한다(동일 의미의 원칙).
- 예산통제의 모든 활동은 구성원 모두에게 피드백되어야 한다(환류의 원칙).
- 서비스 생산이 효과적 · 효율적으로 이루어지도록 예산통제 되어야 한다(생산성의 원칙).

3) 결산

결산(closing)이란 한 회계연도 내에 발생한 모든 수입과 지출을 최종적으로 계산하는 절차를 말한다. 따라서 결산은 예산에 의하여 행동한 기관의 사후적 재정보고의 성격을 갖는다. 결산이 필요한 이유는 법인의 경우 이사회의 의도대로 법인이나 시설이 예산을 집행하였는지를 규명하고 흑자나 적자의 크기를 확인하고 결산 결과를 다음 해 예산에 반영하기 위해서다.

결산과 관련하여 「사회복지법인 및 사회복지시설 재무 · 회계 규칙」에 의하면 법인의 대표이사는 법인회계와 시설회계의 세입 · 세출 결산보고서를 작성하여 이사회의 의결을 거친 후 다음 연도 3월 31일까지 시장 · 군수 · 구청장에게 제출하여야 한다. 결산보고서에 첨부하여야 할 서류는 다음과 같다.

- ▶ 세입세출결산서
- ▶ 예비비사용조서
- ▶ 수지계산서
- ▶ 유가증권명세서
- ▶ 재고자산명세서
- ▶ 고정자산명세서
- ▶ 제충당금명세서
- ▶ 사업수입명세서
- ▶ 후원금수입명세 및 사용결과보고서
- ▶ 사업비명세서
- ▶ 대차대조표
- ▶ 현금 및 예금명세서
- ▶ 미수금명세서
- ▶ 기타 유동자산명세서
- ▶ 부채명세서
- ▶ 기본재산수입명세서
- ▶ 정부보조금명세서
- ▶ 후원금전용계좌의 입출금내역
- ▶ 인건비명세서
- ▶ 기타 비용명세서

▶ 감사보고서
▶ 법인세 신고서
▶ 과목전용조서

4. 회계

1) 회계의 개념과 분류

회계(accounting)란 금전 거래 등 어떤 조직체의 재정적 활동과 수지에 관한 사실 확인과 그 결과를 해석하는 여러 가지 사건들의 관점에서 본 기록과 분류 및 요약 기술이다. 회계는 이해관계자들의 의사결정에 유용한 정보를 제공한다. 회계는 그 목적에 따라 〈표 7-7〉과 같이 재무회계와 관리회계로 구분된다. ① 재무회계는 일정 기간 동안의 수입과 지출 사항을 측정 보고하는 것으로 거래 자료 기록, 시산표 작성, 분개 작성, 결산을 주요 내용으로 한다. 반면에 ② 관리회계는 관리자의 의사결정에 도움이 되도록 예산 단위의 비용을 계산하여 예산의 실행 성과를 분석하는 것이 주요 내용이다.

표 7-7 재무회계와 관리회계의 비교

재무회계	기준	관리회계
외부 이해관계자	정보 이용자	내부 의사결정자
재무 상태, 경영 성과, 현금 흐름의 변동	정보 내용	관리적 의사결정과 통제에 유용한 정보 모두
과거의 거래	거래의 성격	미래 상황에 대한 예측
일반적으로 안정된 회계 원칙	작성기준	의사결정에 필요한 합리성

사회복지조직은 보조금 등 다양한 자금 출처를 가지고 있기 때문에 공인된 회계 방식을 채택하는 것이 일반적이다(홍현미라 외, 2014). 2007년 제정된 「국가회계법」에 따라 정부회계는 복식부기와 발생주의 회계방식을 시행하고 있다. 부기란 회계, 경리와 같은 뜻으로 장부기록의 약자로서 돈의 흐름을 장부에 기록하는 것을 의미한

다. 부기는 기록방법에 따라 단식부기와 복식부기가 있다. 사회복지법인 재무회계규칙에서는 단식부기를 원칙으로 하고, 다만 법인회계와 수익사업회계에 있어서는 필요하면 복식부기를 하도록 하고 있다.

우선, ① 단식부기란 현금출납장처럼 단순히 수입과 지출 내역만 기록하는 방식이고, ② 복식부기란 하나의 거래를 차변(debit, 왼쪽)과 대변(credit, 오른쪽)으로 이중 기록하는 방식이다. 즉, 복식부기는 경제적 거래나 사건이 생기면 자산 · 부채, 수익 · 비용의 변동을 서로 연계시켜 동시에 기록한다. 예를 들어, A복지관에서 1,000만 원을 주고 차량을 구입했다면, 단식부기는 출금일에 현금 1,000만 원의 지출만 기록하고, 복식부기는 거래일에 자산(현금)의 감소와 자산(차량운반구)의 증가를 모두 기록하여 거래의 실질을 충분히 반영하면서 대차평균의 원리에 따라 회계상의 오류를 스스로 검증할 수 있다. 복식부기는 성과 중심의 재정운용 체계를 구축하고 재정관리의 투명성 확보라는 측면에서 단식부기보다 우월하다.

2) 주요 회계활동

회계활동은 크게 3단계로 진행된다. ① 수입과 지출에 관한 기록 장부를 마련하여 회계원칙에 따라 장부에 기록하고(기록 업무), ② 장부에 기록된 회계 사항을 월별, 분기별로 종결하여 정리하고(정리 업무), ③ 재정 상태를 파악하기 위해 월별, 분기별로 재정 보고서를 작성하여 기관 내부 및 이사회에 보고하며, 또한 회계연도 말에는 1년 동안의 수입과 지출에 대한 대차대조표 등을 포함한 보고서를 작성해 행정 관청과 이사회에 보고한다(재정 보고서 작성 및 보고 업무). 사회복지법인과 시설에서 비치해야 할 장부는 다음과 같다. 다만 사회복지시설정보시스템 등의 전자장부를 사용하는 경우에는 회계장부를 비치한 것으로 본다.

▶ 현금출납부
▶ 총계정원장
▶ 재산대장
▶ 비품관리대장

3) 회계감사

회계감사(audit)란 기관의 수입과 지출의 결과에 관한 사실을 확인하고 검증하여 이를 보고하기 위하여 장부 및 기타 기록을 체계적으로 검사하는 것을 말한다. 주요 관심사는 관련 규정을 정확히 준수했는지, 재정 기록의 정확성과 표준화된 양식을 얼마나 잘 준수했으며, 지출이 교부금이나 계약의 요구 사항을 잘 준수했는지 등이다.

회계감사의 종류로는 감사 목적에 따라 규정준수 회계감사와 운영 회계감사가 있고, 감사 주체에 따라 내부 감사와 외부 감사가 있으며, 감사 대상에 따라 정부기관 감사와 법인 감사 그리고 사회복지기관 감사가 있다.

5. 사회복지법인 재무회계규칙

1) 주요 내용

모든 사회복지법인과 사회복지시설의 재정관리의 기초가 되는 보건복지부령인 「사회복지법인 및 사회복지시설 재무·회계 규칙」(2022. 12. 28. 개정)의 주요 내용을 살펴보면 다음과 같다.

① **회계연도 및 출납기한** : 정부의 회계연도와 동일하게 매년 1월 1일부터 12월 말일이며, 다만 어린이집은 매년 3월 1일부터 다음 연도 2월 말일에 종료한다. 1회계연도에 속하는 법인과 시설의 세입·세출의 출납은 회계연도가 끝나는 날까지 완결하여야 한다.

② **회계의 구분** : 회계는, ① 법인의 업무 전반에 관한 법인회계와 ② 시설의 운영에 관한 시설회계, 그리고 ③ 법인이 수행하는 수익사업에 관한 수익사업회계로 구분한다. 따라서 법인은 법인회계, 시설회계 그리고 수익사업회계를 구분해서 하고, 시설은 시설회계만 한다.

③ **회계의 방법** : 회계는 단식부기를 하고, 다만 법인회계와 수익사업회계는 필요하

면 복식부기를 한다.

④ **예산의 전용** : 법인의 대표이사와 시설장은 관·항·목 간의 예산을 전용할 수 있다. 다만 법인과 시설의 관간 전용 또는 동일 관내의 항간 전용을 하려면 이사회의 의결 또는 시설운영위원회에의 보고를 거쳐야 한다. 그러나 예산총칙에서 전용을 제한하고 있거나 이사회 또는 시설 예산심의 과정에서 삭감한 관·항·목으로는 전용할 수 없다. 이렇게 관·항 간 예산을 전용한 경우에는 관할 시장·군수·구청장에게 결산 보고서를 제출할 때에 과목 전용조서를 첨부하여야 한다.

⑤ **세출예산의 이월** : 세출예산 중 경비의 성질상 당해 회계연도에 지출을 마치지 못할 것으로 예측되는 경비 등에 대해서는 이사회의 의결과 시설운영위원회에의 보고를 거쳐 다음 연도에 이월하여 사용할 수 있다.

⑥ **수입 및 지출사무의 관리** : 법인 대표이사와 시설장은 법인과 시설의 수입과 지출에 관한 사무를 관리하고, 다만 수입과 지출 원인 행위에 관한 사무를 소속 직원에게 위임할 수 있다.

⑦ **수입과 지출의 집행기관** : 법인과 시설에는 수입과 지출의 현금출납 업무를 담당하게 하기 위하여 각각 수입원과 지출원을 둔다. 다만 소규모인 경우에는 동일인으로 할 수 있다.

⑧ **수입금의 수납** : 모든 수입금의 수납은 이를 금융기관에 취급시키는 경우를 제외하고는 수입원이 아니면 수납하지 못한다. 수입원이 수납한 수입금은 그 다음날까지 금융기관에 예입하여야 하며, 수입금에 대한 거래통장은 회계별로 구분하여 보관·관리해야 한다.

⑨ **지출의 원칙과 방법** : 지출은 지출 사무를 관리하는 자와 그 위임을 받아 지출명령이 있는 것에 한하여 지출원이 행한다. 지출명령은 예산 범위 안에서 해야 한다. 지출은 상용의 경비 또는 소액의 경비지출을 제외하고는 예금통장에 의하거나 전자거래로 해야 하며, 다만 시설 보조금은 전용카드나 전용계좌를 이용해야 한다.

⑩ **감사** : 법인의 감사는 법인과 시설에 대하여 매년 1회 이상 감사를 실시해야 하

며, 감사를 하면 감사 보고서를 작성하여 법인 이사회에 보고하여야 하고, 만일에 재산 상황이나 업무 집행에 부정이나 불비한 점이 발견되면 시장 · 군수 · 구청장에게 보고해야 한다.

2) 후원금 관리 요령

「사회복지법인 및 사회복지시설 재무 · 회계 규칙」 중에서 특히 후원금에 대해 법인의 대표이사와 시설장이 지켜야 하는 내용을 살펴보면 다음과 같다.

표 7-8 후원금 영수증 발급 대장(예시)

연번	일시	후원자(법인)	후원금 유형 및 금액		지정후원금	비고
			지정	비지정		
1	2019. 5. 20.	홍길동	100,000		아동급식지원	
2	2019. 5. 25.	○○○법인		500,000		
⋮						

① 후원금의 범위 : 아무런 대가 없이 무상으로 받은 금품 및 기타의 자산은 후원금이며, 후원금의 수입 · 지출 내용과 관리에 명확성이 확보되도록 하여야 한다. 시설 거주자가 받은 개인결연후원금을 시설의 장이 관리하는 경우에도 동일하다.

② 영수증 발급 : 후원금을 받으면 기부금 영수증 또는 후원금 영수증을 발급하고, 발급 목록을 별도 장부로 작성 · 비치해야 한다. 후원금 영수증 발급과 수입 및 사용 결과 보고를 하지 않으면 300만 원 이하의 과태료를 부과한다.

③ 수입 및 사용 내용 통보 : 연 1회 이상 해당 후원금의 수입 및 사용 내용을 후원금을 낸 법인 · 단체 또는 개인에게 통보하여야 한다. 이 경우 법인이 발행하는 정기간행물 또는 홍보지 등을 이용하여 일괄 통보할 수 있다.

④ 수입 · 사용 결과 보고 및 공개 : 회계연도 종료 후 15일 이내에 후원금 수입 및 사용 결과 보고서를 관할 시장 · 군수 · 구청장에게 제출하여야 한다. 제출받은 후원금의 수입 및 사용 결과 보고의 내역과 입출금 내역은 인터넷 등을 통하여 공개해 3개

월 동안 누구든지 볼 수 있게 한다.

⑤ 후원금의 용도 외 사용 금지 : 후원금을 후원자가 지정한 사용 용도 외의 용도로 사용하지 못한다. 다만 보건복지부장관은 비지정후원금의 사용기준을 정할 수 있는데, 지정후원금의 15%는 후원금 모집이나 관리, 운영 등에 사용할 수 있고, 비지정후원금은 운영비로 사용하되 50%까지 간접비로 사용할 수 있지만 간접비 중에서도 업무추진비와 부채상환금 등으로는 사용할 수 없다(보건복지부, 2018). 후원금의 수입 및 지출은 예산의 편성과 확정 절차에 따라 세입 · 세출예산에 편성하여 사용해야 한다.

3) 보조금의 예산 및 관리

국가 또는 지방자치단체는 사회복지시설의 설치 또는 운영에 필요한 비용 중 일부를 매년 예산의 범위 안에서 보조한다. 보조금이란 국가 외의 자가 행하는 사무 또는 사업에 대하여 국가가 이를 조성하거나 재정상의 원조를 하기 위하여 교부하는 금전으로서, 지방자치단체에 대한 것과 기타 법인 또는 개인의 시설자금이나 운영자금에 대한 것이 있다. 사회복지시설에 대한 보조 비율은 「보조금 관리에 관한 법률 시행령」이 정하는 바에 의한다. 보조금은 시설평가 등 운영 실적을 고려하여 차등하여 보조할 수 있다.

제8장

정보관리

1. 정보관리의 개념
2. 사회복지조직의 정보체계
3. 사회보장정보원
4. 개인정보 보호
5. 문서관리

1. 정보관리의 개념

1) 정보의 개념과 특성

정보란 「지능정보화 기본법」에 의하면 특정 목적을 위하여 광(光) 또는 전자적 방식으로 처리되어 부호, 문자, 음성, 음향 및 영상 등으로 표현된 모든 종류의 자료 또는 지식을 말한다. 정보는 자료(data), 정보(information), 지식(knowledge)을 포괄하는데, ① 자료는 가공되지 않고 사실적인 혹은 특별한 의미가 없는 값이며, ② 정보는 특정 형태로 자료를 가공하여 사용자에게 의미가 있는 것, 그리고 ③ 지식은 경험, 가치, 전문가의 견해 등과 같이 규칙성과 일관성을 가진 가공된 정보를 일컫는다. 정보가 갖는 특성은 다음과 같다.

- 어떤 사람이나 조직에게는 매우 유용한 정보라도 다른 사람이나 조직에게는 가치 없는 경우가 많다(가치특정성).
- 정보를 효과적으로 이해하기 위해서는 그 정보의 배경 또는 맥락의 이해가 중요하다(상황관련성).
- 시간이 지남에 따라 대부분의 정보는 공개되고 일반화되어 가치가 감소한다. 따라서 정보는 적절한 시점에 입수하여 적절한 시점에 활용하는 것이 중요하다(가치체감성).

2) 정보관리와 정보관리체계

정보란 있는 그대로의 자료를 적절히 가공하여 의미 있는 형태로 변화시킨 산출물을 말한다. 수신자에게 의미 있는 형태로 처리된 데이터이며, 현재 또는 미래의 결정이나 행동에 실제적이거나 인지된 가치를 지니는 것이다. 따라서 정보관리(Information management)란 조직의 목표 달성에 필요한 각종 자료와 정보를 획득, 기록, 분석, 전달·배포, 사용·저장 등의 활동에 대한 체계와 절차를 의미한다. 사회복지조직의 정보를 분류해 보면 〈표 8-1〉과 같다.

표 8-1 사회복지조직의 정보 분류

구분	주요 내용
클라이언트 정보	클라이언트의 인구학적 특성, 기관 이용 현황 등
욕구 정보	지역사회 주민과 클라이언트의 복지 욕구의 내용 등
서비스와 자원 정보	제공하는 서비스의 종류와 내용, 서비스의 질에 관한 것, 서비스의 이용 방법과 이용 시간, 담당자 등
처우 정보	처우 계획, 처우 방침, 실시 내용 등
기술 정보	사회복지사의 전문적 지식, 활용 가능한 기술 등
참가 정보	후원자, 자원봉사자 활동, 이벤트와 강좌 등

그리고 정보관리체계(Management Information System: MIS)란 조직관리와 관련된 기본적인 정보를 처리하기 위해 컴퓨터를 응용하는 것, 다시 말해 사회복지조직의 일상 업무, 관리 업무, 클라이언트 관련 업무 등을 위한 일련의 의사결정 또는 문제해결 과정에 필요한 정보관리를 위해 사용되는 통합적인 사용자/기계 시스템을 의미한다(장중탁, 1998). 효과적이고 효율적인 조직관리를 위해 전산화된 업무환경에서 정보처리 기술을 응용하는 것이다.

3) 정보화시대의 사회복지행정

정보통신 기술의 발달은 업무환경 등 많은 분야에서 획기적인 변화를 가져왔다. 직원들에게 보급되는 개인용 컴퓨터(PC)는 모든 업무를 전산화하여 처리할 수 있고, 방대한 자료를 쉽게 저장할 수 있으며, 인터넷을 통한 전자메일의 사용이나 온라인 모금 등 다방면에 활용되고 있다. 이러한 변화는 전통적인 권위적 · 위계적 조직구조를 수평적이고 분권적인 구조로 변화시키고, 의사소통 및 의사결정 방식을 변화시켰으며, 인적자원관리와 회계 업무 등을 간소화시키는 등의 변화를 가져왔다.

따라서 사회복지조직에서 정보관리는 조직업무와 조직구조, 의사소통, 조직 운영에 변화를 추구함으로써 성과를 높일 목적으로 활용되고 있다. 정보는 지속적이고 효과적인 방식으로 관리되어야 하며, 이를 위해 정보체계를 적절히 활용해야 한다. 정보화시대에는 업무 절차나 흐름이 전산장비에 의존하여 대폭 간소화되어 왔고, 전산을 이용한 자동화에 더 많은 의존을 하게 되었다. 정보를 전산화하면 다음과 같은 장점이 있다(최성재, 남기민, 2016).

- 조직의 운영과 관리에 관한 자료를 일괄적으로 처리할 수 있다.
- 자동화로 인한 업무의 효율성이 크게 증진된다.
- 자료를 정보로 만들고 정보를 체계적으로 만들 수 있다.
- 사회체계와 기술체계의 상호작용을 이용하는 것이다.
- 자료분석 능력을 획기적으로 높일 수 있다.
- 개인의 업무처리 능력이 향상된다.

2. 사회복지조직의 정보체계

사회복지조직의 정보체계는 크게 클라이언트 정보체계, 조직 정보체계, 수행성과 정보체계라는 세 가지 하위체계로 나누어진다(Gates, 1980). 이들 하위체계는 서로 연결되어 있고, 특히 수행성과 정보체계는 클라이언트 정보체계와 조직 정보체계를 결합시켜서 만든다.

1) 클라이언트 정보체계

클라이언트 정보체계(Client Information System: CIS)는 클라이언트, 클라이언트와 프로그램 간 상호작용 등에 관한 정보를 만들고 조직하고 보고하는 정보체계다. 주로 서비스와 프로그램을 이용하는 클라이언트의 과정에 초점을 맞춘다. 프로그램에 접촉하는 시점부터 종료에 이르는 과정을 정리하면 〈표 8-2〉와 같고, 각 단계에서 얻어진 정보들은 다른 단계 혹은 다른 기관에서도 사용될 수 있어야 한다.

표 8-2 클라이언트 정보체계의 단계별 자료

단계별 활동	자료 및 정보
이용자 확인	서비스의 잠재적 수요자 명단(다른 기관들의 의뢰, 비공식적 접촉, 혹은 다양한 아웃리치 활동을 통해 획득)

인테이크	개인이나 가족에 관한 신상 자료, 해결되어야 할 문제 등
자격 여부 결정	프로그램 수혜 자격 여부를 판단하는 데 필요한 정보(정부기관, 보험회사, 의뢰기간, 클라이언트 본인을 포함한 비용 지불자 정보 등)
진단 프로그램 계획	문제, 욕구, 계획 간의 관계에 관한 기록, 진단은 때로 구술 형식으로 기술하지만 프로그램 계획은 구체적으로 기록
서비스 제공	언제, 누구에게, 어떤 서비스가 제공되는지 등에 관한 자료, 연결 서비스인 경우에는 그 과정에 대한 자료 포함
사례 모니터링	활동계획과 실제로 제공된 서비스를 비교하는 자료, 만일 차질이 있으면 그 자료
사례 평가	사례 혹은 개인의 서비스 결과에 대한 정보
종료	사례 종료 시점과 이유에 관한 정보(자발적 중단, 목표의 성공적 달성 혹은 실패, 다른 지역으로의 이사 등을 포함)

출처: Gates, B. L. (1980), p. 255 재인용.

2) 조직 정보체계

조직 정보체계(Organization Information System: OIS)는 시설이나 운영 기획, 회계, 인사, 비용 통제 등에 관한 정보체계를 말하며, 주로 관리자 혹은 외부의 자금 제공자가 필요로 한다. 조직 정보는 운영 단위 혹은 개별 업무자가 생산한다. 클라이언트 정보체계가 '누가, 언제, 어떤 서비스를 제공받았는지'가 주된 관심이라면, 조직 정보체계는 '누가, 어디에, 얼마를 사용했는지'가 주된 관심사다. 조직 정보체계의 전형적인 기능은 다음과 같다.

- ▶ 욕구사정
- ▶ 시설 및 운영에 관한 기획
- ▶ 예산
- ▶ 조사 연구
- ▶ 직원 및 임금 대장
- ▶ 회계 및 비용 통제
- ▶ 통계 보고 및 예측

3) 수행성과 정보체계

수행성과 정보체계(Performance Information System: PIS)는 기관의 수행성과에 관한 정보를 다루는 체계로서, 의사결정이나 생산성 및 효과성 평가를 위해 요구된다. 수행성과 정보는 클라이언트 정보와 조직 정보를 결합해서 얻는다. 예를 들어, 제공된 서비스 단위(클라이언트 정보)와 서비스 제공에 사용된 비용(조직 정보)이 결합되어 단위당 서비스 비용(수행성과 정보)이 만들어진다.

3. 사회보장정보원

민간사회복지기관의 정보관리는 인력과 예산상의 어려움으로 낮은 수준에 머물러 있고 몇몇 선도적인 기관들에서 전산 프로그램을 개발하여 업무에 활용하는 정도였다. 민간업체가 개발한 프로그램이 있으나 유료로 판매되어 사회복지시설에게는 이용하는 데 부담이 되었다. 정부는 2009년 한국보건복지정보개발원을 설립하여 공공과 민간 분야 모두에서 정보관리에 전환기를 맞이하게 되었고 복지 사각지대 해소 및 맞춤형 복지 실현을 위해 2015년 7월 한국사회보장정보원이 출범하였다.

사회보장정보원은 사회보장 분야 정보시스템을 운영하고 정부부처와 지자체, 사회서비스 제공기관, 어린이집, 사회복지시설, 보건기관 등에 정보 및 서비스를 제공함으로써 복지 사각지대 대상자 발굴을 강화하여 더욱 촘촘한 사회보장망과 수요자 중심의 맞춤형 복지를 실현하고자 한다. 사회보장정보원이 관리 운영하는 정보시스템 중에서 몇 가지를 살펴보면 다음과 같다.

1) 사회보장정보시스템

사회보장정보시스템(일명 '행복e음')은 각종 사회복지 급여 및 서비스 지원 대상자의 자격과 이력에 관한 정보를 통합 관리하고, 지자체의 복지업무 처리를 지원하기 위해 기존 시 · 군 · 구별 새올행정시스템의 31개 업무 지원시스템 중 복지 분야를 분리하여 개인별 가구별 DB로 중앙에 통합 구축한 정보시스템이다. 지자체의 복지서

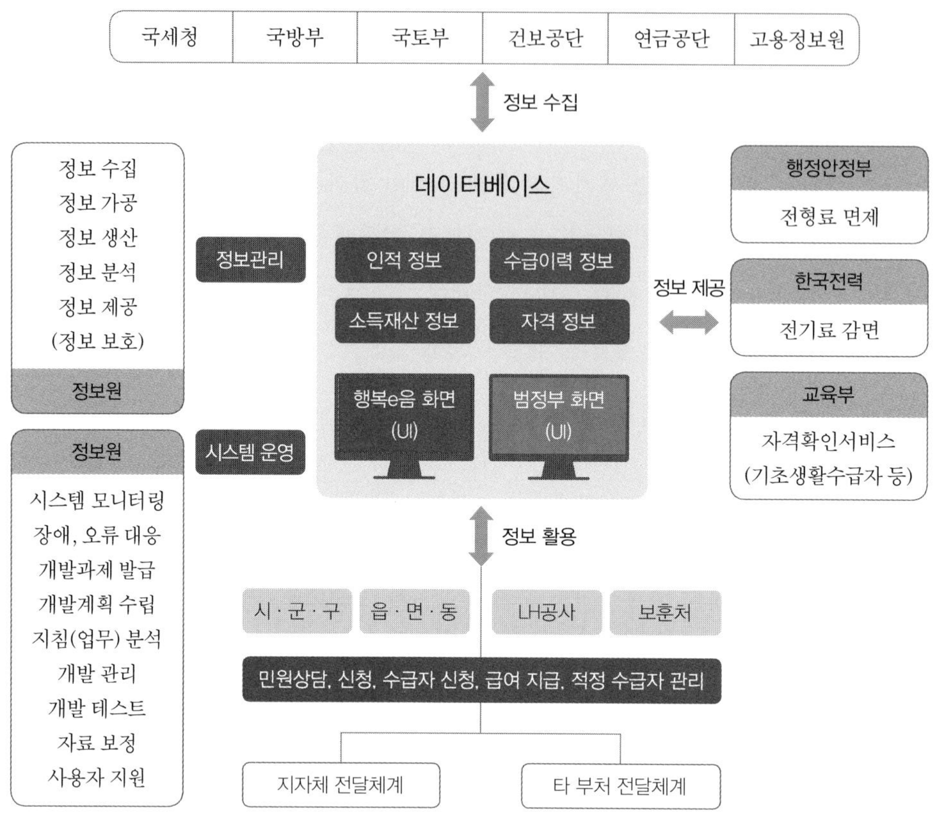

[그림 8-1] 사회보장정보시스템(행복e음) 구성도

비스가 200가지 이상이지만 각 복지사업별 소득이나 재산조사가 달라 공무원의 업무가 과중되면서도 복지 대상자 선정이 정확하고 효율적이지 않아서 누락되거나 중복되는 폐단이 있었다. 이를 해결하고자 도입된 시스템으로 2010년 1월부터 사회복지통합관리망이라는 이름으로 본격 가동되었다. 지자체의 사회복지공무원은 이 정보시스템을 이용해 복지 대상자의 신청, 자산조사, 지원 여부 결정, 급여서비스, 추가서비스까지 필요한 모든 과정을 빠르고 정확하게 처리할 수 있다. 그리고 복지수급자 역시 맞춤형 복지서비스 제공을 통해 복지체감도가 향상된다.

2) 사회서비스전자바우처

사회서비스전자바우처시스템은 정부와 지자체가 사회로부터 도움을 필요로 하는 사람에게 돌봄, 일상생활 지원, 사회적응지원, 문화체험 등의 서비스를 제공하는 것을 전산으로 처리하는 전달수단으로, 사회서비스의 신청과 이용, 비용지급 및 정산 등을 전자화하여 이용자의 편리한 서비스 이용과 제공기관 및 지자체의 효율적인 업무처리를 돕는 시스템이다. 여기에는 취약계층뿐만 아니라 전 국민이 필요로 하는 사회복지, 보건의료, 교육, 고용, 주거, 문화, 환경안전 등 다양한 사회서비스를 제공하고 있다.

3) 사회복지시설정보시스템

사회복지시설정보시스템은 사회복지시설의 업무 표준화를 통해 효율성을 높이고 회계 투명성을 확보하고자 도입된 통합업무관리시스템이다. 이 시스템은 보건복지부에서 구축하여 2004년 국가복지정보시스템으로 도입되었고, 2009년 6월 지금의

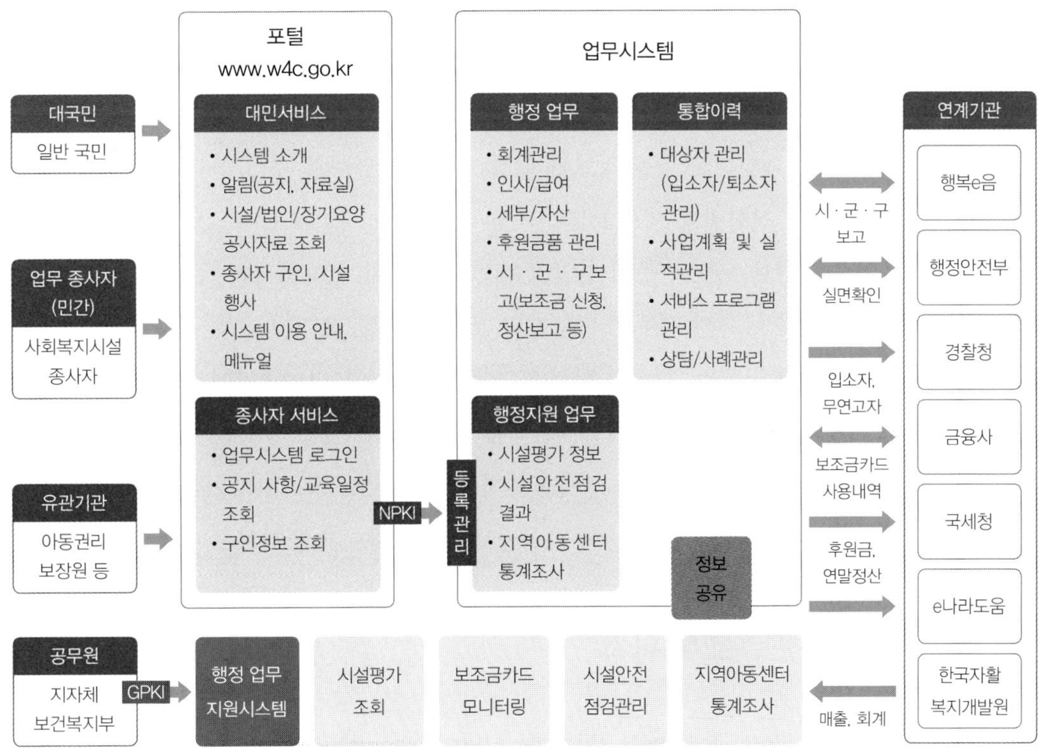

[그림 8-2] 사회복지시설정보시스템 구성도

명칭으로 변경되었다. 기존에 민간시설과 지자체 간에 종이 문서로 이루어지던 보조금 교부 신청 등의 행정 업무가 온라인으로 처리되며, 개별 시설에서 행정관리에 필요한 회계, 인사 · 급여, 후원관리, 평가관리, 시 · 군 · 구 보고 등의 모든 업무가 전산화되어 처리된다. 모든 생활시설이나 이용시설에 공통으로 사용 가능하고, 시스템 내 모든 업무가 연결되어 중복을 방지하고 과거의 자료 조회나 필요한 통계자료 산출 등이 자동으로 수행된다.

4. 개인정보 보호

1) 개인정보 보호의 의의

사회복지조직은 업무처리 과정에서 필연적으로 클라이언트의 개인정보를 수집 · 보관하게 되고, 특히 전산정보시스템이 발달함에 따라 처리하는 개인정보의 양이 훨씬 증가하고 있다. 개인정보란 살아 있는 개인에 관한 정보로서 성명, 주민등록번호 및 영상 등을 통하여 개인을 알아볼 수 있는 정보 또는 해당 정보만으로는 특정 개인을 알아볼 수 없더라도 다른 정보와 쉽게 결합하여 알아볼 수 있는 것들을 포함한다. 예컨대, 주소, 전화번호 외에 PC의 IP, e-mail 등도 개인정보에 해당한다. 사회복지조직의 개인정보 보호 수준이 취약하여 만약 누군가가 악의적인 목적으로 개인정보를 이용하거나 유출될 경우 스팸문자나 보이스 피싱, 메신저 금융사기 등을 통해 개인의 안전과 재산에 큰 피해를 줄 수도 있다. 따라서 2011년 3월에 당사자의 동의 없는 개인정보 수집 및 활용하거나 제3자에게 제공하는 것을 금지하는 「개인정보 보호법」이 제정되어 시행되고 있다. 사회복지 분야에서도 「사회보장기본법」, 「사회복지사업법」 등에서 클라이언트 등의 개인정보를 보호하도록 규정하고 있다.

2) 개인정보 보호 원칙

「개인정보 보호법」에서 규정하고 있는 개인정보 보호 원칙은 다음과 같다.

- 개인정보의 처리 목적을 명확하게 하여야 하고 그 목적에 필요한 범위에서 최소한의 개인정보만을 적법하고 정당하게 수집하여야 한다.
- 개인정보의 처리 목적에 필요한 범위에서 적합하게 개인정보를 처리하여야 하며, 그 목적 외의 용도로 활용하여서는 아니 된다.
- 개인정보의 처리 목적에 필요한 범위에서 개인정보의 정확성, 완전성 및 최신성이 보장되도록 하여야 한다.
- 개인정보의 처리 방법 및 종류 등에 따라 정보 주체의 권리가 침해받을 가능성과 그 위험 정도를 고려하여 개인정보를 안전하게 관리하여야 한다.
- 개인정보 처리방침 등 개인정보의 처리에 관한 사항을 공개하여야 하며, 열람청구권 등 정보 주체의 권리를 보장하여야 한다.
- 정보 주체의 사생활 침해를 최소화하는 방법으로 개인정보를 처리하여야 한다.
- 개인정보의 익명처리가 가능한 경우에는 익명에 의하여 처리될 수 있도록 하여야 한다.
- 법령에서 규정하고 있는 책임과 의무를 준수하고 실천함으로써 정보 주체의 신뢰를 얻기 위하여 노력하여야 한다.

3) 개인정보 보호 방안

개인정보 처리자는 정보 주체의 동의를 받은 경우나 법률에 특별한 규정이 있거나 법령상 의무를 준수하기 위하여 불가피한 경우 등 제한적인 경우에만 개인정보를 수집할 수 있다. 그 수집 목적의 범우에서 이용 가능하며, 수집된 개인정보를 제3자에게 제공·공유하는 것은 정보 주체의 동의를 받은 경우 또는 법률에 특별한 규정이 있거나 법령상 의무를 준수하기 위하여 불가피한 경우 등 제한적인 경우에만 가능하다. 개인정보 보호를 위한 사업자의 준수 수칙은 다음과 같다.

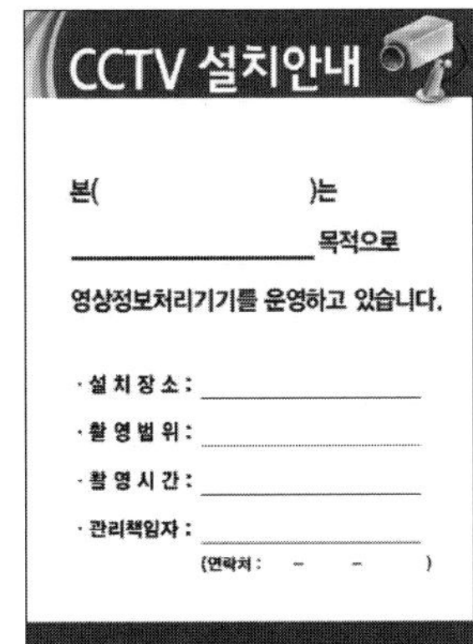

CCTV 안내판 예시

- 개인정보는 동의를 받아 수집한다.
- 서비스나 업무처리에 꼭 필요한 개인정보만 수집한다.

- 개인정보를 수집한 목적과 다르게 이용하거나 제3자에게 제공할 경우에는 반드시 동의를 얻는다.
- 개인정보처리업무위탁은 반드시 문서로 하고 위탁 사실을 공개한다.
- 개인정보는 안전하게 관리 · 보관한다.
- 개인정보는 이용 목적이 달성되면 반드시 파기한다.

5. 문서관리

1) 문서의 필요성

말이나 기억은 잊히거나 착각할 수 있지만, 문서에 의한 기록은 반영구적이므로 역사 자료이자 귀중한 참고 자료가 될 수 있다. 문서란 종이뿐만 아니라 디스켓, 테이프, 마이크로필름, USB 등 모든 매체에 기록된 정보를 말한다. 모든 업무는 흔히 문서로 시작하여 문서로 끝난다고 한다. 가령 프로그램은 사업계획서를 기안하여 내부결재를 받아 시작하고, 최종적으로는 사업결과보고서를 결재 받아 끝이 난다. 그 사이에 지출품의 등의 수많은 문서를 통해 진행된다.

따라서 문서의 작성(기안)과 시행 · 접수 · 회람(공람) · 보관 · 폐기 등 일련의 과정을 능률적으로 운영하는 관리활동이 필요하다. 물론 업무 내용이 간단하여 전화나 방송 등으로 충분히 의사전달이 가능하면 문서를 작성할 필요는 없을 것이다. 문서가 필요한 경우는 다음과 같다.

- 내용이 복잡하여 문서 없이는 업무 처리가 곤란할 때
- 사무처리 내용을 명확히 하여야 할 때
- 사무처리 형식이나 관례 또는 체제상 문서가 필요할 때
- 사무처리 결과나 기록을 보존하여 활용할 필요가 있을 때
- 사무처리 결과의 증빙 자료로 남겨야 할 때

2) 문서의 기능

문서는 업무를 수행하는 과정에서 필수적인 요소다. 사람이 가지고 있는 주관적인 의사는 문서화함으로써 비로소 구체화되고 타인에게 정확하게 전달할 수 있다. 문서의 기능은 다음과 같다.

- 문서는 사람의 의사를 구체적으로 표현하는 기능을 갖는다.
- 문서는 자기의 의사를 타인에게 전달하는 기능을 갖는다.
- 문서는 의사를 오랫동안 보존하는 기능을 갖는다.
- 보관된 문서는 필요한 경우 언제든 참고 자료로 제공되어 업무를 지원한다.
- 문서의 기안, 결재 및 협조 과정 등을 통해 조직 내외의 업무처리 및 정보 순환이 이루어져 업무의 연결 · 조정 기능을 수행하게 된다.

3) 문서의 종류

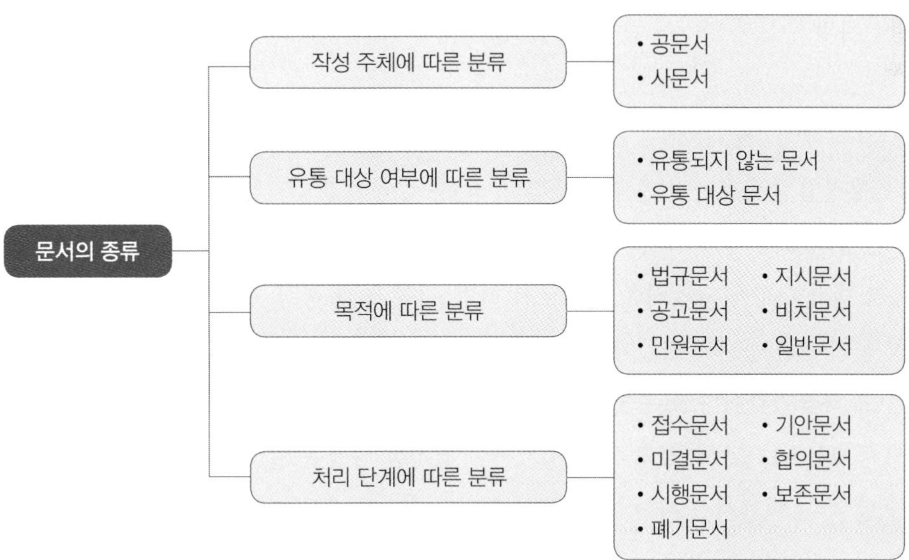

[그림 8-3] 문서의 종류

(1) 작성 주체에 따른 분류

문서는 작성 주체에 따라 공문서와 사문서로 나뉜다. ① 공문서는 행정기관이 작성하거나 시행하는 문서(도면, 사진, 디스크, 테이프, 필름, 슬라이드, 전자문서 등 특수매체기록 포함)와 행정기관이 접수한 모든 문서를 말하고, ② 사문서는 개인이 사적인 목적으로 작성한 문서를 말한다. 그러나 민간 사회복지기관이 작성한 각종 신청서, 증명서 등이 행정기관에 제출하여 접수되면 사문서가 아니라 공문서로 취급된다.

(2) 유통 대상 여부에 따른 분류

유통 대상 여부에 따라 유통되지 않는 문서와 유통 대상 문서로 나뉜다. ① 유통되지 않는 문서는 내부 결제 문서로서 기관 내부적으로 계획 수립, 처리방침 결정, 업무보고, 소관사항 검토 등을 하기 위하여 결재를 받는 문서를 말한다. 내부적으로 결재를 받는 문서이므로 발신하지 않는다. ② 유통 대상 문서로는, ⓐ 해당 기관 내부에서 보조기관 또는 보조기관 상호 간 협조를 하거나 보고 또는 통지를 위하여 주고받는 대내문서, ⓑ 해당 기관 이외의 다른 기관이나 국민, 단체 등에 주고받는 대외문서, ⓒ 행정기관의 장 또는 합의제 행정기관이 자신의 명의로 보내고 자신의 명의로 받는 발신자와 수신자 명의가 같은 문서가 있다.

(3) 목적에 따른 분류

「행정업무의 효율적 운영에 관한 규정」은 공문서를 그 성질에 따라 법규문서, 지시문서, 공고문서, 비치문서, 민원문서 및 일반문서로 구분하고 있다. ① 법규문서는 주로 법규 사항을 규정하는 문서로서 헌법, 법률, 대통령령, 총리령, 부령, 조례 및 규칙 등에 관한 문서를 말한다. ② 지시문서는 훈령, 지시, 예규, 일일명령 등 행정기관이 그 하급기관이나 소속 공무원에 대하여 일정한 사항을 지시하는 문서를 말한다. ③ 공고문서는 고시, 공고 등 행정기관이 일정한 사항을 일반에게 알리기 위한 문서를 말한다. 여기서 고시는 개정이나 폐지 없이는 효력이 지속되고, 공고는 단기적이고 일시적이다. ④ 비치문서는 비치대장 등 행정기관이 일정한 사항을 기록하여 행정기관 내부에 비치하면서 업무에 활용하는 문서를 말하고, ⑤ 민원문서는 민원인이 행정기관에 대하여 허가 · 인가 등 특정한 행위를 요구하는 문서와 그에 대한 처리 문서를 말하며, ⑥ 일반문서는 위 이외의 모든 문서를 말한다. 일반문서 중 특수한 것으로는 회보와 보고서가 있다.

(4) 처리 단계에 따른 분류

문서를 처리 단계에 따라 분류하면, ① 기관 외부에서 보내와 접수되어 주관 부서에서 일정한 절차에 따라 처리되는 접수문서, ② 결재권자의 결재를 얻기 위해 사무처리 초안을 기재한 기안문서, ③ 결재가 아직 완료되지 않거나 유보된 미결문서, ④ 기안문서 중에서 다른 부서의 협조를 얻기 위하여 합의하는 합의문서, ⑤ 결재문서의 내용을 시행하기 위해 작성된 시행문서, ⑥ 자료적 가치가 있어 보존을 필요로 하는 보존문서, ⑦ 보존 기간이 만료되어 폐기 처분되는 폐기문서가 있다.

표 8-3 문서의 종류

구분 기준	문서	내용
작성 주체	공문서	• 행정기관이 작성 · 시행하는 문서(도면, 사진, 디스크, 테이프, 슬라이드 등)와 행정기관에 접수된 문서
	사문서	• 개인이 사적인 목적을 위해 작성한 문서 • 사회복지기관이 작성한 문서는 사문서이나 행정기관에 접수되면 공문서
유통 대상	대내문서	• 조직 내부의 지시, 명령, 협조, 보고, 통지 등을 위해 주고받는 문서
	대외문서	• 국민, 단체, 다른 행정기관 간 주고받는 문서
목적	법규문서	• 헌법, 법률, 대통령령 등 각종 법령이나 법규를 총칭하는 문서
	지시문서	• 훈령, 지시, 예규, 일일 명령 등 행정기관이 그 하급기관이나 소속 공무원에 대하여 일정한 사항을 지시하는 문서
	공고문서	• 고시 · 공고 등 행정기관이 일정한 사항을 일반인에게 알리는 문서
	비치문서	• 행정기관이 일정한 사항을 기록하여 행정기관 내부에 비치하면서 업무에 활용하는 대장, 카드 등의 문서
	민원문서	• 민원인이 행정기관에 허가, 인가, 그 밖의 처분 등 특정한 행위를 요구하는 문서와 그에 대한 처리문서
	일반문서	• 위 이외의 문서

처리 단계	접수문서	• 조직 내부에서 보내와 접수되는 문서, 주관 부서에서 일정한 절차에 따라 처리
	기안문서	• 결재문서라고도 하며, 결재권자의 결재를 얻기 위해 사무처리 초안을 기재한 문서
	미결문서	• 결재가 아직 완료되지 않거나 유보된 문서
	합의문서	• 기안문서 중에서 다른 부서의 협조를 얻기 위하여 합의하는 문서
	시행문서	• 발송문서라고도 하며, 결재문서의 내용을 시행하기 위해 작성된 문서
	보존문서	• 자료적 가치가 있어 보존을 필요로 하는 문서
	폐기문서	• 보존 기간이 종료되어 폐기 처분되는 문서

4) 문서관리의 원칙

문서는 다음과 같은 원칙에 따라 관리되어야 한다.

- 어느 한 부서에서 전체 문서를 전담 처리하여야 한다(집중관리의 원칙).
- 통일된 양식과 신속성 · 정확성을 위해 사무자동화가 요구된다(사무자동화의 원칙).
- 사무 처리절차나 방법을 표준화하고 간결하게 만들어야 한다(표준화 및 간소화의 원칙).
- 효율적인 업무수행을 위해 당일 즉시 처리하는 것이 바람직하다(즉일 처리의 원칙).
- 규정에 따라 일정한 요건을 갖춘 권한 있는 자가 처리하여야 한다(적법성의 원칙).
- 사무 분장에 따라 정해진 각자가 직무 범위 내에서 책임을 가지고 신속 · 정확하게 처리해야 한다(책임 처리의 원칙).

5) 문서 작성

(1) 문서 작성의 원칙

모든 문서는 다음의 원칙에 따라 바르고 정확한 글로 이해가 쉽고 빠르면서 경제적으로 작성되어야 한다.

- 문서는 사실에 초점을 두고 내용, 설명, 기록 등이 틀리지 않아야 하며, 용어와 문장부호 등의 표현이 정확해야 한다(정확성의 원칙).
- 문장은 가능하면 짧게 항목별로 표현하고, 복잡한 내용이면 결론을 먼저 내리고 이유를 설명한다(신속성의 원칙).
- 1건 1매의 원칙에 따라 핵심 내용만 간략하게 작성하며, 읽기 쉽고 알기 쉬운 말을 사용하여야 한다(용이성의 원칙).
- 사용하는 서식을 통일하고 용지 규격을 표준화하여 일상의 반복적인 업무는 표준기안문제도를 도입한다(경제성의 원칙).

문서는 그 기관을 대표하여 담당자가 작성하는 것이므로 품격 있는 표현으로 권위적인 표현을 배제하고, 관련 내용을 정확하게 작성해야 한다. 효율적인 의사전달을 위하여 개조식으로 작성하고 전문용어는 피하고 읽기 쉬운 말로 쓰며, 필요한 내용만 6하 원칙을 적용하여 간결하게 작성한다. 문서의 용어는 한글맞춤법이나 표준어 규정, 표준발음법, 외래어 표기법, 국어의 로마자 표기법 등의 어문규범에 맞게 작성해야 한다.

(2) 문서의 구성

문서는 [그림 8-4]와 같이 크게 두문, 본문, 결문으로 구성되어 있다. 두문에서는 기관명과 수신자를 표시하고, 본문에서는 제목 · 내용 및 붙임으로 구성되며, 결문은 발신 명의, 기안자 · 결재권자 등의 직위(직급)와 서명, 생산등록번호와 시행 일자, 기관의 우편번호와 주소, 홈페이지, 전화번호와 팩스 등이 기재된다.

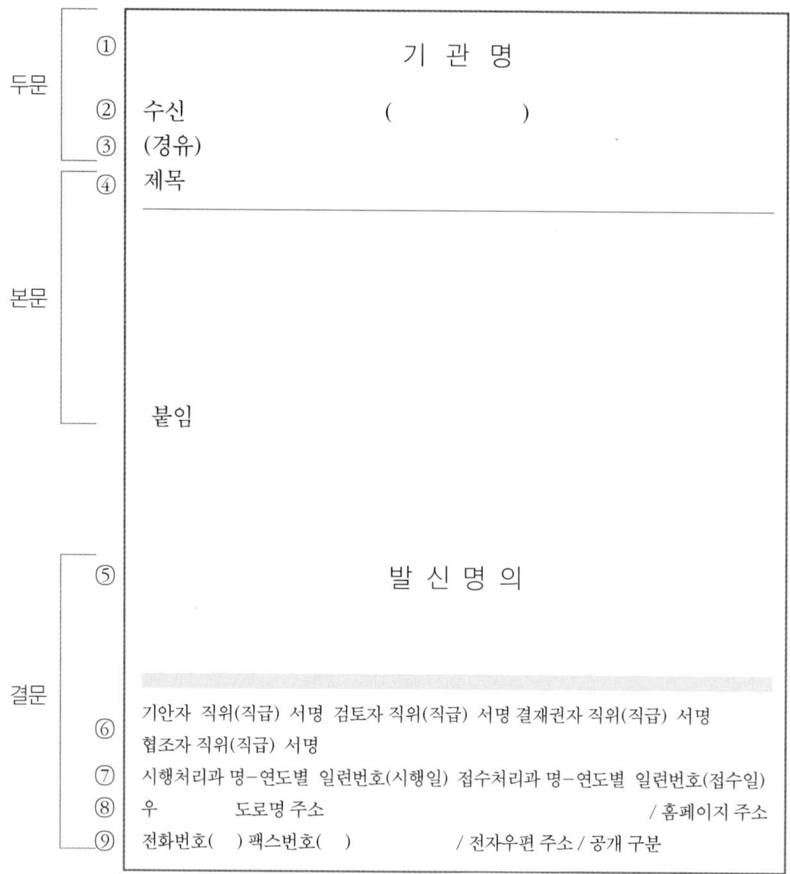

[그림 8-4] 문서의 구성

① 기관명 : 그 문서를 기안한 부서가 속한 기관명을 기재한다.

② 수신자 : 수신자 명 또는 수신자 기호를 쓴다. 수신자가 많을 경우에는 '수신자 참조'라고 쓰고, 결문의 발신 명의 밑의 왼쪽 기본선에 맞추어 수신자란을 설치하여 수신자 명 또는 수신자 기호를 표시한다.

③ (경유) : 경유문서인 경우에 (경유)란에 "이 문서는 경유기관의 장은 ○○○이고, 최종 수신기관의 장은 ○○○입니다."라고 표시한다.

④ 제목 : 그 문서의 내용을 쉽게 알 수 있도록 간단하고, 명확하게 기재한다.

⑤ 발신명의 : 행정기관의 장의 명의를 기재한다.

⑥ 기안자 · 검토자 · 협조자 · 결재권자의 직위/직급 : 직위가 있는 경우에는 직위를 쓰고, 직위가 없는 경우에는 직급을 쓴다. 다만, 기관장과 부기관장의 직위는 간략하게 쓴다.

⑦ 시행 · 접수 : 처리과 명을 기재하고, 일련번호는 연도별 일련번호를 기재하며, 시행일자와 접수일란에는 연월일을 각각 온점(.)을 찍어 숫자로 기재한다.

⑧ 우편번호 및 주소, 홈페이지 : 우편번호와 주소, 홈페이지를 기재한다.

⑨ 전화 · 전송 · 전자메일 : 전화번호와 팩스번호, 담당자의 전자메일을 기재한다.

(3) 문서 작성 요령

문서 작성에 관해 공공기관은 대통령령인 「행정업무의 운영 및 혁신에 관한 규정」(2023. 9. 28. 시행, 구 사무관리규정)에 따르고, 민간기관은 대부분 이 규정을 참조하여 자체적인 사무관리규정을 두고 있다. 민간기관들은 지자체와 문서를 수 · 발신하는 일이 많으므로 대부분 이 규정을 준용하는 실정이다. 공공기관의 「행정 효율과 협업 촉진에 관한 규정」을 중심으로 작성요령 몇 가지를 살펴보면 다음과 같다.

① 용어 : 글자는 가로로 한글맞춤법에 따라 한글로 작성하되, 필요한 경우에는 괄호 안에 한자 기타 외국어를 넣어 쓸 수 있다. 숫자는 아라비아 숫자를 쓰고, 연호는 서기연호를 사용한다. 날짜는 숫자로 표기하되, 연월일의 글자는 생략하고 그 자리에 온점을 찍어 표시한다(예: 2018. 12. 25.). 시 · 분은 24시각제에 따라 숫자로 표기하되, 시 · 분의 글자는 생략하고 그 사이에 쌍점을 찍어 구분한다(예: 15:30). 금액을 표시할 경우에는 금 뒤에 아라비아숫자로 표시하고, 괄호로 한글로 기재한다[예: 금 200,000원(금이십만 원)].

② 용지 규격 : 필요한 경우의 예외를 제외하고는 A4 용지(가로 210mm × 세로 297mm)를 사용하고, 여백은 위 30mm, 왼쪽 20mm, 오른쪽과 아래 각각 15mm로 한다.

③ 수정 또는 삭제 : 글자의 중앙에 가로로 두 선을 긋고 서명 또는 날인한다.

④ 간인 : 두 장 이상이면 앞 장을 앞쪽으로 접어 뒷장과 겹친 선에 날인(간인)한다.

⑤ 발신 명의 및 직인 : 발신 명의는 기관의 장으로 하고, 다만 내부 결재문서는 발신 명의를 표시하지 않는다. 관인이나 직인은 발신 명의 마지막 글자가 도장의 중앙에 오도록 날인한다.

⑥ 항목 구분 : 문서의 내용을 둘 이상으로 구분할 필요가 있으면 '1−가−1)−가)−(1)−(가)' 순으로 구분한다. 첫째 항목 기호는 왼쪽 기본선에서 시작하며, 둘째 항목부터는 바로 위 항목 위치에서 오른쪽으로 2타씩 옮겨 시작한다. 항목이 두 줄 이상인 경우에 둘째 줄부터는 항목 내용의 첫 글자에 맞추어 정렬한다. 항목 기호와 그 항목의 내용 사이에는 1타를 띄운다. 만약 항목이 하나만 있는 경우에는 항목기호를 부여하지 않는다.

수신∨∨○○○장
(경유)
제목∨∨행사 참여 요청

1.∨첫째 항목
∨∨가.∨둘째 항목
∨∨∨∨1)∨셋째 항목
∨∨∨∨∨∨가)∨넷째 항목

주) 2타(∨∨ 표시)는 한글 1자, 영문 · 숫자 2자에 해당함.

만약 하나의 본문에 이어서 항목이 나오는 경우에는 첫째 항목은 1., 2., 3. 등부터 시작하고, 둘째 항목은 가., 나. 등부터 시작한다. 첫째 항목은 왼쪽 기본선부터 시작한다.

수신∨∨○○○장(○○○부장)
제목∨∨문서관리교육 참석 요청

문서관리교육을 다음과 같이 실시하오니 참석하여 주시기 바랍니다.
1.∨일시:∨○○○○
2.∨장소:∨○○○○
3.∨참석대상:∨○○○○.∨∨끝.

⑦ **첨부물과 끝 표시** : 문서에 문서나 물품이 첨부되는 경우에는 본문이 끝난 줄 다음에 '붙임'의 표시를 하고 첨부물의 명칭과 수량을 쓰되, 첨부물이 두 가지 이상인 때에는 항목을 구분하여 표시한다. 본문 내용의 마지막 글자에서 한 글자(2타) 띄우고 '끝' 표시를 하고, 첨부물이 있으면 붙임 표시문 다음에 한 글자(2타) 띄우고 표시한다.

[예시 1]
(본문) ……………… 주시기 바랍니다.
붙임∨∨○○○○계획서 1부.∨∨끝.

[예시 2]
(본문) ……………… 주시기 바랍니다.

붙임∨∨1.∨○○○○계획서 1부.
2. ○○○○서류 1부.∨∨끝.

(4) 문서의 기안과 결재

문서의 초안을 작성하는 것을 기안이라 한다. 즉, 조직 내 의사결정과 관련하여 문서의 형태로 결정권자의 결심을 요청하기 위한 예비 문서를 작성하는 것이다. 직급에 관계없이 사무관리규정에 의해 분장을 받은 업무 담당자가 기안한다. 기안은 법령이나 규정에 의한 것, 상사의 지시에 의한 것, 자기발안 등이 있지만, 상사의 지시에 의한 경우가 가장 흔하다.

결재는 최종적인 의사결정 권한을 가진 결재권자가 어떤 사안에 대하여 자신의 의사를 결정하는 문서상의 절차를 말한다. 결재권자는 통상 최고책임자인 기관장이며, 결재는 직위 서열의 밑에서부터 위로 계층적인 결재란을 만들어 순서에 따라 진행된다. 결재는, ① 기관장이 직접 처리하는 정상결재, ② 기관장이 위임한 사항에 대하여 하급의 직위자가 행하는 전결, ③ 기관장이 휴가 등으로 직접 결재할 수 없는 경우에 그 직무를 대리하는 자가 대신 결재하는 대결이 있다. 기안된 문서에 상사의 결재를 받는 과정을 품의(稟議) 또는 상신(上申)이라고 한다.

제**9**장

성과관리

1. 성과관리

1) 성과관리의 의의

성과관리(performance management)란 조직이 의도한 가치와 목표를 달성하기 위해 체계적으로 수립한 계획에 따라 수행한 총체적인 행동과 과정을 분석하고 평가하여 성장을 유도하는 일련의 과정을 말한다. 즉, 조직의 미션과 비전을 실현하기 위하여 중장기 전략목표를 설정하고 부서 단위와 개인 단위에서 성과목표와 성과지표를 수립하는 과정이다. 「정부업무평가기본법」에는 기관의 임무, 중 · 장기 목표, 연도별 목표 및 성과지표를 수립하고, 그 집행과정 및 결과를 경제성 · 능률성 · 효과성 등의 관점에서 관리하는 일련의 활동이라고 규정하고 있다(동법 제2조).

전통적인 관료조직은 그들의 프로그램이 무엇을 달성했는가보다는 계획대로 실천되었는가 내지 규정과 내적 관례를 잘 지켰는가를 중심으로 평가하고 통제해 왔다. 그러나 결과 중심의 성과관리는 투입물이나 산출물이 아닌 활동을 통해 성취된 목적의 달성 정도, 즉 효과 내지는 영향과 결과를 강조하는 것으로 초점이 전환되고 있다. 성과관리를 통해 기관 및 개인에 대한 책임성을 확보하고, 유인 · 보상 · 제재 등을 통해 조직 구성원에게 동기를 부여하며, 서비스의 질을 향상시켜서 만족도를 제고할 수 있다.

2) 성과관리 절차

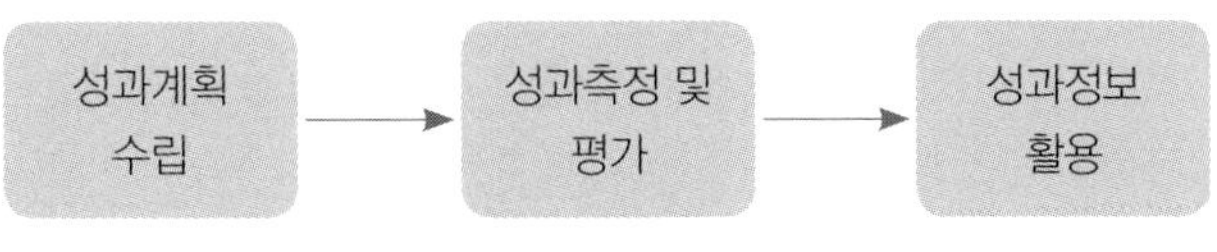

[그림 9-1] 성과관리 절차

① 성과계획 수립 : 기관의 미션–비전–전략목표–성과목표–활동을 체계적으로 연계시켜 이들을 달성하고자 하는 미래적 활동을 의미한다. 계획으로는 중장기 전략계획과 연도별 시행계획 등이 있다.

② 성과측정 및 평가 : 성과측정은 성과목표 달성도를 성과지표에 의해 확인하는 활동으로서 성과달성 과정을 점검하는 성과모니터링과 실적치를 점검하는 활동을 포함한다. 그리고 성과 평가는 성과관리 대상 사업이나 활동의 수행에 있어서 계획된 장·단기목표가 얼마나 경제적·능률적·효과적으로 달성되었는가를 측정·분석·평정하여 성과정보를 창출하는 활동을 의미한다.

③ 성과정보 활용 : 성과측정 결과 또는 성과평가 결과를 후속적으로 성과계획 및 활동 등 행정관리에 환류하여 반영하는 것을 의미한다. 이는 서비스 품질과 사업 효과성을 향상하기 위하여 내부적으로 사용하거나 혹은 책임성을 강화하고, 정책결정을 지원하기 위하여 외부적으로 사용한다.

3) 성과관리 방법

일반적으로 다음과 같은 성과관리 방법들이 제시되고 있고, 이외에도 TQM을 발전시킨 말콤 볼드리지 모형(MBNQA), 다면평가제 등이 있다.

(1) 총체적 품질관리

총체적 품질관리(Total Quality Management: TQM)란 조직에서 산출하는 재화나 서비스의 품질을 향상시키기 위해 모든 구성원이 참여하는 업무수행 방법을 개선하는 조직 운영 방식을 말한다. TQM이 전통적인 관리법과 다른 것은 고객의 욕구나 필요에 기초하여 목표를 설정하는 '고객 중심의 관리'라는 점이다. 즉, 고객의 욕구나 필요에 따라 조직의 목표가 설정되고 이에 맞추어 조직이 관리되어야 한다는 것이다. TQM의 주요 원리는 다음과 같다(Swiss, 1992).

- 서비스의 질은 궁극적으로 고객이 결정한다.
- 서비스의 질은 제공 과정보다는 서비스의 계획 단계부터 고려된다.
- 서비스의 변이(variation) 가능성을 사전에 방지하여야 한다.
- 고품질의 서비스는 개인보다는 모든 구성원의 협력적 활동의 결과로 나타난다.
- 투입과 과정에 대한 지속적인 개선 노력이 질적 우월성을 가져온다.

• 질적 개선은 구성원들의 적극적 참여를 통해서 이루어진다.
• 전체 조직의 사명감이 투철해야 질적 개선이 이루어진다.

TQM 조직은 고객에게 초점을 맞추고, 절차 지향적이며, 팀 중심으로 업무를 처리하고, 자료에 근거한 절차 개선을 이룬다는 특징이 있다. 전통적 조직관리와 TQM의 차이점을 살펴보면, ① 전통적 관리체제는 기능을 중심으로 구조화되어 있는 데 비해 TQM은 절차를 중심으로 조직이 구조화된다. ② 전통적 관리체제는 개인의 전문성을 장려하는 분업을 강조하지만 TQM은 팀 단위 업무 수행을 강조한다. ③ 전통적 관리체제는 상위층의 의사결정을 위해 정보관리를 하는데 비해 TQM은 절차 내에서 변화를 이루는 사람들이 적시에 정확한 정보를 소유하는데 초점을 둔다.

표 9-1 전통적 조직과 TQM의 차이

전통적 조직	요소	관리회계
계층적 조직구조	구조	권한 있는 부서들의 납작한 구조
상위층 기획, 집권화된 영향과 통제	기획 통제	자율적 업무 부서, 분권화된 기획
사후평가	평가피드백	지속적 개선
훈련에 대한 낮은 우선순위	훈련	훈련은 지속적 개선의 열쇠
개인 위주의 업적 평가	업적평가	개인과 팀에 대한 업적 평가
분리된 자료 체제	자료	통합된 자료 체제
낮은 성과의 원인은 근로자	책임	낮은 성과는 관리자들의 책임

사회복지조직이 새로운 환경에 적응하고 생존하기 위해 수용해야 하는 접근방법은 서비스의 질을 향상시키고, 클라이언트 중심의 사고를 강화하면서 조직관리의 전 과정에 이를 반영하는 것이다. 조직의 목표는 생산성보다는 오히려 품질 중심으로, 고객 중심으로 설정되어야 한다. TQM의 시행 절차는 [그림 9-2]와 같다. 실제로 금정구종합사회복지관에서 3년간 TQM 활동을 한 결과 서비스의 질에서 신뢰성과 대응성, 친절성이 더 높아졌고, 생산성 측면에서 목표 달성도, 비용 절감, 예산 낭비 감소, 조직성 등이 높게 나타났다(박경일, 2003). 또한 고객 중심의 품질 수준 향상은 노인요양시설의 복지성과를 높일 수 있는 것으로 나타났다(홍석자, 2006).

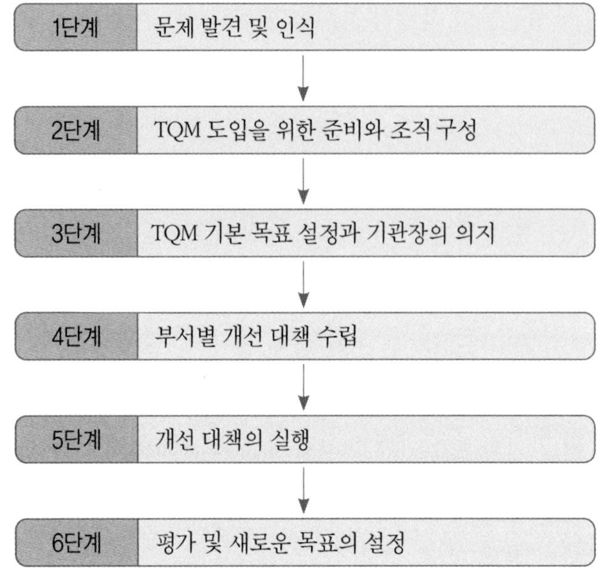

[그림 9-2] TQM의 시행 절차

(2) 목표관리제

목표관리(Management by Objective: MBO)란 참여의 과정을 통해 조직 단위와 구성원들에게 측정 가능한 1년 미만 정도의 비교적 단기적인 목표를 명확하고 체계적으로 설정하고 그에 따라 생산활동을 수행하도록 하며 활동의 결과를 평가 및 환류시키는 관리체계다.

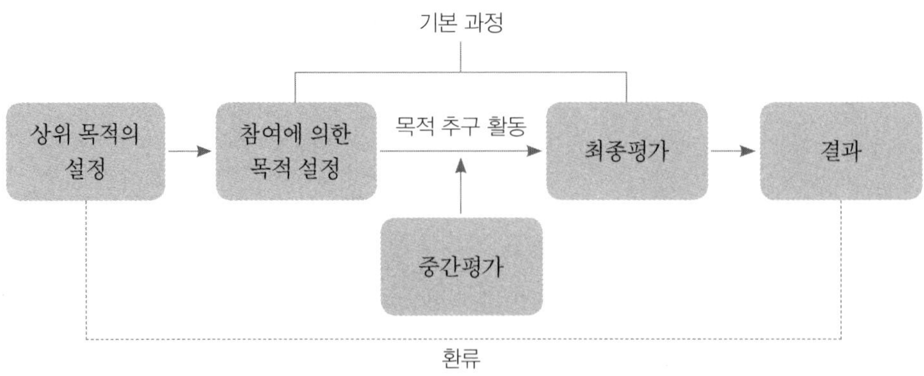

[그림 9-3] 목표관리(MBO) 과정

목표관리의 핵심은 목표 설정, 참여, 피드백이다.

① 목표 설정(goal setting) : 목표는 능력 범위 이내에서 약간 어려운 난이도를 가져야 하고, 수량이나 기간, 절차, 범위가 구체적으로 정해진 목표가 좋다. 구체적이고 검증 가능한 목표의 설정은 구성원 각자의 책임영역을 분명히 하고 역할갈등과 역할 모호성을 최소화시켜 주고 보다 효과적인 관리가 가능하도록 하기 때문이다.

② 참여(participation) : 참여는 목표 설정 과정이 상급자의 일방적인 지시가 아닌 상대가 동의한 목표이어야 하고, 무엇보다 목표 설정 과정에 당사자가 참여할수록 좋다. 하위자를 목표 설정에 참여시켜 상위자와 협의를 통해 설정하게 되면 그 목표는 보다 현실적인 것이 되고 목표 설정에 참여한 사람은 그 목표를 보다 쉽게 수용하게 되고 직무수행상의 만족과 향상을 기할 수 있다.

③ 피드백(feedback) : 피드백은 쌍방적으로 이루어져야 한다. 목표 설정에서도 하위자의 의견이 반영되어야 하고, 목표 달성 과정에서도 정기적으로 함께 검토, 측정, 평가할 수 있어야 한다. 이러한 피드백을 통해 목표 달성 과정에서 발생하는 예상하지 못한 문제들을 찾아내고 해결할 수 있으며, 필요에 따라서는 목표 자체를 수정할 수도 있다.

사회복지조직에서도 목표관리를 통해 사회복지사들이 목적과 목표를 성취하기 위해 함께 일하는 공동작업을 구조화하고 실행하는 팀 개념을 가져다주었다. 또한 목표 설정에 구성원의 참여를 장려함으로써 자발적인 동기를 증진시키고, 조직에 대한 개인별 성과가 확인 가능하게 되었다. 그러나 사회복지조직은 목표와 성과의 측정이 어렵고, 단기적 목표와 계량적 측정이 쉬운 업무에만 주력하는 경향을 가져오며, 관리 상황이 유동적이기 때문에 목표관리가 성과를 거두기 어려운 측면이 있다.

(3) 균형성과표

균형성과표(Balanced Score Card: BSC)는 조직의 비전과 전략 및 이를 구현하기 위한 모든 요소를 전통적인 매출, 이익 같은 재무 관점뿐만 아니라 고객 관점, 내부 프로세스 관점 그리고 학습과 성장 관점을 추가하여 네 가지 관점이 균형되게 평가하는 성과관리시스템이다. 내부와 외부, 재무와 비재무, 단기와 장기의 균형 잡힌 관점에서 성과를 측정하고 관리하기 위해 개발되었다. 민간기업에 먼저 도입되었지만 지금은 정부와 공공기관의 성과평가제도의 핵심적인 수단으로 채택되고 있다. BSC의 네 가지 관점은 다음과 같다.

① **고객 관점** : 고객들은 우리 회사를 어떻게 보는가 하는 외부 시각의 관점이다. 고객이나 이용자의 욕구를 발견하고 만족도를 높이기 위해 노력함으로써 조직의 목표 달성을 위해 노력한다.

② **내부 프로세스 관점** : 지속적인 고객만족 내지 성과 최대화를 위해 조직이 어떤 프로세스에서 남보다 탁월해야 하는가를 의미하는 내부 시각의 관점이다. 조직의 가치를 증대시킬 수 있는 핵심적 역량을 찾는 것이다.

③ **재무 관점** : 수익성과 성장 그리고 재무적 지표를 통해 조직의 수익과 성장을 측정한다. 재무 관점은 적정성, 안정성 등을 나타내므로 영리기업에서는 가장 핵심적인 지표이고, 다만 공공 부문에서는 제약이 많은 관점이다.

④ **학습과 성장 관점** : 성과를 거두는 기반을 마련하고 직원들이 학습과 성장할 수 있도록 교육시키거나 필요한 정보를 제공하는 시스템을 갖추는 것이다. 지속적으로 가치를 개선하고 창출할 수 있는가 하는 미래 시각이다. 학습과 성장을 통해 앞의 세 관점의 목표들이 달성될 수 있다.

균형성과표의 네 가지 관점은 제각기 분리되어 운영되거나 측정되는 것이 아니라 서로 연계되어 인과관계를 가질 수 있도록 설정되어야 하며, 궁극적으로 재무 관점의 지표들과 연계되어야 한다. 또한 민간기업의 재무적 성과보다 생산성 향상, 고객 서비스 개선 등에 큰 효과를 보이고 있다는 점에서 공공부문이나 사회복지조직에도 도입하기 적합하다.

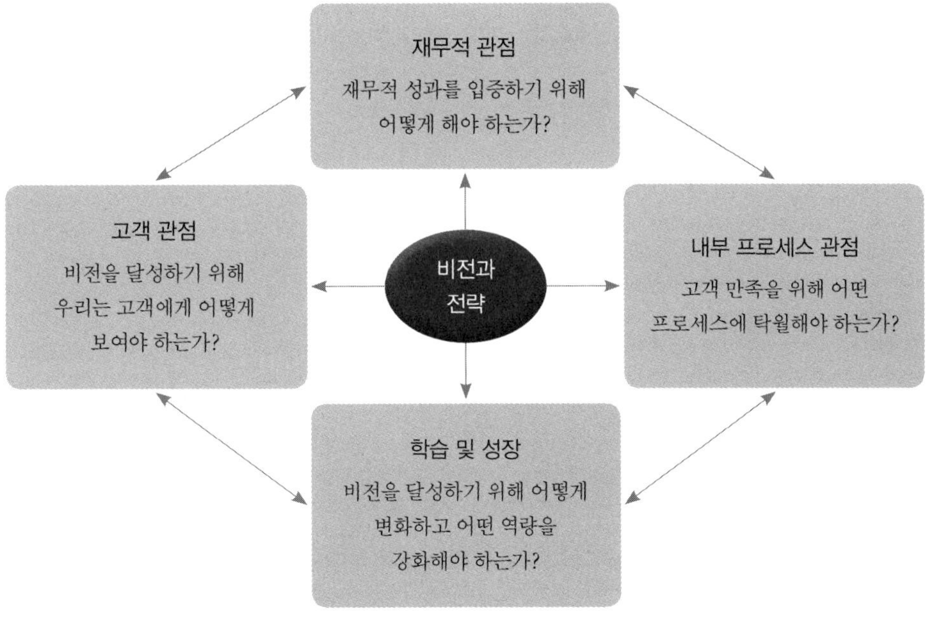

[그림 9-4] BSC의 구조

(4) 논리 모델

논리 모델(Logic model)은 문제해결을 위해 투입되는 자원, 프로그램 활동, 산출과 성과를 논리적으로 연계한 프로그램 준거틀 내지 도해(diagram)다. 1993년 미국에서 「정부수행결과법(GPRA)」을 제정하여 성과주의 예산을 수립하도록 하였고, 우리나라에서도 2003년 정부 부분에서 그리고 2007년 사회복지공동모금회의 프로그램 성과관리제 채택으로 사용이 증가하고 있다.

이 방법은 다섯 가지(상황, 투입, 활동, 산출, 성과)의 구성 요소로 이루어져 있고, 각각의 구성 요소는 서로 간에 논리적으로 정당하게 연결되도록 설계되어야 한다. 여기서 상황은 크게 나머지 요소들에 모두 영향을 미치지만, 특히 성과에 일차적으로 영향을 준다. 나머지의 관계들도 [그림 9-5]와 같이 화살표 방향의 논리적 연결성(If, Then)을 갖추어야 한다. 즉, A 정도의 예산을 투입하면 B 활동이 가능하고, B 활동이 있으면 C 정도의 산출을 얻을 수 있으며, C 산출은 D의 성과에 기여한다는 것이 논리적으로 연결되어야 한다.

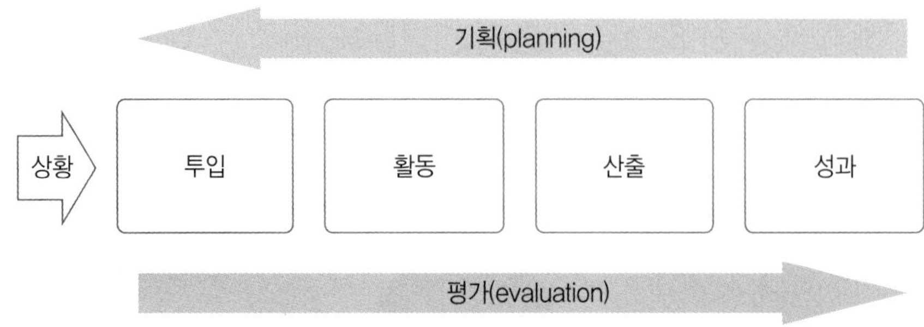

[그림 9-5] 논리 모델의 구성 요소 및 구축 과정

① 상황(situation) : 프로그램이 필요한 문제와 상황을 말한다. 해결되어야 할 사회적 문제나 특정 인구 집단의 어려움, 이를 해소시켜야 할 긴급성 등에 대한 구체적인 상황을 묘사한다. 가급적 경험적으로 파악 가능한 구체적인 수치 등으로 제시되는 것이 바람직하다.

② 투입(input) : 문제 상황의 해결을 위한 프로그램에 소요되는 자원의 내용과 양을 말한다. 인적자원(서비스 인력, 행정 인력 등) 및 물적자원(현금, 현물, 시설, 장비 등)으로 구성되며, 이 외에 조직적 및 서비스 기술 등이 포함된다.

③ 활동(activity) : 투입이 산출로 전환되는 서비스 절차와 개입 과정으로, 주로 서비스 제공자가 무엇을 하는지를 나타낸다. 일반적으로 프로그램 활동이라 하면 이 과정을 의미한다. 예를 들어, 80명의 자원봉사자가 2인 1조로 가정방문 서비스를 3회 실시하는 것 등이 있다.

④ 산출(output) : 투입과 활동에 의해 나타나는 일차적인 결과로서, 활동의 산물로서 발생하는 재화나 용역의 양을 나타낸다. 주로 사업 대상에 대해 나타나는 결과로 표시한다. 활동이 서비스 제공자의 활동이라면 산출은 수혜자 관점에서 초래되는 결과를 제시하는 것이다. 예를 들어, 40명의 저소득 재가 노인이 월 3회 말벗 서비스를 받는 것 등이 있다.

⑤ 성과(outcome) : 프로그램 개입을 통해 성취하려는 대상자의 변화 정도를 말한다. 성과는 단기, 중기, 장기 성과로 구별해서 나타낼 수 있고, 성과는 대개 프로그램의 목적에서 도출된다. 추상적인 목적을 경험화 및 구체화한다.

(5) 지은구 등 모형

지은구 등(2018)은 체계주의적 관점에 근거하여 투입, 행동과 산출 그리고 결과에 기반하여 [그림 9-6]과 같은 성과관리 모형을 제시하였다. 즉 투입, 행동, 산출과 결과를 측정하여 관리하는 단계별 성과 모형을 제시하였으며, 투입이 가치영역이고 행동은 과정영역 그리고 산출과 결과는 결과영역으로 구분하였다. 그리고 각 단계를 바탕으로 측정영역을 제시하였으며, 이는 사회복지관의 성과를 다면적으로 측정할 수 있는 모형이다. 이 모형은 성과측정을 통해 조직성과 개선을 달성하며, 사회자본을 강화하고 조직을 발전시키며 조직 구성원들이 학습을 통해 조직학습능력이 강화되도록 하는 자기주도성 자체(self)-성과관리 모형이다.

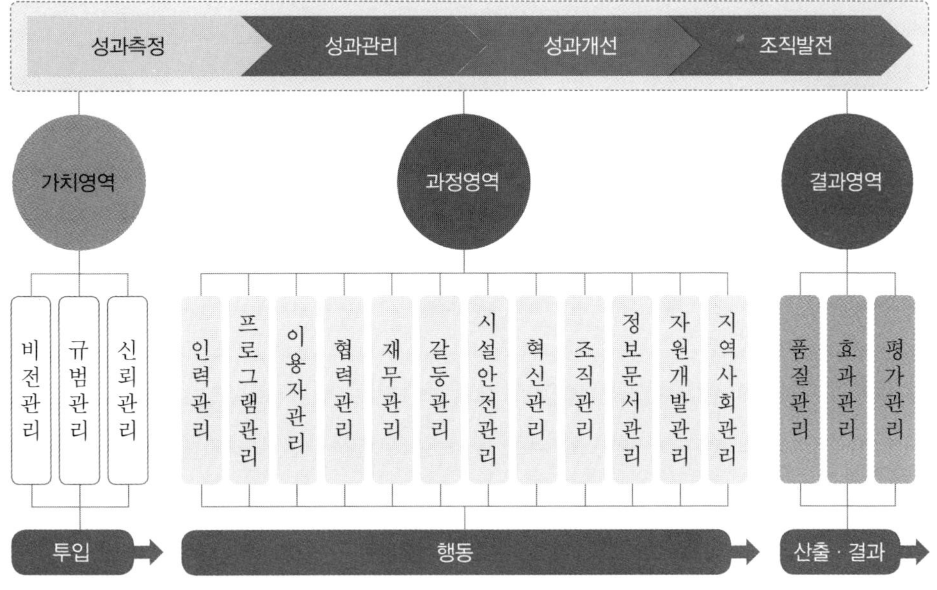

[그림 9-6] 지은구 등 모형(2018)

출처: 지은구 외(2018), p. 143.

4) 성과측정

성과관리의 핵심은 표적 대상의 문제나 욕구의 해결 상태의 '변화'다. 성과측정(performance measurement)이란 프로그램의 수행과정을 모니터링하거나 혹은 결과를 평가하는 데 필요한 합의된 목적과 목표를 측정하는 것을 말한다. 따라서 프로그램의 목적에서 제시된 성과들이 대개 성과측정의 대상이 된다. 성과측정을 위해서는 성과를 경험적으로 제시할 수 있는 지표가 수반되어야 한다. 지표(indicator)는 일종의 증거나 정보로서, 성과가 달성되었는지를 확인시켜 주는 경험치를 나타낸다. 사회복지기관의 산출은 무형의 서비스일 경우가 많기 때문에 계량화가 쉽지 않다. 성과지표는 보통 특정 수치로 나타내는데, 몇 점, 몇 %, 변화 유무, 빈도로 표현될 수 있다. 좋은 성과지표는 다음과 같은 특성을 갖는다.

- 상식적으로도 성과를 나타내는 것으로 쉽게 인정될 수 있다.
- 가급적이면 직접적으로 성과를 제시한다.
- 구체적으로 성과를 나타내야 한다.
- 성과지표 그 자체로서도 유용해야 한다.
- 현실적으로 측정 가능한 지표여야 한다.
- 성과의 제반 측면을 포괄적으로 보여 주는 지표여야 한다.
- 성과의 양적 · 질적 특성을 적절히 제시하는 것이 좋다.

5) 성과관리 장애 요인

사회복지기관의 성과관리는 민간 영리기업에 비해 상대적으로 성과에 대한 압력이 적다는 한계가 있다. 중대한 법 위반 등과 같은 행정상의 하자가 없다면 시 · 군 · 구로부터 보조금을 받아 사업을 운영하거나 재위탁을 받기에 큰 어려움이 없다. 따라서 조직이 처한 환경이나 내부적 경험과 업무과정 등 모든 조건이 성과에 관해 상대적으로 관심과 열정이 낮을 수밖에 없다.

그리고 하센펠드(Hasenfeld, 1983)의 지적처럼 사회복지조직은 인간을 대상으로 휴먼서비스를 제공하므로 도적적 모호성과 목표의 애매성으로 인해 산출물의 성과를 측정할 지표가 없거나 계량화가 쉽지 않다. 물론 산출물의 조작화 노력을 통해 많은 지표와 기법들이 개발되었으나 여전히 양적인 성과측정 자체가 어려운 작업이다. 또한 사회복지기관의 업무는 매년 비슷하게 정형화된 측면이 있어서 상대적으로 변화에 둔감하고 모든 행정 절차의 유연성이 부족하다.

2. 사회복지서비스

1) 서비스의 개념

사회복지조직은 일차적으로 클라이언트에게 상담, 치료, 교육, 재활, 보호, 정보 제공, 의뢰 등의 서비스를 제공한다. 만일 사회복지기관에서 제공하는 프로그램 이용자 중 중도 탈락자가 발생하거나 만족도가 낮다면 서비스의 질을 의심해 보아야 할 것이다. 일반적으로 서비스(service)란 상대방에게 무형적이고 소유권의 이전이 없는 어떤 효용을 제공하는 행위를 말한다. 서비스의 이용자가 서비스에 대해 느끼는 만족의 정도를 서비스의 질이라고 할 수 있고, 따라서 서비스 이용자가 기대하는 바를 충족시켜 주거나 기대 이상의 서비스를 제공하였다면 서비스의 질이 높다고 할 수 있다. 일반적인 상품(재화)을 판매하는 것보다 서비스의 제공은 그 질관리가 매우 어렵고도 중요하다.

2) 사회복지서비스의 특성

서비스는 재화(goods)와는 달리 일정한 형태가 없는 일종의 실행이며(intangibility, 무형성), 생산과 소비가 분리되지 않고 동시에 이루어지며(simultaneity, 동시성), 서비스 제공과 동시에 소멸되어 보관이나 이동이 불가능하고(perishability, 소멸성), 제공자에 따라 서비스 품질에 변동이 크다(variability, 변동성). 이러한 서비스의 일반적 특성에 더해 사회복지서비스는 다음과 같은 특성이 있다(Edvardsson & Gustavsson, 2003).

① **생산과정의 비통제성** : 사회복지사는 스스로의 전문적 판단에 따라 클라이언트에 대해 개별화된 서비스를 제공하고, 클라이언트 역시 이미 주어지는 것이므로 관리자는 이를 통제할 수 없다.

② **생산과정에서의 소비자 관여** : 클라이언트는 존엄성을 갖춘 개인으로 서비스 제공에 대해 의견을 제시하고 욕구와 불만을 표출할 수 있으며, 사회복지사는 이

를 수용하여야 한다.

③ 소비자와의 상호작용 요구 : 사회복지사와 클라이언트는 문제해결을 위한 동반자적 관계로 부단한 상호작용의 과정을 거치면서 서비스를 제공한다.

④ 소비와 평가의 동시성 : 사회복지서비스를 소비하는 클라이언트는 서비스를 받는 동시에 그 서비스의 질적 수준을 평가한다.

3) 서비스의 질과 고객만족

서비스의 질관리의 핵심은 고객만족이다. 고객만족(customer satisfaction)이란 소비자, 종업원, 협력업자 등의 고객이 상대와 교환을 한 결과로 발생되는 인지적 · 정서적 심리반응을 말한다. 고객들은 과거 경험을 통해 서비스에 대해 기대 수준을 갖게 되고, 서비스 이용 결과를 비교해 기대에 어느 정도 부합되었는지를 평가하게 된다. 따라서 고객마다 서비스에 대한 기대 수준과 지각 수준의 차이가 다를 수 있으며 이러한 차이가 어떻게 발생할 수 있는지에 대해 서비스 갭(service gap) 모형으로 설명할 수 있다.

표 9-2 서비스의 질과 고객만족의 비교

개념 비교	서비스의 질	고객만족
기대 불일치 개념상의 차이	• 기대: 기업이 제공해야만 한다고 소비자가 생각하는 성과 또는 성능 • 성과: 소비자가 지각하는 서비스의 성과 또는 성능	• 기대: 기업이 제공할 것이라고 소비자가 생각하는 성과 또는 능률(확률적 개념) • 성과: 실제 혹은 객관적인 제품 및 서비스의 성과 및 성능
시간적 위치	사후 결정	사후 결정
개념적 평가 범위	비교적 지속적이고 전반적인 소비자 평가	특정 거래와 관련된 비교적 좁고 단기적인 소비자 평가
상황 지향성	덜 상황 지향적임	매우 상황 지향적임

출처: 신복기 외(2008), p. 356.

4) 서비스의 질 구성 요소

패러슈라만 등(Parasuraman, Zeithaml, & Berry, 1988)에 의하면 서비스 질은 〈표 9-3〉과 같이 다섯 가지 요소로 구성되어 있다. 사회복지 프로그램의 품질관리를 연구한 바에 의하면, 여러 서비스 형태에도 불구하고 신뢰성과 대응성이 가장 중요하게 나타났다(Martin, 1993).

표 9-3 다섯 가지 서비스의 질 구성 요소

차원	가중치	개념	실천 전략
신뢰성 (reliability)	32	약속한 것을 신뢰감 있고 정확하게 제공할 수 있는 능력	• 약속 시간의 준수 • 처리 과정의 정확한 통보 • 약속된 서비스나 교육 이행 • 서비스나 교육의 일관성
대응성 (responsiveness)	22	고객의 요청에 즉시 서비스를 제공할 수 있어야 함	• 욕구에 대한 신속한 해결 • 자발적 도움 • 바빠도 도와줌 • 차기 교육에의 참여
확신성 (assurance)	19	직원의 지식수준과 정중함, 신뢰와 확신을 심어 줄 수 있는 능력	• 충분한 지식과 능력 보유 • 친절과 공손함 • 충분한 설명 • 시간적 여유
공감성 (empathy)	16	고객에게 제공되는 관심도 및 공감성	• 요구에 대한 정확한 이해 • 인간적 배려 • 이용자에 대한 인격 존중 • 이용시간의 편리함
유형성 (tangible)	11	시설, 장비 및 외모 등	• 최신 설비 구비 • 깨끗한 용모 • 안내시설 구비

5) 서비스의 질 측정방법

서비스 이용자는 서비스를 제공받을 때 그 서비스에 대한 기대감 내지 바람직한 수준을 예측하게 된다. 이러한 기대에 현실적으로 어느 정도 부응하느냐 하는 것을 중심으로 서비스의 질을 측정할 수 있다. 대표적인 방법이 '서브퀄(SERVQUAL)'이다. 서브퀄은 위의 다섯 가지 구성 요소를 중심으로 [그림 9-7]과 같은 격자 모형의 중요도-성취도 분석(Importance Performance Analysis: IPA)을 사용한다.

IPA 분석은 재화나 서비스를 이용하는 사람들의 만족도를 측정하기 위해서 각 재화나 서비스 이용 전의 중요도(기대)와 이용 후의 만족도를 평가하고 상대적인 중요도와 성취도를 비교 분석하는 방법이다. 우선순위 항목을 도출할 수 있어 정해진 인력과 예산으로 해결해야 될 문제를 결정하는 데 유익한 정보를 제공한다는 점이 중요한 특징이고, 어려운 통계적 기법을 사용하지 않고도 평가속성의 평균값과 매트릭스를 이용하여 빠르고 쉽게 결과를 도출할 수 있다는 장점이 있다.

IPA 분석과정은 측정하고자 하는 항목의 중요도를 Y축, 수행(만족)도를 X축의 2차원 도면에 표시하고, 중간 접점을 잡아 평가 요소가 어떤 영역에 속하는지를 구분해 의미를 분석한다. 제1사분면은 중요도와 수행도가 모두 높은 분야로 계속 좋은 성과를 내도록 유지해야 하는 영역이고, 제2사분면은 이용자들이 중요하게 생각하나 실제로 만족도는 낮으므로 서비스나 재화를 집중해서 개선해야 하는 영역이고, 제3사분면은 중요도와 만족도 모두 낮으므로 현재 이상의 노력이 불필요한 영역이고, 제4사분면은 이용자들이 중요하게 생각하지 않지만 만족도는 높은 구간으로 현재의 활동이 과잉 판단되므로 투입되는 노력을 다른 영역으로 이동하는 전략이 필요하다.

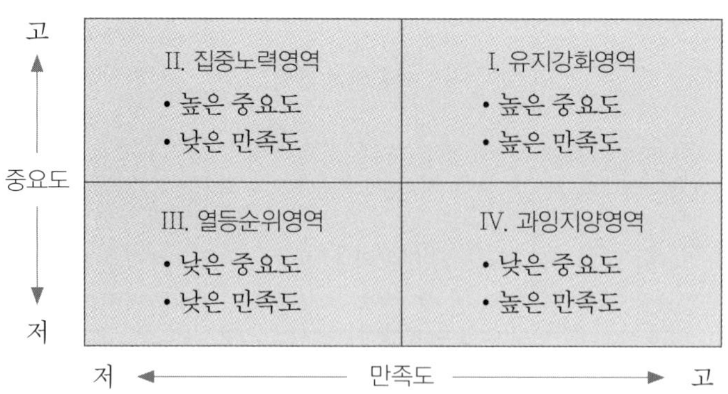

[그림 9-7] 중요도-성취도 분석

실제로 복지관을 대상으로 3대 기능사업을 8대 사업 분야와 31개 사업으로 IPA 분석한 결과에 의하면 사례관리, 복지네트워크 구축 그리고 자원개발관리 분야가 유지 · 강화해야 할 분야로, 가족기능 강화, 자활센터 등은 중요도와 수행도가 낮은 영역에 있어 장기적으로 개선이 필요한 분야로 제시되었다. 그리고 주민조직화 분야는 중요도는 높지만 수행도가 낮아 수행도를 높일 수 있는 대책이 필요하고, 지역 사회보호, 교육문화 분야는 중요도가 낮지만 수행도는 높은 분야로 인력 및 자원의 재조정이 필요하다고 분석되었다(문수열, 2015).

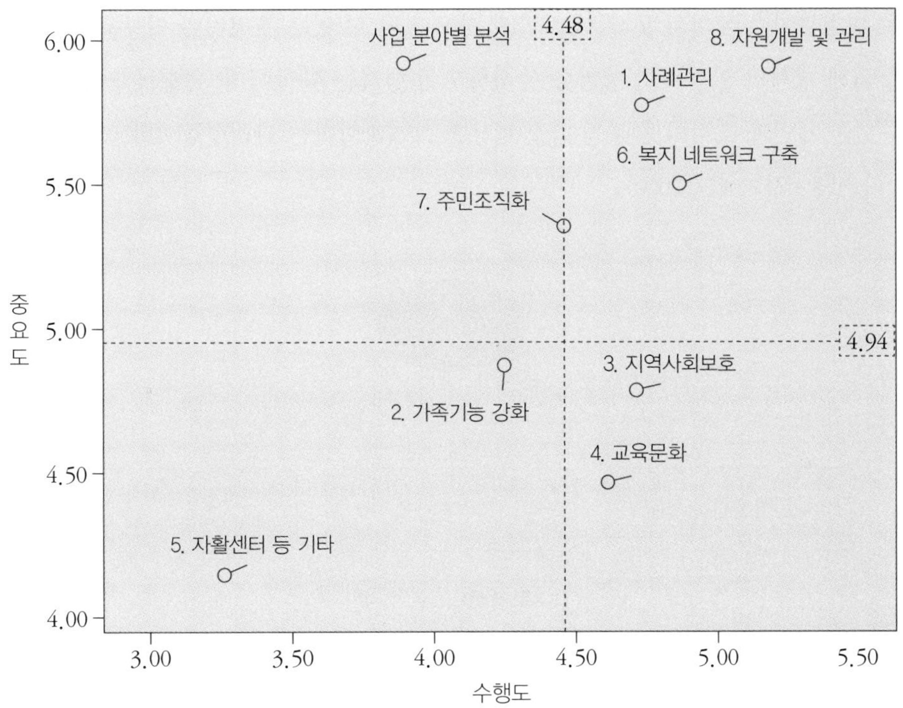

[그림 9-8] 종합사회복지관 IPA 분석 사례

출처: 문수열(2015), p. 75.

3. 위험관리

1) 위험관리의 개념

위험을 나타내는 영어로는 risk, peril, hazard 등이 있는데, 보험이론이나 위험관리 분야에서는 다음 세 가지를 포함하고 있다. ① 사고 발생의 가능성으로서의 인시 던트(incident: 큰 사고에는 이르지 않았지만, 사고를 유발한 가능성이 있는 미스), ② 사고 그 자체로서의 액시던트(accident), ③ 사고 발생의 조건, 사정, 상황, 요인, 환경으로서 생각하지도 않았던 일들, 우연한 사고나 불가항력의 사고 등이 포함된다.

그리고 일반적으로 위험을 예방·회피하려는 사전적인 대응활동을 위험관리(risk management)라 하고, 이미 현실화된 위험에 대한 사후적인 대응을 위기관리(crisis management)라고 하는데, 넓은 의미의 위험관리는 이들 모두를 포함하는 개념이다. 즉, 위험관리란 예기치 못한 사고 발생 시 나타날 수 있는 부정적인 영향을 최소화하기 위해 최적의 위험처리 방법을 선택하고 수행하는 활동이며, 위험에 의해 발생할 수 있는 개인과 조직의 손해를 최소 비용으로 최소화하는 관리활동이라고 정의할 수 있다(서울시복지재단, 2006).

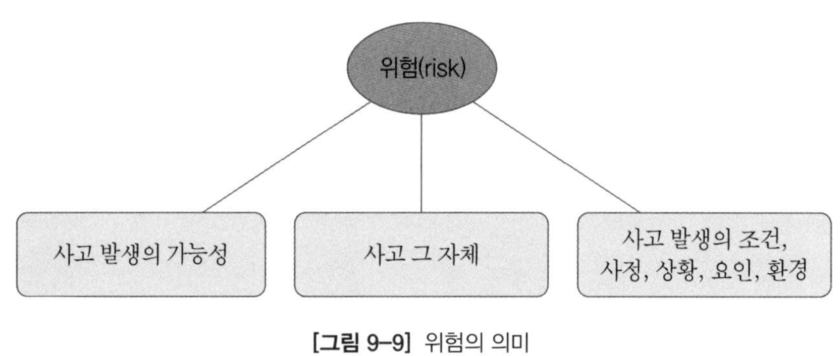

[그림 9-9] 위험의 의미

출처: 서울시복지재단(2006), p. 22.

일반적으로 위험관리에는 두 가지 측면이 있다. 첫째는 서비스의 질관리 측면에서 고객과 이용자에 대한 안전 확보가 서비스 질의 향상으로 연결된다는 점과, 둘째는 조직관리 측면에서 직원의 근로상의 안전 대책이나 자연재해 등에 대한 사고 대책이다(신복기 외, 2008).

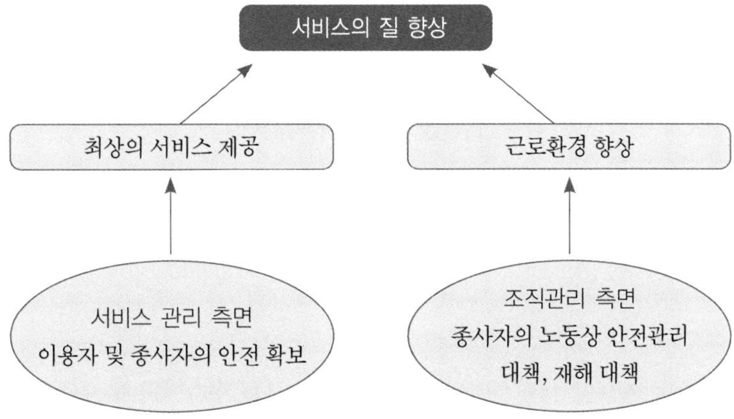

[그림 9-10] 위험관리의 두 가지 관점

출처: 신복기 외(2008), p. 374.

2) 위험관리의 필요성

사회복지시설 종사자들은 그들 자신을 '좋은 일을 하는 사람(good-doers) 또는 일을 잘하는 사람(do-gooders)'으로 인식하는 경향이 강하기 때문에 위험관리의 문제를

Tip 복지지설 종사자 위험관리 실태 

서울시 소재 681개 복지시설의 사회복지사 1,000명을 대상으로 조사한 결과에 의하면 클라이언트의 공격 위험은 다음과 같다(서울시복지재단, 2005).

① 조사 대상사의 53.2%가 경미한 신체적 공격(밀거나 움켜쥐기 등)을 당한 경험이 있고, 5.0%는 일상적으로 경험함. 32.5%는 목 조르기, 발로 차기 등의 공격을 받은 경험 있음
② 11.3%가 칼을 휘두르거나 강간 시도 등 치명적인 공격을 경험하였음
③ 37.3%가 정서적 공격을, 34.2%가 재산상의 피해를 경험한 적이 있음
④ 12.1%가 클라이언트의 질병에 감염된 적이 있음

그러나 기관의 관리체계가 없는 경우가 81.3%이고, 특히 기관에서 클라이언트의 공격에 대응하는 교육과 수퍼비전을 실시하는 경우는 25.7%, 사건 발생 시 경찰서에 바로 원조를 요청하도록 연계가 되어 있는 경우는 26.9%에 불과함. 또한 보안(경비) 장치 마련은 25.6%, 비상벨 설치는 17.1%로 나타나 관리시설 역시 전반적으로 미비한 실정임

모순처럼 받아들일 수도 있다. 그러나 서울시복지재단(2005)의 실태조사에서 보는 바와 같이 우리나라의 경우도 사회복지시설 종사자들은 다양한 위험사건을 경험하고 있으나, 이에 대한 사회복지시설 종사자들의 위험관리에 대한 인식은 아직 미비한 실정이다.

따라서 사회복지시설 종사자들을 위한 위험관리의 필요성을 정리해 보면 다음과 같다.

- 종사자의 기본적인 안녕을 담보하고 양질의 사회복지서비스 제공을 위해서 필수적인 '안전한 근무 환경'을 창출하기 위해서 위험관리가 필요하다.
- 사회복지직의 전문성 확보와 전문가의 윤리적 기준 실행을 위해서 필요하다.
- 클라이언트 복지와 직결된 사회복지시설 종사자의 직무 스트레스 해소와 심리적 · 정신적 지원을 위해서 필요하다.
- 사회복지시설에서 이용자 사고와 의료사고가 발생됨에 따라 그 책임을 둘러싼 소송이나 재판이 증가하였기 때문이다.
- 궁극적으로는 사회복지시설과 조직을 유지하고 발전시켜 나가기 위함이다.

3) 위험 요인과 유형

사회복지사 개인 차원에서는 사회복지를 실천해 나감에 있어서 다음의 여섯 가지 위험 요소가 존재하는 것으로 알려져 있다(Kurzman, 1995).

① **잘못된 진단과 처우** : 사회복지사의 잘못된 진단과 처우에 대한 위험을 말한다. 미국에서 1969년부터 1990년 사이에 사회복지사 개인에게 제기된 소송 중 24.3%는 잘못된 진단이나 처우에 대한 고소였다.

② **부정행위** : 자격을 갖추지 못한 사회복지사(학생이나 실습생 등)에 의해 서비스를 제공하고 비용을 청구하는 것과 같은 부정행위 위험을 말한다.

③ **기능적 손상** : 알코올이나 약물 또는 정신병 등의 사회복지사의 기능적 손상에 의해 이루어지는 비전문적 실천행위의 위험을 말한다.

④ **성적 부정행위** : 윤리강령을 위반한 클라이언트와의 성적 부정행위 위험을 말한다. 리머(Reamer, 1994)는 NASW의 보험 가입자 중 성적 부정에 의한 고소고발 사건이 전체 실천 오류에 의해 청구된 사건의 1/5을 차지한다고 하였다.

⑤ **보호의무 태만이나 소홀** : 타라소프(Tarasoff) 사건과 같이 보호의무 태만이나 소홀에 대한 위험을 말한다.

⑥ **비밀보장** : NASW 윤리강령에 의하면 "사회복지사는 클라이언트의 사생활을 존중해야 하며 전문적인 서비스를 행하는 과정에서 획득한 모든 정보는 비밀로 해야 한다."고 규정하고 있다.

Tip 타라소프 사건

캘리포니아 대학교 코웰기념병원에서 무어(L. Moore) 박사에게 정신과 상담을 받던 버클리(UC Berkeley) 대학원생인 포다르(P. Poddar)는 여자친구인 타라소프(T. Tarasoff)를 죽일 계획이라고 알렸고, 실제로 1969년 10월 27일에 살해하는 사건이 발생했다. 당시 무어 박사는 이를 대학 경찰에 알려 잠시 보호관찰을 했지만, 타라소프와 그 가족 누구에게도 적극적으로 알리지 않았다. 이에 소송이 제기되어 무어 박사는 비밀보장의 면책특권을 주장하였으나, 법원은 합리적인 조치를 취하는 등의 예고된 피해자의 보호의무가 있음을 판결하였다.

그리고 사회복지시설 차원에서 발생할 수 있는 위험은 다음의 네 가지로 분류할 수 있다(서울시복지재단, 2006).

표 9-4 위험의 유형

종류	개념	내용
업무 위험	서비스의 제공 중에 수반되는 이용자의 사고 등의 위험	• 이용자의 사고 • 고충처리의 대응 미스 • 전염병, 감염의 발생 확대
경영 위험	경영상의 문제로 인하여 발생하는 위험	• 경영수지의 악화 • 경쟁사업체의 진출 • 재무운영의 실패

사회적 위험	조직관리 · 시설경영에 따르는 위험 중에 사회적 평가를 손상시키는 위험	• 부정행위 또는 범죄행위 • 종사자 잘못으로 인한 시설평가 손상 및 여파
재해 위험	화재나 풍수해 등에 의한 재해 위험	• 화재, 풍수해, 지진 등의 자연재해 • 기타 인위적인 사고 등

병 · 의원 등의 의료기관과 양로 · 노인요양시설 등의 노인거주복지시설, 심신장애인 등의 거주복지시설에서 2015년 한 해 동안 발생한 산업재해 현황을 살펴보면 넘어짐에 의한 재해(1,110건 43.5%)와 근골격계 질환자가 전체의 절반 이상을 차지한다. 하인리히(H. W. Heinrich) 법칙에 의하면 1건의 사망이나 중상의 중대재해가 발생했다면 그 전에 같은 원인으로 29번의 작은 재해가 발생했고, 또 운 좋게 재난은 피했지만 같은 원인으로 부상을 당할 뻔한 사건이 300번 있었다고 한다. 따라서 어떤 상황에서든 문제되는 현상이나 오류를 초기에 신속히 발견해야 큰 문제를 예방할 수 있다.

형태별	발생건수(점유율)
넘어짐	11,110(43.5%)
불균형 등	250(9.8%)
부딪힘	212(8.3%)
절단, 베임, 찔림	147(5.7%)
이상온도 접촉	143(5.6%)
떨어짐	140(5.4%)
끼임	110(4.3%)
물체 맞음	85(3.3%)
감전	4(0.1%)
기타	346(13.5%)

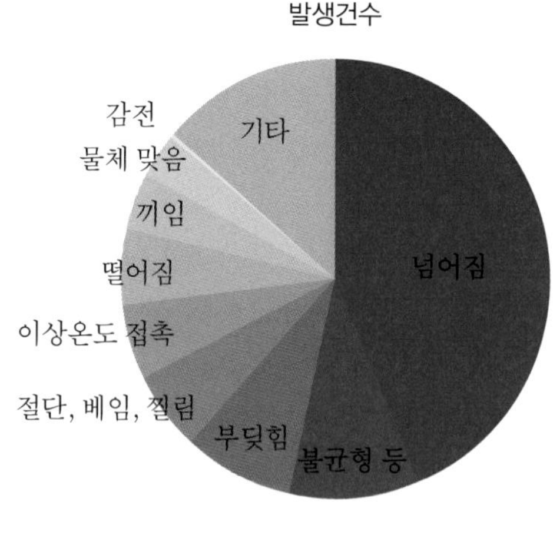

[그림 9-11] 2015년 보건 및 사회복지사업 재해발생 형태별 현황

4) 위험관리의 과정

일반적으로 위험관리자는 위험관리의 목적을 효율적으로 달성하기 위해서 일정한 기능을 수행해야 하는데 그 과정은 다음과 같다.

우선 1단계에서는 위험이란 무엇이며, 어떠한 사고가 발생하고 있는가 등 사회복지시설에 있어서 위험의 실태를 파악하는 것에서 시작하여, 2단계에서는 발생한 사고의 상황이나 사고에 의한 영향 등을 분석하고 평가하며, 3단계에서는 사고나 불만 등 위험에 대하여 신속하고 정확하게 대응한 후에, 4단계에서는 사고나 불만이 재발하지 않도록 이번에 취한 대책이나 판단이 올바른 것인지를 재평가하는 것이 필요하다.

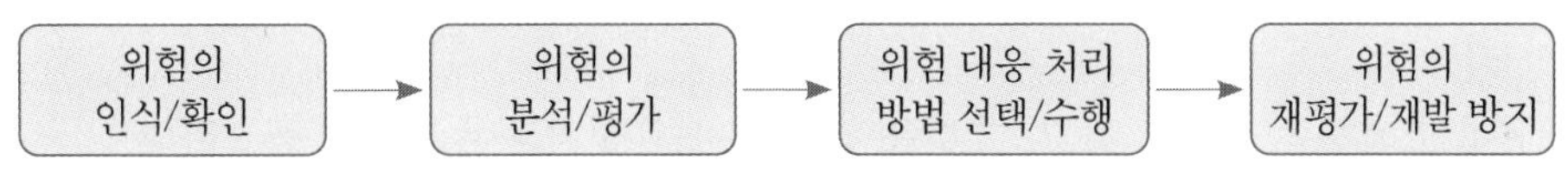

[그림 9-12] 위험관리의 과정

출처: 서울시복지재단(2006), p. 34.

5) 위험관리의 방법

(1) 위험의 실태 파악

위험관리는 먼저 자신의 시설에서 위험 요소를 파악하는 것부터 시작된다. 위험의 실태 파악은 보고서를 포함하여 종사자나 이용자, 그리고 가족들의 정보뿐만 아니라 종사자 및 이용자 만족도 조사, 출판물, 종사자 사고 사례발표회, 타 시설 종사자들로부터의 정보 등 모든 자료와 정보가 활용된다. 위험관리자와 종사자들은 이러한 자료와 정보를 자기 시설에 비추어서 수시로 점검하는 것이 중요하다. 그리고 위험관리 방법 중에서 제일 중요한 것은 보고서나 정보 등의 보고 시스템을 신속하고도 명확히 해 두는 것이다.

(2) 위험의 분석 · 평가

제출한 사고 보고서나 위험, 놀람 보고서 등에서 수집된 정보를 분석하여 사고 발생의 배경이나 요인을 명확하게 평가함과 동시에 대응책을 검토한다. 위험의 평가

분석은 누가 실수나 잘못을 했는가를 찾아내는 것이 아니라 어떤 원인 때문에 무엇이 잘못됐는가를 발견하고 다시는 이와 같은 사고(위험)가 발생하지 않도록 재발 방지로 이어져야 한다. 위험분석의 방법은, ① 종사자나 이용자 개개인의 보고로부터 얻어진 정보의 분석, ② 전 시설에 걸쳐서 사고의 경향을 분석하는 두 가지 방법이 있다.

(3) 체계적인 대응처리

위험을 처리하는 방법으로는 위험을 경감, 예방, 최소화시킬 수 있는 적극적인 예방 대책을 수립한다. 개개의 위험 대책은 시설이나 조직에 반영되어서 실행되고 있지만 사회복지시설 종사자 전원이 위험관리에 대해 철저하게 주지하고 실행하는 습관이나 자세가 필요하다. 주요한 조직의 대책을 살펴보면 다음과 같다.

- 사고 배경을 명확히 하고, 그것을 전 직원에게 공지하여 정보를 공유한다.
- 사고 요인을 제거한다.
- 위험 대책을 수립 작성하고, 위험관리 매뉴얼을 비치한다.
- 사고 방지에 대한 교육과 훈련 시스템을 구축한다.
- 위험 예방훈련을 실시하고 평가한다.
- 예방대책의 하나로 위험관리 매니저를 임명하고 배치하는 것 등이다.

(4) 보험가입과 안전점검

사회복지시설은 화재 및 안전사고로 인한 손해배상 책임을 위해 매년 대인 · 대물 손해배상 책임보험 또는 책임공제에 가입해야 한다. 위반할 경우 300만 원 이하의 과태료 부과 대상이 된다. 책임보험은 민간 보험회사를 이용하고, 책임공제는 「사회복지사 등의 처우 및 지위 향상을 위한 법률」 제4조 규정에 따라 사회복지사의 생활안정과 복지 증진을 도모하기 위하여 설립한 한국사회복지공제회에 가입하면 된다.

한국사회복지공제회

또한 시설장은 자체 안전점검을 실시해야 하고, 매 반기마다 시설 정기안전점검을 실시하고, 문제가 있을 때에는 수시안전점검을 실시해서 그 결과를 시장 · 군수 · 구청장에 보고해야 한다. 수시안전점검은 안전진단전문기관 또는 전문건설업자가 하며, 안전점검기준은 「시설물의 안전관리에 관한 특별별」 제13조에 규정에 의한 안전점검 및 정밀안전진단 지침에 따르도록 하고 있다.

시장 · 군수 · 구청장은 안전에 필요한 경우 시설 운영자로 하여금 시설의 보완 또는 개 · 보수를 요구할 수 있으며, 시설장은 이에 반드시 응해야 한다. 국가 또는 지방자치단체는 예산의 범위 내에서 안전점검, 시설의 보완 및 시설의 개보수에 소요되는 비용의 전부 또는 일부가 보조할 수 있으며 시설 안전점검을 수행하지 않을 경우 역시 300만 원 이하의 과태료를 부과한다.

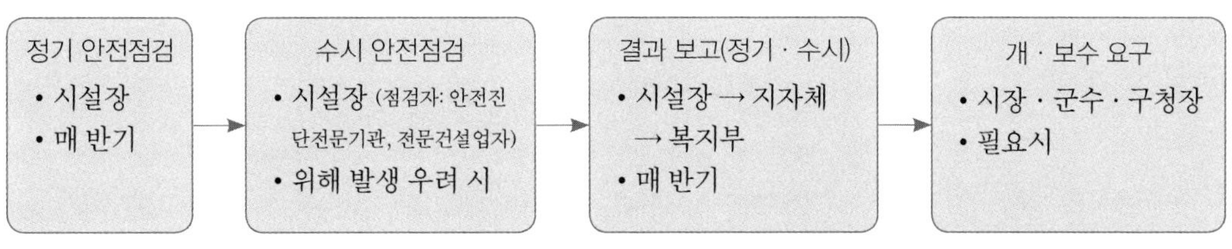

[그림 9-13] 사회복지시설 안전점검 절차

제10장

리더십과 수퍼비전

1. 리더십의 개념과 필요성
2. 리더십 수준과 리더의 역할
3. 리더십 이론
4. 수퍼비전

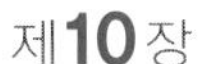

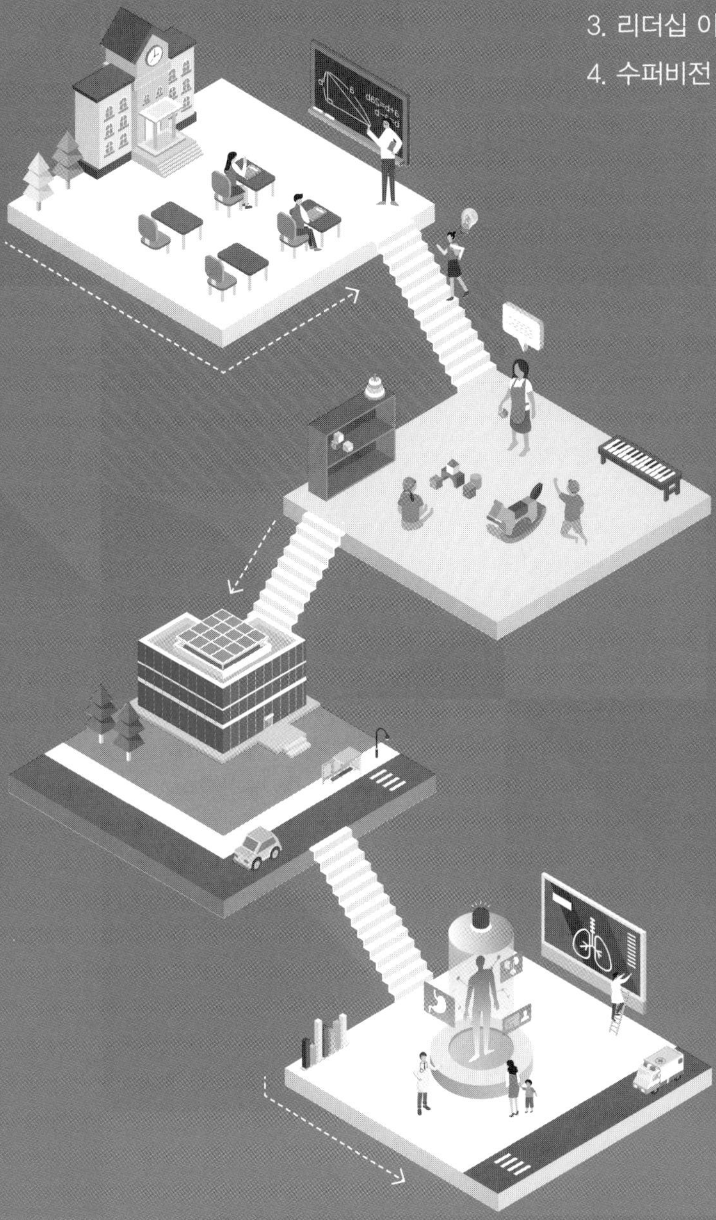

1. 리더십의 개념과 필요성

1) 리더십의 개념

소규모 집단이나 대규모 조직이나 리더(leader)의 역할은 집단이나 조직의 성패를 좌우하는 핵심적 요소라 해도 과언이 아니다. 리더는 집단이나 조직이 추구하는 목표를 효과적으로 달성하기 위해 구성원들에게 목표 달성에 기여할 수 있는 노력을 기울이도록 영향력을 행사하게 된다. 리더의 능력은 조직에서 생산되는 산출물(주로 서비스 프로그램, 평가, 만족도, 친절도 등)에 의하여 평가되므로 사회복지조직의 최고경영자 혹은 부서책임자는 리더십을 발휘하여 조직을 유지하고 발전시켜 나가야 할 책임이 있다. 이렇게 리더십의 막중한 책임과 중요성에도 불구하고 '리더십이란 무엇이다'라고 한 마디로 정의하기는 매우 어렵다. 학자들의 리더십 정의를 살펴보면 다음과 같다.

- 의도한 목표에 도달하기 위해서 개인이나 집단을 조정하며 행동 유발의 동기를 부여하는 기술(Prethus, 1960)
- 조직 구성원들이 공동 목표를 달성하려는 방향으로 기꺼이 따라 오도록 영향력을 행사하는 과정(Koontz & O'Donnel, 1980)
- 주어진 상황에서 목적을 달성하기 위해 개인이나 집단의 행동에 영향을 미치는 과정(Hersey & Blanchard, 1982)
- 상하 간의 구조화된 재구조화와 지각된 기대를 포함하는 둘 이상의 구성원들 간의 상호작용(Bass, 1990)
- 해야 할 목표가 무엇이며 그 목표를 달성하기 위해 어떠한 방법이 효과적인가에 대해 타인이 동조할 수 있도록 영향을 미치는 과정 및 목표 달성을 위한 개인과 조직의 노력을 이끌어 내는 과정(Yukl, 2002)

이러한 정의들에서 공통된 사항을 살펴보면, 리더십은 영향을 미치는 과정, 특히 특성, 집단이나 조직목표의 달성, 구성원의 행동, 자발적 몰입, 변화의 추구 등이 그

것이다. 결국 리더는 조직이 어디로 나아가야 하는지에 관한 명확한 비전을 갖고 있어야 하며, 구성원들로부터 인간적인 신뢰를 얻어야 하며, 목표실현을 위한 구성원들의 열성과 행동의 전폭적인 지지를 얻어야 한다. 리더는 단순히 관리자가 아니라 그 이상이어야 한다. 관리자는 목표 달성을 위해 계획을 수립하고 조직을 짜고 이를 실천하기 위해 지휘 · 조정 · 통제하는 사람이라면 리더는 구성원들에게 비전을 제시하고 동기를 유발시키면서 이끌어 가는 사람이다. 즉, 구성원들이 일을 '하도록 하게끔 하는 자'이다.

2) 리더십의 중요성

사회복지조직뿐만 아니라 자그마한 친목단체에도 리더십은 매우 중요하다. 리더십은 개개인의 역량을 집결시켜 집단역량이 단순한 합 이상의 힘을 갖도록 하는 시너지 효과(synergy effect)를 촉진한다. 리더십이 확고하지 못하면 집단역량이 개인들의 단순한 합조차도 되지 못하고 모래알처럼 되기 쉽다. 그리고 리더가 얼마나 효과적인 리더십을 발휘하는가에 따라 조직성과가 좌우된다. 효과적인 리더십을 발휘하지 못하면 조직성과가 나쁠 뿐만 아니라 심지어 조직이 사멸하기도 한다. 리더십의 중요성에 관해 베니스와 나누스(Bennis & Nanus, 1985)는 다음과 같이 지적하였다.

> "조직에 자본이 부족하면 빌릴 수 있고 위치가 나쁘면 옮길 수 있으나, 리더십이 부족하면 생존할 가능성이 희박하다."

효과적인 리더십은 구성원들의 목표 달성에 공헌할 수 있도록 사기를 높임으로써 개인적 관심과 이해보다는 직무만족과 조직몰입에 더 많이 기여할 수 있다. 또한 구성원들이 개인역량을 배양하도록 촉진하는 역할을 한다. 리더는 조직행정 전반적인 외부 환경 변화에 대한 정보를 전달하면서 개인과 조직의 발전을 위해 새로운 아이디어나 방법을 추구하고 변화를 촉진한다. 효과적인 리더는 격변하는 조직환경에서 조직의 사활을 걸게 되고 조직목표를 명확히 함으로써 구성원들에게 나아갈 방향과 비전을 제시해 줄 수 있기 때문이다.

3) 리더십과 권력, 관리자

리더십과 구별되는 개념으로 권력(power)이 있다. 리더십과 권력 모두 남에게 영향력을 행사한다는 측면에서는 비슷하지만 본질에 있어서는 차이가 크다. 조직 내에서 권력은 두 가지 형태로 존재하는데, ① 직위 권력(position power)은 기관장이나 부서장과 같이 공식적인 조직구조 속에서 어떤 특별한 위치에 있을 때 획득된다. 부하 직원들에게 합법적으로 업무 명령을 내릴 수 있다. 반면에, ② 개인적 권력(personal power)은 리더가 부하들에게 중요하다고 생각되는 방식으로 행동할 때 리더에게 부여되는 것이다. 가령 부하들이 리더가 매우 유능하거나 사려 깊어 훌륭한 역할 모델이라고 생각할 때 그를 따르게 된다.

권력의 공통된 형태로 보상, 강제, 합법성, 지시, 숙련 등이 있는데, 리더가 이런 요소들을 많이 가질수록 타인의 태도나 가치, 행동에 영향을 미칠 능력이 커지게 된다. 리더십 이론에서는 리더를 마치 권력을 휘두르는 사람으로 묘사하지는 않는다.

또한 리더는 관리자와 분명히 구분된다. 예전에는 리더십이 관리자가 수행하는 여러 역할 중에 하나라는 관점이었으나 최근에는 관리자는 변화를 거역하고 현실에 안주하는 부정적 인물이고 리더는 개혁을 주도하는 인물이라는 관점이 지배적이다. 즉, 리더는 장기적이고 미래 지향적 시각을 가진 사람으로 하급자들에게 비전을 제시해 준다. 따라서 창조와 혁신을 강조하고 핵심적인 일(What)을 발견하여 장기적인 안목을 가지고 변화를 추구한다. 반면에 관리자는 단기적인 시각을 가지고 그들이 속한 부서 또는 조직 내의 일상적인 이슈에만 집착한다. 따라서 관리자는 창조보다는 모방에 능숙하고 부하를 통제하려 하며 부하의 충성과 복종을 강조하며, 지시받은 사항이나 주어진 일을 처리하는 수단과 방법(How)만을 중시한다.

2. 리더십 수준과 리더의 역할

1) 리더십 수준

리더십은 최고관리자만이 행하는 것이 아니라 조직 내 계층별로 다양한 수준에서 발휘되며, 또한 계층별로 요구되는 리더십 기술 역시 다르다. 최고관리자는 조직 전반을 이끌어 나가는 자로서, 내부 운영을 지시 및 조정하는 업무와 환경과의 관계 확립이라는 두 가지 과업 달성을 필요로 한다. 따라서 구체적인 실천기술보다는 주로 의사결정 기술과 직원의 통솔을 위한 인간관계 기술을 필요로 한다.

한편 중간관리자는 조직의 중요한 프로그램 부서를 책임지고 있는 자로서 정책 결정의 보조 및 집행 기능을 담당하고, 전문적 기술과 인간관계 기술 그리고 의사결정 기술을 골고루 필요로 한다. 하위관리자는 일선 직원들을 일상적으로 접하는 수퍼바이저로서 프로그램을 감독하고 일선 직원들에게 업무를 위임 · 분담하고 제대로 제공되고 있는가를 검토한다. 따라서 전문적 기술과 인간관계 기술이 주로 요구된다. 구체적인 각 관리자의 유형별 리더십 내용을 요약해 보면 〈표 10-1〉과 같다.

표 10-1 관리자 유형별 리더십 내용

관리자 유형	대상	리더십 내용
최고관리자	사회복지조직을 이끌어 나갈 전반적인 책임을 지고 있는 사람	• 행정 목표의 설정과 정책 결정 • 변혁을 위한 의사결정과 수행 • 자원의 동원 · 관리 • 행정의 통제 · 조정 • 조직의 일체성과 환경에 대한 적응성 확보
중간관리자	조직의 중요한 프로그램 부서를 책임지고 있는 사람	• 최고관리층과 직원의 연결 • 하급자에 대한 감독 · 통제 기능 • 동료 간의 협조 · 조정의 수평적 기능
하위관리자	일선 직원들과 매일 일상적으로 접촉하는 수퍼바이저	• 수퍼바이저 • 업무의 기술적 측면에 대한 충고와 지지 제공 • 수퍼비전을 위한 전문적인 기술이 필요

2) 리더의 역할

리더는 조직의 생산성을 극대화하는 역할을 수행한다. 퀸 등(Quinn et al., 2015)은 경쟁가치 모형을 토대로 효과적인 리더의 여덟 가지 역할을 제시하였다. [그림 10-1]과 같이 '유연성-통제'의 축과 '외부 지향-내부 지향'의 축을 중심으로 총 네 개의 영역으로 이루어져 있는데 각 영역마다 두 개의 역할 모델을 제시함으로써 총 여덟 개의 관리자 역할 모델을 제시하였다.

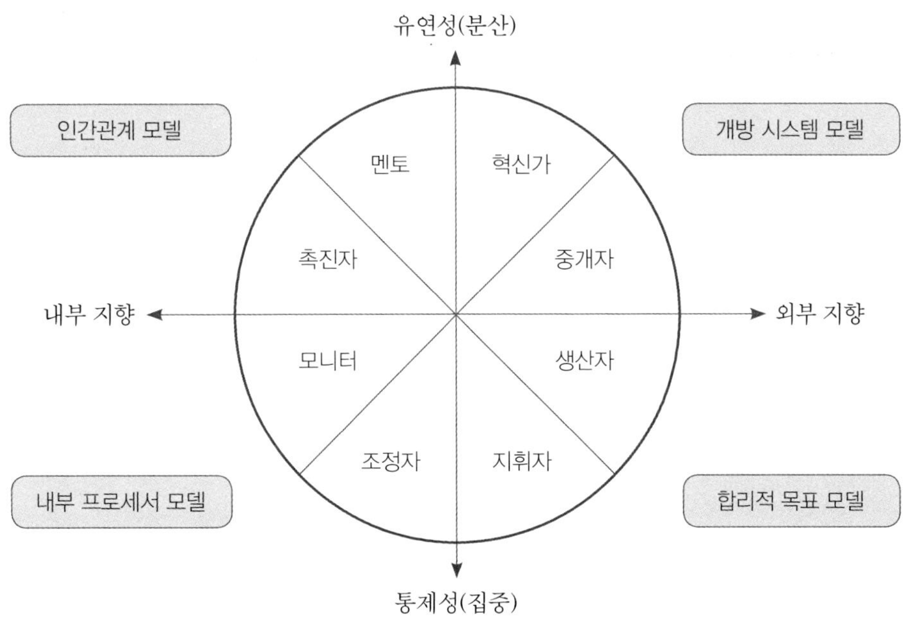

[그림 10-1] 퀸 등의 관리자 역할 모델

출처: Quinn et al. (2015), p. 13.

① **모니터(monitor)** : 리더가 조직에서 무슨 일들이 어떻게 돌아가는지에 대한 관심을 가지는 것을 말한다. 구성원이 규칙에 동의하는지, 책임을 완수하고 있는지를 살핀다. 많은 정보에서 필요한 정보를 파악하고 이해하는 높은 정보 분석력을 소유한다. 리더는 정보에 능하고 기술적인 분석을 통해 이론적 해결에 접근하려는 역할을 수행하며, 또한 정보를 타인에게 효과적으로 이해시킨다.

② **중개자(broker)** : 조직의 내·외부에 합법적 영향력을 행사하면서 외부의 자료를 수집하고 조직을 대표하며 협상 등을 수행한다. 강력한 설득력과 영향력을 통해 구성원들의 동의와 몰입을 유도한다. 다른 사람들에게 명성과 신뢰감을 주며 외모나 평판 등이 중요하게 작용한다.

③ **조정자(coordinator)** : 환경에 적합한 조직구조를 설계하고 유지하며 시스템을 원

활하게 조절한다. 조직행위의 연속성을 보존하고 조직 흐름의 방해를 최소화하며 보고 내용을 정리 · 평가하고 예산을 조정하는 등 완충 역할을 수행한다. 업무는 사전 계획을 세워 추진한다.

④ 혁신가(innovator) : 변화하는 환경에 귀를 기울이고 창조적 사고를 통해 변화에 대한 적응을 잘 조정해 나가는 것을 말한다. 항상 창조적으로 생각하고 미래를 예측하는 창조적 독창성이 중요하다. 변화에 적응력을 배양하고 경영상의 변화를 효과적으로 관리한다.

⑤ 지휘자(director) : 리더가 주도권을 가지고 의사결정을 통해 비전과 계획을 수립하고 목표를 설정하는 것을 말한다. 문제를 명확히 하며 각 업무의 역할을 정의하고 세부적인 목표를 설정한다. 과업수행 시 결정적 역할을 담당하고 업무수행과 이에 따르는 규칙을 정하고 업무를 평가하며 피드백을 한다.

⑥ 촉진자(facilitator) : 리더가 조직 구성원들 간의 갈등을 감소시키고 조직 응집력과 사기를 높임으로써 효과적으로 팀워크를 구축하는 역할을 말한다. 의사결정을 할 때 부하들을 참여시키고, 결속력과 도덕성을 개발하고 구성원들의 참여도를 높여 조직의 문제점을 해결한다.

⑦ 멘토(mentor) : 리더가 구성원들을 인정하고 격려하며 효과적인 커뮤니케이션을 통해 구성원들과 신뢰관계를 구축하고 그들의 개발에 관심의 초점을 기울이는 것을 말한다. 리더는 구성원들의 정서적 욕구에 민감해야 하며, 친근감과 이해력이 높고 열린 마음을 가지며 공정한 태도를 유지해야 한다.

⑧ 생산자(producer) : 구성원들의 스트레스를 관리하고 목표 달성을 위해 이들을 동기부여함으로써 조직의 생산성을 제고하는 것을 말한다. 과업에 대해 집중적으로 관심을 갖게 하고, 전체 작업에 대해 통찰 및 조정을 한다. 부하에게 책임을 부여하고 생산성 있게 작업을 완수하도록 격려한다.

이상의 여덟 가지 역할 중에서 멘토와 촉진자 역할은 자율과 내부 지향적 영역인 '인간관계 모델'로서, 이러한 역할을 통해 조직의 내부 결속과 구성원의 사기 증진의 효과를 가져 온다. 혁신가와 중개자 역할은 자율과 외부 지향적인 영역인 '개방 시스템 모델'로서, 이러한 역할을 통해 조직의 환경 변화에의 적응 효과를 가져 온다. 생산자와 지휘자는 통제와 외부 지향적인 영역인 '합리적 목표 모델'로서, 이러한 역할을 통해 조직의 생산성과 이윤 창출에 기여한다. 마지막으로, 조정자와 모니터 역할은 통제와 내부 지향적인 영역인 '내부 프로세스 모델'로서, 이러한 역할을 통해 조직의 안정과 지속성에 영향을 미친다.

3. 리더십 이론

리더십 이론은 [그림 10-2]와 같이 계속해서 발전해 오고 있다. 20세기 중반까지는 훌륭한 리더십은 리더 자신에게 달렸다고 보고, 리더가 가지고 있는 신체적 · 정신적 특성을 찾아내려 했던 특성이론과 리더의 어떤 행동이 가장 효율적인 리더십을 발휘할 수 있는지를 찾아내려 했던 행위이론, 그 후로는 훌륭한 리더십을 발휘하려면 상황에 맞아야 한다는 상황이론, 그리고 최근에는 다양한 이론들이 등장하고 있다.

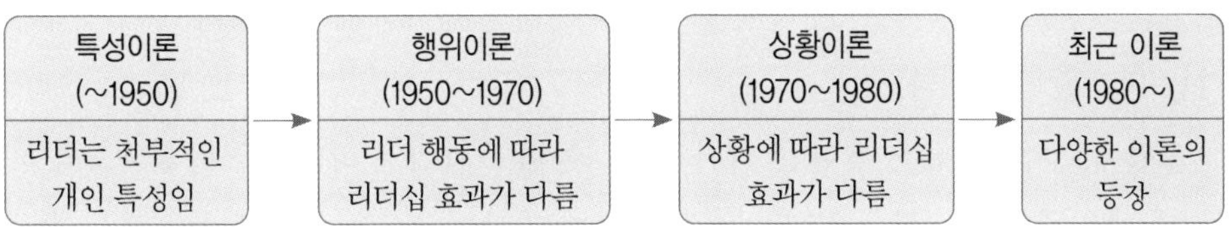

[그림 10-2] 리더십 이론의 발달 과정

1) 특성이론

이순신, 세종대왕, 나폴레옹, 링컨 등의 성공한 리더들은 공통적으로 어떤 특성이나 자질을 갖고 있을까? 이와 같이 특성이론(trait theory)은 리더들이 평범한 사람들이 지니지 못하는 어떤 비범한 특성을 타고났을 것이라는 가정하에 리더의 특성과 자질을 파악하려고 노력하였다. 즉, 효과적인 리더들이 갖고 있는 일련의 공통적인 특성, 특질, 또는 자질을 규명하려는 이론으로 리더가 어떤 고유한 특성을 가지면 상황이나 환경이 바뀌더라도 항상 리더가 될 수 있다는 점을 기본적으로 가정하고 있으며, 또한 모든 사람들이 리더가 될 수 있는 자질을 구비하고 있는 것은 아니므로 그러한 특성을 가지고 있는 사람만이 잠재적인 리더가 될 수 있다고 보았다. 그렇다면 리더는 보통 사람들에 비해 어떤 우수한 자질을 가져야 하는가? 연구자들이 제시한 리더가 갖추어야 할 특성을 예시하면 다음과 같다.

▶ 테드(Tead, 1935): 육체적 · 정신적 에너지, 목표의식과 지식능력, 친근감, 탁월한 품성, 기술적 우월성, 과단성, 높은 지능, 신념

▶ 바너드(Barnard, 1938): 기술적 측면(체력, 기능, 기술, 지각력, 지식, 기억력, 상상력), 정신적 측면(결단력, 지구력, 인내력, 용기)

▶ 스토그딜(Stogdill, 1948): 지능, 지배성, 자신감, 열정적 활동의 수준, 업무 관련 지식

그러나 이 이론은 모든 리더가 보편적으로 소유하고 있는 구체적인 특성을 발견하지 못했으며, 상황적 요소와 구성원의 욕구를 무시한 한계가 있고, 개인의 특성에만 초점을 맞춤으로써 리더가 부하에게 어떻게 영향을 행사하는가를 밝혀 주지 못하였다는 비판을 받고 있다.

그럼에도 특성이론은 남다른 리더의 특성들이 효과적인 리더십을 발휘하도록 하는 데 매우 중요한 역할을 한다는 사실을 밝혀 리더 스스로가 그러한 특성들을 함양하기 위한 개발노력을 기울여야 할 뿐만 아니라 조직도 리더의 특성을 함양할 수 있는 교육 · 훈련 프로그램을 마련해 주어야 한다는 시사점을 주고 있다. 최근 리더 특성이 다시 주목을 받으면서 실제로 일부 특성(에너지, 스트레스, 저항력, 성실성, 자신감 등)은 리더로서의 성공 가능성을 높일 수 있는 것으로 나타났다(Yukl & Van Fleet, 1992). 어떤 상황에서도 보편적으로 적용 가능한 효과적인 리더의 자질들은 다음과 같다.

- 부하를 신뢰하고 부하로부터 신망을 얻어야 한다.
- 비전을 계발하고 목표를 구체화하여야 한다.

• 비전을 달성할 수 있는 방법에 대해서 설명할 수 있어야 한다.
• 구성원들을 배려하는 인간미를 갖추어야 한다.
• 리더 스스로 위험을 기꺼이 감수하는 도전정신을 가져야 한다.
• 지속적인 자기 계발로 전문가가 되어야 한다.
• 리더 자신에게 반대하는 사람들을 중시해야 한다.

2) 행위이론

행위이론(behavior theory)은 리더십의 중요한 측면을 리더의 특성이 아니라 다양한 상황에서 리더가 어떻게 행동하는가에 초점을 두고, 효과적인 리더는 그들의 특별한 리더십 행동 유형에 의해 성공하지 못한 리더와 구별된다는 이론이다.

(1) 민주형 · 전제형 · 자유방임형 리더십

리더 행위에 대한 초기 연구는 의사결정의 위치를 기준으로 민주형 · 전제형 · 자유방임형으로 구분하는 방식이다. 탄넨바움과 슈미트(Tannenbaum & Schmidt, 1958)는 의사결정 권한을 구성원들에게 대폭 위임하는 리더를 민주형(democratic), 거의 모든 의사결정을 리더가 혼자서 행하면 전제형(autocrat), 리더로서의 역할을 포기한 형태를 자유방임형(laissez-faire)이라 하였다. 각각의 리더십 유형이 조직의 유효성에 미치는 영향은 다음과 같다.

① 전제형 리더십 : 전제형 혹은 권위주의형 리더는 부하를 엄격하게 감독하고 자율성을 허용하지 않는 형태다. 이런 리더가 행사하는 조직에서는 일방적인 의사소통 경로만이 존재하고 이를 통해 명령을 부과하여 조직활동에 있어 정보유통이 제한되고 수동적이어서 사기가 낮아진다.

② 민주형 리더십 : 의사소통이 개방되어 하위자에게 권한위임을 함으로써 그들이 조직활동을 하는 데 필요한 결정의 재량권을 부여한다. 따라서 부하의 사기가 높고 창의성을 발휘할 기회가 많다. 그러나 부하가 적절한 업무능력을 갖추지 못한 경우에는 성과 달성에 문제가 발생할 수 있다.

③ 자유방임형 리더십 : 하위자들에게 일체 관여하지 않고 모든 의사결정을 전적으로 일임하는 형태다. 업무의 적절한 분할 · 조정이 이루어지지 못하고, 경우에 따라서는 리더의 방임으로 인해 하위자들 간에 갈등이 격화될 가능성이 높다.

표 10-2 관리자 유형별 리더십 내용

유형 / 조직 유효성	민주형	전제형	자유방임형
리더와 집단과의 관계	• 호의적이다.	• 수동적이다. • 주의 환기를 요한다.	• 리더에 무관심하다.
집단 행위의 특성	• 응집력이 크다. • 안정적이다.	• 노동의 이동이 많다. • 냉담적 · 공격적이 된다.	• 냉담하거나 초조하다.
리더 부재 시 구성원의 태도	• 계속 작업을 유지한다.	• 좌절감을 갖는다.	• 불변(불만족)이다.
성과(생산성)	• 우위를 결정하기 힘들다.		• 최악이다.

출처: 신유근(2005), p. 412.

(2) 오하이오 주립대학교와 미시간 대학교의 연구

오하이오 주립대학교의 연구에서는 리더십 유형을 부하에 대한 관심과 우호, 지지, 상호 존중, 복지에 대한 관심 등을 의미하는 배려 행동과 과업을 조직화하고 업무를 할당하며 의사전달 통로를 확립하는 등 직무나 구성원들을 조직화하는 구조주도 행동으로 이분화하였다. 그 결과 다음의 네 가지 유형으로 구분되며, 그중에서 높은 배려 행동과 높은 구조주도 행동을 동시에 추구하는 리더십이 과업 성과를 높이는 가

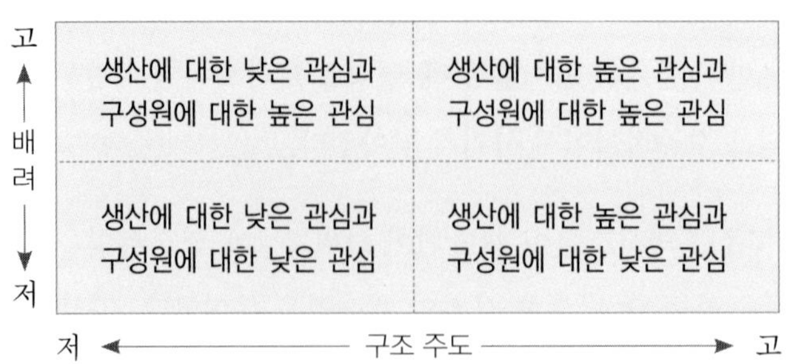

[그림 10-3] 오하이오 주립대학교 리더십 이론

출처: Kreitner, R., & Kinicki, A. (2010), p. 475.

장 이상적인 리더십으로 규정되었다.

미시간 대학교의 연구 역시 오하이오 주립대학교의 연구와 마찬가지로 어떤 유형의 리더 행동이 업무 집단의 성과와 만족을 가져오는가를 찾아내는 데 있었다. 이 연구에서 직무 중심 리더십 유형, 구성원 중심 리더십 유형이라는 두 가지 유형이 확인되었다.

(3) 관리격자이론

관리격자(managerial grid)이론은 블레이크와 머튼(Blake & Mouton, 1968)이 배려와 구조주도라는 두 축을 각각 인간에 대한 관심과 생산에 대한 관심으로 대응시켜 구분하였다. 이 격자망은 가로와 세로를 각 9등급으로 나누어 총 81개의 유형이 되고, 격자망의 네 모퉁이와 중앙의 기본적인 다섯 개 유형 중 인간과 생산에 대한 높은 관심을 보이는 (9, 9)형을 이상형 혹은 팀형이라 하여 가장 높은 성과를 올릴 수 있는 리더십 유형으로 보았다. 만일 리더 자신이 평가 결과(2, 8)로 나타났다면, 생산에 대한 관심이 부족하므로 리더십 훈련을 통해 이상적인 (9, 9)형으로 만들어야 한다는 것이다.

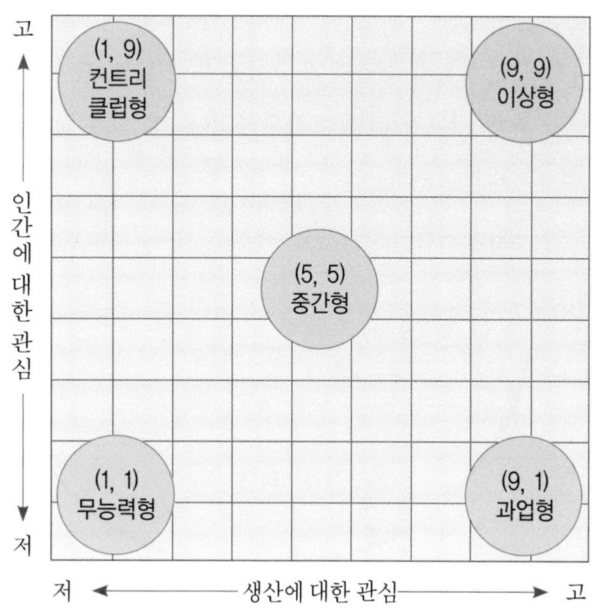

[그림 10-4] 관리격자이론에 의한 리더십 유형

출처: Blake, R. R., & Mouton, J. S. (1968).

3) 상황이론

상황이론(contingency theory)은 특정한 상황에 따라서 효과적인 리더십 유형이 다르고 성공적인 리더십도 상황에 따라 다를 수 있음을 전제한다. 다음의 이론들이 있다.

(1) 피들러의 상황적합이론

피들러(F. Fiedler, 1964)는 효과적인 리더십은 상황의 호의성에 따라 좌우된다고 보고, 다음의 세 가지 상황변수에 따라 리더의 영향력이 결정된다고 하였다.

- ▶ 리더가 구성원들로부터 받는 존경과 신뢰 정도(리더와 부하의 관계)
- ▶ 과업의 할당과 평가 방식의 구조화 정도(과업 구조)
- ▶ 리더에게 부여된 공식적 · 합법적인 구성원 평가와 인사권의 영향 정도(직위 권한)

그리고 리더 유형을 구성원과의 관계에 중심을 두는 관계 지향적 리더와 업무성과 측면에 역점을 두는 과업 지향적 리더로 분류하였다. 그 결과 상황이 리더에게 매우

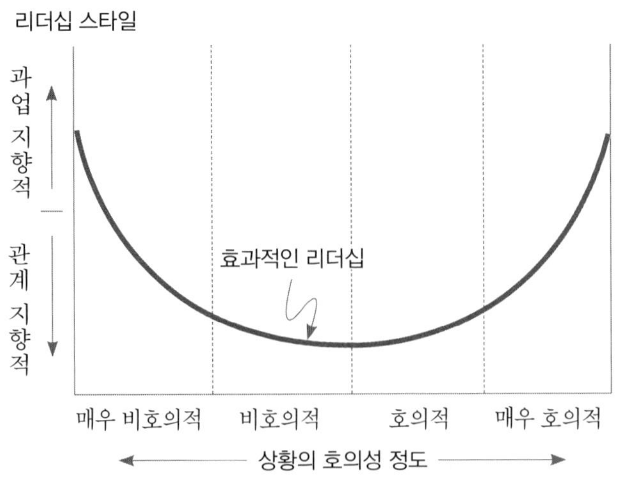

[그림 10-5] 피들러의 상황적합이론 모형

출처: Kreitner, R., & Kinicki, A. (2010), p. 478.

호의적이거나 매우 비호의적일 때는 과업 지향적 리더십이, 중간 정도일 때는 관계지향적 리더십이 효과적이라고 하였다. 이를 위해 리더 스스로가 '가장 싫어하는 동료 작업자(Least Preferred Co-workers: LPC)' 설문지를 통해 자신의 행위 유형을 파악하는 것이 필요하다. LPC는 8점 척도의 20개 문항으로 구성되어 있다. LPC 점수가 낮을수록 리더가 과업 지향적일 가능성이 크고, LPC 점수가 높을수록 관계 지향적인 경우가 많다. 이 이론은 상황적 조건이 복잡하고 측정이 곤란하다는 단점이 있으나, 상황이 리더십의 효과성을 결정짓는다는 새로운 방향을 제시하였다.

Tip LPC 척도 사례 

귀하가 일하는 데 있어서 가장 선호하지 않는 작업자를 연상하시오. 그리고 그가 다음 사항에 대해 얼마나 부합되는지 해당 번호에 체크하시오.

① 도움이 된다.	8-7-6-5-4-3-2-1	좌절을 준다.
② 조화를 이룬다.	8-7-6-5-4-3-2-1	말썽을 피운다.
③ 우호적이다.	8-7-6-5-4-3-2-1	비우호적이다.

⋮

(2) 허시와 블랜차드의 상황이론

허시와 블랜차드(Hersey & Blanchard, 2007)는 부하의 업무성숙도라는 상황에 주목하여 효과적인 리더십 유형이 달라짐을 주장하였다. 부하의 업무성숙도란 목표 설정 능력, 책임지려는 의사와 노력, 교육과 경험 등을 말한다. 쉽게 말해 유능한 직원인가 아닌가를 의미한다. 만일 부하가 매우 유능하다면 자율적으로 일하도록 하는 것이, 반면에 매우 무능하다면 야단치면서 강제로라도 일을 시키는 것이, 중간 정도라면 부하와의 인간관계를 돈독히 하여 응집력을 키워 주는 것이 효과적이라는 것이다.

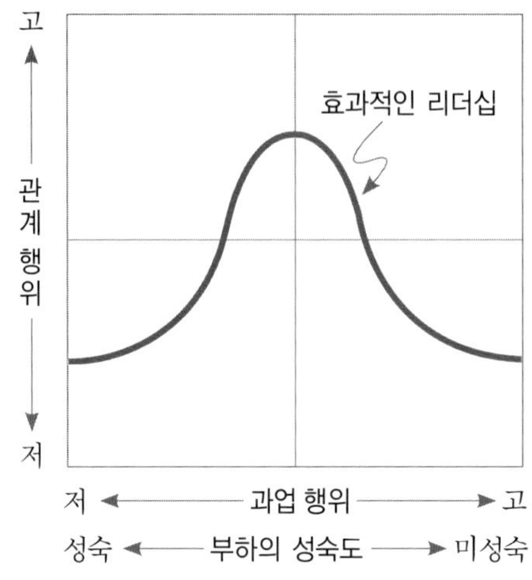

[그림 10-6] 허시와 블랜차드의 상황이론 모형

(3) 에반스와 하우스의 경로-목표이론

에반스와 하우스(Evans & House, 1971)의 경로-목표이론(path-goal theory)은 브룸(Vroom)의 기대이론을 결합한 것으로, 조직의 목표성취를 위해 가장 중요한 요인은 부하 직원의 동기라고 보고 리더의 핵심 역할은 부하 직원의 동기를 높이는 것이라고 주장한다. 리더는 부하 직원으로 하여금 업무 목표(goal)를 명확히 해 주고, 그 목표

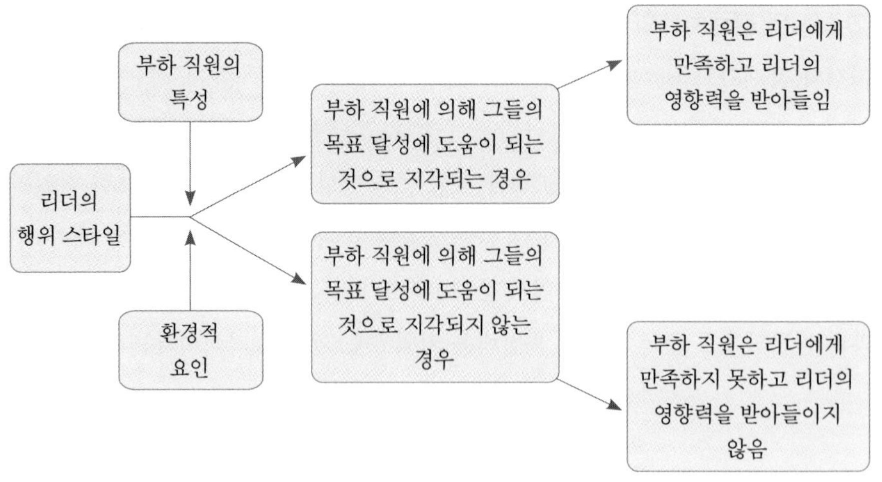

[그림 10-7] 에반스와 하우스의 경로-목표이론 모형

출처: Kreitner, R., & Kinicki, A. (2010), p. 481.

표 10-3 상황이론 비교

	피들러 상황적합이론	에반스와 하우스 경로-목표이론	허시와 블랜차드 상황이론
리더 스타일	• 과업 지향적 • 관계 지향적 (단일연속적 개념)	• 주도적 • 후원적 • 참여적 • 성취 지향적(복수연속적 개념)	• 과업 지향적 • 관계 지향적 (복수연속적 개념)
상황적 요소	• 리더-부하 관계 • 과업구조 • 리더의 지위권력	• 개인적 특성, 능력 • 내(외)재론적 성향 • 집단, 조직체 요소	• 부하의 성숙도
연구 초점	• 리더의 입장: 유리 또는 불리한 상황에 따른 효과적 리더십 스타일	• 동기행동에 관련된 상황에 대한 인지과정: 유의성, 기대감을 높이기 위한 적절한 리더 행동	• 집단의 성숙 수준에 적합한 리더십 행동

를 달성할 수 있는 가장 좋은 경로(path)를 제시해 주며, 원하는 보상은 더 쉽게 많이 받을 수 있다고 믿게 해야만 동기부여가 이루어져 성과를 높일 수 있다는 것이다.

4) 최근 이론

(1) 변혁적 리더십과 거래적 리더십

변혁적 리더십(transformational leadership)은 부하 직원의 신념, 요구, 가치를 변화시켜 새로운 기회를 창출하려 하고, 부하 직원의 높은 이상과 도덕적 가치에 호소함으로써 그들의 의식 수준까지 높이려 한다(Bass, 1985). 변혁적 리더는 카리스마를 지녀야 하며 조직 변화의 필요성을 감지하고, 그러한 변화를 이끌어 낼 수 있는 새로운

표 10-4 변혁적 리더십과 거래적 리더십 비교

변혁적 리더십	구분	거래적 리더십
변화	목적	현상 유지
규정 또는 규칙의 변화	활동	규정 또는 규칙에 의거
비개인적	보상	개인적
상호 독립적	리더-부하 간 관계	상호 의존적
비일상적	과업	일상적

비전을 제시하는 능력이 있어야 한다. 그리고 지적 자극과 개별적 배려를 강조한다.

반면에 거래적 리더십(transactional leadership)은 리더와 구성원 간의 교환 또는 협상 관계에 기반을 둔 이론으로, 리더는 구성원들이 가치 있게 생각하는 것을 제공하고, 그 대가로 구성원들로부터 바람직한 행동이나 성과를 유도해 낸다. 즉, 리더는 구성원들에게 보상이나 처벌을 이용해 자신이 기대하는 목표나 성과를 달성한다. 거래적 리더는 조직 목표 달성에만 관심을 두고 구성원들에 대해서는 일차원적인 욕구 수준에 머물러 있는 존재로 여긴다. 따라서 구성원에 대해 개별화하지 않으며 이들의 개인적인 성장이나 발전에 큰 관심을 두지 않는다. 그럼에도 구성원 입장에서는 리더가 원하는 대로 움직일수록 이익이 최대화되기 때문에 거래적 리더십이 효과를 발휘한다. 거래적 리더십(transactional leadership)은 무엇인가 가치 있는 것을 교환함으로써 구성원에게 영향력을 행사하는 리더십을 말한다. 주로 심리적 일체감보다는 합리적이고 타산적인 교환 관계를 중시한다.

(2) 카리스마 리더십

카리스마 리더십(charismatic leadership)은 리더의 특출한 능력과 성격에 의해 구성원들의 특별히 강한 헌신과 리더와의 일체화를 이끌어 내는 리더십을 말한다. 카리스마 리더는 초인적이거나 적어도 평범한 사람과는 구별되는 특출한 능력을 가진 사람이다. 따라서 비전을 제시하고, 비전을 달성하기 위해 열정과 자기희생을 하며, 자신감을 표출하고, 조직 구성원들의 동기를 유발하고 신뢰하며 능력의 향상을 촉진시키며, 비전에 내재된 가치를 강조하는 상징적 행동 등을 한다.

(3) 서번트 리더십

서번트(servant)란 하인, 부하, 공무원을 뜻한다. 따라서 서번트 리더십(servant leadership)은 조직 구성원과 클라이언트를 우선으로 그들의 욕구를 만족시키기 위해 헌신하는 섬김 리더십을 말한다. 그린리프(Greenleaf, 1977)는 헤세(H. Hesse)의 소설 『동방순례』에 나오는 레오(Leo)를 통해 서번트 리더십을 설명하였다. 레오는 순례자들에게 허드렛일이나 식사를 돕고, 때때로 지친 순례자들을 위해 밤에는 악기를 연주하는 종이었다. 그러던 어느 날 레오가 갑자기 사라지자 사람들은 당황하기 시작했고, 피곤에 지친 순례자들 사이에 싸움이 잦아져 순례는 중단되었다. 그제야 비로소 사람들은 레오의 소중함을 깨닫고 그가 순례자들의 진정한 리더였음을 알게 되었다. 사실 레오는 교단의 최고지도자였다.

서번트 리더십은 레오와 같이 조직 구성원들이 공동의 목표를 이루어 나가는 데 있어 정신적·육체적으로 지치지 않도록 환경을 조성해 주고 도와주는 리더십이다. 따라서 서번트 리더는 조력자이면서 동시에 구성원들이 보지 못하는 미래를 보고 비전을 보여 줄 수 있는 능력을 가져야 하며, 구성원들 간의 합의를 이끌어 내기 위해 의견을 조율하는 역할을 한다. 구성원들의 잠재력을 발휘하도록 도와주고 이끌어 주는 것이 핵심이다.

표 10-5 전통적 리더십과 서번트 리더십 비교

전통적 리더십	구분	서번트 리더십
일의 결과	관심영역	일 추진 시 장애 요인
자기중심적	가치관	타인중심적, 개방적
여러 차원 중 하나	인재	가장 중요한 자원
과제가 우선	우선 사항	사람이 우선
상명하복	리더-부하 간 관계	존중과 관심
자기 방식 강조	추진 방식	아이디어를 구함
시간과 경비, 생산량	생산성	부하들의 자발성 정도
부족	시간관념	창출
내부 경쟁을 조장	경쟁의 시각	지나친 개인 경쟁 경계
최종 결과 중심	평가	노력 정도에 대한 평가

(4) 리더-구성원 교환이론

리더-구성원 교환이론(leader-member exchange theory: LMX)은 현실적으로 리더가 모든 구성원들을 똑같이 취급하지 않는다는 가정에서 출발한다. 리더와 교환관계의 질(quality)에 따라 구성원들이 내집단(in-group)과 외집단(out-group)으로 구분된다. 주요 업무를 성실히 수행하는 충성적인 구성원들과는 친밀하고 밀접한 관계를 맺고 유지하지만(내집단), 그 외의 구성원들(외집단)과는 그저 공식적으로 요구되는 규정된 역할 범위 내에서 상호작용을 하게 된다(강종수, 2011).

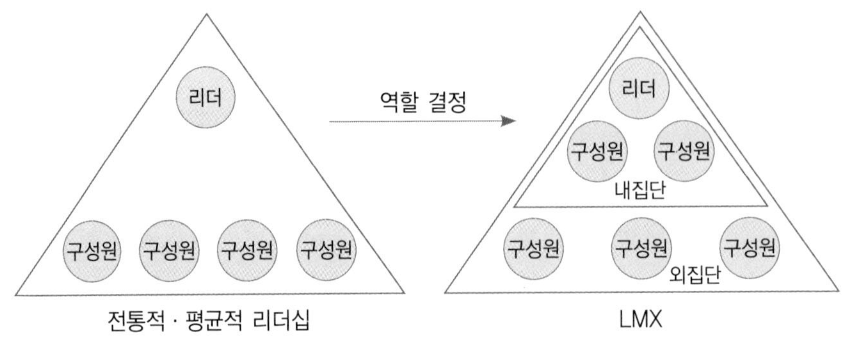

[그림 10-8] LMX의 역할결정 모델

(5) 팔로워십

팔로워십은 현대사회가 리더 단독의 역할만으로는 제 기능을 할 수 없다는 점을 감안하여 구성원이 능동적이고 적극적인 태도와 행동으로 리더와 상호 영향력을 주고받으며 독립적인 촉진자로서의 역할을 할 필요성이 있음을 강조하는 개념이다. 리더와 부하의 관계는 지배나 통제, 복종의 관계보다는 상호 관계를 통하여 조직이 직면한 상황을 해결하고 풀어 나갈 수 있도록 상호 간에 영향력을 발휘하는 중요한 관계로, 무엇보다 리더에게 신뢰를 주고 리더가 발휘하는 영향력을 수용할 수 있어야 하며, 팔로워도 잠재되어 있는 자신의 능력과 자원을 활용하여 영향력을 행사하는 과정이라 할 수 있다.

5) 사회복지조직의 리더십

사회복지조직을 포함한 모든 휴먼서비스조직의 리더는 퍼스널리티 특성, 지식, 기술 등을 갖추어야 할 뿐만 아니라 조직의 사명과 목표에 맞는 생산물을 효과적으로 산출할 수 있는 경영관리 능력을 보유해야 하며, 개인, 과정, 산출별로 리더로서의 요소를 갖추어야 한다. 먼저 리더 개인으로서는 동기와 자질, 지식, 기술 등이 필요하고, 행정 과정에 관해서는 직무 지향적 활동과 관계 지향적 활동, 그리고 행정의 결과, 즉 산출과 관련해서는 클라이언트와 그들을 둘러싼 환경의 변화, 서비스의 질, 클라이언트의 만족도, 직원의 낮은 소진율과 이직률을 유지할 수 있는 능력을 보여야 한다.

표 10-6 휴먼서비스조직 리더가 갖추어야 할 요소

개인	과정	산출
1. 동기와 자질: 의욕, 신뢰성, 유연성, 카리스마, 전문가적 세계관 2. 지식: 사회복지에 관란 공식적 교육, 휴먼서비스조직과 그 서비스에 관한 지식 3. 기술: 관리기술(목표 설정, 기획, 문제해결, 자원관리, 조직환경관리), 대인관계기술(경청, 의사소통, 네트워크)	1. 직무 지향적 활동: 비전 제시, 전문직 문화의 창출, 지적 자극, 권한 위임, 임파워링, 의사결정에의 부하 직원 참여 유도, 영감 2. 관계 지향적 활동: 직원에 대한 개인적 관심, 멘토링, 갈등관리, 지지, 보상	1. 클라이언트와 그들을 둘러싼 환경의 변화 2. 서비스의 질 3. 클라이언트 만족도 4. 직원의 낮은 소진율과 이직률

출처: Schiff, M., & Bargal, D. (2000), p. 311.

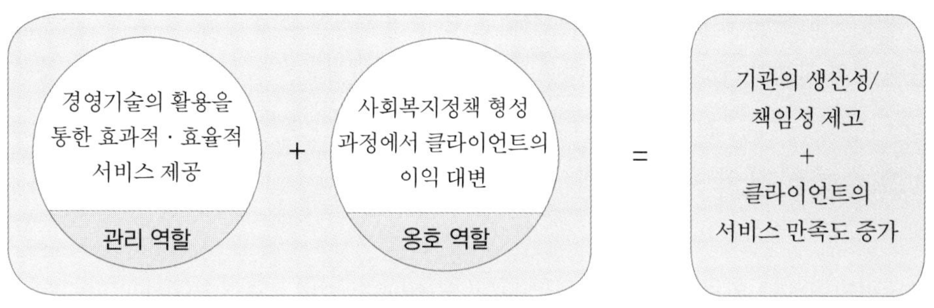

[그림 10-9] 사회복지기관의 리더의 역할

출처: 김형식 외(2009), p. 303.

사회복지기관의 리더는 클라이언트와 지역사회에 제공되는 서비스 및 활동의 질(quality)로서 리더의 역할을 평가받게 된다. 따라서 사회복지기관의 리더는 기관관리라는 전통적 경영기술뿐만 아니라 정책형성 과정에서 클라이언트 옹호(advocacy)의 역할이라는 두 가지를 균형 있게 수행해야 하는 특수성이 있다(Perlmutter & Gummer, 1994; 김형식, 이영철, 신준섭, 2009 재인용).

4. 수퍼비전

1) 수퍼비전의 개념

수퍼비전(Supervision)을 어원 그대로 풀이하면 '위에서 내려 보다', 즉 상급자의 하급자에 대한 감독·통제를 의미하지만, 수퍼비전을 제공하는 사람인 수퍼바이저(supervisior)의 역할은 수퍼비전을 받는 수퍼바이지(supervisee)를 지지하고, 용기를 북돋워 주며, 정보를 제공하고, 상대방의 말을 듣는 것이다(Skidmore, 1995). 수퍼비전은 리더십과는 다른 것으로, 잘 훈련되고 경험이 많고 능력이 있으며 전문지식과 기술을 갖춘 유능한 수퍼바이저가 하급자인 사회복지사를 돕는 것이므로 전문직업인 중심의 사회복지조직에서는 매우 중요한 기능이다.

2) 수퍼비전의 기능

수퍼비전에는 여러 기능이 있지만, 교육적(educational)·행정적(administrative)·지지적(supportive) 기능이 가장 중요하다(Kadushin, 1977). 교육적 기능은 지식과 기술을 향상시키는 것이고, 행정적 기능은 기관의 행정 규정에 대한 정확한 이해를 돕도록 하는 것이며, 지지적 기능은 자신의 업무에 대해 편안하고 좋은 감정을 가지도록 돕고 스스로 업무를 할 수 있도록 용기를 주고 지지해 주는 것이다. 각각의 기능을 요약하면 〈표 10-7〉과 같다.

표 10-7 수퍼비전의 기능

구분	교육적 기능	행정적 기능	지지적 기능
의의	• 업무에 필요한 지식과 기술을 제공하는 역할	• 행정 규정에 대한 정확한 이해를 돕는 역할	• 용기를 주고 지지해 주는 역할
목표	• 업무능력 개선	• 작업 배경 제공	• 업무 만족감 지원
사회복지사 모델	• 자질 있고 능력 있는 사회복지사	• 효율적으로 과제를 수행하는 사회복지사	• 공감적이고 이해심 많은 사회복지사

내용	• 가르침 • 학습 촉진, 훈련 • 경험과 지식 공유 • 정보 제공 • 명확화, 가이드 제공 • 사회복지사 원조 • 전문적 성장 제고 • 조언, 제안, 문제해결 원조	• 직원의 채용과 선발 • 직원의 임명과 배치 • 업무 계획, 할당, 위임 • 업무 검토 및 평가 • 업무 조정 • 의사소통 촉진 • 행정적 완충 • 변화 대행	• 스트레스 유발 상황 방지 • 스트레스 해소 • 스트레스 대처 원조 • 신뢰 형성 • 관점 공유 • 결정에 대한 책임 공유 • 성공을 위한 기회 제공 • 동료를 통한 지지 제공 • 업무 관련 긴장 완화

3) 수퍼바이저의 지위 및 조건

수퍼바이저는 일선 사회복지사와 행정가 양쪽에 대해 책임을 지는 하위관리자다. 사회복지사를 통하여 클라이언트와 간접적으로 접촉하며, 일선 사회복지사가 클라이언트를 보다 잘 도울 수 있도록 원조한다. 행정가와 다르게 수퍼바이저는 기관 내 업무환경과 기관에서 이루어져야 하는 업무 등과 관련되어 있다. 수퍼바이저는 다음과 같은 조건을 갖추어야 한다.

▶ 전문직에 대한 지식과 기관에 대한 종합적인 지식을 갖추어야 한다.
▶ 자신이 클라이언트의 문제를 해결해 본 경험과 기술을 갖추고 있어야 한다.
▶ 하급자에게 항상 개방적인 접근을 허용해야 한다.
▶ 기관, 하급자 등에 대한 헌신적인 사명감을 가져야 한다.
▶ 하급자에게 솔직한 태도를 가져야 한다.
▶ 감사와 칭찬으로 하급자의 동기를 유발해야 한다.

4) 수퍼비전 모형

수퍼비전 모형은 일대일의 관계로 진행되는 개인 수퍼비전과 1대 다수로 진행되는

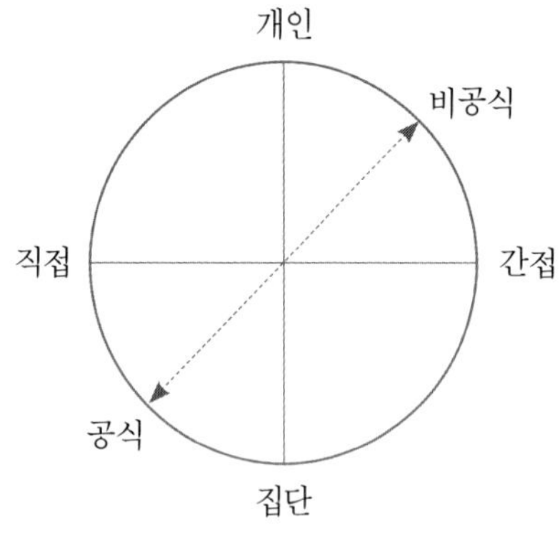

[그림 10-10] 수퍼비전 모형
출처: 최성재, 남기민(2016), p. 449.

집단 수퍼비전, 수퍼바이저가 하급자를 관찰하면서 바로 진행하는 직접 수퍼비전과 하급자의 설명을 듣거나 기록을 읽고 진행하는 간접 수퍼비전, 미팅이나 조회 등의 특정 장소에서 진행되는 공식 수퍼비전과 사전 시간 제약과 토의 사항에 대한 준비 없이 진행되는 비공식 수퍼비전으로 나눌 수 있다. 효과 측면에서는 개인-직접-공식 수퍼비전이 바람직하다.

제11장

기획과 의사결정, 커뮤니케이션

1. 기획

1) 기획의 개념

기획(Planning)이란 미래의 목표를 설정하고, 그 목표를 성취하기 위한 수단을 결정하는 연속적인 의사결정 과정을 통한 행동의 준비과정이다. 따라서 미래에 대한 '목표 설정'과 이를 달성하기 위한 '최적의 접근방법의 선택'이 기획의 핵심이다(김형식 외, 2009). 기획은 계획을 세우는 과정이며, 기획 과정을 통해 도출된 결론이 계획(Plan)이다. 기획은 보다 훌륭하고 뛰어난 성과를 얻기 위한 아이디어 또는 아이디어를 활용한 창조 행위라고 할 수 있다.

2) 기획의 필요성

무계획적인 사업 추진이나 프로그램 진행이 훌륭한 성과를 가져 올 수 없다. 또한 합리적이고 체계적인 계획이 없다면 지금 당장 무엇을 해야 하는지 알 수가 없다. 이와 같이 잘 마련된 계획은 행동의 준거가 되고 효율적이고 효과적인 사업 수행의 기초가 된다. 이러한 계획을 수립하는 과정이 곧 기획이다. 조직의 중장기적인 발전 계획뿐만 아니라 일상적인 프로그램 진행을 위해서도 기획이 중요하다. 최근 사회복지공동모금회의 배분액이 증가하여 사업계획서를 기획할 경우가 많고, 모금회 이외에도 민간 복지재단이나 기업재단에 프로포절을 신청하는 경우가 많다. 흔히 사용하는 사회복지프로그램 개발 역시 기획의 일종이라 할 수 있다. 사회복지조직에게 요구되는 바람직한 기획의 특성은 다음과 같다(Trecker, 1977).

- 관리자는 조직 전체에 대한 장기적이고 전략적인 기획을 책임져야 한다.
- 현실 진단을 바탕으로 실현 가능한 미래의 전망을 제시해야 한다.
- 목표 설정부터 세부 실행 계획까지 논리적·체계적으로 수립되어야 한다.
- 조직의 행동기준이므로 명확한 판단과 방침을 담고 있어야 한다.
- 현재 상태에 대해 변화와 개혁을 추구해 조직에 역동성을 부여해야 한다.

• 실제적인 조직활동에 필요한 분명한 지침이 되도록 행동 지향성을 포함해야 한다.

3) 기획의 유형

기획은 시간 차원, 대상 및 위계 수준에 따라 [그림 11-1]과 같이 나눌 수 있다.

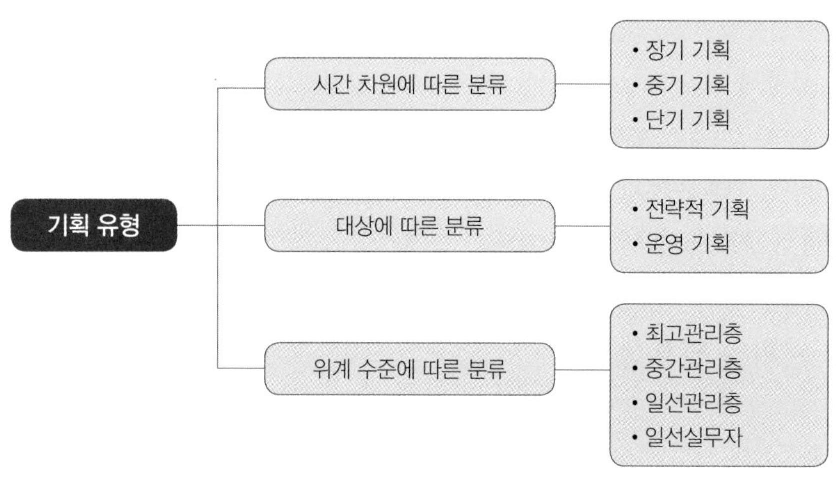

[그림 11-1] 기획의 유형

(1) 시간 차원에 따른 유형

기획을 시간 차원에 따라 분류하면 장기 기획과 단기 기획으로 나눌 수 있다. ① 장기 기획은 최소 1년 혹은 5~10년 이상의 기간에 걸친 기획으로, 주로 외부 환경의 영향을 중시하고 주기적으로 조직의 목적과 목표를 재설정하는 과정이 포함된다. 반면에, ② 단기 기획은 주로 1년 미만에 걸친 사업 기획으로 장기 기획에 근거하여 보다 구체적이고 행동 지향적인 실행방법에 관한 기획을 말한다. 위계 수준에 따라 상위 계층으로 올라갈수록 단기 기획부터 장기 기획으로 책임이 커진다. 단기 기획은 장기 기획에 근거하여 수립되므로 이 둘은 상호 밀접하게 수립되어야 한다. 그리고 필요에 따라 1년 미만의 단기와 10년 이상의 장기 사이에 5년 정도의 중기 기획을 수립할 수도 있다.

(2) 대상에 따른 유형

기획을 대상에 따라 분류하면 전략적 기획과 운영 기획으로 나눌 수 있다. ① 전략적 기획(strategic planning)은 조직의 구체적인 목표 설정과 변경, 우선순위의 설정, 구체적인 목표 달성을 위한 자원의 획득과 사용 및 분배를 위한 정책을 결정하는 과정이고, 반면에, ② 운영 기획(operational planning)은 이미 획득된 자원이 조직의 목표 달성을 위해 효과적이고 효율적으로 사용되도록 관리하는 과정에 해당한다. 즉, 전략적 기획은 조직의 목표를 설정하고 자원을 획득하는 거시적인 과정이라면 운영 기획은 획득된 자원을 효율적으로 사용하려는 미시적인 과정이라 할 수 있다.

(3) 위계 수준에 따른 유형

조직 내에서의 위계 수준에 따라 기획을 분류하면 최고관리층, 중간관리층, 일선관리층 및 일선실무자로 구분할 수 있다. ① 최고관리층은 조직 전체에 대한 장기적이고 전략적 기획을 담당하고, ② 중간관리층은 자신이 담당하고 있는 부문의 전반적인 프로그램과 그 운영을 기획한다. ③ 일선관리층은 직접인 서비스 제공 업무와 관리 업무를 동시에 수행하고 있으므로 구체적인 사업 계획과 일정표 및 단기 목표에 따른 운영 기획을 담당하고, ④ 일선실무자는 자신이 수행하는 업무에 대한 구체적이고 사소한 절차 등에 국한된 구체적인 프로그램을 기획한다.

4) 기획 과정

기획의 과정을 요약하면 다음의 7단계로 진행된다(Skidmore, 1995).

① 목표의 설정 : 목표란 달성하고자 하는 바람직한 미래의 상태, 즉 사회복지기관 및 시설 등이 달성하고자 하는 활동 목표다. 목표 설정을 위해서는 민주적인 과정 속에서 사회적 욕구를 발견하고, 여러 전문가 집단을 활용하며, 환경적 요인을 고려하여 신중히 설정한다.

② 기관의 자원 고려 : 기관의 인적 · 물적 자원을 고려한다. 기관의 설비, 가용 예산 및 서비스에 대한 지역사회의 지원 등을 확보하는 것이 필수적이다. 또한 활용

가능한 직원 수와 자질, 능력, 태도와 감정 등도 고려해야 한다.

③ 대안의 열거 : 목표가 설정되고 기관자원에 대한 검토가 끝나면 바라는 목표에 도달할 수 있는 여러 가지 대안이 고려되어야 한다.

④ 각 대안의 결과 예측 : 다양한 대안적 방법을 고려한 다음 각각의 대안에 대한 결과를 세심하게 기술하고 예측해야 한다. 여러 대안의 가능한 결과를 볼 수 있을 때 그것들을 평가하여 최선의 대안을 선택할 수 있을 것이다.

⑤ 최선의 계획 결정 : 대안이 열거되고 가능한 목표의 선택이 이루어지면, 그것들의 중요성 및 실현 가능성에 가중치를 부여하여 우선순위를 정할 필요가 있다.

⑥ 구체적인 실행 계획 수립 : 합의된 목표에 도달하기 위하여 구체적인 프로그램을 형성하는 단계다. 이 단계에서는 단계별 행동이 규정되고 기록되는 청사진 혹은 도표를 만든다. 간트 도표(Gantt chart), 프로그램 평가검토 기법(PERT) 등의 방법이 동원된다.

⑦ 변화에 대한 개방성과 융통성의 유지 : 상황 변화가 없거나 보다 나은 방법이 개발되지 않았다면 원래의 계획을 유지해야 하고, 상황이 변해 보다 나은 발전을 가져오거나 유용한 자원을 수반하는 경우는 언제든지 계획을 변경할 수 있다.

5) 기획 기법

(1) 시간별 활동계획

시간별 활동계획 혹은 간트 도표(Gantt chart)는 1910년 간트(Gantt)에 의해 고안된 기법으로, 프로그램의 목표를 성취하기 위해 일정 기간 동안 수행되어야 할 과업과 활동을 나열하여 시간적 순서에 따라 막대도표를 사용하여 나타내는 방법이다. 간트 도표는 세부적인 활동은 포함하지 않으며 과업이나 활동 간의 연결과정도 표시되지 않는다. 따라서 상대적으로 복잡하지 않은 사업을 계획할 때 유용하게 사용되는 기법이며 간단명료하다는 장점이 있다.

표 11-1 간트 도표 사례

과업	월별 진행 계획					
	7월	8월	9월	10월	11월	12월
운영팀 구성	→					
대상자 선정	→	→	→	→		
보호 대상자 확보		→	→	→		
그룹홈 설치				→		
운영 프로그램 개발			→	→		
그룹홈 운영				→	→	→

(2) 프로그램 평가검토 기법

프로그램 평가검토 기법(Program Evaluation and Review Techniques: PERT)은 1950년대 미국 해군의 잠수함 건조과정에서 고안된 기법으로, 프로그램의 목표에 따라 과업과 활동, 세부 활동 간의 관계를 논리적으로 시간 순서에 따라 도식화한다. 도표에는 사건이나 행사를 나타내는 원 표시와 원 사이의 관계를 나타내는 화살 표시가 있다. 활동은 좌에서 우로 진행하고, 행사 사이는 직선으로 연결한 후 활동시간을 표시한다.

활동시간은 낙관적 시간(Optiministic time, 가장 짧은 시간), 비관적 시간(Pressimistic time, 최악의 경우 가장 긴 시간), 통상적 기대 시간(Most likely time, 가장 흔하게 걸리는 시

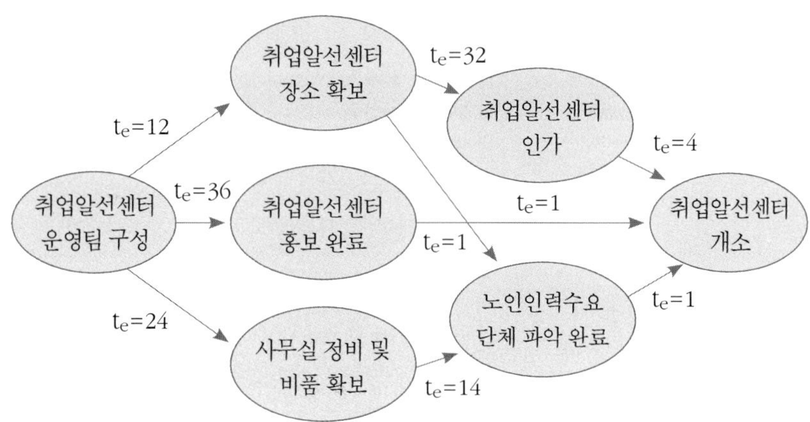

[그림 11-2] 취업알선센터 개소를 위한 PERT

출처: 최성재, 남기민(2016), p. 253.

간)을 기준으로, 기대 시간(te)=(O+4M+P)/6이다. 가장 긴 시간이 걸리는 통로를 임계통로(critical path)라 하고, 기획자가 최종 행사에 도달하는 데 소요될 것으로 생각되는, 반드시 필요한 시간이다. [그림 11-2]에서 취업알선센터 구성 → 취업알선센터 장소 확보 → 취업알선센터 인가 → 취업알선센터 개소의 통로가 가장 시간이 많이 걸리는(48주) 임계통로다.

(3) 월별 활동계획 카드

월별 활동계획 카드(Shed-U graph)는 미국의 레밍턴-랜드(Remington-Rand)라는 회사가 고안한 기법으로, [그림 11-3]과 같이 61×107cm 크기의 바탕 종이에 8×13cm 크기의 카드를 꽂을 수 있는 주머니가 달려 있어 월별로 업무 내용을 조그만 카드에 기입해 삽입하거나 붙인다. 이 방식은 업무의 시간에 따라 변경하여 이동시키는 데는 편하지만, 간트 도표에서와 같이 과업과 완성된 행사 간의 상관관계를 잘 알 수는 없다.

7월	8월	9월	10월
• 운영팀 구성	• 대상자 선정 • 보호 대상자 확보	• 그룹홈 설치	• 운영 프로그램 개발

[그림 11-3] 월별 활동계획 카드의 사례

표 11-2 프로그램의 기획 방법 비교

	간트 도표	프로그램 평가검토 기법	월별 활동계획 카드
특징	• 계획된 세부 목표 및 활동 기간, 수행 현황을 막대 모양으로 표시	• 목표 달성 기한 동안 주요 세부 목표 또는 활동의 상호 관계와 시간 계획을 도표로 연결	• 간트 도표와 비슷
구성 요소	• 가로: 월별/일별 시간을 기입 • 세로: 주요 세부 목표 및 관련 활동을 기입	• 주요 활동의 항목과 내용, 선후 관계(단계), 추정 소요 시간을 표시	• 가로: 월별로 기록 • 하단: 특정 활동이나 업무를 기입한 카드를 삽입하거나 접착함

용도	• 행정관서, 기업체 등에서 사용 • 간단하고 시급한 기획을 나타낼 때 많이 사용함	• 대형 기획이나 인력 및 자원의 사용이 복잡한 경우에 이용함	• 기업체, 사회단체 등에서 사용함
장점	• 간단하고 작성이 용이함 • 전체적인 프로그램에 필요한 활동을 확인하고 특정 활동을 완수하는 날짜가 추적 가능함	• 행동의 선후 관계 파악이 용이함 • 주 경로를 파악하고 이에 대한 집중적인 관리가 가능함	• 업무 시간에 따라 변경하여 카드를 이동시키는 데 편리함
단점	• 총 소요시간과 작업의 연관성을 파악하는 데 어려움이 있음	• 정확하고 타당성 있는 네트워크의 구성이 어려움 • 작성에 시간과 노력이 소모됨	• 과업과 행사 간의 상관관계와 과업을 완수하는 데 필요한 시간을 파악하는 데 어려움

출처: 이상구 외(2009), p. 240. 재인용.

2. 의사결정

1) 의사결정의 개념

의사결정(decision making)이란 의사결정자가 목적을 달성하기 위해 두 개 이상의 가능한 행동 대안 중에서 최선의 방안을 선택하는 것을 말한다. 모든 구성원이 매일 수행하는 일상적이고 필수적인 활동이다. 의사결정은 개인은 물론 조직성과에 직접적인 영향을 미치고, 자율적 조직 기반을 구축하는 데 있어 핵심적인 활동이다. 또한 직원들의 창의성 증진과 인간관계 개선에도 영향을 미친다. 사회복지기관과 같이 일선 직원의 활동이 기관 활동의 질을 가늠하는 결정적 요인이 되는 경우에는 의사결정 과정에 구성원들이 활발히 참여하는 참여적 의사결정이 매우 중요하다.

2) 의사결정의 방법과 과정

의사결정의 방법으로는 ① 감정에 근거하여 가장 최선이라고 느끼는 것을 선택하

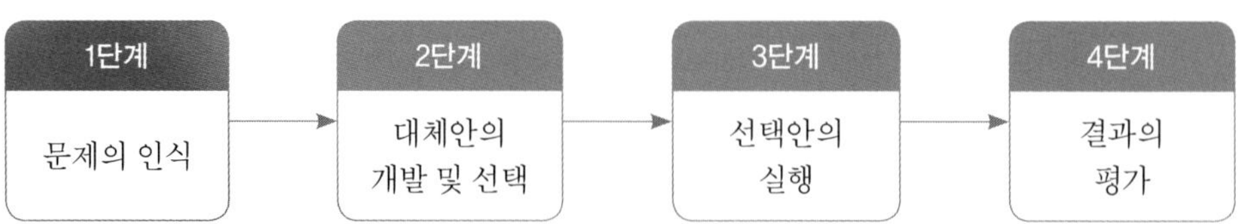

[그림 11-4] 의사결정 과정

는 직관적 결정, ② 개인의 지식과 경험에 기초하는 판단적 결정, ③ 합리적인 절차(정보 수집, 연구, 분석의 과학적이고 객관적인 과정 등)를 통해서 이루어지는 문제해결 결정이라는 세 가지가 있다.

의사결정의 과정은, ① 기대하는 것과 현실 사이의 차이에서 문제를 인식하게 되면, ② 그 결과 관련 자료를 수집하여 여러 대체안을 개발하여 비교 · 평가한 후 최적안을 선택하고, ③ 실행하고, ④ 목적을 달성했는지를 평가하고 다음번 의사결정에 피드백하는 4단계를 거친다.

의사결정은 개인 의사결정과 집단 의사결정이 있다. 해결해야 할 문제의 복잡성이 커짐에 따라 집단 의사결정의 비중이 증가하고 있다. 집단 의사결정은 시너지 효과

표 11-3 **개인 의사결정과 집단 의사결정 비교**

구분	개인 의사결정	집단 의사결정
장점	–신속한 의사결정 –책임 한계가 명확 –의견의 간섭을 적게 받음	–정보의 경험을 교환 –창의성을 높일 수 있음 –참여를 통해 여러 사람 간 이해 증진 –개인적 주관성을 감소시킬 수 있음
단점	–다양한 의견을 폭넓게 참고할 수 없음 –구성원 간의 상호작용 기회 없음 –개인의 주관성이 강하게 작용	–시간과 에너지 낭비가 클 수 있음 –위험을 회피하려는 경향이 강하게 나타남 –소수의 의견에 지배되기 쉬움 –책임 한계 불명확 –사소한 문제해결에 집착하는 경향
적용 상황	–단순하고 일상적인 문제해결 –문제해결에 시간적 제한을 받는 경우 –문제해결 과정이나 방식이 미리 결정되어 있는 경우 –문제의 특성이 개인적인 것에 속하는 경우	–복잡한 문제해결 –문제의 해결이 오랜 시간을 요하는 경우 –문제가 미치는 영향이 크고 중한 경우 –이해당사자가 많은 경우 –문제가 비교적 독특한 경우

를 가져오며, 문제에 필요한 지식과 기술이 풍부해지기 때문에 더 높은 질의 의사결정이 이루어지는 경향이 있다.

3) 의사결정 모형

(1) 합리 모형

합리 모형(rational model)은 인간의 과학적 지식과 이성에 대한 기본적인 믿음에 바탕을 두고 정책이나 의사결정과 관련하여 합리적으로 결정할 수 있다고 보는 입장이다. 즉, 의사결정자는 문제해결을 위해 대안을 검토하고 대안이 가져올 결과에 대한 정보를 수집하고 분석하여 비교 · 평가함으로써 최선의 대안을 선택한다. 가장 이상적이지만, 사실 인간의 능력은 제한되어 완전하고 종합적인 정보 수집과 처리가 어렵고, 문제해결 대안의 개발에서 현실적인 제약점을 고려하지 않기 때문에 실현 가능성이 낮다.

(2) 점증 모형

점증 모형(incrementalism model)은 합리 모형의 비현실성을 비판하며 린드블룸(Lindblom, 1968), 윌다브스키(Wildavsky, 1966) 등이 주장한 것으로, 기존의 의사결정을 인정하고 그보다 향상된 대안에 대해서만 부분적 · 순차적으로 탐색하여 의사결정하는 현실적 · 실증적 접근방법이다. 기존의 실천을 정치적 합리성에 근거하여 조금씩 변경해 나가는 방법을 사용한다. 현재의 상황에서 가장 저항을 적게 받고 문제를 효율적으로 해결할 수 있다는 장점이 있지만, 현상유지적 문제방법에 지나지 않아 보수적이고 급속한 환경 변화에 대응할 수 없다는 비판을 받고 있다.

(3) 혼합 모형

에치오니(Etzioni, 1964)가 주장한 것으로, 인간의 정보 수집 및 처리능력의 한계와 현실적 제약을 인정하면서도 현실적인 제약의 한계 내에서 가능한 모든 대안을 개발하여 효과성과 효율성이 가장 높은 것을 선택한다는 모형이다. 합리 모형을 정(thesis), 점증 모형을 반(antithesis)으로 하여 변증법적으로 연합된 합(synthesis)으로서의 제3의 모형이라 할 수 있다. 종합적 합리성을 바탕으로 하여 일반적인 내용은 합리 모형이지만 세부적인 결정은 점증 모형의 방법을 사용하며, 사회복지조직의 기획과 의사결정 과정에서 이용할 만한 방법이다.

(4) 만족 모형

마치와 사이먼(March & Simon, 1958)이 주장한 것으로, 합리 모형의 현실적 제약점을 극복하기 위해 인간의 '제한된 합리성'에 기초하여 의사결정한다는 것이다. 의사결정자는 만족할 만한 대안을 찾으면 그 대안을 선택함으로써 대안의 탐색이 중단되고 의사결정이 이루어진다고 보고 있다. 그러나 만족하는 수준이란 것이 지나치게 주관적이어서 만족의 정도를 결정짓는 객관적 기준이 없고, 대안이 보수적인 성격을 띠고, 환경이 급변하는 상황에서는 적용하기 어려우며, 조직의 의사결정에 이를 그대로 적용하기 어렵다는 단점이 있다.

(5) 최적 모형

점증 모형과 만족 모형의 보수성에 불만을 갖고 주장한 이론으로, 의사결정을 체계론적 시각에서 파악하고 성과를 최적화하려는 모형이다. 의사결정의 최적화를 위해서 경제적 합리성뿐만 아니라 직관, 판단, 창의성과 같은 초합리적 요인을 동시에 고려해야 한다. 의사결정에서 초합리성이 고려되고, 인간이 노력하면 최적의 결정에 이를 수 있다는 점은 장점이다. 하지만 의사결정체제 전반을 내용으로 하고 있어 최적의 의미가 불분명해지고, 초합리성의 이용방법이나 합리성과의 관계가 모호하다는 점이 단점이다.

(6) 쓰레기통 모형

의사결정이 합리성이나 협상, 타협 등을 통해 이루어지는 것이 아니라 조직화된 무정부 상태(혼란 상태) 속에서 나타나는 몇 가지 흐름에 의하여 우연히 이루어진다고 보는 모형이다. 복잡하고 혼란한 상황 속에서 조직이 어떠한 의사결정 형태를 나타내는가에 연구 초점을 둔다. 하지만 조직화된 혼란 상태는 모든 조직에서 나타나는 현상은 아니기 때문에, 일부의 조직 또는 일시적으로 나타나는 혼란 상태에서의 의사결정 형태를 설명하는 데 국한된다는 점이 단점이다.

4) 의사결정 기술

(1) 의사결정 나무분석

의사결정 나무분석(decision tree analysis)은 의사결정 규칙을 도표화하여 관심의 대상이 되는 집단을 몇 개의 소집단으로 분류하거나 예측하는 기법이다. 즉, 개인이 가능한 여러 대안을 선정하고 각각의 대안을 택했을 경우와 그렇지 않을 경우의 결과를 그림으로 그려서 생각한다. 그림의 모양이 나무의 구조와 비슷하여 이러한 이름이 붙여졌다.

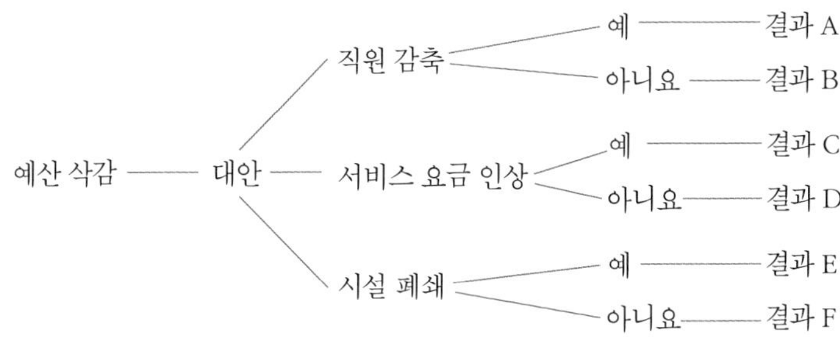

[그림 11-5] 의사결정 나무분석 사례

출처: 최성재, 남기민(2016), p. 266.

(2) 대안선택 흐름도표

대안선택 흐름도표(alternative choice flow chart)는 어떤 사항의 연속적 진행 과정에서 '예'와 '아니요'로 답변할 수 있는 질문을 연속적으로 하여 예상되는 결과를 결정하도록 하는 도표다. 목표가 분명하고 예상 가능한 사항의 선택에 적용될 수 있다.

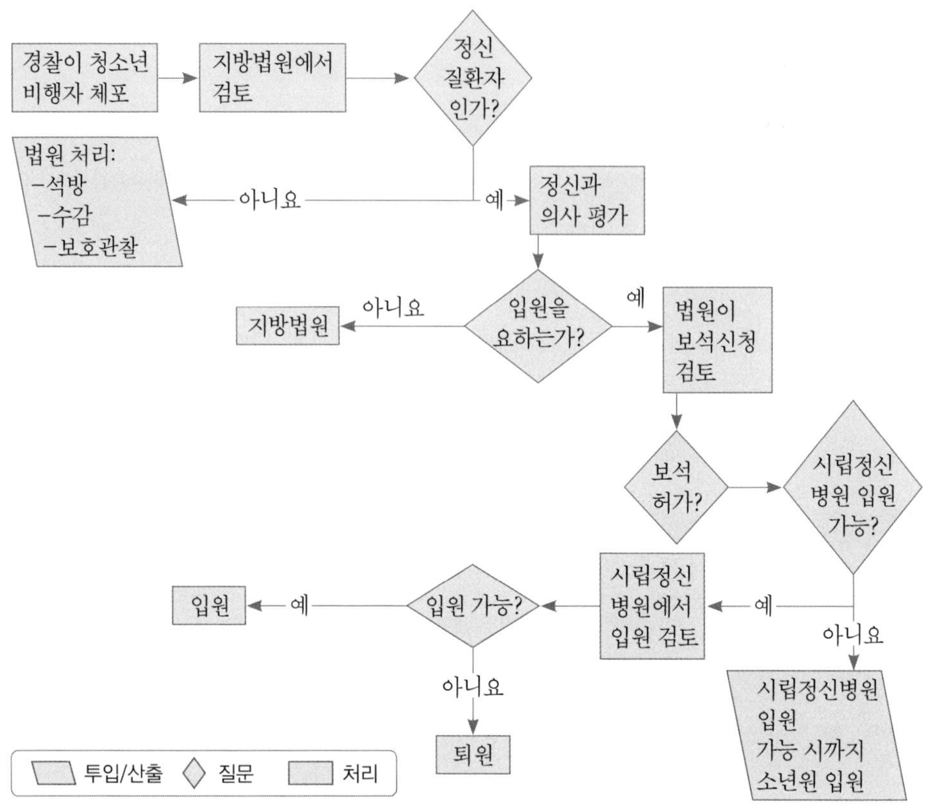

[그림 11-6] 대안선택 흐름표

출처: 최성재, 남기민(2016), p. 267.

(3) 델파이법

델파이(Delphi)법은 어떤 문제에 대하여 전문가들의 합의점을 찾는 방법으로, 응답이 무기명이고 대면적인 회의에서와 같은 즉각적인 피드백을 통제하고 개인의 의견을 집단적 통계분석으로 처리하는 방식이다.

원래 이 방법은 고대 희랍의 델파이 신전의 사제들이 전국의 현인들로부터 의견을 청취하기 위해 사자(使者)들을 보낸 일에서 유래된 것으로, 우선 일단의 전문가 또는 관련자들로부터 우편으로 의견이나 정보를 수집하고, 그 결과를 분석한 후에 그것을 다시 응답자들에게 보내어 의견을 묻는 식으로 만족스러운 결과를 얻을 때까지 계속한다. 이 방법은 지극히 불확실한 미래 현상을 예측할 때 특히 효과적이지만 시간이 많이 걸리고 복잡한 사안일 때는 말과 글이 일치하지 않기 때문에 소기의 목적으로 달성하려면 많은 정성과 노력이 필요하다.

Tip 델파이조사 사례

강원도 중장기 사회복지종합발전계획 수립을 위해 전문가 델파이조사를 한다면 다음의 4단계로 진행된다.

• 1단계: 전문가 집단 선정과 조사 대상자 파악

우선 조사 대상인 전문가 집단을 도내 사회복지학과 교수, 사회복지기관 및 시설의 대표, 사회복지직 공무원 등으로 규정하고, 이들 명부를 작성하여 무작위로 ○○명을 선정하여 사전에 델파이 조사에 대한 허락을 얻는다.

• 2단계: 1차 개방형 설문조사

강원도의 출산율(2023년 기준 합계출산율 1.03명)은 매우 낮은 수준입니다. 이에 대처하기 위한 사회적 과제는 무엇인지 두 가지를 제시하여 주십시오.

1. ____

2. ____

• 3단계: 2차 후속 설문조사

다음은 저출산 문제에 대한 강원도의 대응 과제에 대한 전문가 ○○명의 응답 결과입니다. 귀하께서 동의하시는 정도에 ∨표시해 주십시오.

문항	1차 델파이 결과(명, %)	동의 정도			
		전혀 동의하지 않는다.	동의하지 않는다.	동의한다.	전적으로 동의한다.
① 여성의 고용 환경 개선	45( )				
② 이민자에 대한 복지 혜택	32( )				
③ 아동수당정책 필요	27( )				
⋮					

• 4단계: 조사 결과의 정리

대응과제	저출산 문제에 대한 강원도의 대응 과제	
	동의 정도(*M, SD*)	소수 의견
① 여성의 고용 환경 개선	3.47(60)	그 밖에 노인의 아동보호 크레디트 제도 필요(3.12) 등이 있음
② 이민자에 대한 복지 혜택	3.19(61)	
③ 아동수당정책 필요	3.12(67)	
⋮		

(4) 명목집단법

명목집단법(Norminal Group Technique: NGT)은 구성원들이 한자리에 모여 대화나 토론 없이 제시된 문제에 대해 생각해 본 후에 각자의 의견을 적어 내고 이것을 종합하여 정리한 후에 각각의 의견을 검토해 합의가 이루어질 때까지 계속하는 방식이다. 모여서 토의하다 보면 상급자의 눈치도 보아야 하고, 먼저 의견을 말한 사람이 내가 좋아하는 사람인지 혹은 싫어하는 사람인지에 따라 자기 의견이 영향을 받을 수도 있기 때문에 이런 폐단을 방지하기 위해 누가 무슨 의견을 말했는지 모르도록 하는 방식이다.

이 방식은 시간을 절약하고 각자 솔직한 의견 제시가 가능하다는 장점이 있다. 보통 6~9명 정도의 소집단에 적용하며, 서로 간에 토론이나 의사소통 없이 '이름뿐인 집단'이라 하여 명목집단이라 한다. 컴퓨터의 발전으로 모니터를 보며 의견을 무기명으로 입력하면서 최종안을 도출하는 전자회의 방식으로 이용할 수도 있다.

(5) 브레인스토밍

브레인스토밍(brainstorming)은 다양한 아이디어나 대안을 개발할 때 많이 사용되는 기법으로, 이 방법의 핵심은 한 사람이 아이디어를 내는 동안 누구도 이에 대해 평가나 비판을 하지 않는 데 있다. 특히, 발표 기회는 지위나 나이를 불문하고 똑같은 기회가 주어져야 한다. 비교적 간단한 방법이지만 프로그램 개발이나 문제해결에 매우 유용한 방법이다. 진행 절차는 다음과 같다.

- 6~12명의 집단을 구성하고, 리더와 기록할 사람을 각각 한 명씩 선정한다.
- 리더는 참가자들에게 문제를 알려 주며, 회의가 열리기 전에 통보한다.
- 참가자들은 다음에 네 가지 규칙을 지키면서 돌아가며 문제의 답을 제시한다.
  - 어떤 제안에도 판단(비판)을 덧붙이지 않는다.
  - 터무니없거나 비현실적이거나 상관없이 모든 아이디어를 받아들인다.
  - 제시되는 아이디어의 숫자가 주된 목표이며, 질은 양을 따르기 마련이다.
  - 제시되는 아이디어는 결합된 것이든 재구성된 것이든 편승을 하든 상관없다.
- 25~30분 진행한 뒤에 쉬고, 다시 제시된 아이디어를 하나씩 검토해 나간다.

다만 이 방식에 의하더라도 현실성이 없거나 또는 문제와 아주 동떨어진 결론에 이를 수 있다는 단점이 있다. 그러나 전혀 생각하지 못한 참신한 아이디어를 도출할 수 있다거나 시너지 효과를 발휘할 수도 있다는 장점이 있다. 보다 다양하고 튀는 의견들이 많이 제시될수록 성공적이다.

5) 의사결정 과정의 오류

의사결정 과정에서는 〈표 11-4〉와 같은 오류가 발생할 수 있다. 특히, 이사회의 의결과 같이 회의 등을 통한 집단의사결정을 할 경우에는 구성원 개개인의 지식과 기술, 경험, 전문성 등을 동원할 수 있고, 의사결정에 필요한 정보 수집이나 평가 과정에의 오류를 발견하기 쉬우며, 일방적인 지시가 아니므로 의사결정에 대한 수용성이 높다는 장점이 있다.

표 11-4 의사결정 과정의 오류

오류	개념	내용
과도한 확신	자신의 답변이 맞을 확률을 지나치게 낙관하는 경향	• 지적인 능력과 대인관계 능력이 가장 부족한 사람들이 오히려 자신의 능력과 성과를 과신하는 경향이 높음
과도한 집착	초기 정보에 지나치게 고착되는 경향	• 처음 접한 정보에 지나치게 의존하여 이후에 다른 정보가 들어와도 적절하게 생각을 조정하지 못함

확증 오류	과거의 선택을 확증해 주는 정보를 수집하는 경향	• 과거의 판단이 틀렸다는 정보는 무시함 • 정보는 기존 관점을 뒷받침해 주는 편향을 가짐
접근성 오류	쉽게 접근할 수 있는 정보에 근거를 두고 판단을 내리는 경향	• 생생한 감정을 불러일으키는 특별한 사건이나 최근에 발생한 사건에 큰 영향을 받음
대표성 오류	과거에 일어난 상황이 현재 자신에게도 일어날 수 있다고 여기는 경향	• 과거에 성공했으니 이번에도 역시 성공한다는 잘못된 믿음
결정의 지속성	잘못된 의사결정임을 알면서도 수정하지 않는 것	• 자신에게 실패의 책임이 있다고 여길 때 발생 • 의사결정에 일관성이 있다는 인상을 주려는 성향 때문에도 발생
우연성 오류	우연하게 발생하는 일들에 대해서 우리가 예측할 수 있다고 믿는 것	• 미신적 태도로 인해 중요한 정보를 객관적으로 판단하지 못함
맹목성 오류	사건의 결과가 실제로 알려진 후 결과를 정확히 예측할 수 있었다고 잘못 믿는 경향	• 이렇게 될 것을 사전에 알았다고 믿는 것 • 선택적 기억과 과도한 이전 예측의 재구성 능력에 의해 발생

그러나 과도하게 시간이 소모되며, 책임이 분산되고, 구성원 간에 극단적인 쏠림 현상이 나타날 수 있다. 그리고 특히 문제되는 것은 집단사고(group think)다. 집단사고는 케네디 대통령의 쿠바상륙작전이나 존슨 대통령의 베트남전 참전, 챌린저호 폭발사고 등을 통해 밝혀진 것으로, 응집력이 높은 소규모 집단에서 이의 제기를 억제하고 쉽게 만장일치를 이루려는 집단압력 현상을 말한다. 낙관론에 집단적으로 눈이 멀어버리는 현상이다. 집단 구성원 간에 호감과 단결심이 클수록 소외당할 가능성에 대한 우려로 인해 의심을 억누르고 비합리적인 결정에 쉽게 동참하게 된다. 집단 사고를 예방하는 방법은 다음과 같다.

- 집단 구성원에서 비판적인 평가자의 역할을 부여하여 반대 목소리를 내도록 독려해야 한다.
- 리더는 모임을 이미 정해진 안을 통과시키려는 거수기로 이용해서는 안 된다.
- 동일한 문제를 서로 다른 두 집단에 맡겨 대안을 제시하도록 한다.
- 다른 관점을 제기할 수 있도록 외부 전문가를 활용하거나 분임조로 나누어 토의

한다.

- '악마 주창자(Devil's Advocator, 반대를 위한 반대)'를 임명해 항상 반론을 제기하도록 한다.
- 일단 합의에 도달했다고 하더라도 모두에게 각자의 입장을 재검토할 기회를 준다.

3. 커뮤니케이션

1) 커뮤니케이션의 개념

커뮤니케이션(communication)은 의사소통 또는 정보의 상호 교류과정으로서 발신자와 수신자 간의 정보나 감정, 사실 등이 전달되어 상호 간의 행동이나 의사결정에 영향을 미치는 것으로 인체의 혈액순환이나 신경계통과 같은 역할을 한다. 조직의 한 구성원으로부터 다른 구성원에게로 상호 이해될 수 있는 언어, 기호, 동작 등을 통하여 사실이나 생각 또는 감정 등을 전달함으로써 생각과 행동 또는 태도에 영향을 미치는 쌍방의 과정이다. 조직 내에서 효과적인 업무수행을 위해서는 구성원들 간의 원활한 의사소통이 필수적이다. 만일 위에서 아래로의 일방적인 커뮤니케이션만 이루어진다면 하부계층의 창의력과 의견을 집단의 의사결정에 반영하기 어렵고 조직이 경직되기 쉽다.

실제로 기업 관리자들은 하루 근무시간의 75~90%를 커뮤니케이션에 할애하는데, 약 50%는 청취, 35%는 대화, 10%는 읽기, 그리고 5%는 쓰기에 사용한다(Abbatielo & Bistrup, 1969). 또한 성공적인 리더에게 요구되는 능력에 관한 「포천」 조사에 의하면 상위 열 가지 대부분이 커뮤니케이션과 관련 있는 것으로 나타났다. 따라서 사회복지행정가에게 커뮤니케이션은 조직관리에 매우 중요한 측면이다.

2) 커뮤니케이션의 기능

커뮤니케이션의 기능을 살펴보면, 커뮤니케이션을 통해 타인들의 행동을 지도 ·

통제하기도 하고, 자신의 감정과 정서를 표현하기도 하며, 의사결정에 필요한 정보를 주고받기도 하고, 공식적 커뮤니케이션 경로의 이용과 같은 공식적 조직구조를 강화하기도 한다. 따라서 사회복지행정가는 조직 내의 여러 가지 형태의 커뮤니케이션이 막힘과 잡음 없이 원활히 이루어지도록 해야 하며, 행정가 본인이 가장 중요한 커뮤니케이션 주체이므로 적시에 정확한 정보를 전달하고 수령할 수 있는 능력을 개발해야 한다.

3) 커뮤니케이션 과정과 장애 요인

(1) 커뮤니케이션 과정

커뮤니케이션의 과정은 정보원과 수신자 그리고 피드백과 잡음으로 구성된다. 정보원, 즉 발신자가 자신이 의도한 의미를 부호나 심벌로 변화시키는 코드화를 거쳐 메시지를 수신자에게 전달하면 그것을 해석해 애초 의도한 의미를 지각하게 된다. 그리고 수신자가 발신자에게 메시지가 정확히 전달되고 이해되었는가를 피드백하게 되며, 메시지의 발신과 수신 사이에서 잡음(noise)이 발생하면 커뮤니케이션의 정확도나 감도가 떨어진다.

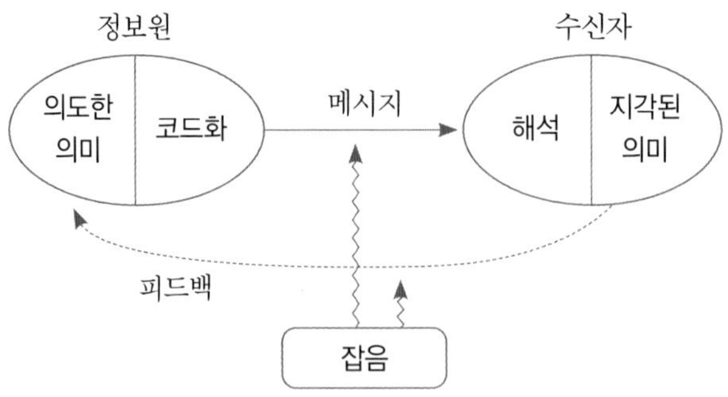

[그림 11-7] 커뮤니케이션 과정

(2) 커뮤니케이션 장애 요인

효과적인 커뮤니케이션을 방해하는 장애 요인은 대략 다음의 네 가지를 들 수 있다.

① 왜곡(distortion) : 전달자가 의도했던 메시지의 내용이 수신자에게 전달되는 과정에서 변경되는 경우다. 주로 상이한 경험 등에 따른 준거체계의 차이, 부적절한 언어 사용으로 인한 해석상의 오류, 믿는 것만 받아들이는 선택적 경청, 상급자와 하급자 간의 지위 차이, 시간에 쫓겨 발생하는 시간적 압력 등이 왜곡을 발생시키는 주요 원인이다.

② 누락(omission) : 전달자가 의도한 메시지의 일부분만이 수신자에게 전달되는 경우다. 대부분 전달자가 고의로 내용의 일부를 여과할 때 혹은 전달자가 메시지의 전체 내용을 파악하지 못해 불충분한 정보만 전달할 때 발생한다.

③ 과잉 정보(overload) : 수신자가 너무 많은 메시지를 동시에 받다 보니 합리적인 의사결정을 하지 못하는 경우다. 하급자는 정보의 중요성 여부를 가려 필요하고 적절한 분량만을 보고해야 한다.

④ 수신 거부 : 수신자가 메시지 수용을 거부하는 경우다. 주로 수신자가 정보 전달자를 신뢰하지 못하기 때문에, 그리고 메시지 내용에 대한 수신자의 선입견 때문에 발생한다.

4) 커뮤니케이션의 유형

[그림 11-8] 커뮤니케이션 유형

(1) 공식적 · 비공식적 커뮤니케이션

① 공식적 커뮤니케이션은 공식조직 내에서 계층적인 경로와 과정을 거쳐 공식적

으로 행해지는 것으로 주로 공문서를 수단으로 한다. 공식적 커뮤니케이션은 일정한 네트워크를 형성하고 있으며, 이러한 경로를 통해 집단 내에서 누가 누구와 의사소통할지가 결정된다. 공식적 커뮤니케이션 네트워크의 형태는 다섯 가지가 있고, 조직행위에 미치는 효과를 요약하면 [그림 11-9]와 같다. 반면에, ② 비공식적 커뮤니케이션은 계층제나 공식적인 직책을 떠나 구성원 간의 친분, 상호 신뢰와 현실적인 인간관계 등을 통하여 이루어지는 것으로 주로 소문, 메모 등을 수단으로 한다.

(2) 수평적 · 수직적 커뮤니케이션

① 수평적 커뮤니케이션은 동일 계층의 사람들 또는 상하관계에 있지 않은 사람들 사이에 이루어지는 것으로, 대규모 조직과 전문화의 정도가 높을수록 그 필요성도 높아진다. 반면에, ② 수직적 커뮤니케이션은 조직의 상하계층 간에 쌍방적으로 이루어지는 의사전달이다. 수직적 커뮤니케이션은 상의하달식(지시, 명령 등)과 하의상달

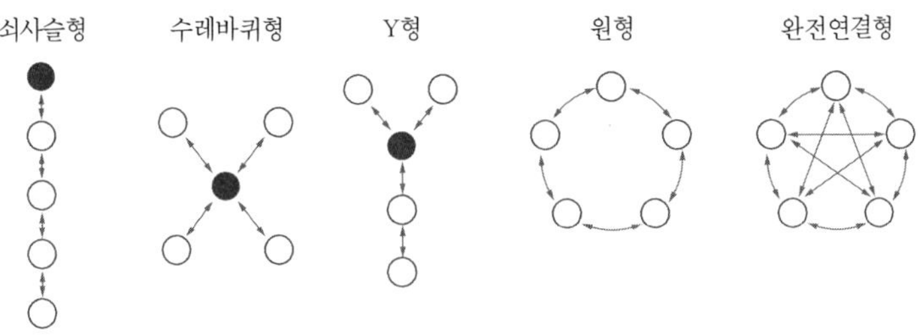

	쇠사슬형	수레바퀴형	Y형	원형	완전연결형
의사전달 속도	중단	단순 과업: 빠름 복잡 과업: 늦음	빠름	모여 있는 경우: 빠름 떨어져 있는 경우: 늦음	빠름
의사전달의 정확성	문서: 높음 구두: 낮음	단순 과업: 높음 복잡 과업: 낮음	높음	모여 있는 경우: 높음 떨어져 있는 경우: 낮음	중간
구성원 만족도	낮음	낮음	낮음	높음	높음
구성원 몰입 정도	낮음	중간	낮음	높음	높음

[그림 11-9] 커뮤니케이션 네트워크의 형태

출처: 신유근(2005), p. 312.

식(의견 조사, 보고 등)의 두 가지가 있다.

(3) 언어적 · 비언어적 커뮤니케이션

① 언어적 커뮤니케이션은 언어를 통해 이루어지는 의사전달로서, 개인의 상태와 의도를 전달하는 가장 강력하고 효과적인 방법이다. 커뮤니케이션의 가장 대표적인 방법이며, 다만 개인이 갖고 있는 경험과 배경에 따라 특정 단어에 대한 의미 부여와 이해가 다를 수 있음을 이해해야 한다. 반면에, ② 비언어적 커뮤니케이션은 몸짓이나 자세, 얼굴 표정이나 시선, 제스처, 의상 등과 같이 언어 이외의 수단을 이용한 커뮤니케이션을 말한다. 커뮤니케이션에서 언어적 요소는 30%에 불과하고 비언어적 요소가 70%라고 한다. 비언어적 요인을 통해 상대의 심리 상태나 말의 진실성을 판단할 수도 있다.

5) 효과적인 커뮤니케이션 방안

(1) 전달자 노력

커뮤니케이션 흐름의 정확성과 수용도를 높이기 위해서는 의사전달자 자신이 전달하고자 하는 바를 다른 사람들에게 잘 이해시키려는 지속적인 노력이 필요하다. 효과적인 커뮤니케이션을 위한 전달자의 유의 사항은 다음과 같다(Redfield, 1958).

- ▶ 내용이 서로 모순되지 않아야 한다(일관성의 원칙).
- ▶ 쉽고 정확하게 이해할 수 있도록 명확해야 한다(명료성의 원칙).
- ▶ 필요한 시기에 적합하게 전달되어야 한다(적시성의 원칙).
- ▶ 정보의 양이나 규모가 적정해야 한다(적정성의 원칙).
- ▶ 극비 사항이 아니라면 널리 알려져야 한다(분배성의 원칙).
- ▶ 상황과 시기에 적절하도록 융통성을 지녀야 한다(적응성의 원칙).
- ▶ 전달 내용이 피전달자가 수용할 수 있어야 한다(수용성의 원칙).

(2) 적극적 청취

커뮤니케이션에서는 메시지를 잘 전달하는 것 못지않게 잘 청취하는 것이 중요하다. 훌륭한 웅변가일수록 말을 많이 하기보다는 남의 말을 잘 듣는 사람이다. 관리자가 될수록 일방적으로 통보하고 구성원의 말을 잘 듣지 않으려는 경향이 있다.

(3) 효과적인 피드백

커뮤니케이션에서의 피드백은 송신자가 보낸 메시지를 수신자가 해석하고 이를 다시 송신자에게 보내는 것을 말한다. 이를 통해 메시지를 정확히 수신하고 이해했는지를 확인할 수 있다. 효과적인 피드백을 위한 가이드라인은 다음과 같다(Bauer & Erdogan, 2010).

- ▶ 피드백은 상사와 부하 간에 신뢰에 바탕을 두어야 한다.
- ▶ 피드백은 구체적이어야 한다.
- ▶ 피드백은 눈에 보이거나 평가될 수 있는 특정 행동에 초점을 맞춘다.
- ▶ 피드백은 발생한 일에 대해서만 한다.
- ▶ 피드백은 수신자가 받을 준비가 되어 있을 때 해야 한다.
- ▶ 피드백을 한 후에 수신자가 잘 이해했는지 확인해야 한다.
- ▶ 피드백은 수신자의 능력을 염두에 두어야 한다.

(4) 효과적인 매체 선택

커뮤니케이션을 위해서는 상황에 적합한 효과적인 매체를 선택해 의사소통해야 한다. 말로 하면 전달 속도가 빠르고 즉각적인 피드백이 가능하지만 수신자가 집중하지 않으면 여러 장애가 발생할 수 있다. 반면에 결재 서류나 이메일, 보고서 등의 서면을 이용할 경우 메시지 내용이 소실되지 않고 원형 그대로 보존되며 따라서 그 내용에 대한 오해가 없어 복잡하고 긴 커뮤니케이션에 유용하다. 사람들은 구두보다 서면일 경우에 더 신중해진다.

다음의 [그림 11-10]에서는 매체별로 주어질 수 있는 정보의 양과 해당 문제의 복

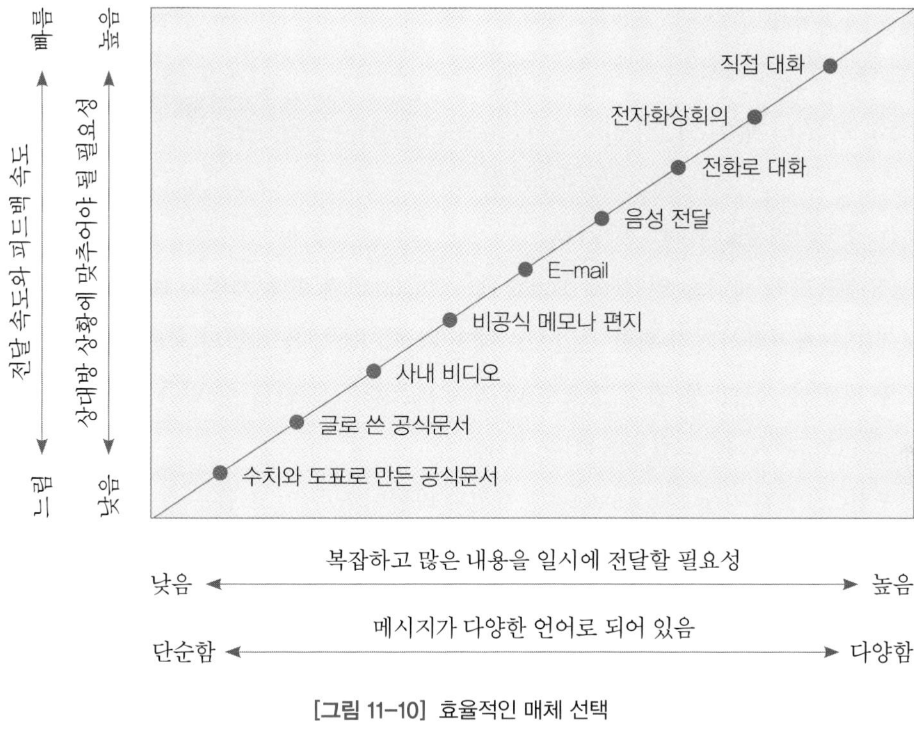

[그림 11-10] 효율적인 매체 선택

출처: 박경규(2014), p. 333.

잡성 정도에 따라 효과적인 매체들이 제시되어 있다. 문제의 복잡성 정도가 높고 이에 따라 공유해야 할 정보가 많은 경우에는 커뮤니케이션 당사자는 직접 대화(face-to-face) 해야 효과적이다. 반면에 문제의 복잡성이 극히 낮고 요구되는 정보 또한 많지 않을 경우에는 수치 내지 도표가 있는 공식문서만으로도 충분하다. 최근에는 SNS 메신저 사용이 일반화되어 있으므로 공지 사항을 카카오톡 단체방이나 카페, 블로그 등을 개설해 공지하는 등의 노력이 필요하다.

(5) 개방적인 분위기 조성

유용한 정보를 갖는 것은 조직 내에서 일종의 권력에 해당한다. 따라서 구성원들은 중요한 정보를 다른 사람들과 공유하기보다는 독점하려는 경향이 있다. 이렇게 되면 조직 전체 수준에서 볼 때에는 의사결정의 질이 떨어질 수 있다. 따라서 개방적인 조직문화를 활성화시켜 구성원들 간에 정보를 공유하는 분위기를 조성해야 한다. 이를 위해서는 우선 탑 다운방식으로 상위 직급자부터 솔선하여 정보를 공유하는 노력을 기울여야 한다.

6) 커뮤니케이션 기법

(1) 조해리의 창(Johari's Window)

조 루프트와 해리스 잉검(Joe Luft & Haris Ingham)에 의해 개발된 대인 간 의사소통기법을 활성화시키기 위한 기법으로 대인 간 의사소통을 개인의 의사소통 인식 정도와 타인의 의사소통 인식 정도로 네 가지 매트릭스를 만들 수 있다. 조해리의 창(Johari's Window)은 [그림 11-11]과 같다.

우선, ① 열린 창(public window)은 자신과 타인이 모두 알고 있는 행동이나 마음의 영역을 의미하며, ② 가려진 창(closed window)은 자신은 알고 있으나 타인이 모르는 자신의 영역을 말한다. ③ 맹목적인 창(blind window)은 자신은 모르나 타인은 알고 있는 자신의 영역이며, ④ 어두운 창(unknown window)은 자신도 타인도 모르는 무의식적 영역을 말한다. 조해리의 창에서는 타인의 말을 솔직히 귀담아 듣고 자신을 솔직하게 표현함으로써(열린 창이 확대될수록) 대인 간 의사소통이 개선될 수 있다고 제안하고 있다.

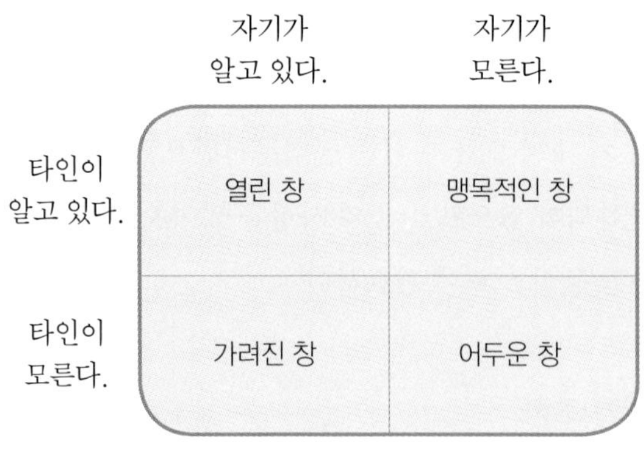

[그림 11-11] 조해리의 창

(2) 나-메시지

개인 간 갈등이나 불만이 있을 때 그것을 표현하는 언어적 의사소통 방법에는 너-메시지(you-message)와 나-메시지(I-message)가 있다. 이는 불편한 상황에 대한 책임 소재를 따지는데, 나-메시지는 나의 책임이 있다고 받아들이는 것이지만 너-메시지는 상대방의 책임을 묻는 것이다. 예를 들어, 누가 식당에서 떠들 때 "조용히 하세요."라고 말했다면, 상대방에게 비난, 지시, 명령, 충고, 무시, 판단 등의 뜻을 내포한 메시지를 던지는 너-메시지다(설기문, 2002). 이러한 표현은 〈표 11-5〉에서 보는 바와 같이 의사소통을 방해하는 걸림돌이다.

나-메시지는 자존심을 상하지 않게 하면서 나의 감정을 전달하는 효과적인 방법

표 11-5 의사소통의 걸림돌

의사소통의 걸림돌	대화자의 의도	걸림돌이 되는 이유	예문
명령하기	상황을 통제하고 상대방에게 빠른 해결책을 주고 싶다.	'당신은 자신의 문제를 다루거나 해결할 수 있는 권리나 능력이 없다'는 뜻으로 들릴 수 있다.	• '당신은 ……해야 한다.' • '조용히 해라.'
충고하기	대화에서 상대방에게 영향력을 행사하고 싶다.	'당신은 스스로 해결책을 생각할 만큼 판단력이나 지혜를 갖고 있지 않다'는 뜻으로 들릴 수 있다.	• '나에게 좋은 생각이 있는데 …….' • '이런 방식이 더 좋아요.'
회유하기	상대방의 어려움을 덜어 주고 기분이나 감정을 좋게 하고 싶다.	'당신은 자신의 어려움을 다룰 수 있는 능력이 없다'라는 뜻으로 들릴 수 있다.	• '다 잘될 테니까 걱정하지 마세요.'
심문하기	무엇인가 해결의 실마리를 찾고 싶다.	'당신은 무엇을 감추고 있는 것 같은데 틀림없이 당신에게 문제가 있을 것이다'라는 의미로 들릴 수 있다.	• '그러니까 왜 그렇게 행동했어요?'
도덕적 판단하기	상대방에게 무엇이 잘못되었는지를 알도록 함으로써 도덕적으로 옳은 길을 제시하고 싶다.	'당신은 도적 수준이 낮아서 문제예요. 올바른 행동을 하세요'라는 뜻으로 들릴 수 있다.	• '그런 것은 나빠요.' • '어른답지 못해요.'
빈정대기	상대방에게 바보처럼 생각되고 느끼게 함으로써 그의 태도나 행동이 잘못되었음을 보여 주고 싶다.	'그것을 말이라고 해요?' 또는 '그런 행동밖에 못해요?'라는 뜻으로 들릴 수 있다.	• '잘났군요.' • '장하시군요.'

출처: 설기문(2002), p. 165.

이다. 상대방의 행동에 대한 나의 반응을 판단이나 평가 없이 그대로 알려 줌으로써 반응에 대한 책임을 내가 지는 것이다. 요령은 타인의 행동이나 상황, 그에 따른 결과, 나의 감정이나 반응 등 세 가지 요소로 구성된다. 나-메시지를 사용하면 상대방의 방어심리를 감소시킬 수 있고, 나의 솔직한 감정을 전달할 수 있으므로 훨씬 진지하게 대화에 임할 수 있으며, 완전한 메시지를 전달할 수 있다는 장점이 있다.

사례 1)

- 너-메시지: "너는 형편없구나."
- 나-메시지: "네가 그런 식으로 행동하니(① **행동이나 상황**), 여러 사람들에게 욕을 먹을 것 같아(② **결과**), 내가 속이 상하는구나(③ **감정이나 반응**)."

사례 2)

- 너-메시지: "나잇값 해라."
- 나-메시지: "네가 그런 일도 제대로 못하고 실수를 하니(① **행동이나 상황**), 앞으로 더 어려운 일도 제대로 처리 못하고 그르칠 것 같아(② **결과**), 걱정된다(③ **감정이나 반응**)."

제 12 장

사회복지마케팅과 자원개발

1. 사회복지마케팅
2. 자원개발
3. 홍보

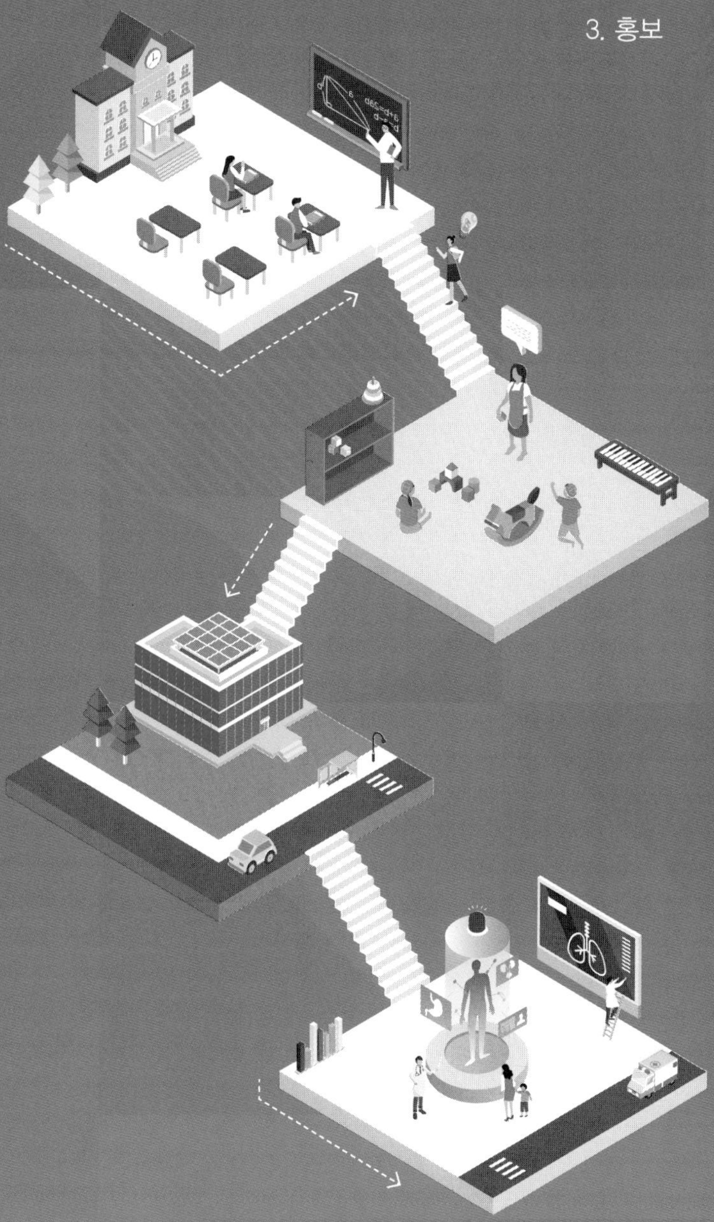

1. 사회복지마케팅

1) 마케팅의 개념

아무리 좋은 프로그램을 개발하거나 서비스를 제공하려 해도 이용자가 없으면 쓸모가 없다. 후원자 개발 역시 일종의 마케팅이다. 마케팅(marketing)이란 소비자에게 상품과 서비스를 제공하면서 구입하도록 홍보하고 독려하면서 독촉하는 활동을 말한다. 즉, 시장에서 가치를 창출하고, 기본적인 욕구와 수요를 충족시킬 목적으로 교환이 이루어지고, 서로 관계가 성립되도록 관리하는 것이다.

따라서 마케팅은 영리기업뿐만 아니라 비영리조직이나 개인에게도 거래 혹은 설득이나 커뮤니케이션 등 교환을 촉진하기 위한 모든 활동이 된다. 사회복지조직에서 지역사회와의 상호작용은 마케팅과 홍보활동을 통해 구체화된다. 사회복지조직에서의 마케팅의 목적은 다음과 같다(정익준, 2005).

- 프로그램을 알리고 자원봉사자를 모집하는 것은 참여하는 개인의 발전을 촉진하기 위해서다.
- 입법화를 위한 캠페인이나 탄원 등은 사회적인 아이디어를 제시하고 설득하기 위해서다.
- 주민에게 이익이 되는 정보와 실천을 전파하는 것은 어떤 실천을 촉구하기 위해서다.
- 자신과 사회에 이로울 수 있도록 개개인의 행동의 변화를 유도하기 위해서다.

2) 마케팅의 핵심 요소

영리기업은 상품을 팔아 이윤을 추구한다는 점에서 비영리 조직의 마케팅은 다음과 같은 차이점이 있다(정익준, 2005).

- 비영리 조직 마케팅은 이윤 추구보다는 조직의 목표를 얼마나 효과적이고 효율

적으로 달성하느냐에 주안점을 둔다.

- 비영리 조직 마케팅에서 조직이 얻는 이득은 사회의 이득이 되는 경우가 일반적이다.
- 비영리 조직 마케팅에서 교환되는 것은 비물질적인 것이 대부분이다.
- 사회복지조직의 마케팅은 영리기업에 비해 명확하지 못하거나 그 효과가 잘 인식되지 못한다.
- 비영리 조직의 마케팅에서 제공되는 서비스가 인간의 태도나 행동의 변화에 관련된 것이면 그 변화가 어렵다.

그러나 사회복지조직이나 영리기업이나 제공하는 제품이나 서비스를 이용하도록 홍보하고 촉진한다는 점에서는 동일한 원리가 적용된다. 마케팅의 핵심 요소는 다음과 같다(신복기 외, 2008).

① 소비자의 욕구와 수요 : 특정 제품이나 서비스에 대한 욕구가 구매의사나 능력에 의해 뒷받침될 때 그것을 수요라고 한다. 효과적인 조직은 소비자 조사나 고객의 요구 사항 등을 통해 고객의 욕구와 수요를 정확하게 파악하고 이해하여야 한다.

② 소비자의 만족과 가치 : 소비자는 제품이나 서비스를 통해 그들의 욕구와 수요를 충족시킨다. 이때 소비자는 지불할 대가를 고려하게 된다. 따라서 소비를 통한 만족과 대가를 지불하고서라도 소비할 만한 가치가 있어야 한다.

③ 교환 : 가치 있는 제품이나 서비스에 대해 대가를 제공하고 획득하는 행위가 교환이다. 따라서 교환이 실제로 발생하기 위해서는 교환의 조건이 교환의 당사자로 하여금 교환 이전보다 더 나은 상태로 만들어 줄 수 있어야 한다.

④ 시장 : 시장은 어떤 재화나 서비스의 실제 또는 잠재적 구매자들의 집합을 의미한다. 교환은 시장을 통해 이루어지므로 마케팅을 통해 특별한 시장의 욕구와 수요를 파악하고 최상으로 서비스를 제공할 수 있는 시장을 선정한다.

3) 마케팅 믹스

마케팅 믹스(marketing mix)란 마케팅의 요소를 통합하여 그 효과를 최대한 발휘하는 것을 말한다. 실제 시장에서 실행할 구체적인 마케팅 전략 수립에 필요한 요소는 4P, 즉 제품, 가격, 유통, 촉진이다. 따라서 마케팅 믹스는 곧 사업 단위가 하나의 표적시장에서 마케팅 목표를 달성하고자 하는 논리적 개념으로 마케팅 목표를 달성하기 위한 실질적인 마케팅 도구라고 할 수 있다. 마케팅 믹스는 '적은 수고를 보장'하는 의미로 보든(Borden, 1964)이 제시하였다.

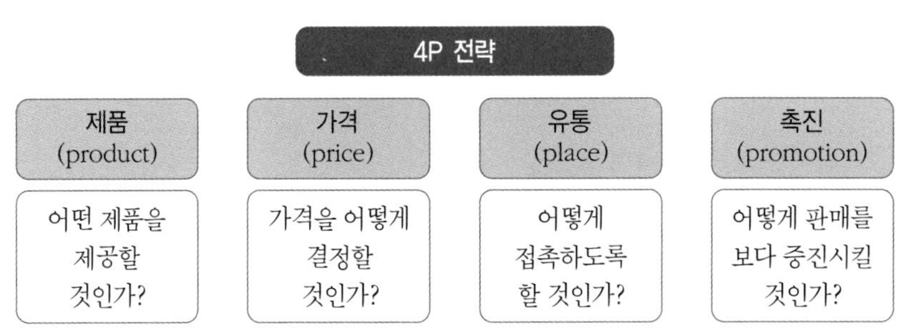

[그림 12-1] 4P 전략

출처: 박차상(2008), p. 252.

(1) 제품

제품(product) 또는 상품은 구매자의 욕구를 충족시키기 위한 산출물로서, 물질적인 재화 이외에도 서비스, 인적 네트워크, 아이디어 등이 포함된다. 사회복지조직에 제공하는 제품은 대부분 프로그램과 서비스다.

(2) 가격

가격(price)은 구매자가 그 상품을 얻기 위해 기꺼이 지불하고자 하는 대가를 말한다. 가격에서 중요한 것은 공정한 가격을 결정하는 것이고, 사회복지기관에서는 특히 이용자의 지불능력이 반드시 고려되어야 한다. 일반적으로 사회복지기관에서의 상품(서비스) 가격은 교환되는 서비스와 이에 대한 비용이 등가를 이루지 못한다. 왜냐하면 가격이 시장에서 상품 가치에 따라 형성되는 것이 아니며, 조직이 정한 사명을 달성하기 위해 기부자와 클라이언트에 대해 서로 다른 목표를 세울 수 있다. 그렇다 보니 무상이거나 유상인 경우라도 필요한 원가를 보존해 주는 도구 정도로만 책정되며, 따라서 대부분의 비영리 조직의 가격은 후원자들의 지원에 영향을 받게 된다.

(3) 유통

유통(place)은 구매자가 원하는 상품을 필요한 시간과 장소에 공급하는 것을 의미한다. 기업 조직에서는 상품의 운송, 보관, 하역 등의 물적 유통의 효율성이 중요하지만 사회복지조직에서는 가능한 많은 클라이언트들이 서비스에 쉽게 접근할 수 있는 것이 중요하다. 접근용이성은 공간적 접근성뿐만 아니라 전달체계에서 살펴본 심리적 접근성도 중요하다. 또한 클라이언트가 직접 적극적으로 사회복지기관을 찾는 경우가 드물고 영리기업처럼 중간 유통이 없기 때문에 사회복지기관은 스스로 클라이언트를 적극적으로 찾는 노력을 기울여야 한다.

(4) 촉진

촉진(promotion)은 구매자들이 상품이나 서비스를 선택·구매하도록 유도하기 위한 일체의 마케팅 커뮤니케이션으로, 상품이나 서비스의 장단점을 알리는 등 정보를 제공하고 설득하는 활동들을 포함한다. 구매자가 만족할 만한 상품을 개발하고 합리적인 가격을 결정하고 표적고객이 손쉽게 구입하도록 유통시키는 것은 기본 요건이지만 최종적으로는 소비자의 선택을 받도록 제품을 알려야 하고 이를 촉진이 담당한다. 촉진은 주로 광고, 판촉, 인적 판매, PR의 네 가지 방법이 동원된다.

① 광고는 TV 같은 대중매체에 유료로 홍보하는 활동이고, ② 판촉은 단기간에 구매자를 대상으로 견본이나 경품, 할인권 등을 제공하는 다양한 활동을 말하며, ③ 인적 판매는 판매원이 직접 구매자를 만나 대화로 권유하는 활동이며, ④ PR은 신문이나 방송에 기사화되는 것과 같이 비용을 지불하지 않고 이루어지는 커뮤니케이션을 말한다.

4) 사회복지마케팅의 특성

사전트(A. Sargeant, 1999)는 마케킹 믹스 4P에 사회적 협력과 정책을 추가한 비영리조직을 위한 사회적 마케팅 믹스(social marketing mix)를 주장하였다. 기존 4P에 추가되는 ① 사회적 협력(partnership)은 유사한 조직목표를 지닌 다른 조직들과 잠재적 협력관계를 구축함으로써 단위 조직이 갖고 있는 자원의 한계를 극복하고자 하는 것이며, ② 정책(policy)은 요구되는 행동에 변화를 가져오도록 개인이나 집단을 강제하는 것을 의미한다.

사회복지조직은 유형의 재화를 생산하는 곳이 아니라 무형의 서비스를 제공하는 곳이다. 더구나 이윤 극대화가 주된 목적은 아니다. 사회복지조직은 스스로 이윤을 창출하지는 않지만 그들이 지출한 총 평균비용보다 높은 가격으로 제품이나 서비스를 제공하여 조직과업 수행에 도움을 주고자 하는 목적에서 마케팅을 수행하고 있다. 무엇보다 사회복지조직이 제공하는 서비스는 유형의 재화에 비해 무형성, 동시성, 소멸성, 변동성이라는 특성을 갖고 있다. 기업마케팅과 사회복지마케팅을 마케팅 믹스의 4P를 중심으로 비교해 보면 〈표 12-1〉과 같다.

표 12-1 기업마케팅과 사회복지마케팅의 차이

구분	기업마케팅	사회복지마케팅
대상	상품, 서비스	사회서비스, 수혜자, 후원자(기부자), 자원봉사자, 조직 구성원
목적	이윤 극대화	사회서비스 사용의 극대화, 조직 유지, 비영리사업 도모
교환	화폐의 형태	무형의 형태
상품	제품, 서비스	사회서비스, 경험, 생산품, 조직 등
가격	• 시장에서 형성 • 소비자가 지불하는 가격에 대한 가치 인식 • 금전적 거래	• 시장에서 형성되지 않음 • 구매비용이 서비스 가격과 반드시 등가이지 않음 • 금전적 거래 + 사회심리적 요인
유통	유통경로, 보급 범위, 재고, 수송 등	• 서비스 제공의 실제 장소 • 클라이언트에 대한 접근 편의성
촉진	• 광고, 인적 판매, 판매 촉진, 홍보 등 • 이윤 극대화를 위한 통합 마케팅 커뮤니케이션 요구	• 다양한 광고 중심의 홍보활동 • 사회통합과 사회적 목적 달성을 위한 통합 마케팅 커뮤니케이션 요구

출처: 홍현미라 외(2014), p. 325.

5) 마케팅 과정

마케팅 전략의 핵심은 고객, 기관, 경쟁자와 고객 세분화, 표적시장 선택 및 포지셔닝이다. 또한 전략은 환경과 맞아야 하고, 조직구조는 전략과 어울려야 좋은 성과를 기대할 수 있다. 마케팅은 다음의 과정으로 진행된다(황성철, 2014).

(1) 기관환경 분석

마케팅은 기관환경 분석에서 시작된다. 기관의 존재 이유, 기관 프로그램, 기관지원, 기관지원의 당위성, 지원자에 대한 혜택과 같은 사항들에 대한 분석이 필요하다. 환경 분석은 주로 '우리가 일하고 있는 상황(context)은 무엇인가'에 중점을 두고 있다. 즉, 기회(상품, 시장, 기술 등)와 위협(정치, 종교 등의 압력과 경쟁 등) 요소를 파악한다. 환경 분석에서는 SWOT 분석이 주로 사용되며, 이를 통해 기관 마케팅상의 강점과 약점을 확인하고 외부 환경인 기회 요인과 위협 요인을 규명한다.

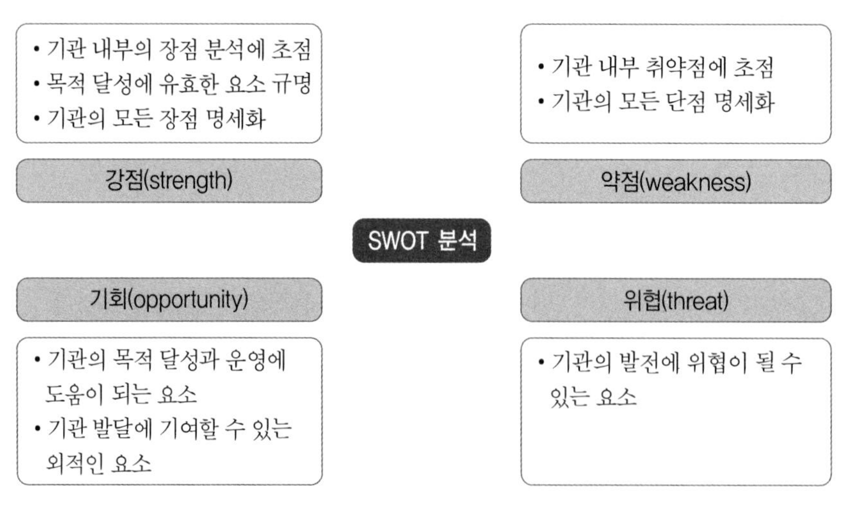

[그림 12-2] SWOT 분석

출처: 박차상(2008), p. 205.

SWOT 분석은 험프리(A. Humphrey)가 개발한 방식으로, 기회는 최대한 살리고 위협은 회피하면서 자신의 강점을 최대한 활용하고 약점을 보완한다는 논리에 기초를 두고 있다. 이 분석은 조직의 자원과 역량을 체계적으로 평가하는 데서 시작해서 특별히 잘하고 있거나 강점인 핵심역량을 확인하게 된다. SWOT 분석을 통해 도출할 수 있는 전략 유형은 〈표 12-2〉와 같다.

표 12-2 SWOT 분석 전략 유형

	강점(S)	약점(W)
기회(O)	SO전략: 강점과 기회를 극대화하려는 전략(공격 전략)	WO전략: 약점을 최소화하면서 기회를 포착하려는 전략(안정 전략)
위협(T)	ST전략: 강점을 통해 위협에 대처하려는 전략(다각화 전략)	WT전략: 약점과 위협 요소를 최소화하려는 전략(방어 전략)

(2) 마케팅 조사

마케팅 조사는 프로그램이나 서비스에 대한 잠재적 이용자와 그들이 원하는 바를 찾아내는 작업이다. 정확하고 충분한 자료를 얻기 위하여 관리자와 소비자를 직접 연결시켜 줄 수 있는 최선의 커뮤니케이션 수단이다. 마케팅 조사를 통해, 서비스에 대한 욕구가 있는가? 욕구를 지닌 사람들이 서비스를 구매하려는 잠재적인 욕구가 있는가? 서비스를 사기 위한 돈이 있는가? 충분한 돈을 소유한 자들이 그들이 원하는 서비스를 위해 기꺼이 쓰고자 하는 의지가 있는가? 등을 분명히 파악해야 한다.

(3) 마케팅의 목표 설정

마케팅의 목표를 설정하기에 앞서 기관의 목적을 살펴보아야 한다. 사회복지기관의 목적은 대부분 미션 헌장(mission statement)의 형식으로 기관의 현재 상태와 미래의 방향을 제시해 준다. 목표 설정은 정확한 문제의 진술, 표적집단의 성격과 규모, 기관의 정책, 자원 동원 등의 변수들에 의해 범위와 방향이 정해진다. 목표는 마케팅 기획의 초기 단계에서 명확하게 규명되어야 하며, 특히 세부 목표는 그 중요성의 우선순위가 제시되어야 한다.

(4) 시장 분석

시장 분석은 시장 세분화(segmentation), 표적시장 선정(targeting), 시장 포지셔닝(positioning)의 3단계로 구성되어 있다. 이를 표적 마케팅이라고 하며, 전체 시장 속에서 세분화된 특정 시장의 소비자 욕구에 대응하는 마케팅 활동을 의미한다.

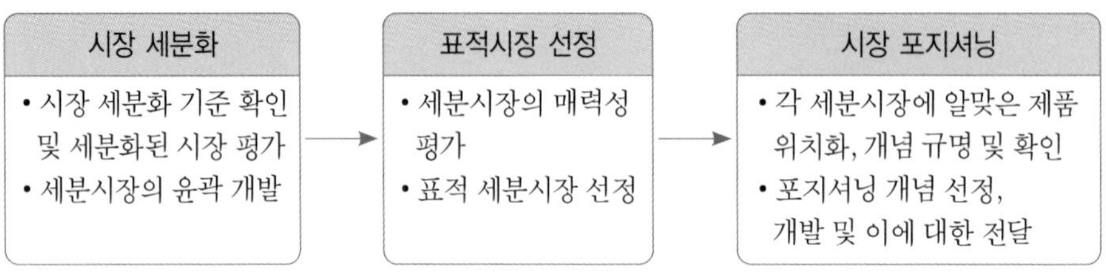

[그림 12-3] 시장 분석 과정

① 시장 세분화 : 전체 시장을 일정한 기준에 의해 동질적인 세분시장으로 구분하는 과정이다. 시장을 세분화하는 것은 다양한 소비자의 욕구를 무시하기 어렵기 때문에 전체 시장을 욕구가 비슷한 고객집단으로 구분하고 각 집단별로 차별적인 접근을 시도하기 위해서다. 시장을 세분화할 때는 어떤 변수들이 소비자의 행동을 가장 두드러지게 나타내 주는지 구분되는 변수를 찾아내는 일이 중요하다. 소비자 시장의 변수는 다음과 같이 나눌 수 있다.

- 지리적 변수: 지역 단위, 지역의 규모, 인구밀도 등
- 인구통계학적 변수: 소득, 직업, 나이, 종교, 성 등
- 심리적 변수: 개성, 생활 스타일, 소속감, 관계의 지속성 등
- 행동적 변수: 구매자들이 상품에 대하여 갖고 있는 지식, 태도, 사용 반응 등

② 표적시장 선정 : 세분화된 시장 중에서 기관이 공략 가능하다고 선택한 시장이 표적시장(target market)이다. 표적시장을 선정하기 위해 특정 세분시장에 진입하는 것이 사업 목표 및 마케팅 목적과 일치하는지, 특정 세분시장에서 성공하는 데 필요한 기술과 자원을 갖추고 있는지, 세분시장이 적절한 규모와 성장을 유지하고 있는지 등을 검토한다.

③ 시장 포지셔닝 : 표적시장의 고객들에게 자사 제품이 경쟁 제품에 비해 어떤 차별점이 있으며 고객의 욕구를 제대로 만족시켜 주고 있음을 확신시켜 주는 포지셔닝 전략을 펴야 한다. 포지셔닝이란 시장 내 고객들의 마음에 위치 잡기란 의미를 갖는다.

Tip 시장 세분화 사례

사회복지기관의 기부자 시장의 인구통계학적 변수(직업군)에 따라 시장을 세부화한 사례를 살펴보면, 초등학교에 대한 주요 상품은 동전 모으기, 대학생은 자선 달리기, 전문직은 결연 후원, 기업은 자선 만찬임을 알 수 있다. 시장 세분화 작업을 통해 모금 표적시장을 정하고 그들의 선호, 생활습관, 사고방식, 문화 등을 분석하여 모금 전략에 적용하면 보다 효과적이다(양용희, 김범수, 이창호, 1997).

사회복지기관의 기부자 시장 세분화

	결연 후원	정기 후원	자선 달리기	자선 바자회	자선 만찬	동전 모으기
초등학생	–	*	***	–	–	*******
중 · 고생	–	*	****	*	–	****
대학생 · 청년	**	***	*****	**	–	****
직장인	****	*****	****	****	**	***
전문직	*****	***	**	***	****	***
기업인	***	***	*	**	*****	**
주부	***	***	**	*****	**	***
군인	***	***	***	*	–	***

(5) 마케팅 도구 설정

마케팅을 수행하기 위한 적절한 방법을 설정하는 것은 매우 중요하다. 모금 마케팅의 경우 DM 발송, 텔레마케팅, 이벤트 모금, 대중매체 광고, 자동응답 시스템(ARS), 온라인 모금, 공익연계 마케팅 등의 방법이 사용된다. 마케팅 도구를 사용한 과거의 경험을 적절히 분석해 활용할 필요가 있다.

(6) 마케팅의 실행 및 평가

마케팅의 실행은 전략적인 마케팅 목표를 달성하기 위해 마케팅 기획을 활동으로 옮기는 과정으로, '누가, 언제, 어디서, 어떻게 하는가'이다. 그리고 실행이 끝난 후에는 그 결과를 종합적으로 평가하여 새로운 외부 환경에 대한 분석과 연계한다.

2. 자원개발

1) 사회복지자원의 개념

피터 드러커(Drucker, 2001)는 비영리 조직의 효율적인 경영을 위해서는 계획, 마케팅, 사람, 돈이라는 네 가지 요건이 필요하다고 하였다. 사회복지조직에서 자원은 경영을 위한 필요조건이다. 사회복지자원이란 사회적 욕구를 충족시키고 사회적 위험에 대비하여 사회문제를 해결하기 위해 필요한 모든 유·무형의 서비스와 물질적 요소를 총칭하는 것으로(김교성 외, 2007), 사회에 현존하는 자원뿐만 아니라 그 잠재적 가능성까지를 포함하여 물질적·정신적·사회적·환경적·인적 자원들을 총괄하는 개념이다.

이 중에서 대표적인 물적 및 인적 자원을 살펴보면, ① 물적 자원은 정부의 보조금이나 기업의 협찬금, 시민 기부금, 서비스 이용료 등의 현금이나 현물을 의미하고, ② 인적 자원은 기관 종사자나 이사회 및 후원자, 자원봉사인력 등을 말한다.

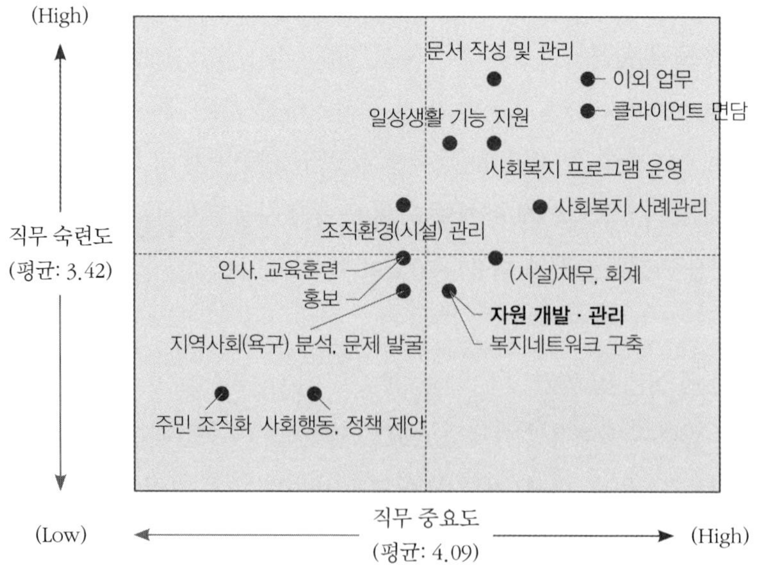

[그림 12-4] 사회복지사 직무 중요도 및 숙련도

출처: 한국사회복지사협회(2023), p. 221.

시 · 군 · 구의 보조금이 필요한 사업비에 비해 부족한 현실을 고려할 때 적극적인 자원개발이 요구된다. 그러나 사회복지사 직무 중요도와 숙련도 조사에 의하면 자원개발 · 관리가 중요도는 높지만 숙련도가 낮게 나타났다(한국사회복지사협회, 2023).

2) 사회복지자원의 종류

전통적으로 사회복지자원은 사회복지의 활동 주체가 누구냐에 따라 공공 사회복지자원과 민간 사회복지자원으로 분류된다(Gronbjerg, 1993). 민간은 다시 민간 공식 부문과 비공식 부문으로 나눌 수 있다. ① 공공 사회복지자원은 중앙정부와 지방정부를 포함해 국가가 인간의 기본적인 욕구 충족을 위해 제공하는 자원으로, 주로 조세를 근간으로 해서 사회복지기관이나 시설, 개인들에게 제공하는 자원을 말한다. 정부는 주로 정부보조금의 형태로 지원한다.

반면에, ② 민간 공식 부문은 다시 비영리 부문과 영리 부문으로 나눌 수 있다. 비영리 부문은 「사회복지사업법」상의 사회복지법인이나 기타 비영리법인과 더불어 비영리 임의단체가 포함되며, 영리 부문은 사회복지서비스를 영리를 목적으로 제공하는 기업이나 단체를 말한다. 종합사회복지관 등 전통적인 사회복지기관은 전자에, 최근의 장기요양시설 등은 후자에 해당한다. ③ 민간 비공식 부문은 구조화되지 않은 개인적 관계에 기초한 가족이나 친구, 이웃 등을 포함한다. 공공자원으로는 국고보조금이, 민간자원으로는 후원금(품)과 이용료가 대표적인 사회복지자원이다. 이외에 ④ 사회복지시설을 위탁 · 운영하는 법인이 해당 사회복지시설에 지원하는 예산인 법인전입금이 있는데, 사회복지관 위탁법인의 20% 자부담규정이 2004년 폐지되어 현재는 미미한 수준이다.

(1) 국고보조금

보조금(grant)은 「보조금 관리에 관한 법률」과 「지방재정법」 등에 근거하여 정부가 예산으로 사회복지서비스 제공에 필요한 비용의 일부를 사회복지기관이나 시설에 지원해 주는 것을 말한다. 사회복지기관이나 시설들은 각종 개별법에 의거하여 각종 프로그램의 운영이나 조치 등 정부보조금을 받는 근거들을 마련하고 있다. 중앙정부나 지방자치단체가 해야 할 사업을 민간 사회복지시설에 서비스를 위탁할 경우 이를

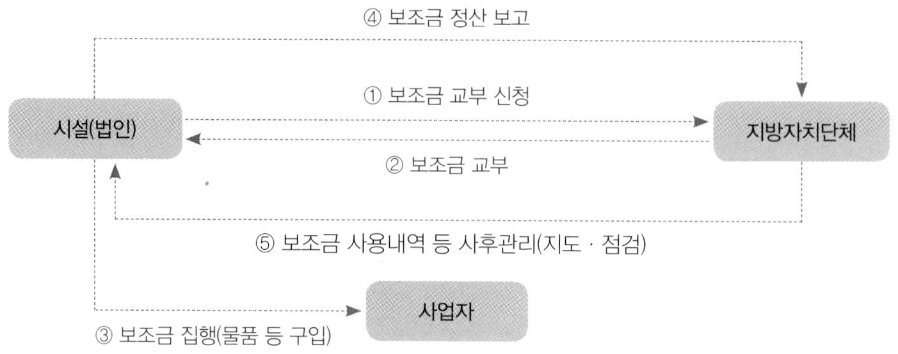

[그림 12-5] 보조금 교부 및 집행 절차

조치위탁이라 하고 그 대가로 위탁비를 보조금으로 지불한다.

보조금 부담 기준은 서울특별시의 경우 국고 50%, 지방비 50%의 비율이고, 지방은 국고 70~80%, 지방비 30~20% 수준이다. 정부보조금은 정부가 고정적으로 지원해주기 때문에 재정의 규모와 공급의 측면에서 안정적이라는 장점이 있다. 그러나 이를 사용할 때 과도한 행정절차가 필요하여 추가적인 업무가 요구되며, 또한 융통성이 낮아 지원의 범위나 시기 등을 맞추기 어려워 사업을 집행하는 데 어려움을 겪게 된다는 단점이 있다.

(2) 후원금

후원금이란 기관이나 시설이 개인, 기업, 단체들로부터 아무런 대가 없이 받은 금품이나 기타의 자산으로, 여기에는 협찬후원금, 직접적인 기부, 유산, 교회기부금 등이 포함된다. 후원금은 현금이나 현물의 형태로 제공되며, 후원금(품)을 제공하는 주체로는 개인, 기업, 재단, 종교단체나 사회단체, 친목회 등의 각종 단체, 구청이나 동사무소, 학교 같은 공공기관 등이 있다. 정부는 개인의 기부를 장려하기 위해 다양한 소득공제 혜택을 주고 있다.

후원금은 사회복지기관 입장에서는 비교적 융통성 있게 필요한 분야에 사용할 수 있다는 장점이 있지만, 후원금의 총량을 늘리기 위해 노력하다 보면 후원자들의 선호나 욕구에 민감해지고 기관 고유의 사명에 둔감해지게 되는 단점이 있다. 또한 경기상황이나 후원자 사정에 따라 후원금액의 변동이 커서 장기적이고 안정적인 사업 지원에는 한계가 있다.

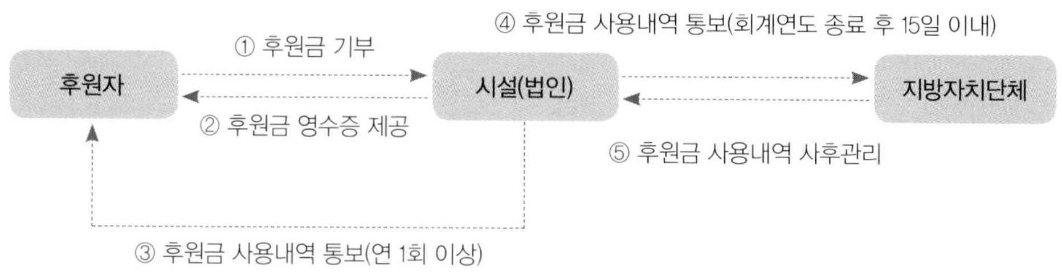

[그림 12-6] 후원금 접수 및 처리절차

(3) 이용료

이용료는 수익자 부담의 원칙에 따라 시설이 제공하는 서비스를 이용하는 클라이언트로부터 직접 확보하는 자원으로서, 여기에는 교육 프로그램 수강료, 시설 이용료, 서비스 요금, 대여, 상품 판매 등의 수익사업에 의한 수입이 포함된다. 이용료 수입을 높이기 위해서 시설은 클라이언트의 욕구 충족에 주력하기 때문에 서비스의 질이 향상된다는 장점이 있다. 그러나 수입금액이 고정적이지 않고 자원의 안정성이 낮으며, 특히 저소득자와 고소득자가 동일한 비용을 부담한다는 점에서 역진성을 지니는 한계가 있다.

표 12-3 사회복지 자원의 종류 및 특징

구분	공공자원	민간자원	
	정부보조금	후원금(품)	이용료
개념	조세에 의해 정부가 지원해 주는 자원	개인, 기업, 기관들로부터 받는 자원	조직이 서비스를 통해 직접 확보하는 자원
제공자	정부	민간인, 단체	서비스 수급자
장점	안정성	융통성	클라이언트 욕구에 가장 부합하는 활동 가능
단점	• 관리의 복잡성 • 낮은 융통성 • 충분한 비용이 제공되지 않아 불충분한 서비스 제공 • 제공 시기의 비적절	• 절대 풀이 넓지 않음 • 낮은 예측 가능성 • 확보에 많은 비용 소요 • 낮은 안정성 • 자원 확보 활동과 서비스 전달활동 분리	• 낮은 안정성 • 낮은 성장 가능성 • 클라이언트가 저소득 빈곤층인 경우 이용료 수거 곤란

서비스 전달에 미치는 영향	클라이언트에 대한 서비스 전달 과정과는 무관하게 진행 가능	후원자의 취향과 욕구에 민감해지려면 본래 사명 약화	조직의 목표인 클라이언트의 만족에 주력 가능
비고	가장 많이 기대 받고 있는 자원	기부문화나 기부 장려 요인 등 전제 필요	• 질 높은 서비스 인력의 확보와 효율적인 통제가 중요 • 사회복지조직들이 가장 낮게 선호 • 이용료 고객 감소

출처: 김영종(2017). 재구성.

3) 자원개발 방안

사회복지시설의 물적 자원을 정부, 기업, 공동모금회, 제3섹터로 구분해 자원개발 방안을 살펴보면 다음과 같다(전동일, 엄미선, 최종복, 2009).

(1) 지방정부보조금

지방정부보조금의 자원개발 방안을 살펴보면 다음과 같다.

- ▶ 지방정부의 중장기 발전 계획을 확인하고 적극적으로 사업에 대한 연계성을 찾는다.
- ▶ 지역의 네트워크 사업에 적극 참여하라.
- ▶ 담당 부서의 담당 행정공무원과 유대관계 및 지속적인 만남을 가지라.
- ▶ 시설의 핵심 사업을 알리고 지원 가능성을 넓히라.
- ▶ 사회복지 정보와 흐름을 알리고 지방정부가 대처할 수 있도록 자극하라.
- ▶ 기관에 대한 신뢰와 가치를 높이는 데 노력하라.
- ▶ 중앙행정부처의 사회복지사업을 폭넓게 연계시키라.

(2) 기업

최근 기업의 복지재단 설립이 증가하고 또한 사회공헌활동 역시 활기를 띠고 있다. 기업의 사회공헌활동(Corporate Social Responsibility: CSR)은 기업 자체의 모금활동이나 기부 또는 직접적인 사회복지 프로그램을 운영함으로써 기업의 사회적 책임을 달성하고자 하는 행위를 말한다. 기업의 자원개발 방안을 살펴보면 다음과 같다.

- ▶ 적극적인 파트너십을 제안한다.
- ▶ 전략적 제휴 접근이 필요하다.
- ▶ 기업의 직접 참여방안을 강구한다.
- ▶ 기부에 대한 지속적 관리는 필수적이다.

(3) 공동모금회

공동모금회는 「사회복지공동모금회법」에 의해 설립된 사회복지법인으로, 성금모금과 배분사업을 주로 한다. 배분사업은 신청사업, 기획사업, 지정기탁사업, 긴급지원사업 등이 있으며, 이 중에서 신청사업은 사회복지기관이나 시설에서 공동모금회의 공고에 따라 자유주제 공모 형태로 신청하는 사업이다. 공동모금회를 통한 자원개발 방안을 살펴보면 다음과 같다.

- ▶ 공동모금회 지원 방향에 대한 탐색과 분석이 필요하다.
- ▶ 경쟁력 있는 제안서를 작성해야 한다.
- ▶ 기관의 신뢰성 제시가 중요하다.
- ▶ 자체 평가체계의 도입이 필요하다.

(4) 제3섹터

제3섹터의 사회복지 자원은 지역사회 내 종교기관, 봉사단체 등의 다양한 조직과 지역주민의 기부활동 등을 통한 자원을 의미한다. 제3섹터의 자원개발 방안을 살펴보면 다음과 같다.

▶ 시설의 비전과 사명을 후원과 연계시키는 것이 필요하다.

▶ 조직 차원의 팀워크가 필요하다.

▶ 모금을 위한 투자와 체계적 분석이 필요하다.

▶ 커뮤니케이션의 활성화가 필요하다.

▶ 모금 환경의 개선이 필요하다.

4) 후원자 개발 프로그램

비영리 조직에 대한 기부행위에 대해 에드워즈와 베니필드(Edwards & Benefield, 1997)는 기부는 잠재적인 기부자의 능력(capacity), 동기(motivation), 기회(opportunity)라는 맥락에서 이루어진다고 하였다. 따라서 우선 기부 능력이 충분한 잠재적인 기부자를 발굴하는 것이 중요하고, 다음으로 명분 있는 목적에 기부할 수 있도록 특정한 동기를 부여하여야 하며, 마지막으로 잠재적인 기부자에게 기부할 수 있는 기회를 제공해 주어야 한다. 사회복지기관에서 후원자는 결연 후원, 정기 후원, 비정기 후원, 프로그램 후원 등으로 구분할 수 있다. 후원자 개발 프로그램은 후원자의 유형에 따라 다르게 마련된다. 따라서 각 후원자 유형의 특성을 고려하여 후원자 개발 프로그램이 수립되어야 한다.

(1) 결연 후원

후원자와 클라이언트를 연결하여 재정적 · 정신적 지원을 하도록 하는 방식이다. 실제로 모금 실적이 좋은 사회복지기관들은 모금액의 2/3를 결연 후원금에 의존하고 있다. 결연 후원은 후원자에게 클라이언트에 관한 정보를 구체적으로 제공함으로써 클라이언트의 욕구에 맞는 후원을 하여 후원자가 보람을 느끼게 함으로써 장기적인 후원을 가능하게 한다. 또한 물질적인 지원뿐만 아니라 정신적인 지지도 가능하게 해 준다.

(2) 정기 후원

정기적으로 후원금을 내는 방식으로 결연 후원과 동일하지만 구체적인 후원 대상이 정해져 있지 않은 것이 다르다. 대부분의 소규모 사회복지시설에서 후원자를 개발할 때 선호하는 방식이다. 정기 후원은 결연 후원과 달리 후원금액을 소액에서부터 고액까지 다양화하여 후원자들이 기부할 수 있는 폭을 넓혀 주는 장점이 있다.

(3) 비정기 후원

정기 후원과 비슷하나 비정기적으로 후원금을 낸다는 점에서 차이가 있다. 비정기 후원자는 결연 후원이나 정기 후원에서처럼 정기적으로 장기 기간에 걸쳐 후원금을 내는 것에 부담을 느끼는 잠재 후원자를 대상으로 개발해 볼 수 있다.

(4) 프로그램 후원

특정 사업이나 프로그램을 홍보하여 모금하는 방법이다. 최근 실직가정 결식아동 돕기모금이나 다문화가족 지원사업을 위한 모금 등이 대표적인 예다. 프로그램의 후원자를 개발할 때는 특정 개인의 욕구보다는 이슈가 되고 있는 사회적 문제나 욕구에 초점을 맞추는 것이 효과적이다.

5) 후원자 개발을 위한 마케팅 방법

(1) DM 발송

DM(Direct Mail)은 후원요청 편지를 잠재적 후원자에게 발송하는 전통적인 방법이다. 불특정 다수보다는 표적시장을 선정하여 보낼 때 효과를 발휘한다. DM은 겉봉투, 호소 서신, 첨부물로 구성된다. ① 겉봉투는 받는 사람이 관심을 가지고 뜯어볼 수 있도록 디자인과 형식에 있어 세심한 고려를 해야 한다. ② 호소 서신은 후원자 개발의 목적과 내용이 뚜렷하게 나타나도록 간결하게 구성하고, 내용에는 구체적인 사례를 들어 긴급성과 욕구 그리고 도움을 통한 문제해결 가능성을 제시한다. ③ 첨부물은 여러 가지를 첨부하기보다는 호소력이 강한 사진이나 신문기사를 잘 편집하여 동봉하는 것이 바람직하다.

DM 발송이 성공하기 위해서는 우선 DM을 읽는 잠재적 후원자들로 하여금 돕고자 하는 개인적인 욕구를 불러일으키는 것이 중요하다. [그림 12-7]의 두 사례 중 A기관은 막연한 후원 요청을 하고 있고, B기관은 구체적인 사례를 통해 후원 요청을 하고 있다.

A 기관

지금 당신의 조그마한 관심이 필요합니다.
후원자를 찾습니다.

우리 주위에 어려운 이웃을 돕고자 합니다.
병원비가 없어 치료를 받지 못하는 이웃을
위해 당신의 조그마한 관심이 필요합니다.
후원을 부탁드립니다.

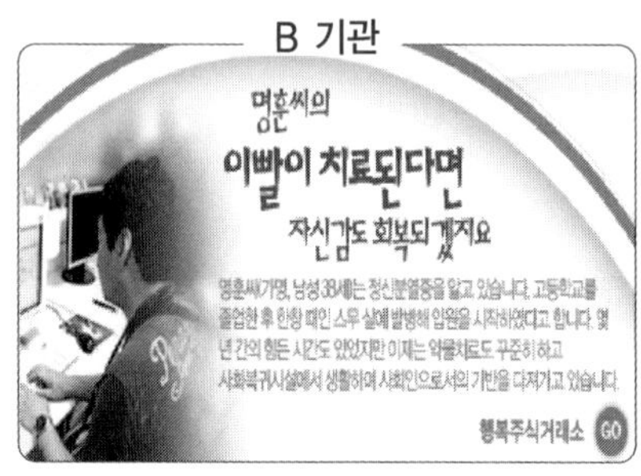

[그림 12-7] 후원자 모집 광고

출처(B기관): www.chest.or.kr

DM을 발송할 때는 너무 많은 우편물을 낭비하지 않도록 해야 한다. 폭주하는 DM 때문에 뜯어 보지도 않고 버려지는 경우가 많다. DM 발송의 절차와 관리 요령은 [그림 12-8]과 같다.

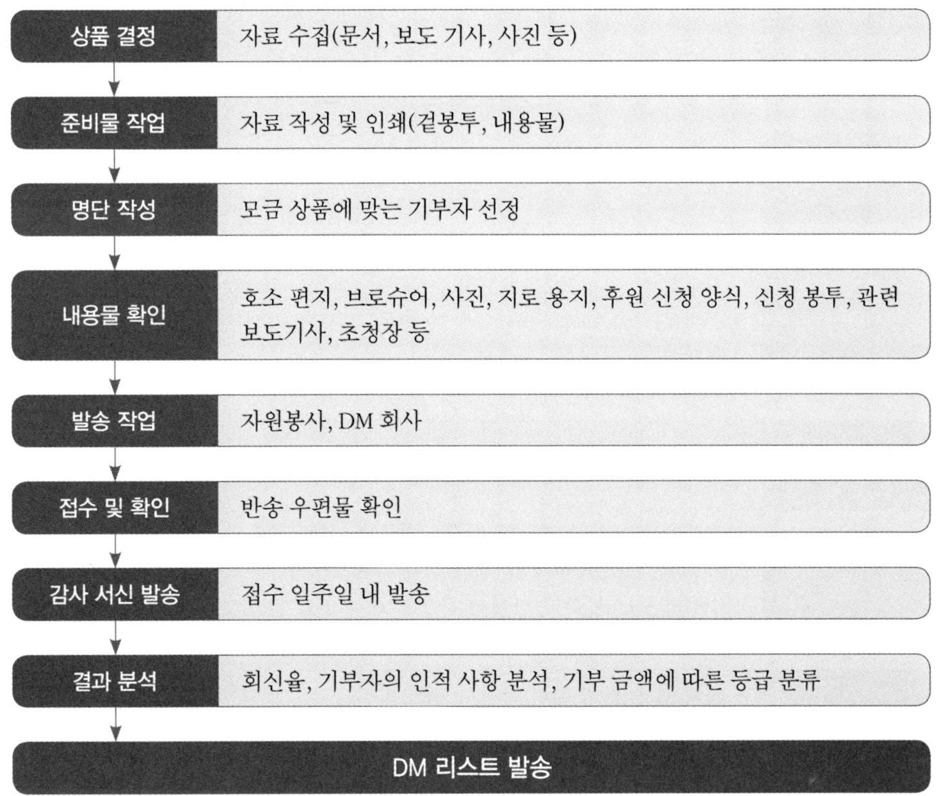

[그림 12-8] DM의 절차와 관리

출처: 양용희 외(1997), pp. 74-75.

(2) 텔레마케팅

텔레마케팅(telemarketing)은 전화 등의 매체를 이용하는 방법으로, 무차별적으로 전화를 거는 것이 아니라 표적시장을 정하고 잠재고객의 명부를 확보해 사용한다. 텔레마케팅을 하기 전에 필수 조건은 반드시 멘트를 작성하고 숙지하여야 하며, 충분한 훈련과 예의를 갖춘 사람이 해야 한다는 것이다.

(3) 이벤트

이벤트는 후원에 특정 동기를 부여하기 위하여 특정한 날에 특정 장소에서 사전 계획하에 벌이는 활동이다. 모금을 위한 사회복지기관의 이벤트로는 자선 음악회, 바자회, 전시회 등이 있다. 이벤트는 참여자 모두가 현장에서 오감을 통해 경험하고 소통함으로써 기억이 오래 남는 특징이 있다. 그러나 많은 비용이 들기 때문에 모금으

[그림 12-9] 이벤트의 세부 계획 절차

로는 적합하지 않고, 대중의 공감대를 형성하고 후원자와의 관계 형성에는 효과가 있다. 이벤트의 세부 계획 및 절차는 [그림 12-9]와 같다.

(4) 대중매체 광고

텔레비전, 라디오, 신문, 잡지 등을 통해 모금 광고를 하는 것으로, 기업 등 영리 부문에서 사용하는 마케팅 방법이다. 사회복지기관의 대중매체 활용은 아직 미진한 실정이지만 최근 활성화되고 있다. 만일 잡지를 통해 후원자를 개발하고자 할 경우에는 잡지의 판매 부수, 독자층, 성격 등을 고려하여야 하며, 또한 한 잡지에 적어도 6개월 이상 광고를 해야 효과를 볼 수 있다.

(5) 자동응답 시스템(ARS)

자동응답 시스템(Auto Response System: ARS)은 모금 방송 시청자들이 이 시스템을 통하여 전화를 걸면 통화당 일정 금액의 후원금이 자동으로 전화요금에 부과되어 전화요금과 함께 기부금을 제공하도록 하는 방식이다. 손쉽게 적은 금액으로 부담 없이 후원에 참여할 수 있는 장점 때문에 최근 높은 실적을 보이고 있다.

ARS 모금 사례

(6) 온라인 모금

후원자들이 온라인상에서 신용카드를 통해 후원금을 보내거나 기금 후원을 약속한 후 계좌 이체하는 등의 방식이다. 국내에서는 기관 ID를 통해 직접 후원 요청하거나, 홈페이지 배너, 게시판, 대화방 등을 통해 후원 요청을 할 수도 있다. 또는 통신회사에 등록하여 기관 홍보와 후원자를 개발하거나 광고비를 지불하고 후원자 모집광고를 낼 수도 있다.

네이버 해피빈

모금사이트 GoFundMe

(7) 공익연계 마케팅

공익연계 마케팅(Cause-Related Marketing: CRM)은 기업 등이 사회적으로 가치 있는 대의명분의 실현을 위해 비영리기관과 파트너십을 맺고 제품이나 서비스의 판매와 기업의 자선, 공익활동을 연결시키는 마케팅 전략을 말한다. 기업의 이미지를 높여 주어 기업의 상품 판매에 긍정적인 영향을 미치면서 동시에 사회복지기관의 후원자 개발에도 기여하게 된다.

공익연계 마케팅의 유래는 미국에서 1983년 자유의 여신상 보수기금 마련을 위한 아메리칸 익스프레스 사의 캠페인에서 시작되었다. 고객들이 카드를 사용할 때마다 1센트씩 또는 신규 발급 때마다 1달러씩을 자유의 여신상 복원 프로젝트를 위해 기부하기로 약속하였다. 그 결과 170만 달러 이상이 적립되었고, 카드 사용이 27%, 신규 가입이 45% 증가하였다. 우리나라에서도 유한킴벌리가 1984년부터 '우리 강산 푸르게 푸르게'라는 프로그램을 통해 매출액의 일부를 나무를 심는 데 기부한 사례가 있다.

행복 나눔 N마크

6) 후원자 관리

후원자 관리는 현재의 후원자가 계속 후원하도록 도와주어 후원 종결자를 최소화하는 제반 행위를 말한다. 후원자의 욕구와 필요가 무엇인지를 파악하고 후원자의 만족도에 영향을 미칠 수 있는 모든 활동을 통합·조정하여 후원자로 하여금 보람을 느끼게 하고 그 만족감을 계속 유지함으로써 관계를 지속시키도록 하여야 한다. 후원자 관리 요령은 다음과 같다.

① **정기적인 욕구조사** : 후원자에게 제공하는 기관의 서비스에 대하여 얼마나 만족하고 있는지를 정기적으로 조사하여야 한다. 후원자 개개인을 분류하여 그들에게 맞는 서비스를 제공함으로써 후원 행위에 대한 만족감을 느끼고 후원을 더욱 증진할 수 있도록 자극해야 한다.

② **전산화된 정보체계** : 후원자가 증가하고 그에 따른 욕구 충족을 위한 자료 분석이 많아질수록 후원자 관리의 효율성을 높이기 위해 전산화된 정보체계가 필요하다.

③ **후원자 관리 전문인력** : 모든 직원에 대해 후원자 서비스 교육이 이루어져 즉각적으로 대처할 수 있는 능력을 갖추는 것도 중요하다. 그러나 무엇보다 모금과 후원자 관리를 전담하는 인력을 배치하는 것이 필요하다.

④ **다양한 후원자 관리 프로그램** : 후원을 지속시키기 위해서는 단순히 감사 서신이나 기관 소식지 발송만으로는 부족하고, 후원자가 무언가 특별한 대우를 받고 있다고 느끼고, 긍지와 자긍심 나아가 소속감까지 느낄 수 있도록 다양한 후원자 관리 프로그램이 필요하다.

후원자 관리에서 특히 중요한 것은 기존의 후원자가 지속적으로 기부하고 기부액을 증가시키는 이른바 기부자 충성도를 높이는 것이다. 일반적으로 개인 기부자의 성장과정을 살펴보면, 일회적 기부에서 시작하여 정기 기부자로, 이어 정기 기부액의 증액, 그리고 고액기부자로 성장하며, 최종적으로는 좀 더 장기적인 기부와 사회적 파급력을 고려하는 유산, 부동산 등을 기부하는 계획 기부자로 성장할 수 있다. 따라서 자원개발에서 신규 후원자를 개발하는 것 못지않게 기부자 충성도를 높이는 것이 필요하다. 기부자 충성도를 높이기 위한 방법은 다음과 같다.

- ▶ 기부자의 역량에 맞게 시작할 필요가 있다.
- ▶ 신규 기부자가 두 번째로 기부할 때 가장 많은 노력을 기울일 필요가 있다.
- ▶ 이왕이면 상대적으로 고액 기부자들의 배양 및 유지에 더 힘을 쓰는 것이 좋다.
- ▶ 기부자 유지 전략에도 표적 마케팅이 필요하다.
- ▶ 기부 중단 요인에 대한 이해가 필요하다.
- ▶ 조직의 성과에 대해서 기부자와 효과적으로 소통하는 것이 필요하다.
- ▶ 조직의 지도자들을 기부자들에게 선보이는 것은 좋다.
- ▶ 기부자를 소중한 고객으로 여기고 있다는 것을 보여 줄 필요가 있다.
- ▶ 윤리적 명성을 유지해야 한다.
- ▶ 기부자들이 갖는 불만 요소가 무엇인지를 지속적으로 점검해야 한다.

3. 홍보

1) 홍보의 개념

사회복지마케팅이나 자원개발에서 가장 중요한 방법이 바로 홍보다. 흔히 PR(Public Relations)로 알려진 홍보는 '대중과의 관계', 즉 조직이 그의 사회적 환경이 되는 대중과의 원활한 관계를 유지하고자 하는 제반 노력을 의미한다. 단순히 좋은 평판을 얻기 위한 활동뿐만 아니라 조직 그 자체나 제품·서비스·활동 등에 대해 이해관계자로부터 호의나 신뢰감, 인지도 등을 얻기 위한 일체의 커뮤니케이션 활동과 조직의 이념이나 상황을 사회에 제대로 알려 조직과 사회가 원활한 관계를 형성하고 공생하도록 도모하는 일체의 활동을 포함한다.

엄밀히 구분하면 홍보와 PR은 차이가 있다. 흔히 광고는 'buy me', 홍보는 'love

me'라고 하여 광고는 직접적이고 홍보는 간접적이다. 즉, 광고가 당장 매출을 높이기 위해 고객의 구매 욕구를 자극하는 활동이라면 홍보는 은근하게 조직의 이미지와 인지도를 높이고 호감을 갖게 하는 활동이다. 어떻게 본다면 홍보활동이 광고를 포함하는 넓은 의미로 해석될 수도 있지만 일반적으로는 구별하지 않고 사용한다.

2) 사회복지조직의 홍보

홍보는 일종의 지역사회 내에 존재하는 조직과 집단 간의 쌍방향 의사소통을 원활히 하는 것으로, 조직의 이미지와 능력을 향상시키는 면이 강하다. 사회복지서비스의 활용을 위해서는 서비스 프로그램과 그 자격 요건 등을 지역사회에 널리 홍보하는 것이 필요하다. 그리고 사회복지기관에 대해 긍정적인 이미지를 창출하면 후원자 모집, 클라이언트 확보, 지역사회의 지지 등을 얻는 데 매우 중요하다. 따라서 직원뿐만 아니라 이용자와 지역주민 모두가 기관으로 인해 자부심을 가질 수 있는 이미지 창출을 위한 프로그램이 필요하다. 이를 위해 기관시설, 자원봉사자 모집, 후원자 개발, 프로그램 등을 다각적인 방법으로 꾸준히 홍보해야 한다.

성공적인 홍보활동을 위한 주요 원칙은 다음과 같다(Skidmore, 1995).

- 목표가 무엇이며 어디에 있는가를 알라.
- 접촉하려고 하는 사람이 누구인가를 알라.
- 이용 가능한 자원들(돈, 사실, 인력 및 기술)을 평가하라.
- 돌아오는 이익이 접촉하고자 하는 상대방과 어떻게 연관되는가에 유의하라.
- 홍보에 관한 구체적인 기법을 알라.
- 절대적으로 정직하라.
- 사람들에게 감사하라.

3) 홍보 매체

홍보 매체라 하면 흔히 TV와 신문 같은 비싼 광고를 생각하지만, 주위를 살펴보면 무료 혹은 저렴하게 홍보할 수 있는 매체가 이외로 매우 많다. 교차로나 벼룩신문에 요청하면 자원봉사 모집이나 프로그램 안내 홍보를 무료로 할 수 있고, 시 · 군 · 구의 소식지에도 공익 목적의 사회복지 홍보는 무료로 게재가 가능하다.

홍보를 위한 매체는 다음과 같다. 이들 매체는 각각 고유한 특성이 있고 효과도 다르므로 홍보 목적에 가장 효과적이라고 판단되는 매체를 선택하여야 한다.

① 시각적 매체 : 신문, 잡지 회보, 책자, 팸플릿, 보고서, 유인물, 사진, 카탈로그, 광고지 등

② 청각적 매체 : 라디오, 이야기, 좌담, 강연회, 기자회견, 인터뷰 등

③ 시청각적 매체 : TV, 영화, 비디오, 인터넷, 연극, 공개토론회, 각종 SNS, 유튜브 등

대중매체를 적절하게 활용하기 위해 사회복지기관의 홍보 담당자가 명심해야 할 사항은 다음과 같다(황성철 외, 2014).

- 평소 언론인들과 지속적인 관계를 유지하라.
- 언론사 내 다양한 사람들과의 접촉을 유지하라.
- 특정 사회문제에 있어서 전문가임을 언론사가 인지하도록 하라.
- 기관을 대변할 수 있는 위치임을 분명히 하라.
- 언론사 관계자가 본인을 쉽게 접촉할 수 있도록 하라.
- 언론사의 마감시간을 숙지하라.
- 독점 인터뷰가 아닌 경우에는 모든 언론사에 자료를 동시에 제공하라.
- 언론도 실수할 수 있음을 기억하라.
- 기대했던 이야기가 실리지 않더라도 실망하지 마라.
- 말하는 것이 그대로 실리지 않을 수 있음과 말한 모든 것이 실릴 수 있음을 기억하라.

4) 언론 홍보

현대사회에서 언론의 영향력은 매우 크고 중요하기 때문에 사회복지조직에서도

[그림 12-10] 보도자료를 통한 홍보 과정

언론 홍보를 적극적으로 활용할 필요가 있다. 사회복지기관에서 활용할 수 있는 보도자료의 작성을 통한 언론 홍보 방법을 제시하면 다음과 같다. 모든 보도자료가 기

수신: 각 언론사 사회부 귀중
발신: ○○종합사회복지관
제목: 사랑의 김장 나눔

1. 귀사의 발전과 건승하심을 기원합니다.
2. ○○종합사회복지관에서는 지난 11월 20일(토) 사랑의 김장 나눔 행사를 개최하였는 바, 다음과 같이 보도자료를 제공하오니 내용 검토 후 사정이 허락되시면 보도해 주시기 바랍니다. 문의사항이 있으시면 ○○종합사회복지관(관장 김○○, 부장 홍○○ 010-4545-○○○○)으로 연락 주시면 성심성의껏 답변해 드리겠습니다.

헤드라인 – ○○종합사회복지관 사랑의 김장 나눔 행사
리　　드 – 독거노인 등 어려운 이웃 100가구에 김장김치 500kg 전달
본　　문 – ○○종합사회복지관(관장 김○○)은 연말연시를 맞아 20일(토) 구내식당에서 사랑의 김장 나눔의 행사를 가졌다. 직원 및 자원봉사자 20여 명은 구슬땀을 흘리며 김장김치 500kg을 마련하여 독거노인 및 소년소녀가장, 저소득층가구 등 100가구에 김치를 전달했다. 이날 행사는 직원들과 기부자들의 후원으로 마련하였다.

사화되는 것은 아니며, 언론사는 시의성 있거나 기삿거리가 될 만한 것들만 골라서 사실 확인을 꼼꼼히 따져 기사화한다.

먼저 언론사의 관심을 끌 만한 프로그램과 서비스를 발굴해야 한다. 기관 행사, 미담, 독특한 프로그램이나 성공 사례 등이 기삿거리가 될 수 있다. 아이템을 발굴하였다면 언론사에 보낼 보도자료를 만들어야 한다. 보도자료는 헤드라인(headline), 리드(lead), 본문(body)으로 구성된다.

① 헤드라인은 기사의 제목으로 내용 전체를 압축하여 표현하고, ② 리드는 본문의 주요 정보를 한두 줄로 압축하여 독자나 기자에게 호기심을 자극해야 한다. 다음으로, ③ 기본 콘셉트에 맞는 본문을 작성한다. 본문은 육하원칙에 맞추어 짧고 쉬운 문장으로 최대한 객관적으로 구성한다. 보도자료가 완성되면 원고 마감시간을 고려하여 언론사의 온라인 기사 제보 혹은 팩스나 사회부 기자의 메일 등으로 발송하고, 확인 전화를 해 보도를 요청한다. 마지막으로, 보도자료가 기사화되면 감사의 전화를 한다.

제13장

프로그램 개발과 평가

1. 프로그램 개발

1) 프로그램의 개념

사회복지의 이념과 정책을 구체적인 서비스로 전환하여 실천하는 것이 사회복지행정이라면, 그러한 목적과 역할의 추구에 쓰이는 도구가 프로그램이다. 사회복지조직의 전형적인 활동이 투입된 자원을 프로그램이라는 서비스를 통해 클라이언트에게 제공하는 것이다. 따라서 사회복지조직에서 주어진 미션과 역할이 프로그램을 통해 구체적으로 실천된다. 프로그램에 대한 학자들의 정의는 다음과 같다.

- 하나의 목표를 달성하기 위한 활동들의 집합체(Rapp & Poerter, 1992)
- 기관의 설립이념 또는 사명을 구현하기 위해 기관의 서비스 기술을 클라이언트 집단에 적용해 활동을 전개하는 체계(Patti, 1983)
- 특정한 목표를 달성하기 위한 조직화된 활동의 체계(Royse et al., 2001)
- 특정한 사회복지 향상의 목적을 달성하기 위하여 한 가지 또는 여러 가지 서비스를 사전 계획에 따라 전달하는 의도적이고 조직적인 활동(성규탁, 1993)
- 사회복지 조직의 목표를 달성하기 위한 활동들의 집합체로서 의도적으로 만들어진 계획적인 활동체계(최성재, 남기민, 2016)

이러한 정의들을 종합해 보면, 사회복지 프로그램은 사회복지의 목적 달성을 위한 인적·물적 자원이 집합된 조직적이고 체계적인 활동이라 할 수 있다. 프로그램은 서비스 전달을 위한 도구이며, 정책이 의도하는 변화를 실천에 옮기는 모델로서의 역할을 수행한다. 따라서 이러한 프로그램 개발은 구체적인 프로그램 실행 절차와 방법 그리고 자원을 연결해 주는 일관성 있는 계획을 기획하고 설계하는 창조적인 활동이다.

2) 프로그램 개발 시 고려 사항

사회복지 프로그램은 참여자가 잠재능력이 있고 시간이 지남에 따라 성장과 변화를 성취할 수 있다는 사회복지의 핵심 가치에 입각해서 설계되어야 한다. 이러한 관점에서 프로그램에 참여하는 모든 개인은 가치와 존엄성이 있으며, 다른 사람과의 관계 속에서 프로그램을 통해 학습되고 개발될 수 있는 능력이 있음을 기본 전제로 하여야 한다. 따라서 프로그램 관리자들은 이러한 가치를 프로그램의 개발에 반영하여야 한다(정무성, 2005). 이 외에 프로그램 개발 시 고려해야 할 사항을 다섯 가지(5P)로 정리해 보면 다음과 같다(신복기 외, 2008).

① 합목적성 및 목표의 일관성(purpose) : 프로그램의 내용은 목적이 제시하는 바로 그 내용에 적합해야 한다. 이를 위해 프로그램 내용에 지나치게 치중하여 수단이 목적이나 목표에 전도되는 '목표 전치' 현상이 발생하지 않도록 유의해야 한다.

② 능력 수준과 흥미에의 적합성(person) : 프로그램 내용이 대상자의 필요와 흥미 또는 능력 수준을 고려하여 주제의 내용과 방법이 적합하고 친밀감이 있는 것으로 선정해야 한다.

③ 프로그램의 통합성(problem) : 프로그램에 참여하는 대상자의 문제해결이나 목표 달성을 위하여 단편적인 프로그램을 제공하는 것이 아니라, 인간의 경제적 · 사회적 · 문화적 제반 문제들을 통합적으로 고려하는 프로그램을 제공하여야 한다.

④ 프로그램의 지속성과 네트워크화(process) : 프로그램은 일시적이고 일회적인 접근으로 이루어져서는 아니 되며, 장기적이고 체계화된 일정 계획 아래 지속적이고 제도화된 프로그램이 되어야 한다.

⑤ 지역성(place) : 프로그램을 실시하는 기관의 지역적 · 문화적 상황이 다르기 때문에 프로그램의 내용 선정에서도 지역적 특성을 반영하고, 각 지역의 독특한 특성을 발굴해 내야 한다.

3) 개발과정

계획(plan)이란 어떤 것을 하거나 만들기 위해 사전에 마련된 구체적인 방법을 의미한다. 이러한 계획을 수립하는 과정을 기획(planning)이라 하며, 이 과정을 통해 얻어진 결과를 계획이라 한다. 프로그램 기획이란 현재와 미래의 환경 변화에 대응하기 위한 것으로, 프로그램의 목적 설정, 수단의 선택, 실행, 평가에 이르는 제반 프로그램 과정에서의 합리적인 의사결정과 활동(김영종, 2017), 혹은 사회적으로 공인된 목적을 달성하기 위해 자원을 바람직하게 이용하려는 프로그램의 집합이나 혹은 하나의 프로그램을 선택하는 것(York, 1982)을 말한다. 프로그램 개발과정을 도식화하면 [그림 13-1]과 같다.

[그림 13-1] 프로그램의 개발과정

4) 욕구조사

(1) 욕구조사의 필요성

사회복지서비스를 계획하고자 할 경우 우선 어디의 누가 어떤 서비스를 필요로 하는지를 정확히 측정해야만 한다. 욕구조사란 클라이언트가 당면한 문제나 필요한 욕구, 낮은 수준에 처해 있는 삶의 질, 사회복지 전문가적 필요성 등에 대하여 정확하게 사정하는 것(정무성, 2005), 즉 한정된 지역 안에서의 사람들의 욕구수준을 확인해 내고 이를 수량화하는 방법을 말한다.

욕구조사를 실시하는 목적은 대상 집단의 욕구를 충족시키고, 사회문제를 해결하고 예방하기 위한 정책 대안과 프로그램을 개발하고 수정하며, 기관운영에 도움이 되는 기초자료를 제공하는 데 있다. 이를 보다 구체적으로 나타내면 다음과 같다(Gates, 1980).

- 욕구 유형을 파악함으로써 어떤 정책 대안이나 프로그램이 필요한지 파악한다.
- 주민이 필요로 하는 서비스나 프로그램의 우선순위 혹은 상대적 중요성을 정한다.
- 프로그램 운영에 필요한 예산 할당 기준을 마련한다.
- 프로그램의 평가에 필요한 기초 자료를 마련한다.
- 지역사회 내 기관들 간의 중복 방지 및 협동 방안을 강구한다.
- 조직 내에서 기관의 정체성을 확인한다.

(2) 욕구의 개념과 유형

욕구(need)는 유기체가 존재하기 위해 무엇인가 필요한 것을 구하는 본질적인 현상이다. 즉, 욕구란 무엇이 부족하여 그것을 필요로 하는 상태, 다시 말해 당연히 있어야 할 것(ought to be)과 현상(be) 사이에 존재하는 격차나 차이의 상태를 의미한다.

욕구 = 바람직한 상태 – 현재 상태

사회복지는 인간의 욕구불만 상태를 해결하거나 충족시켜 주기 위한 사회제도이므로, 결핍된 욕구의 파악은 매우 중요하다. 그러나 욕구는 탄력적이고 상대적이며, 정치사회적 환경 변화에 따라 달라질 수 있으며, 자원의 정도나 기술 발전에 따라 변화하는 특징이 있다(Kettner, 2002).

욕구 유형에 관해 매슬로(Maslow, 1954)의 욕구 유형은 제6장에서 살펴보았고, 여기서는 브래드쇼(Bradshow, 1977)의 유형을 살펴보자. 그는 욕구를 정의하는 데 있어서 가장 중요한 문제가 '누가 욕구의 기준을 정하는가'에 있다고 보고, 욕구 인식의 기준에 따라 다음 네 가지를 제시하였다.

표 13-1 브래드쇼의 네 가지 욕구 유형

구분	진단	처방	장점	단점
규범적 욕구 (normative need)	전문가 판단으로 충족되지 않은 욕구의 진단	전문가 판단으로 최선의 서비스 규정	• 기준 설정으로 욕구를 갖는 집단의 규모 파악이 용이 • 계량화와 측정 용이	• 전문가의 견해차에 따른 차이 발생 • 지식, 기술, 가치관 변화에 비탄력적
느낀 욕구 (felt need)	잠재적 클라이언트가 문제와 욕구를 진단	욕구를 갖는 당사자가 필요하다고 생각하는 서비스	• 당사자의 정확한 욕구 파악이 용이 • 필요한 서비스 내용과 정도에 대한 정보	• 개인차 조정의 문제 • 조사의 경우 대표성 문제 • 과대 추정될 가능성이 있음
표현된 욕구 (expressed need)	잠재적 클라이언트가 직접 자신의 문제를 진단	수요로 나타난 서비스	• 수요에 따른 공급 규모 결정 • 대상자 확보에 용이	• 표현하지 않은 잠재적 클라이언트 무시 • 전달체계상 장애가 있는 클라이언트 배제
비교 욕구 (comparative need)	전문가나 사회가 각종 사회지표의 비교로 진단	서비스 이용률 비교로 유사한 서비스의 필요성 인정	• 각종 지표로 쉽사리 욕구의 규모와 내용 파악	• 유사 또는 비교 집단의 욕구가 실제 욕구와는 다를 수 있음 • 비교 집단의 선정과 대표성 문제

출처: 황성철(2010), p. 118.

(3) 욕구조사의 종류

욕구조사는 다음의 세 가지 종류가 있다. ① 수혜자 중심(client-oriented) 욕구조사는 아동이나 청소년, 노인, 장애인과 같이 특정 인구집단을 위하여 서비스나 프로그램을 제공하는 기관에 의하여 실시되는 방식이다. ② 서비스 중심(service-oriented) 욕구조사는 특정의 서비스를 제공하는 기관에서 실시하는 조사로서, 예를 들어 의료기술을 가진 기관이 이러한 서비스를 제공할 대상을 상대로 표적인구를 설정하고 이들로부터 필요한 서비스의 수준을 산정하는 방식이다. ③ 지역사회 중심(community-based) 욕구조사는 수혜자 중심 혹은 서비스 중심의 욕구조사를 통합한 방식으로, 지역사회의 전반적인 문제를 확인하여 문제해결의 우선순위를 파악한 후에 서비스의 대상과 수준을 파악하는 방식이다.

(4) 욕구조사의 자료 수집 방법

욕구조사의 자료 수집 방법은 매우 다양한 방법이 사용된다. 가장 대표적인 방법으로는 다음의 일곱 가지 유형이 있다.

① 공개토론회(community forum) : 지역사회에 거주하거나 활동하는 사람을 대상으로 모두 참여할 수 있는 공개적인 모임을 개최하여 토론을 통해 지역사회의 욕구나 문제들을 파악하는 방법이다. 지역사회 주민들이 누구보다 자신들의 욕구나 문제를 잘 알고 있으므로 주민들의 직접적인 의견을 들어 보는 데 의의가 있다. 이 방법의 장점은 적은 비용으로 광범위한 계층의 다양한 의견을 짧은 시간에 수집할 수 있고, 좋은 홍보의 기회가 될 수 있다는 것이고, 단점으로는 관심 있는 소수만이 참석하여 표집의 편의현상이 나타나 표본의 대표성의 확보할 수 없다거나, 설사 참석자라 하더라도 소수만이 의견을 발표할 수 있다는 것이다(Reid & Smith, 1981).

주민공청회

② 주요 정보 제공자(key informant) 조사 : 지역사회의 주요 기관이나 단체의 대표자, 인접 직종의 전문직 종사자, 공직자, 자문위원 등과 같이 지역사회 문제에 대해 직접적으로 잘 알고 있다고 생각되는 주요 정보 제공자들로부터 의견을 수집하는 방법이다. 이 방법은 비용이 적게 들고, 표본을 쉽게 선정할 수 있으며, 지역

의 전반적인 문제를 쉽게 파악할 수 있다는 장점이 있지만, 반면에 단점으로는 선정과정이 인위적이어서 표집의 편의현상이 나타날 수 있으며, 이들의 의견이 일반주민과 다를 수 있다.

③ 사회지표(social indicator) 조사 : 사회적 · 경제적 · 인구학적 특성에 근거하여 지역사회의 욕구를 추정할 수 있다는 전제하에 일정한 지역이나 대상 집단의 생활상태나 문제에 관한 공공기록 문서와 보고서에 기록된 각종 사회지표를 바탕으로 욕구를 분석하는 방법이다. 가장 대표적인 사회지표조사는 인구주택총조사다.

한국의 사회지표(통계청)

④ 서베이(survey) 조사 : 일정 지역 내 일반 주민 혹은 특정 표적집단의 욕구조사를 위해 이들을 대표할 수 있는 표본을 선정하고 이들에게 설문지나 면접을 통해 이들의 욕구나 문제를 파악하는 가장 대표적인 방법이다. 대부분 표본조사이므로 표본이 확률적 표집 방법으로 추출되어 모집단을 대표할 수 있어야 하고, 조사척도가 신뢰도와 타당도를 갖추어야 한다.

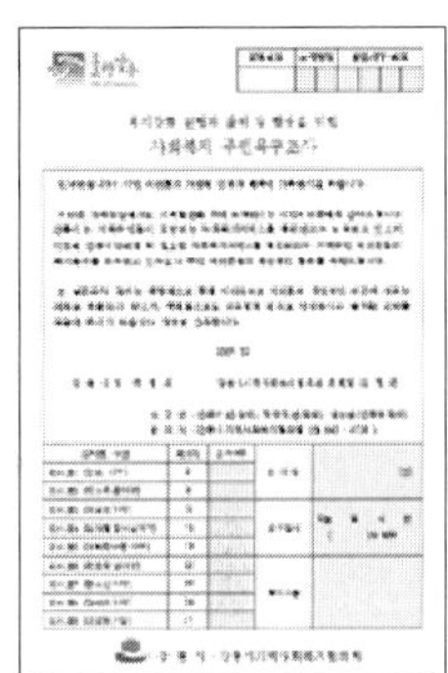
서베이 조사

⑤ 델파이(delphi) 조사 : 기획 기법에서 소개한 바와 같이 어떤 문제에 대하여 전문가들의 합의점을 찾는 방법으로 응답이 무기명이고, 대면적인 회의에서와 같은 즉각적인 피드백을 통제하고 개인의 의견을 집단적 통계분석으로 처리하는 방식이다.

⑥ 서비스 제공자 조사 : 프로그램의 운영자나 서비스의 제공자로부터 지역사회 주민이나 대상집단의 욕구에 관해 조사하는 방법이다. 약물중독자나 학대아동, 미혼모 등과 같이 사회적으로 드러내기 어려운 대상 집단들에게 정보를 얻을 수 있으며, 이러한 문제에 대한 전문가들의 판단이나 견해까지 얻을 수 있다는 장점이 있다.

⑦ 2차 자료(secondary data) 분석 : 직접 수집한 자료는 아니지만, 예를 들어 지역사회 내 사회복지기관의 서비스 수혜자에 관련된 기록들을 검토하여 수혜자의 욕구를 파악하는 방법이다. 2차 자료

각종 2차 자료

는 주로 인테이크 자료, 면접기록표, 업무일지, 대기자 명단 등이 활용되고, 이러한 자료들로부터 사회문제, 문제의 경향, 서비스의 수요 등을 알 수 있다.

표 13-2 욕구조사의 방법 비교

유형	특징	주요 자료원	장점	유의점
공개 토론회	일시에 광범위한 주민의 다양한 의견 수렴	참여 주민	• 비용과 시간에서 효율적	• 소수자(이익집단) 의견에 편향될 수 있음 • 참여자의 대표성
주요 정보 제공자 조사	주요 정보 제공자의 견해	전문가	• 문제의 원인과 대안 파악 • 조사 대상자의 확보 용이	• 조사 대상자의 편향성 • 간접적 주민 욕구
사회지표 조사	인구 총조사 같은 사회지표 자료 이용	각종 사회지표	• 신속하고 저렴함 • 변화 추이의 파악 기능	• 조사 목적에 딱 맞는 자료 찾기의 어려움
서베이 조사	지역주민을 대상으로 한 직접적 설문 조사	지역주민	• 광범위한 주민의 직접적인 욕구 파악	• 많은 서베이 비용과 시간 • 표본의 대표성과 측정의 엄밀성
델파이 조사	전문가 집단을 대상으로 합의에 의한 욕구 파악	전문가	• 전문가 합의에 의한 욕구 파악	• 반복 조사로 인한 비용과 시간의 소요 • 실제 욕구와 다를 수 있음
서비스 제공자 조사	서비스 제공 기관을 통한 욕구조사	서비스 기관	• 전문가의 견해 반영	• 공급자 중심으로 조사 위험성
2차 자료 분석	기존 자료 분석을 통한 간접적 측정	2차 자료	• 자료 수집과 분석이 용이함 • 신속하고 저렴함	• 이용 가능한 자료 한정 • 실제 욕구와 다를 수 있음

2. 프로포절 작성

1) 프로포절 작성 원칙

프로포절(proposal)이란 사회복지기관들이 수행하고자 하는 프로그램의 내용을 설명하는 사업제안서를 의미한다. 마치 건물의 설계도와 같은 것으로 사회복지실천의 골격을 이룬다. 프로포절은 사회복지의 가치가 반영되어 있어야 하며, 실현 가능성, 기관의 준비성, 기록의 신뢰성 등을 제시할 수 있어야 한다(정무성, 2005). 그리고 사업비를 지원해 주는 기관의 목적에 따라 선호하는 프로그램이 다를 수 있으므로 일차적으로는 표적으로 삼은 자금원의 목적과 선호를 살펴 그에 적합하게 프로포절을 작성해야 한다. 자원이 부족한 민간 사회복지기관의 입장에서 프로포절 작성 능력은 재원 확보를 위한 유용한 수단이다. 프로포절 작성 시 준수해야 할 일반적인 원칙을 제시하면 다음과 같다.

- 읽기 쉽고 명료하게 작성할 것
- 어법과 문법에 맞는 정확한 문장을 사용할 것
- 최대한 짧게 작성할 것
- 긍정적인 의미로 작성할 것
- 확인되지 않은 가정을 피할 것

2) 프로포절 작성법

(1) 표지 및 사업명

대부분의 경우 공모기관에서 표지를 정해 준다. 여기에는 주로 신청기관 현황과 프로그램에 관한 정보를 요약하여 기재하도록 구성되어 있다. 신청기관 현황에서는 기관의 주요 사업, 예·결산 사항, 운영 법인 등이 포함되고, 프로그램에 관해서는 사업명, 성과목표, 주요 사업 내용, 신청금액 등이 포함된다.

사업명은 그 사업이 누구에 대한 어떠한 목적으로 무엇을 하려는 사업인지 명확히 알 수 있도록 ① 대상, ② 목적, ③ 방법이 포함되도록 짓는 것이 바람직하다. 제목만으로 사업 내용을 파악할 수 있도록 해야 하고, 슬로건을 사용하더라도 사업명 다음에 부제로 병기한다. 사업명 사례는 다음과 같다.

▶ 가정폭력 피해 한부모가족 자조모임 역량강화 프로그램 '희망가족 새날 열기 project'

▶ 마을 공동체 활성화를 통한 청년 니트(NEET) 자립역량강화 지원사업 '청년 비상(飛上) 플랫폼'

▶ 독거어르신 밑반찬 배달을 통한 식생활 개선 사업 '은빛 영양지킴이'

▶ 지적장애인 거주시설의 주거환경 개선을 위한 방수공사 사업

(2) 사업 내용 및 추진 전략

사업 내용 및 추진 전략에서는 사업 참여자, 사업 내용 및 연계협력 전략 등이 포함된다.

① 사업참여자 : 프로그램에 참여하는 대상으로, 성과목표 달성에의 주인공으로 성과목표 달성 여부와 직결되는 핵심 참여자(main participants, 핵참), 핵심 참여자가 변화하는 데 매우 밀접하게 관여되는 주변참여자(sub participants, 변참)로 구분한다. 예전에는 사업대상자라고 하여 일반 대상(대상 집단이 속한 모집단으로 행정 구역 내의 일반 사람) → 위기 대상(문제에 노출 위험이 있는 집단) → 표적 대상(프로그램을 통해 문제해결 대상으로 삼는 집단) → 클라이언트 집단(실제 프로그램 참여자)으로 구분하였으나, 지금은 주체적인 참여를 강조하여 사업참여자로 부른다.

② 사업 내용 : 가장 중요한 부분으로, 실제 프로그램이 어떠어떠한 내용으로 진행되는지를 상세히 밝히는 부분이다. 무엇을, 언제, 누구에게, 언제부터 언제까지 몇 회를, 누가 수행하는지와 함께 홍보 계획에 대해 기술한다. 사업을 몇 개의 단위 사업으로 구분하여 문제의식을 사업에 충분히 반영해서 소기의 목표를 달성하는 데 충분하도록 내용을 구성해야 한다. 또한 세부 프로그램들이 상호 연

표 13-3 세부 사업 내용 사례

<table>
<tr><th rowspan="2">세부 사업명</th><th>활동(수행방법)</th><th></th><th></th></tr>
<tr><th>내용</th><th>시행시기</th><th>시행횟수</th></tr>
<tr><td rowspan="2">의복 공동체</td><td>[새활용 교육]
• 대상: 의복 공동체 모임 6명
• 수행인력: ○○연대, ○○업사이클센터, 담당자
–○○연대: 수선 교육 진행
–○○업사이클센터: 업사이클링교육 진행
• 수행방법
–바느질 및 업사이클링 교육 진행(회기당 2시간)
• 진행 내용: 수선에 대한 이해, 자원 선순환/업사이클링 이해하기, 업사이클링 기본 과정(천, 옷 등), 업사이클링 심화과정, 14회기 중 실습 4회</td><td>4~10월</td><td>14회기
(월 2회)</td></tr>
<tr><td>[마을수선소]
• 대상: 수선을 희망하는 지역주민 누구나
• 수행인력: 의복 공동체 모임 6명
• 수행방법
–복지관 온 · 오프라인을 활용한 홍보 진행
–복지관 1층 P · G실을 활용한 의복 수거 및 수선
• 진행 내용:
–수거DAY: 수거 시간 안내, 부스 설치 및 의류 수거 진행, 수선 가능 여부 확인 및 개별 접수 명단 작성
–수거DAY: 수거된 의류 수선 진행, 수선 완료 안내</td><td>6~11월</td><td>5회기
(월 1회)</td></tr>
</table>

출처: 사회복지공동모금회(2024), p. 35.

결되어 있음을 설명해야 한다. 사업 내용이 얼마나 잘 구조화되어 있느냐 하는 것은 프로그램의 목표 달성 내지 성과를 결정하는 매우 중요한 부분이다.

③ 연계협력 : 사업을 수행하는 데 지역사회 내 유관기관들과의 연계 · 협력은 필수적이다. 특히, 사업 아이디어는 좋은데 수행기관이 보유하고 있는 전문성이 부족한 경우에는 더불어 사업을 수행하는 방식을 강구하는 것이 좋다. 연계협력은 사업 수행기관이 중심을 잡되 여러 기관들이 컨소시엄으로 진행할 수도 있고, 또는 필요한 부분들에 대한 협조를 받는 방식도 가능하다. 연계협력을 위해서는 유관기관들과의 네트워크를 잘 구축해 두어야 한다.

(3) 예산편성

예산은 인건비, 사업비, 관리운영비로 분류하여 편성한다. 사업 내용을 실제 구현하려면 예산이 필수적이기 때문에 사업 내용과 예산편성은 불가분의 관계에 있다. 즉, 사업 내용을 충실히 이행하는 데 소요되는 예산을 빠짐없이 편성해야 한다. 꼭 필요한 사업 내용이 예산 항목에 없다거나, 사업 내용에 없는 예산 항목이 있으면 잘못이다. 특히, 심사과정에서 예산 삭감을 감안하여 부풀려 작성한다면 사업에 대한 신뢰를 잃게 된다. 가령 버스 임차료 시세가 1일 80만 원 정도인데, 300만 원으로 예산편성했다면 프로그램 전체를 의심받게 된다.

표 13-4 공동모금회 예산편성 항목

목	설명	해당 항목
인건비	해당 사업을 직접적으로 수행하는 인력에 투입되는 비용	프로그램 담당자/보조담당자 인건비
사업비	프로그램의 수행에 필요한 직접비용(실인원수에게 제공되는 서비스에 필요한 비용)	강사비, 자원봉사자 관리비, 자문비, 회의비, 행사진행비, 홍보물품 구입, 프로그램 준비물 구입, 사업결과보고서/결과물 제작 등
관리운영비	프로그램의 수행에 필요한 간접비용(사업관리에 필요한 비용)	사무용품, 냉난방비, 우편료, 사업담당자 교통비 등

예산편성에서는 세부 사업명 단위로 세목을 구분하여 산출 근거는 구체적으로 어떠한 내역으로 예산을 지출할 것인지 실제 단가, 수량, 인원수, 건수, 횟수 등을 구체적으로 기록해야 한다. 사례를 예시하면 〈표 13-5〉와 같다.

표 13-5 예산편성 사례 (단위: 원)

목	세목	세세목	계	산출 근거	예산조달 계획				
					신청금액	비율(%)	자부담	비율(%)	자부담 재원
총계			43,922,000	–	26,270,000	100	17,652,000	100	
인건비	전담 인력	급여	21,600,000	1,800,000원 × 12개월 × 1명	7,800,000		13,800,000	78.2	
		사회보험	2,052,000	171,000원 × 12개월 × 1명	0		2,052,000	11.6	자체예산
		퇴직 적립금	1,800,000	150,000 × 12개월 × 1명	0		1,800,000	10.2	자체예산
	소계		25,452,000		7,800,000	29.7	17,652,000	100	
사업비	의복 공동체	새활용 교육	3,200,000	강사료(3급, 2시) 200,000 × 14회 = 800,000 실습재료비 100,000 × 4회 = 400,000	3,200,00	12.2			
		마을 수선소	890,000	재봉틀 구입비 300,000 × 2개 = 600,000 다리미 구입비 70,000 × 2개 = 140,000 실, 천 등 구입비 30,000 × 5회 = 150,000	890,000	3.4			
		정기모임	210,000	다과비 2,500 × 6명 × 14회 = 210,000	210,000	0.8			
		새활용 나눔교육	320,000	수선재료비 50,000 × 4회 = 200,000 다과비 5,000 × 6명 × 4회 = 120,000	320,000	1.2			
		새활용 프리마켓	3,120,000	식사비 1,000 × 6명 × 2회 = 120,000 프리마켓 부스 운영비 1,500,000 × 2회 = 3,000,000	3,120,000	11.9			
중간 생략									
	소계		18,350,000		18,350,000	69.9			
관리운영비	관리 운영비	교통비	120,000	10,000× 12개월 × 1명	120,000	0.4			
	소계		120,000		120,000	0.4			

출처: 사회복지공동모금회(2024), p. 39.

(4) 문제의식(사업 필요성)

사업 필요성은 '왜 이 사업이 필요한가'를 밝히는 부분으로 사업목적에 해당한다. 이 사업을 통해 당면하고 있는 문제가 어떻게 변화할 것인지, 따라서 왜 이 사업을 기획하여 배분을 신청했는지에 대한 스토리가 담겨 있어야 한다. 문제의식은 사업 내용과도 연결되고, 사업 수행을 통해 달성하고자 하는 목표와도 연결된다. 그리고 기존 유사사업과의 차별성 및 신청기관의 강점도 설득력 있게 근거를 제시해 서술한다.

(5) 목표

목표는 산출목표와 성과목표로 구분한다. ① 산출목표는 성과목표 달성에 기여하는데 필요한 수단적 성격의 목표를 의미하는 것으로, 사업 내용을 실제로 수행한 것 또는 활동 결과 실제 성과목표를 달성하는 데 반드시 필요한 목표치를 말한다. 반면에 ② 성과목표는 인적·물적 노력과 시간을 투여하여 최종적으로 달성하고자 하는 목표, 즉 사업수행을 통해 달성하거나 변화시키고자 하는 바를 어느 정도까지 달성 또는 변화시킬 것인지를 의미한다.

흔히 목표라 하면 성과목표를 지칭하지만, 산출목표를 통해 최종적으로 성과목표를 달성하게 된다. 즉, 프로그램 공급자 입장에서 어떤 산출을 얼마만큼 제공함으로써(산출목표) 참여자를 어떻게 변화시킬 것인지(성과목표)를 정하는 것이다. 예를 들어, 학교 밖 청소년에게 주 2회 A프로그램을 제공하고(산출목표 1) 출석유지율을 90% 이상 유지함으로써(산출목표 2), 이들의 자살충동을 10% 감소시킨다(성과목표).

표 13-6 산출목표와 성과목표 예시

세부 사업 내용	산출목표	성과목표
1. 자기이해	1-1. 자기 이해 프로그램 10회기 진행	진로성숙도 20% 향상
	1-2. 프로그램 탈락률 5% 미만	
2. 진로탐색	2-1. 자기주도 진로 탐색활동 15회기 진행	
	2-2. 진로계획 수립하기	

어떤 성과목표를 설정할 것인가는 전적으로 그 사업이 지향하는 가치와 대상, 사업내용과 연결된다. 다만 목표 진술은 사업참여자와 사업 내용이 연결되어 있어야

하고, 흔히 SMART 목표라 불리는 구체적이고(Specific), 측정 가능하고(Measurable), 성취 가능하면서(Achievable), 결과 지향적이고(Result-oriented), 시간 제약적(Time-bounded) 속성을 지녀야 한다.

(6) 평가

평가 계획은 프로그램 종료 이후에 그 성과목표를 얼마나 달성하였는지를 어떻게 평가할 것인지에 대한 구체적인 기준과 방법 등을 제시하는 것이다. 성과평가가 이루어지려면 성과목표–성과지표–성과평가가 유기적으로 연결되어야 한다. 성과평가는 양적평가와 질적평가가 있다. ① 양적평가는 성과평가 결과를 구체적인 수치로 나타내는데(예: 자살충동 10% 감소, 진로성숙도 20% 향상), 주로 척도를 사용하여 사업 전후를 비교하거나 주관적인 변화 정도를 나타낸다. 반면에 ② 질적평가는 질적인 방법을 통해 성과 달성정도 또는 성과의 의미를 평가한다. 주로 양적인 성과의 의미를 드러내거나 양적평가가 어려운 경우에 사용한다.

표 13-7 평가 예시

	성과목표	평가 도구 및 방법	측정 시기
양적평가 예시	장애 자녀에 대한 부모의 이해도 증진	• 성과지표: 자녀 이해도 10% 증진 • 평가 도구: 자녀 인식 척도 • 평가 방법: 자녀 부모 중 주 양육자에게 자녀 이해 설문지를 작성하도록 하여 사전, 사후 증진 정도 확인	• 사업 시행 전(3월) • 사업 종료 후(9월)
	성과목표	평가 도구 및 방법	측정 시기
질적평가 예시	장애 자녀에 대한 이해 증진 및 상호 관계 개선	• 평가 주체: 사업 담당자 • 평가 방법: 자녀 부모 대상 인터뷰를 통해 성과목표 달성 여부와 삶의 질 개선 정도 확인	• 사업 종료 후(9월)

출처: 사회복지공동모금회(2024), p. 95.

Tip 공동모금회 우수 프로그램 사례 

사회복지공동모금회는 지원사업 중 지역사회의 욕구를 잘 반영한 사례를 묶어 매년 사례집을 발간하고 있다. 홈페이지(www.chest.or.kr)를 방문하시면 E-Book으로 볼 수 있다.

2022년 사랑의열매 배분사업 사례집

2021년 사랑의열매 배분사례집

2020년 사랑의열매 배분사례집

2019 사랑의열매 배분사례집

3. 프로그램 평가

1) 평가의 개념 및 기능

평가란 어떤 개입기술이나 프로그램의 개선 또는 계속 수행 여부를 결정짓기 위해 개별적인 개입기술이나 프로그램이 그 목표하는 바를 어느 정도 달성하였는지를 측정하는 것을 말한다. 즉, 조사방법론을 적용해 프로그램의 효과성을 측정하는 응용 조사다. 개인이나 집단에 대한 개입 효과를 평가하는 조사를 단일사례 연구조사(single-subject study)라 하고, 프로그램이나 조직체의 효과를 평가하는 조사를 평가조사라 부르는 것이 일반적이다. 평가의 기능은 다음과 같다.

- 프로그램의 계획이나 운영에 필요한 정보를 제공받는다.
- 기관 운영의 책임성을 확보하고, 기관 활동을 증명할 수 있다.
- 인과 경로를 검토하고 확인해 사회복지의 이론 형성에 기여한다.
- 프로그램의 기획이나 개발에 필요한 지식과 정보를 획득할 수 있다.
- 평가 결과에 따라 자원을 할당하여 합리적인 자원 배분이 가능하다.

2) 평가의 종류

평가는 목적, 평가 주체, 평가 규범, 자료 형태와 조사 방법에 따라 〈표 13-8〉과 같이 나눌 수 있다.

표 13-8 평가의 종류

기준	종류	내용
목적	형성평가	• 프로그램의 개발이나 시행 중에 개선을 위해 실시하는 평가
	총괄평가	• 프로그램의 종료 후 계속성의 여부나 수정 여부 등의 총괄적인 의사결정에 활용함
	통합평가	• 형성평가나 총괄평가를 통합한 평가 • 시행 단계마다 나타나는 특성이나 문제에 융통성 있게 사용함
평가 주체	내부평가	• 프로그램을 집행한 담당자 혹은 조직 내의 다른 구성원이 행하는 평가
	외부평가	• 교수나 연구기관 등 외부의 제3자가 행하는 평가
평가 규범	효과성 평가	• 프로그램의 목표가 실제로 달성된 정보를 평가하는 방법
	효율성 평가	• 투입과 산출의 비율, 즉 프로그램의 비용과 그 효과를 비교 · 평가하는 방법
	형평성 평가	• 프로그램의 효과와 비용이 사회집단 간에 또는 지역 간에 공평하게 배분되었는지를 평가하는 방법
자료 형태와 조사방법	양적 평가	• 자료가 계량화되어 연역적 방법으로 분석되며 주로 결과 내지 성과에 초점을 맞춤
	질적 평가	• 자연스러운 상황에서 수량화되지 않은 자료를 수집해 귀납적으로 자료를 분석하며 주로 과정에 초점을 맞춤

이 중에서 형성평가와 총괄평가에 대해 구체적으로 살펴보면, 형성평가(formative evaluation)는 프로그램의 개발이나 진행 중에 그 개선을 위해 실시하는 평가다. 형성이라는 말과 같이 프로그램을 만들어 간다는 의미를 담고 있으며 과정평가라고도 한다. 형성평가의 목적은 프로그램 과정을 서술하고 모니터링하면서 서비스의 질을 확보하는 데 있다. 형성평가에서 평가자가 관심을 갖는 평가의 주요 내용은 다음과 같다(성규탁, 1994).

- 원래 운영 계획대로 활동이 이루어졌는가?
- 자원은 계획된 질과 양으로 계획된 시간에 이루어졌는가?
- 의도했던 표적집단을 대상으로 프로그램이 실시되었는가?
- 관련된 법규나 규정을 잘 지켰는가?
- 프로그램의 효과는 어떤 경로를 거쳐 발생하게 되었는가?
- 프로그램 효과가 발생하지 않았다면 어떤 경로에 문제가 있었는가?

반면에 총괄평가는 프로그램의 종료 후에 계속성의 여부나 수정 여부 등의 총괄적인 의사결정에 활용하기 위해 프로그램의 성과나 비용 등을 평가하는 것이다. 프로그램의 결과에 해당하는 성과, 즉 의도한 표적집단의 변화가 발생했는지 여부와 투입된 비용이 그 성과를 정당화할 수 있는지에 역점을 둔다. 총괄평가에서 평가자가 관심을 갖는 사항은 다음과 같다(황성철, 2010).

- 프로그램의 효과는 그 프로그램 때문에 발생하였는가?
- 프로그램의 효과는 원래 의도했던 사회문제 해결에 얼마나 기여하고 있는가?

표 13-9 형성평가와 총괄평가 비교

형성평가	구분	총괄평가
프로그램 수정, 보완 및 개발	목적	프로그램 성과와 영향력(impact) 결정
기관 책임자, 프로그램 책임자, 사회복지사	이해관계 당사자	기관 책임자, 정부, 재원 공급자, 클라이언트 집단
주로 내부 평가자 활용, 외부 평가자의 자문	평가자의 위치	주로 외부 평가자 활용, 내부 평가자와의 원조와 지원
주로 진단을 위해	자료 수집의 목적	주로 의사결정을 위해
공식적, 때로는 비공식적	자료 수집의 방법	공식적, 타당성과 신뢰성 중시
비교적 적음	표본의 수	대체로 많음
프로그램 개발을 위한 피드백 제공	조사 결과의 용도	프로그램의 지속, 중단, 확대에 관한 종합적 판단

출처: 황성철(2010), p. 295.

• 프로그램의 효과는 계획된 프로그램 목표에 비하여 어느 정도 달성하였는가?
• 프로그램에 투여된 비용과 사회문제 감소로 인한 사회적 비용은 얼마인가?
• 프로그램의 효과는 총비용을 상쇄할 만큼 크게 나타나고 있는가?

3) 평가의 기준 및 요소

평가의 기준이란 평가를 위한 준거 내지 척도를 의미하며, 따라서 프로그램의 성패를 판단하기 위해서 프로그램의 어느 측면을 평가의 초점 내지 대상으로 삼아야 할 것인가에 대한 기준이다. 트리포디(Tripodi, 1983)와 패티(Patti, 1983)는 노력성, 효과성, 효율성을 제시하였고, 베넷과 와이징어(Bennett & Weisinger, 1974)는 노력성, 효과성, 효율성, 서비스의 질을 제시하였으며, 요크(York, 1982)는 노력성, 효과성, 효율성, 서비스의 질, 과정, 영향, 형평성의 일곱 가지를 제시하였다. 평가기준을 프로그램 평가의 대상이 되는 요소를 중심으로 살펴보면 〈표 13-10〉과 같다.

표 13-10 평가의 기준 및 요소

기준	정의	내용
노력성 (effort)	프로그램 활동의 양	프로그램의 투입 요소와 이의 전환과정 • 단위 활동 수 • 이용자 수 • 전문지식과 기술의 소유와 활용 정도(전문인력) 수 • 프로그램 예산 및 자원 • 프로그램 기간 및 하위 활동의 단위 기간 • 프로그램 활동에 대한 전문인력 투입 시간 등
효과성 (efficiency)	프로그램 목표의 달성 정도	목표 달성과 프로그램 노력과의 인과관계 • 이용자의 인지적·감정적 변화 • 이용자의 행동상 변화 • 이용자의 사회적 변화 등
효율성 (effectiveness)	산출 대비 비용 정도	서비스 단위 산출당 소요 비용 • 프로그램 노력(노력의 평가 요소)에 대한 비용 • 프로그램 결과(효과성의 평가 요소)에 대한 비용 등

영향 (impact)	사회문제나 이용자 변화에 미친 영향	프로그램 노력과 사회적 지표 변화 간의 관계 • 위기집단과 표적집단 내에서의 변화 정도 • 사회지표상의 변화에 대한 실증적 기대 정도 등
서비스의 질 (quality)	프로그램의 전문성	프로그램 지공자의 전문성 • 서비스 인력의 전문자격 소유 여부와 정도 • 프로그램에서 활용하고 있는 전문지식과 기술의 정도 등
과정 (process)	프로그램 결과의 경로	프로그램 운영상의 매개체 • 세부 목표(수단적 목표)의 달성 정도와 연계성 • 세부 목표와 프로그램 결과 사이의 영향 정도의 차이 등
형평성 (equity)	프로그램 배분의 공평성	프로그램의 접근성 • 대상 집단에 동일한 접근 기회가 주어지는지 여부와 그 정도 • 프로그램 활동이 지역 내에 균등하게 배분되는 정도 등

출처: 한동우(2000), p. 88.

4) 서비스 만족도조사

서비스 만족도조사는 사회복지 프로그램이 시행되어 서비스가 제공되는 과정에서 클라이언트의 다양한 기대가 어느 정도 충족되고 있는지에 관해 서비스 소비자의 관점에서 서비스의 질을 평가하는 방법이다(황성철, 2010). 어떤 형태의 만족도조사이건 대부분 만족한다는 이른바 불패신화가 있다. 이러한 결과는 클라이언트 입장에서는 서비스 제공 자체에 감사한다거나, 특히 우호적인 관계가 형성된 사회복지사에게 좋은 평가를 받도록 하기 위함일 수 있다. 또한 프로그램 종료까지 지속한 클라이언트라면 성공적인 클라이언트이기 때문에 평가도 긍정적일 수밖에 없다(Gerber & Prince, 1999). 따라서 서비스 만족도 조사는 서비스의 목표 달성 여부, 이용 편의성, 접근 용이성, 지속성과 계속성 등 다양한 차원에서 조사되어야 하고, 다양한 조사방법이 사용되어야 하며, 다양한 시점에서 조사되어야 한다.

제14장

조직환경과 책무성

1. 조직환경
2. 조직문화
3. 사회복지조직의 책무성
4. 사회복지행정의 흐름과 과제

1. 조직환경

1) 조직환경의 개념

사회복지조직은 '환경의 포로'(Carson, 2008)라고 할 만큼 조직을 둘러싸고 있는 사회적 환경과 밀접한 관계를 갖고 있다. 외부 환경은 사회복지조직에 자원을 제공하고, 조직의 사회적 활동에 대한 합법성을 제공하고, 새로운 기술이나 행정기법을 제공하기도 하고, 클라이언트를 의뢰하거나 제공하고, 각종 이해집단으로서 존재하기도 한다(김영종, 2017). 사회복지조직이 조직환경을 무시하거나 변화에 대처하지 못하면 극단적으로는 존립이 위태로울 수 있다.

일반적으로 환경이란 개별 조직의 외부적인 모든 관련 요소를 의미한다. 즉, 조직이라는 경계 밖에 위치하여 조직에 영향을 미치는 제반 요인들을 환경이라고 정의한다. 따라서 사회복지조직은 외부 환경에 취약하여 환경에 종속적 관계가 될 수 있으므로, 그것을 극복하고 사회복지조직의 효과성을 발휘하기 위해서는 환경관리 전략을 수립할 필요가 있다. 하센펠드(Hasenfeld, 1983)는 조직과 환경관계에서 종속을 강화시키는 요인과 이를 상쇄시키는 요인을 〈표 14-1〉과 같이 제시하였다.

사회복지조직을 포함해서 어떠한 조직도 환경과의 교환관계가 없이는 생존할 수 없다. 조직연구의 초창기에는 조직을 폐쇄체계로 이해하고 조직의 내적 구성 요소에 초점을 많이 두었으나, 1960년대 이후에는 개방체계의 관점을 갖는 것이 절대적으로 필요하다는 사실을 인식한 이후에 조직환경에 대한 이해의 폭과 깊이가 확장 및 심화되기 시작했다.

표 14-1 환경과의 종속 강화 조건과 상쇄 조건

종속 강화 조건	종속 상쇄 조건
• 외부에서 정책적 강요	• 외부 세력에 의해 허용된 자유
• 서비스 사용에 대한 외부의 재량권 행사	• 주요 자원의 소유
• 외부 조직의 서비스가 크게 필요한 경우	• 대체적 서비스의 이용이 가능한 경우
• 외부에서 목표를 인가하는 경우	• 정당성을 내세울 수 있는 이념의 개발
• 대안에 대한 부정확한 정보	• 대안에 대한 효과적인 정보

출처: Hasenfeld, Y. (1983), p. 68.

2) 조직환경이론

(1) 구조상황이론

구조상황이론(structure-contingency theory)은 조직환경과 조직구조의 적합성(fit)이 조직의 성과와 궁극적으로는 조직의 생존에까지 중요한 영향을 미친다는 이론이다. 개방체계이론에 기초하여 조직의 설계는 조직의 맥락, 특히 조직이 관련을 맺고 있는 환경 특성에 의존할 때 최선의 설계를 구성할 수 있다는 전제를 하였다(신유근, 2005). 이 이론은 조직의 환경적 요구에 적합한 조직구조를 갖출 경우에 그렇지 못한 조직들보다 더 효율적이고 효과적일 수 있다고 지적하고 있다.

(2) 정치경제이론

정치경제이론(political economy theory)은 조직과 환경과의 상호작용을 중시하며, 특히 자원과 권력관계를 중심으로 전개되는 역동적인 상호작용의 역할관계에 따라 조직의 성패가 좌우된다는 이론이다(Wamsley & Zald, 1976). 조직에는 생존과 발전을 위해 합법성과 권력 같은 정치적(political) 자원과 생산과 서비스에 요구되는 경제적(economic) 자원이 필요한데, 이러한 자원을 업무환경과의 관계에서 획득하므로 외부 환경 요소는 조직의 내부에 영향을 미치고 조직 내에서의 권력관계가 서비스 기술과 의사결정에 영향을 미친다는 것이다.

(3) 자원의존이론

자원의존이론(resource development theory)은 조직은 생존에 필요한 자원을 제공하는 외부 환경 요소에 의존하면서 이의 통제 하에 있는 것이 일반적인 현실임을 부각시킨 이론으로 앞에서 살펴본 정치경제이론의 한 이론이다. 톰슨(Thompson, 1967) 등에 의해 개념화된 자원의존이론의 기본 전제는 조직의 과업을 수행하기 위해서 필요한 자원은 조직 내부적으로 마련할 수 없으므로 조직은 환경에 의존적일 수밖에 없다는 것이다. 이러한 상황에서 사회복지행정가가 환경과의 관계에서 취할 수 있는 전략은 완충(buffering)과 연계(bridging) 전략이 있다. ① 완충 전략은 조직이 과업환경으로부터 야기되는 혼란으로부터 조직을 보호하기 위하여 조직 내의 구조와 절차를 정비하는 방법을 말하고, ② 연계 전략은 조직이 필요한 주요자원을 획득하기 위하여 환경의 다른 요소 또는 조직들과 협력 혹은 공조관계를 형성하고 발전시키는 것을 말한다.

(4) 신제도이론

신제도이론은 개별 조직들이 그들이 수행하는 활동에 대한 지원과 정당성을 얻기 위해서 반드시 따라야만 하는 사회적 규범과 가치 및 문화적 규칙 시스템, 즉 제도 환경에 순응하는 것의 중요성에 관심을 둔다(Scott, 1987). 조직은 사회적으로 정당화된 기대를 내규화하는 존재로서, 제도적 환경에 동조적 행동을 통해 정당성과 합법성을 취득하고, 취득한 합법성을 기반으로 조직의 생존력을 강화해 나간다는 것이다.

(5) 조직군생태학이론

조직군생태학이론(organizational ecology 혹은 population ecology theory)은 조직과 환경과의 관계에서 환경의 조직 선택이라는 환경결정론적 시각을 취하는 이론으로, 다윈(Darwin)의 진화론(특히, 적자생존)에 영향을 받았다. 이 이론에서 분석 단위는 개별 조직이 아니라 조직군(집합체)이며, 조직과 환경 간의 관계에 있어 조직군을 둘러싸고 있는 환경적 욕구에 부합하는 조직만이 선택되어 생존하게 되는 원리가 조직과 환경 간의 관계에서 적용됨을 주장한다.

3) 조직환경의 구분

외부 환경은 과업환경(task environment)과 일반환경(general environment)으로 구분할 수 있다. 과업환경은 조직이 업무활동을 통해 직접적으로 관련을 맺고 있는 환경을 의미하고, 일반환경은 비록 간접적이기는 하지만 과업환경에 대한 영향을 통해서 조직에 중대한 영향을 미칠 수 있는 환경으로, 조직이 변경시킬 수 없는 주어진 조건을 의미한다.

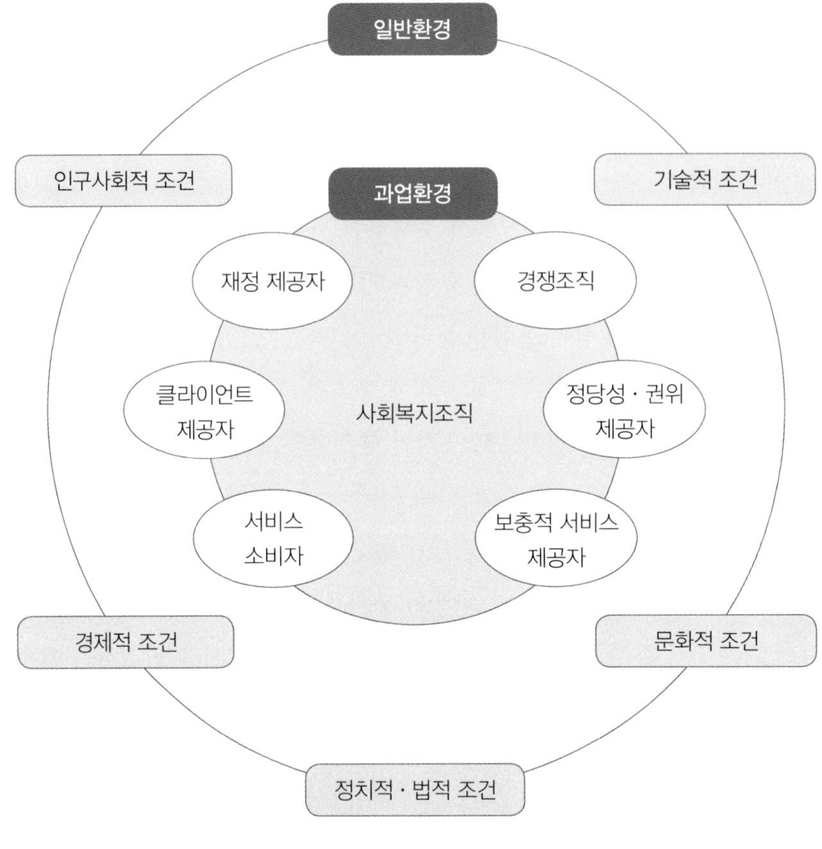

[그림 14-1] 조직환경의 구분

(1) 일반환경

조직을 둘러싼 외부 환경은 크게 일반환경과 과업환경으로 구분할 수 있다. 일반환경(general environment)은 비록 간접적이기는 하지만 과업환경에 대한 영향을 통해서 조직에 중대한 영향을 미칠 수 있는 환경으로, 조직이 변경시킬 수 없는 주어진 조건을 의미한다. 일반환경으로는 인구사회적 조건, 경제적 조건, 정치적 · 법적 조건, 문화적 조건, 기술적 조건 등으로 구분해서 살필 수 있다(Hatch, 1997).

① **인구사회적 조건** : 조직이 속한 사회의 연령 분포, 성비 변화, 가족 구성, 사회적 계급 등과 같은 사회구조적 특성을 의미하는 것으로, 인구사회적 조건은 사회문제와 욕구 발생에 영향을 미치고 사회복지정책의 변화를 통해 개별 사회복지조직에 영향을 미친다. 가령 저출산 · 고령화가 심화될수록 아동복지기관은 클

라이언트 수급에 어려움을 겪게 되지만 노인장기요양서비스 수요는 증가하게 된다. 인구보건복지협회는 예전에는 산아제한이 주된 사업이었지만 지금은 출산장려가 주된 사업이다.

② **경제적 조건** : 경기의 호 · 불황 또는 실업률 등의 경제 상황은 조직에 직접적으로 영향을 미치며 제약을 가한다. 가령 경기가 불황이면 정부의 재정수입은 감소하는 반면에 복지수요는 증가하여 재정지출은 증가한다. IMF 사태로 대규모 실업이 발생했을 때 고용 서비스가 확대되고 공공부조 역시 확대된 사례가 있다. 기부금이나 후원금 역시 경기 상황에 영향을 많이 받는다. 따라서 경제 상황은 사회복지조직에 대한 자원공급을 결정하며 사회복지서비스에 대한 수요를 결정하는 주요 요인이다.

③ **정치적 · 법적 조건** : 정치체제의 구조와 과정, 법률과 제도 등은 사회복지조직에 공식적인 정당성을 부여함은 물론 조직의 설치와 운영 그리고 사회복지조직에서 제공하는 서비스에 대한 절차와 방식 등 활동의 조건과 기준을 규정한다. 가령 사회서비스에 전자바우처가 도입됨으로써 기존의 보조금 방식과는 다른 정부의 재정 방식으로 기관들 간의 경쟁이 본격화되었고, 후원금을 받고 사용하는 방법은 「사회복지법인 및 사회복지시설 재무 · 회계 규칙」에 자세하게 규정되어 있어 이를 위반하면 처벌을 받게 된다.

④ **문화적 조건** : 조직이 속한 사회의 가치와 규범은 해당 사회가 현실을 판단하는 근거와 기준의 역할을 하고 따라서 사회복지조직의 목표와 활동에 영향을 미친다. 예를 들어, 예전에는 노인을 당연히 자식이 부양해야 된다는 가치관이 지배적이었지만 지금은 돌봄노동에 대한 사회적 인식이 확산되면서 노인요양시설이 확대되고 있다. 또한 정신질환자의 범죄에 대해 처벌보다는 치료의 대상이라는 인식이 확산되고 있다.

⑤ **기술적 조건** : 조직이 속해 있는 사회의 다양한 영역의 기술이나 정보는 사회복지조직의 구조와 또한 제공할 수 있는 서비스의 범위 등에 영향을 미친다. 예를 들어, 정보통신 기술의 발달로 정보관리와 개인정보 보호의 중요성이 대두되었고, 지금은 조현병으로 불리는 정신분열증(schizophrenia)이 예전에는 어쩔 수

없는 천형으로 인식되었지만 이제는 의학기술의 발달로 치료할 수 있게 됨으로써 격리나 수용이 아닌 지역사회 기반 재활의 대상이 되었다.

(2) 과업환경

과업환경(task environment)은 조직의 업무활동을 통해 직접적으로 관련을 맺고 상호작용하는 환경으로, 조직의 목표 설정과 달성에 직접적으로 영향을 미친다. 과업환경은 재정 제공자, 클라이언트 제공자, 서비스 소비자, 보충적 서비스 제공자, 정당성 · 권위 제공자, 경쟁조직을 들 수 있다.

① 재정 제공자 : 사회복지조직은 재원을 대부분 외부 환경에서 공급받기 때문에 재정 제공자는 사회복지조직에 가장 큰 영향을 미치는 과업환경이라 할 수 있다. 주로 정부와 지방자치단체, 기업체, 후원자, 공동모금회, 유료 클라이언트 등이 해당된다. 재정 제공자의 가치와 조직 목표가 일치하지 않을 경우에는 재원조달뿐만 아니라 조직활동 전반에 큰 영향을 미치게 된다.

② 클라이언트 제공자 : 클라이언트를 공급 내지 의뢰해 주는 타 조직이나 집단으로, 주로 학교나 경찰서, 청소년단체, 정부기관, 타 복지기관 등이 해당한다. 또한 직접 서비스를 받고자 하는 클라이언트 본인도 해당된다. 최근에는 사회서비스 분야에 바우처가 활성화되면서 클라이언트나 그 가족이 직접 서비스기관을 선택하기 때문에 그 비중이 높아지고 있는 추세다.

③ 서비스 소비자 : 직접 서비스를 제공받거나 이로 인해 결과적으로 혜택을 받는 조직의 외부자를 말한다. 주로 클라이언트 본인이 되지만 클라이언트와 관련을 맺고 있는 가족이나 지역사회, 기관 및 시설 등도 직접 수혜 대상은 아니지만 간접적으로 수혜를 받는 소비자가 된다. 사회복지조직은 서비스를 기획할 때 클라이언트뿐만 아니라 간접적 소비자의 영향도 고려해야 한다.

④ 보충적 서비스 제공자 : 보충적 서비스 제공자는 사회복지조직이 클라이언트에게 필요한 서비스를 제공하기 위해 상호 연계하는 공식적 및 비공식적 협력기관을 말한다. 어느 한 기관이 클라이언트에게 필요한 모든 서비스를 제공하기

는 쉽지 않으므로 항상 관련 조직과 협조 내지 연계하는 관계를 구축해야 한다.

⑤ 정당성 · 권위 제공자 : 사회복지조직에 대해 사회적으로 지지하거나 옹호하며 또한 정당성과 권위를 제공해 주는 자를 말한다. 주로 사회복지기관의 설치를 허가하고 감독하며 평가하는 정부나 지방자치단체가 대표적이며, 이외에도 사회복지 관련 협의회와 협회, 시민단체, 클라이언트 집단 등도 해당된다.

⑥ 경쟁조직 : 조직의 가용 자원과 클라이언트 등을 획득하는 과정에서 상호 경쟁하게 되는 다른 조직들을 말한다. 경쟁조직은 사회복지자원에 대한 접근에 영향을 미치는 환경으로, 주로 유사한 서비스를 제공하는 동종의 조직이나 기관들이 이에 해당한다. 한정된 자원을 서로 획득하기 위해서는 경쟁이 불가피하고 경쟁에서 이겨야 조직의 유지나 성장을 도모할 수 있으므로 우선적으로 고려해야 할 과업이라고 할 수 있다.

4) 환경관리 전략

(1) 권위주의 전략

조직이 자금과 권위를 충분히 갖고 다른 조직을 명령하고 통제할 수 있다면 우세한 위치를 차지하게 된다. 이 경우에 권력을 사용하여 다른 조직의 행동을 이끌고 명령을 내리는 전략이 권위주의 전략이다. 중앙정부가 지방정부에 대해, 혹은 정부기관이 민간 사회복지조직에 대해 사용할 수 있는 전략이다. 그러나 이러한 전략을 사용할 수 있는 조직은 굳이 그러하지 않아도 우세한 권력관계를 유지할 수 있고, 명령 순응에 대한 감시 비용이 들고, 형식적 순응에 그칠 수도 있다는 문제점이 있다.

(2) 경쟁적 전략

다른 조직들과 경쟁하여 세력을 증가시켜 서비스의 질과 절차, 행정 절차 등을 매력적으로 만드는 전략이다. 이러한 전략은 조직이 필요로 하는 자원이 환경에 분산되어 있고 세력의 균형을 이룰 수 있을 만큼 충분한 내적 자원이 있을 경우에 가능하다. 그러나 잘못할 경우 성공률이 높은 클라이언트만 받아들이는 크리밍 현상이 나타날 수 있고, 사회계층이 낮은 클라이언트가 거부될 위험이 높다. 이 외에도 경쟁으로 인한 서비스 중복과 자원 낭비 등의 역효과가 나타날 수 있다.

(3) 협동적 전략

다른 조직과 소모적으로 경쟁하기보다는 다른 조직에 필요한 서비스를 제공하여 상호 불안감을 해소시켜 이에 대한 보답으로 권력을 증가시키는 전략을 말한다. 협동적 전략으로는 다음의 세 가지 형태가 있다(Thompson & McEwen, 1958).

① **협상(bargaining)** : 둘 이상의 조직 사이에 재화나 서비스의 획득 및 제공을 위한 교섭을 벌이는 것을 말하며 흔히 홍정이라고도 한다. 그 결과 조직 사이에 자원이나 서비스의 교환을 통해 협상된 합의가 계약의 형태로 나타난다. 협상은 상호 필요에 의해 서비스와 자원을 교환함으로써 상호 이득이 된다. 지방자치단체에서 복지시설을 제공하고 이를 민간에게 운영을 맡기는 위탁계약도 협상의 한 사례다. 그러나 협상의 과정에서 조직의 자율성이 침해될 수 있고 서비스의 남용이나 악용이 발생할 가능성이 있다.

② **연합(coalition)** : 둘 이상의 조직이 공동의 목표 달성을 위해 자원을 결합하는 것을 말한다. 이러한 연합은 어떤 조직이 단독으로 스스로의 목표나 정책을 수행해 나가기에 세력이 약하거나 혹은 연합을 통해 얻는 이득이 더 큰 경우에 이루어지며, 흔히 '조직들의 조직'을 형성해 과업환경과 협상할 세력을 확보하는 방식으로 진행된다. 예를 들어, 「사회복지사업법」 개정을 위한 범사회복지기관연합체를 구성하는 것이다. 그러나 이 방식은 회원 조직 간 불화나 향후 이익 배분에 대한 의견 불일치 등의 문제가 발생할 수 있다.

③ **흡수(cooptation)** : 조직이 그 존립과 계속성을 유지하기 위하여 조직의 지도층이나 의사결정기구에 외부의 영향력 있는 유력한 인사를 흡수 영입하여 위험 요소를 제거하거나 지지기반을 확대하는 것을 말한다. 외부의 주요 조직의 대표자를 조직 내 지도층이나 정책수립기구에 참여시킴으로써 자기편으로 만들어 조직활동과 생존에 필요한 지지를 유도한다. 예를 들어, 기관운영에 비협조적인 시의원을 운영위원으로 위촉하는 방식이다.

(4) 방해 전략

방해 전략은 경쟁적 위치에 있는 다른 조직의 활동을 방해하거나 세력을 약화시키는 전략이다. 보통 비공식적인 투서나 공식적인 고발 등이 이에 해당한다. 방해 전략을 활용할 수 있는 조건은 조직의 과업환경이 정당한 요구를 묵살하거나 방해하려는 조직이 실패하더라도 손해 볼 것이 없는 경우와 이념적 갈등이 존재하는 경우 등이다.

2. 조직문화

1) 조직문화의 개념

조직문화는 조직 구성원들이 공유하는 기본 전제와 가치관에 대한 거시적인 개념으로서 조직 구성원 개인의 행동은 물론 조직체 전체 행동에 중요한 영향을 미친다. 조직문화는 조직의 개성을 창출하고 결속시키며 조직 구성원들이 공유하는 가치관, 신념, 이념과 관습 또는 조직 구성원들의 성격적 특성, 요구, 비전, 가치와 철학, 신념 등 그 조직만이 갖는 문화적 특성을 의미한다. 따라서 조직문화는 다음과 같은 기능을 한다.

- 조직 구성원에게 일체감과 정체성을 부여한다.
- 개인보다 조직 전체에 대한 몰입도를 높인다.
- 조직 전체의 안정성을 높여 준다.
- 조직 구성원에게 상징적 의미를 부여하여 행동의 지침을 제공한다.

이러한 조직문화는 가치관, 신념, 규범, 관습 등 여러 요소로 구성되어 있다. 구성요소에 관한 학자들의 주장을 요약하면 다음과 같다(강종수, 2007).

- ▶ 샤인(Shein, 1992): 인공물과 창조물, 가치관, 기본적인 가정
- ▶ 로빈슨(Robbins, 1990): 역사, 환경, 구성원 선발, 사회화
- ▶ 딜과 케네디(Deal & Kennedy): 환경, 기본 가치, 중심 인물, 의례와 의식
- ▶ 파스칼과 피터스(Pascale & Peters, 1981): 공유 가치, 전략, 구조, 제도절차, 구성원, 관리기술, 리더십 유형(7S)

2) 조직문화의 유형

조직문화의 유형은 흔히 2분법과 4분법으로 분류된다. 2분법은 문화의 강약에 따라, 4분법은 보수와 혁신, 개방과 폐쇄로 구분되며 가장 일반적인 분류는 경쟁가치모형(competing value model)을 중심으로 한 킴벌리와 퀸(Kimberly & Quinn, 1984)의 분류법이다. 경쟁가치 모형은 조직관리 측면이 유연적인지 아니면 통제적인지, 조직을 보는 관점이 내부 지향적(미시적)인지 아니면 외부 지향적(거시적)인지를 기준으로 하고, [그림 14-2]와 같이 네 가지로 분류하며, 각각의 특징은 〈표 14-2〉와 같다.

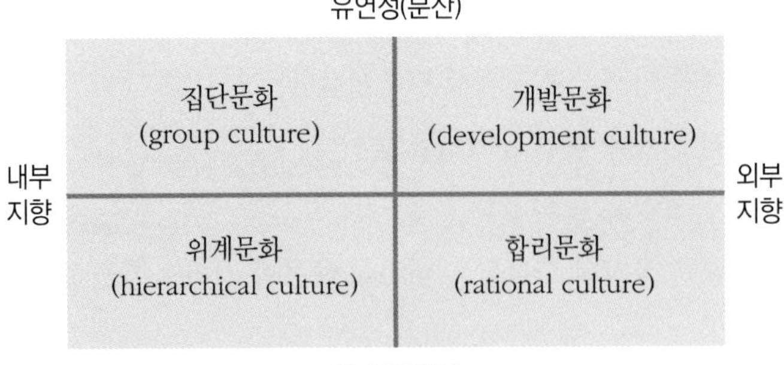

[그림 14-2] 킴벌리와 퀸의 조직문화 유형

출처: Kimberly, J. R., & Quinn, R. E. (1984).

표 14-2 경쟁가치 모형(CVM)을 이용한 조직문화 유형

구분	위계문화	개발문화	합리문화	집단문화
기본 전제	안정	변혁	목표 달성	친밀한 유대감
복종의 근거	규칙	관념	계약	집단계약
동기 유발	안정성	성장 가능성	능력	심리적 일체감
리더십	보수적, 모험 회피적	혁신적, 모험적	지시적, 목표 지향적	상호 관계적, 상호 보완적
의사결정	문서, 책임	적응성, 합법성	능률, 효과	참여, 후원
유효성 가치	안정성, 통제	성장, 자원 획득	생산성, 효율	인적자원 개발
조직 형태	계층제적	애드호크라시	시장 지향적	공동체(가족)

3) 사회복지 조직문화

경쟁가치 모형을 적용한 사회복지 조직문화는 [그림 14-3]과 같이 사회복지직 공무원의 경우 집단문화와 위계문화가 강하고, 합리문화와 개발문화가 약하다. 반면에 사회복지관의 경우 집단문화와 개발문화가 강하고, 위계문화가 가장 약하다. 이러한 차이는 조직 특성상 공공부문은 창의성이나 경쟁보다는 인화 단결을 중시하고 규

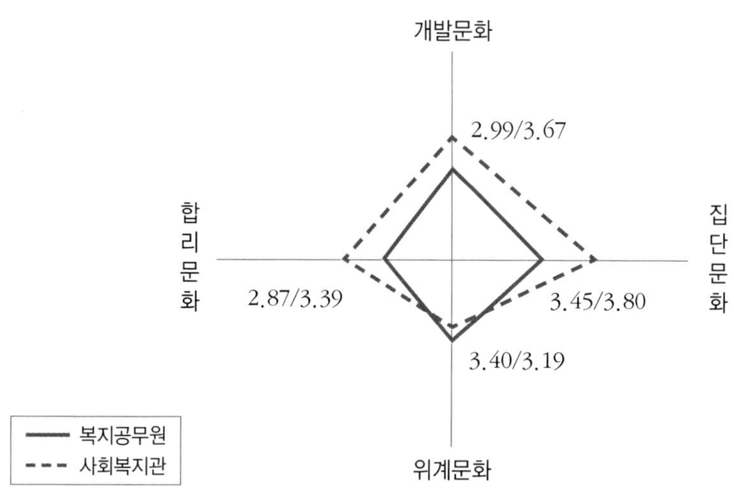

[그림 14-3] 사회복지 조직문화 프로파일

출처: 강종수(2007), p. 184.

정에 의한 통제적 성격이 강하다고 여겨지며, 민간의 사회복지관은 공공 부문에 비해 외부 환경과의 의존이 심해서 프로그램 개발이나 자원개발 등에 창의성과 모험성이 더 많이 요구되는 결과라고 할 수 있다. 전체적으로 사회복지조직은 인화 단결을 강조하는 집단문화가 강하고, 민간 부문이 공공 부문보다 강한 조직문화를 갖고 있다(강종수, 2008).

3. 사회복지조직의 책무성

1) 책무성의 개념

사회복지조직은 국가와 사회로부터 사회복지서비스를 전달하도록 위임받은 조직으로서 그 정당성은 클라이언트와 지역사회에 기반하고 있다. 또한 사회복지조직은 공공성, 급증하는 재정 규모, 신뢰의 위기 등으로 책무성 이행에의 압력을 크게 받고 있다. 책무란 직무에 따르는 책임과 의무를 말하는 것으로, 책무 이행자는 그 자격과 권한 범위 내에서 자율적으로 책무를 이행하고 그에 대해 책임을 지게 된다. 또한 책무 이행자는 자신에게 주어진 책무를 어떻게 이행하고 왜 그렇게 했는지를 책무 요구자에게 알린다. 이러한 '알리는 과정'이 책무성의 중요한 요소다.

책무성(accountability)은 회계(account)에 근거한 개념으로, 처음에는 부기(bookkeeping)를 수행하고 이를 외부인에게 설명한다(account for)는 좁은 의미로 사용되었으나 오늘날에는 책무 이행자가 이행 결과에 대해 보고하는 것에서 나아가 그 이행의 결과에 따라 책무 이행자에게 보상이나 제재를 가하는 활동까지를 포함시키고 있다. 즉, 결과에 대한 사회적 책임과 전체적인 과정상의 정당성을 포괄하는 개념으로서, 프로그램 개발과 실시를 위한 투입 단계에서부터 산출 단계까지의 전 과정이 정당성을 갖추어야 함을 의미한다.

2) 책무성의 기준

책무성의 기준은 책임을 추궁할 수 있는 근거로서 업무 수행자나 기관의 도덕적 ·

법적 · 직무적 차원의 평가를 받을 때 관련자와 기관 모두가 수긍할 수 있는 정당한 기준을 의미한다. 책무성을 평가하는 기준으로는 〈표 14-3〉의 네 가지가 제시되고 있다(김병식, 2000).

표 14-3 책무성의 기준

기준	내용
적법성	• 명문화된 법규에 충실하게 활동하였느냐의 여부 • 조직의 모든 활동은 합법적인 범위 내에서 주어진 의무와 책임에 충실해야 함
이념	• 복지행정이 추구해야 할 지도 정신이며 추구하는 가치 • 법적 · 윤리적 기본 전제가 되는 동시에 결과에 대한 평가기준이 됨
공익성	• 조직활동이 가능한 사회 전체의 이익을 얼마나 도모하였는지의 여부 • 포괄성과 상대성을 본질로 하며, 의미 및 내용은 매우 다양함
욕구 충족	• 클라이언트의 욕구에 맞게 신속하고 적극적인 프로그램 제공 • 클라이언트에 대한 접근성과 대응성을 강조

책무성은 결국 자원을 얼마나 효율적이고 효과적으로 배분하고 투명하게 집행했으며, 얼마만큼의 노력으로 클라이언트와 지역사회의 욕구를 어느 정도 충족시켰으며, 이 과정에서 국민이나 지역주민으로부터 어느 정도 신뢰를 획득하고 있는가 등의 문제로 귀결된다고 할 수 있다. 책임을 져야 할 주요 내용은 서비스의 적절성, 서비스 전달체계의 구축, 서비스의 효과성 및 효율성, 수혜자의 불평불만을 수렴하는 장치의 마련 등을 들 수 있다.

3) 책무성에 영향을 미치는 요인

(1) 내부 요인

내부 요인으로는 서비스의 다양성, 기술의 복잡성, 목표의 불확실성을 들 수 있다. 사회복지조직은 매우 다양한 서비스를 제공하고 있으며, 이와 같이 다양한 서비스가 제공되는 조직일수록 기술의 복잡성이 커지고 많은 사람들이 개입하게 되어 결과적으로 수행성과의 책임 추궁을 어렵게 만든다. 또한 사회복지조직의 특성상 인간이 원료이며 동시에 산출이 되어 투입과 산출 간의 인과관계가 항상 불확실하기 마련이다. 이를 극복하기 위한 조직 내부의 대책으로 프로그램의 기획 및 의사결정 과정이 강조되고 있다(김형식 외, 2009).

(2) 외부 요인

책무성에 영향을 미치는 외부 요인은 주로 책무성을 강조하는 사회환경적 변화와 관련이 있다. 최근의 환경 변화를 요약하면 다음과 같다.

- 공급 주체의 다원화로 기존 사회복지기관의 비효과적인 행태를 문제 삼는 집단이 등장하고 있다.
- 민영화로 인해 위탁법인이 주민들의 욕구 반영이나 참여 유도보다는 정부의 결정에 더 많은 영향을 받는 경향이 있다.
- 「사회복지사업법」 개정으로 3년마다 시설평가를 통해 책무성을 입증하도록 제도화되었다.

4) 사회복지시설평가

(1) 시설평가의 의의

사회복지시설평가는 정부의 예산지원과 민간 후원금 사용에 따른 책임성 강화, 사회복지시설에 대한 신뢰성 확보, 사회복지서비스 분야의 양적 팽창과 경쟁 심화에 따른 경쟁력 확보, 한정된 자원의 효율적인 사용, 클라이언트의 인권 강화 등 사회복지서비스 효율성과 효과성 검증에 대한 사회적 요구에 따라 도입되었다. 이처럼 사회복지시설 운영에 공공과 민간 부문이 자원 투입 및 역할 주체로 함께 참여하면서, 이들이 준공공시설로서의 사회적 책무성(accountability)을 확보하고 있는지, 지원된 공공재원이 의도하는 목적에 효율적이고 효과적으로 사용되고 있는지에 대한 확인이 필요하게 되어 1999년부터 실시되었다.

시설평가의 법적 근거는 「사회복지사업법」 제43조의 2(시설평가)이며 보건복지부장관과 시 · 도지사는 보건복지부령으로 정하는 바에 따라 시설을 정기적으로 평가하고, 그 결과를 시설의 감독 · 지원 등에 반영하거나 시설 거주자를 다른 시설로 보내는 등의 조치를 할 수 있다고 규정하고 있다.

표 14-4 기수별 평가 추진 현황

구분		연도	대상 시설(개소 수)	계	시행기관
1기	개별시설 평가지표 개발	1999년	장애인복지관(36), 정신요양시설(59)	95	보건 사회 연구원
		2000년	아동복지시설(28), 노인요양시설(60), 여성생활시설(61), 정신지체생활시설(52), 노숙인(부랑인)시설(33), 사회복지관(285)	519	
		2001년	노인양로시설(79), 아동복지시설(243), 장애인복지시설(130)	452	
중간 생략					
9기	성과지표 중심의 지표고도화, 정성평가의 시범적 운영, 서비스 품질관리 강화	2023년	노숙인생활시설, 장애인복지관, 정신요양시설, 정신재활시설, 아동공동생활가정 등	–	중앙 사회 서비스원
		2024년	노인복지관, 양로시설, 사회복지관	–	
		2025년	장애인거주시설, 아동생활시설, 장애인직업재활시설, 장애인단기거주시설	–	

(2) 시설평가 추진 경과

사회복지시설평가는 1999년 장애인복지관과 정신요양시설을 대상으로 실시되었다. 한국보건사회연구원이 2003년까지 수행하였고, 한국사회복지협의회와 한국사회보장정보원을 거쳐 2022년부터는 중앙사회서비원에서 실시하고 있다. 2023~2025년에는 9기 평가가 약 4,839개소를 대상으로 진행 중이다.

(3) 평가지표와 절차

시설평가는 사전 공지된 평가지표별로 측정한다. 평가지표는 시설종류별로 다르고 매년 수정되지만 기본적으로는 A. 시설 및 환경, B. 재정 및 조직운영, C. 프로그램 및 서비스, D. 이용자의 권리, E. 시설운영 전반의 5개 영역으로 구성되어 있다. 시설 유형별 지표수는 광역시는 총 45개, 도는 42개이다. 영역별 평가지표는 다음과 같다(2024년 사회복지관 기준).

표 14-5 사회복지시설 평가지표(일부)

영역		배점	평가지표
A. 시설 및 환경		5	• 이용시설의 안전성 • 시설이용의 편리성 • 시설이용의 쾌적성
B. 재정 및 조직운영		35	• 후원금 • 사업비 • 직원충원율 • 직원근속률 • 직원교육 활동비 및 내 · 외부 교육 참여시간(이하 생략)
C. 프로그램 및 서비스	사례관리	13	• 사례관리 실행체계 • 사례관리 인력의 전문성 • 사례관리 수행의 전문성
	서비스 제공	24	• 프로그램 기획의 전문성 • 프로그램 수행과정 • 프로그램 평가
	조직화 사업	8	• 지역조직화 실행체계 • 지역조직화 수행의 전문성 • 지역사회 네트워크
D. 이용자의 권리		9	• 비밀보장 • 학대예방 및 인권보장 • 고충처리 • 이용자의 자기결정권
E. 시설운영 전반		6	• 시설운영의 전반적 수준 • 서비스 질적 수준 • 자체평가의 정확성 • 시설의 정보화 수준

출처: 보건복지부 · 중앙사회서비스원(2024), pp. 5-10(일부 수정).

평가 절차는 평가대상기관이 먼저 스스로 자체평가를 실시한 후에 사회복지정보시스템에 자체평가서를 입력하고, 평가위원이 해당 시설을 방문하여 현장평가를 실시하고, 만약 현장평가에 이의가 있으면 확인평가를 거쳐 평가 결과를 확정하게 된다. 절차별 과정과 역할은 [그림 14-4]와 같다.

사회복지시설평가는 단순히 평가에 그치는 것이 아니라 평가 결과를 기초로 우수시설에 대해서는 인센티브를 지원하고, 평가 결과 미흡(D, F등급) 시설에는 맞춤형 컨설팅을 지원한다. 또한 영역별 평가 결과 C등급 이하 시설에는 역량강화 교육을 지원함으로써 시설서비스 수준 향상과 시설운영의 선진화를 도모한다.

사회복지시설평가는 단순히 평가에 그치는 것이 아니라 평가 결과를 기초로 하여 상위 10% 내외의 우수시설과 이전 평가대비 개선점수 기준 3% 내외의 개선시설에는 금전적 인센티브를 제공하여 동기를 부여하고, 운영 개선이 필요한 시설(영역별 D, F 등급)에 대해서는 전문적인 시설운영 개선 방안에 대한 맞춤형 서비스 품질관리 컨설팅을 제공하여 시설서비스 수준을 향상시키고 또한 시설운영의 선진화를 도모한다.

절차	내용	역할
자체평가	• 사회복지시설정보시스템을 통한 해당 시설의 자체평가서 입력(완료)	해당시설
현장평가	• 현장평가 7일전 일정 통보(현장평가위원 → 시설) • 해당 시설 방문하여 현장평가 실시	평가위원
이의 신청 확인 및 1차 결과 분석	• 현장평가 이의신청 접수(현장평가일 기준 7일 이내) 및 확인 • 평가팀별, 지역별 평가 결과 편차 등 분석	중앙 사회서비스원
확인평가 및 결과 확정	• 확인평가 대상 선정 • 해당 시설 확인평가 실시	중앙 사회서비스원
평가 종료	• 확인평가 결과 취합 및 평가 결과 확정 • 평가 결과 보고서 작성	중앙 사회서비스원

[그림 14-4] 평가 절차

4. 사회복지행정의 흐름과 과제

1) 사회복지행정의 주요 흐름

세계적인 신자유주의 물결에 따라 사회양극화와 불균형이 심화되고 저출산 · 고령화 진전, 평균수명의 증가, 신사회적 위험의 출현 등에 따라 사회복지에 대한 수요가 급증하고 이에 대한 사회복지 내지 사회서비스의 공급 역시 확대되고 있다. 그러나 중앙정부는 사회복지에 대한 수요 증가를 한정된 예산과 인력으로 감당하기 어렵기 때문에 노인장기요양보험이나 사회서비스 바우처 확대에서 보는 바와 같이 복지서비스 공급에 시장경제를 도입하여 경쟁을 통한 서비스의 질 개선 등을 도모하고 있다.

따라서 사회복지조직 간의 경쟁은 한층 심화될 것이며, 클라이언트로부터 선택 받기 위해서는 보다 저렴하면서 양질의 서비스를 제공하도록 사회복지행정의 패러다임이 변화해야 할 것이다. 마틴과 케트너(Martin & Kettner, 1996)는 미국 사회를 중심으로 사회복지행정의 환경 변화를 다음과 같이 전망하였다.

- 전통적으로 사회복지기관 간의 관계는 상호 협조적이었으나 최근 들어 모금, 프로그램, 클라이언트를 놓고 기관들 간의 경쟁이 강화되고 있다(경쟁 강화).
- 공공 휴먼서비스기관의 운영권이 민영화 계약을 거쳐 민간기관으로 이양되고 있는 추세가 더욱 가속화될 전망이다(민영화 경향).
- 민영화와 정보기술의 발전으로 기관 규모를 축소하거나 확대하거나 전문화하고 있으며, 기관 간의 경계가 모호해지고 있어 재구화의 필요성이 증대하고 있다(재구조화 경향).
- 전통적인 기획과 욕구사정 기술의 중요성이 줄어들고 있어 기관의 서비스와 프로그램에 대한 마케팅 기술의 중요성이 커지고 있다(마케팅 활성화).
- 프로그램 수행 전문가보다는 새로운 정책, 프로그램, 협력, 모금 등에서 창조적이고 기업가적인 자세를 가진 행정가를 원하고 있다(기업경영적 행정).
- 서비스의 질관리가 중시되고 클라이언트를 대상으로 하는 서비스 만족도조사 등 클라이언트의 피드백을 활용하는 방법이 선호된다(품질관리 강화).
- 과정보다는 산출과 결과가 더 중시되고 있는데, 전문직 교육, 훈련, 직무 경험에 반영되고 있고 직무수행의 측정, 실무적 예산 수립, 계약 실무가 강조된다(결과에 대한 강조).
- 외부 환경적 요인, 잠재적 클라이언트, 프로그램, 기관에의 영향 등을 사정하고 평가하는 데 있어서 보다 체계적인 접근을 하게 된다(전략적 기획 강화).
- 환경의 변화와 함께 클라이언트가 다시 사회복지행정의 중심이 되고 있다(클라이언트 중시).

이러한 전망들은 결국 전통적으로 사회복지행정에 요구되던 책임에 더해 경영의 관점에서 보다 효율적이고 효과적인 서비스 공급이 요청된다고 할 수 있다. 그동안 사회복지조직들은 외부의 재원을 지원받는 비영리기관으로 주어진 조직의 사명(mission)에 충실하게 서비스를 제공하면 되었지만 앞으로는 영리조직 못지않게 재원을 효율적으로 활용해야 할 책임이 있으며, 만일 효율적인 서비스 공급에 실패하여 클라이언트에게 선택받지 못하는 사회복지기관은 경쟁을 통해 시장에서 자연스럽게 도태될 수도 있음을 유념하여야 할 것이다.

이러한 맥락에서 사회복지 동향은 정상화의 이념을 기초로 한 지역 중심의 대인서비스, 재가복지의 활성화, 자조를 강조하는 모델 확산, 자원의 효율적 활용을 위한 네트워크 구축 등으로 요약할 수 있다. 따라서 우리나라 민간사회복지계도 시설복지에서 지역복지로의 전환, 공급자 중심의 서비스에서 이용자 중심의 서비스로의 전환, 욕구(need) 충족을 위한 복지에서 수요(demand) 충족을 위한 복지로의 전환, 클라이언트의 개념에서 소비자(consumer) 개념으로의 전환, 원조(help) 중심에서 자립(self-help) 중심으로의 전환을 모색하고 있다(황성철 외, 2014).

2) 사회복지행정의 과제

사회복지서비스의 속성을 인간, 조직, 환경의 측면으로 크게 구분하고, 그에 따른 사회복지행정의 특성과 과제들을 요약해서 살펴보면 다음과 같다(김영종, 2017).

① **인간적 측면** : 사회복지서비스는 인간을 대상으로 인간에 대한 직접적인 서비스를 제공한다. 인간이 원료이자 생산물이 되므로, 인간의 존재 가치와 휴머니즘, 전일성, 개별화 등의 속성이 서비스 과정에서 반영되어야 한다.

② **조직적 측면** : 사회복지서비스는 조직적 과정을 통해 전달되며, 또한 워커와 클라이언트 간의 전문적인 상호작용을 통해 이루어지므로 분화된 조직 기능의 체계적인 연계를 통해서만 서비스의 효과성이 신장된다.

③ **환경적 측면** : 사회복지조직은 환경에 의존적이어서 환경 요소의 변화에 많은 영향을 받는다. 따라서 제반 환경 요소들이 사회복지서비스와 조직에 미치는 영향에 대해 지속적으로 관심을 갖고, 모니터링이나 관리를 해 나가야 한다.

표 14-6 사회복지행정의 특성과 과제

속성		사회복지행정의 특성 및 과제
인간	존재적 가치와 휴머니즘	• 가치 지향적 행정(몰가치적 행정을 배격) • 인간/사회에 대한 휴머니즘 가치에 입각한 행정
	전일성과 개별화	• 서비스 연계와 통합을 구현하는 행정 • 전문적 관계를 중시하는 행정
조직	전문성과 공동생산	• 전문적/참여적/수평적 조직구조와 과정을 지향
	분업과 연계	• 초조직적/개방적 조직체계의 관점을 구비 • 조직 간 통합과 연계의 가치를 실현하는 행정
환경	의존성	• 환경 요소들에 대한 파악과 관리 방법을 구비
	역동성	• 환경적 변화에 탄력적으로 대응할 수 있는 조직 운동
	다양성	• 혼합재 생산의 특성에 대한 적절한 이해와 수용 • 다양한 책임성 요구들에 대한 파악과 갈등 관리

출처: 김영종(2017), p. 48.

부록-기출문제 100선

제1장 사회복지행정의 개념

1. 사회복지행정에 관한 설명으로 옳지 않은 것은? [07 9급 · 복지]
   ① 사회복지서비스의 효과를 타당하게 측정할 수 있는 표준척도가 많이 개발되어 있어 비용-효과분석이 용이하다.
   ② 사회복지행정은 사회복지정책을 사회복지서비스로 전환시키는 데 필요한 사회복지조직에서의 총체적 활동이다.
   ③ 사회복지 전달체계란 사회복지기관 및 시설, 중앙과 지방 일선에 이르는 모든 공 · 사 조직의 서비스 전달망을 말한다.
   ④ 사회복지조직은 클라이언트 중심적, 탄력적, 전문적인 특성을 지니는 것이 바람직하다.

2. 사회복지행정에 대한 설명으로 옳은 것은? [5회]

   > 가. 사회복지행정은 사회복지정책을 서비스로 전환시키는 것이다.
   > 나. 사회복지행정은 가치와 지식에 근거한 휴먼서비스와 연관이 있다.
   > 다. 사회복지행정은 사회복지실천의 한 방법이다.
   > 라. 사회복지행정은 사회문제 해결을 위한 직접적 원조기술이다.

   ① 가 · 나 · 다　　② 가 · 다
   ③ 나 · 라　　④ 가 · 나 · 다 · 라

3. 사회복지행정의 특징에 관한 설명으로 옳은 것은? [21회]
   ① 서비스 성과를 평가하기 어렵다.
   ② 사회복지행정가는 가치중립적이어야 한다.
   ③ 서비스 효율성은 고려하지 않는다.
   ④ 재정관리는 사회복지행정에 포함되지 않는다.
   ⑤ 직무환경에 관계없이 획일적으로 운영된다.

4. 사회복지행정의 특징에 관한 설명으로 맞는 것은? [9회]

   > 가. 사회복지행정은 복지정책의 목표를 달성하기 위한 실천적 방법이다.
   > 나. 사회복지행정은 이윤 추구 및 가격 관리를 목적으로 하지 않는다.
   > 다. 직원과 클라이언트의 관계에 관심을 둔다.
   > 라. 서비스 제공을 위한 조직과 구조 등은 중요시하지 않는다.

   ① 가 · 나 · 다　　② 가 · 다
   ③ 나 · 라　　④ 라

5. 행정서비스의 성과를 측정하는 개념과 그에 대한 설명으로 바르게 연결되지 않은 것은? [09 지방 · 행정]
   ① 능률성-투입과 산출의 비율
   ② 생산성-목표 달성도
   ③ 형평성-서비스의 공평한 배분 정도
   ④ 대응성-시민의 수요에의 부응 정도

6. 사회복지행정의 특성으로 옳지 않은 것은? [16회]
   ① 인적 · 물적 자원을 활용하여 조직 목적과 목표를 달성한다.
   ② 지역사회의 욕구를 충족시키기 위한 활동이다.
   ③ 사회복지행정가는 대안 선택 시 가치중립적이어야 한다.
   ④ 사회복지조직이 제공하는 서비스는 전문적인 성격을 가지고 있다.
   ⑤ 사회복지행정가는 조직 운영에서 지역사회 협력의 중요성을 인식해야 한다.

정답 1. ① 2. ① 3. ① 4. ① 5. ② 6. ③

제2장 사회복지행정의 역사

7. 2000년 이후 공적 사회복지 전달체계의 변화에 해당하는 것을 모두 고른 것은? [15회]

ㄱ. 사회복지통합관리망 구축
ㄴ. 주민생활지원서비스로의 개편
ㄷ. 사회복지전문요원제 도입
ㄹ. 사회보장정보시스템 구축

① ㄱ, ㄴ ② ㄱ, ㄹ
③ ㄱ, ㄴ, ㄹ ④ ㄴ, ㄷ, ㄹ
⑤ ㄱ, ㄴ, ㄷ, ㄹ

8. 한국 사회복지행정 발달의 역사로 옳은 것은? [3회]

① 일제시대 인보관을 중심으로 현대적인 사회복지행정이 이루어졌다.
② 1950년대 국가 중심의 빈민구제가 제도화되었다.
③ 1960년대 사회복지행정 주체는 보건사회부와 외원기관이었다.
④ 1970년대 사회복지전담공무원이 시 · 군 · 구에 배치되었다.

9. 한국 사회복지행정의 역사에 관한 설명으로 옳지 않은 것은? [21회]

① 1950~1960년대 사회복지서비스는 주로 외국 원조단체들에 의해 제공되었다.
② 1970년대 사회복지사업법 제정으로 사회복지시설에 대한 제도적 지원과 감독의 근거가 마련되었다.
③ 1980년대에 사회복지전문요원제도가 도입되었다.
④ 1990년대에 사회복지시설 평가제도가 도입되었다.
⑤ 2000년대에 사회복지관에 대한 정부 보조금 지원이 제도화되었다.

정답 7. ③ 8. ③ 9. ⑤

제3장 사회복지행정의 기초

10. 관료제의 주요 특성으로 옳은 것은 모두 고른 것은? [17회]

ㄱ. 조직 내 권위는 수평적으로 구조화된다.
ㄴ. 조직 운영에서 구성원 개인의 사적 감정은 배제된다.
ㄷ. 직무 배분과 인력 배치는 공식적 규칙과 규정에 의해서 이루어진다.
ㄹ. 업무와 활동을 분업화함으로써 전문화를 추구한다.

① ㄱ, ㄴ ② ㄷ, ㄹ
③ ㄱ, ㄴ, ㄷ ④ ㄴ, ㄷ, ㄹ
⑤ ㄱ, ㄴ, ㄷ, ㄹ

11. 다음에서 설명하는 이론은? [17회]

조직 구성원은 비공식 집단의 성원으로 행동하며, 이러한 비공식 집단이 개인의 생산성에 영향을 준다.

① 인간관계이론 ② 생산집단이론
③ 과학적 관리론 ④ 상황생태이론
⑤ 개방구조이론

12. 사회복지조직의 이론에 관한 설명으로 옳은 것은? [07 7급 · 복지]

① 관료제론은 조직 구성원의 사회심리적 욕구를 중요시한다.
② 상황이론은 조직 상황에 적응적인 조직구조 구축을 강조한다.
③ 인간관계이론은 조직 내의 비정의적 관계를 중요시한다.
④ 과학적 관리론은 환경과 조직 간의 관계를 강조한다.

13. 막스 베버(M. Weber)가 제시한 이념적인 조직형태인 관료제의 특성으로 옳지 않은 것은? [08 지방 · 행정]

① 직무의 수행은 문서에 의거하여 이루어지며, 직무수행 결과는 문서로 기록 · 보존된다.
② 관료의 권한과 직무 범위는 법규에 의해 규정되며, 상관의 권한은 업무활동에 한정된다.
③ 전문지식과 기술을 가진 관료가 모든 직무를 담당하며, 이들은 시험 또는 자격증 등에 의해 공개적

으로 채용된다.

④ 관료는 직무수행 과정에서 국민의 어려운 사정이 나 개별적 여건을 고려하는 자세를 갖는다.

14. 다음에 해당하는 사회복지서비스 조직의 문제를 지칭하는 개념은? [10 지방 · 복지]

> 사회복지서비스 조직들은 보다 유순하고 성공 가능성이 높은 클라이언트를 선발하고, 비협조적이거나 어려울 것으로 예상되는 클라이언트를 배척할 수 있다. 이는 한편으로 개별서비스 조직들이 외부 환경과의 관계 속에서 생존 가능성을 극대화하는 데 필요한 전략으로 간주되지만, 전체 사회적 관점에서는 사회복지서비스의 책임성을 낮춘다는 점에서 사회적 병폐가 된다.

① 레드 테이프(red tape)
② 서비스 과활용(over-utilization)
③ 매몰 비용(sunk-cost) 효과
④ 크리밍(creamming) 현상

15. 테일러(Taylor)의 과학적 관리론에 대한 설명으로 옳지 않은 것은? [21 9급 · 행정]

① 관리자는 생산증진을 통해서 노사 모두를 이롭게 해야 한다.
② 조직 내의 인간은 사회적 욕구에 의해 동기가 유발된다고 전제한다.
③ 업무와 인력의 적정한 결합은 노동자가 아닌 관리자에 의해 결정되어야 한다.
④ 업무수행에 관한 유일 최선의 방법을 찾기 위해 동작연구와 시간연구를 사용한다.

16. 인간관계이론에 대한 설명으로 옳은 것은? [9회]

> 가. 조직에서 규칙을 강조하며 능률을 최우선시한다.
> 나. 인간의 심리 · 사회적 욕구를 중요시한다.
> 다. 맥그리거의 X이론과 유사한 관점의 이론이다.
> 라. 조직 구성원의 자율성과 책임성을 강조한다.

① 가 · 나 · 다 ② 가 · 다
③ 나 · 라 ④ 라

17. 조직이론에 대한 설명으로 옳지 않은 것은? [4회]

① 인간관계이론은 비공식조직보다 공식조직의 역할을 강조하였다.
② 관료제이론은 엄격한 규칙과 업무 분장에 따른 관리를 강조하였다.
③ 과학적 관리론은 시간과 동작에 대한 엄밀한 연구를 기반으로 업무를 세분화하였다.
④ 상황이론은 상황에 적합한 조직관리 방법이 상이할 수 있다고 주장하였다.

18. 다음 중 올바르게 연결된 것은? [1회]

	과학적 관리론	인간관계이론
가.	Y이론	X이론
나.	금전적 보상	심리적 보상
다.	정서적 요인 강조	생산성 중시
라.	실적 · 업적 중시	잠재력 인정

① 가 · 나 · 다 ② 가 · 다
③ 나 · 라 ④ 라

정답 10. ④ 11. ① 12. ② 13. ④ 14. ④ 15. ② 16. ③ 17. ① 18. ③

제4장 사회복지조직

19. 사회복지 조직이론에 대한 설명으로 옳은 것은? [18 9급]

① 과학적 관리론(scientific management theory)에 따르면 조직은 갈등과 불화가 존재하는 체계이며, 조직의 목표가 분명치 않아 조직 관리자가 우선순위를 정하기 어렵다.
② 사회복지서비스의 질은 객관성 있게 측정될 수 있기 때문에 총체적 품질관리(Total Quality Management: TQM)는 사회복지조직에 적용하기에 적합한 관리기법이다.
③ 제도이론(institutional theory)은 폐쇄체계적 관점에서 조직 자체의 규범이나 규칙 등과 같은 제도에 의해 조직 성격이 규정되고 조직 생존이 결정된다고 주장한다.
④ 조직군생태학이론(population-ecology theory)은 조직을 개방체계로 인식하면서 조직의 생존은 결국 환경이 결정한다는 결정론적 입장을 취한다.

20. 행렬 조직(matrix organization)에 관한 설명으로 옳은 것은? [17회]

① 직무 배치가 위계와 부서별 구분에 따라 이루어지는 전형적 조직이다.
② 조직 운영을 지원하는 비공식 조직을 의미한다.
③ 합리성을 강조하기 때문에 조직 유연성을 저하시킬 수 있다.
④ 직무별 분업을 인정하면서 동시에 사업별 협력을 강조한다.
⑤ 현실에서 작동하지 않는 가상의 사업 조직을 일컫는다.

21. 한국의 민간 사회복지조직에 관한 설명으로 옳지 않은 것은? [17회]

① 사회적 기업은 사회서비스 공급에 참여할 수 없다.
② 사회서비스 공급에 영리 기관도 참여하고 있다.
③ 사회복지법인 이외에도 사회복지시설을 운영할 수 있다.
④ 지방자치단체와의 위 · 수탁 계약을 통해 서비스를 제공하는 경우가 있다.
⑤ 정부보조금, 후원금, 이용료 등 재원이 다양하다.

22. 행정 조직의 구조에 관한 설명 중 적절하지 않은 것은? [07 7급 · 행정]

① 계선조직은 조직의 목표 성취에 직접적으로 기여하는 조직체다.
② 비공식적 조직은 자연적으로 발전되며 비밀정보망으로 기여한다.
③ 높은 공식화와 분권화는 긍정적으로 상관되어 있으며 양자는 서로를 강화한다.
④ 분권화는 관료제적 절차를 극복할 수 있으며 변화에 유연성을 가진다.

23. 하센펠드(Y. Hasenfeld)가 제시한 휴먼서비스 조직의 특성으로 옳지 않은 것은? [21회]

① 인간을 원료(raw material)로 한다.
② 클라이언트와의 직접적 관계 속에서 활동한다.
③ 조직의 목표가 불확실하며 모호해지기 쉽다.
④ 조직의 업무과정에서 주로 전문가에 의존한다.
⑤ 목표 달성을 위해 명확한 지식과 기술을 사용한다.

24. 계선기관의 특징을 가장 잘 설명한 것은? [07 9급 · 행정]

① 기관장과 빈번하게 교류한다.
② 정책을 결정하는 데 주로 조언의 권한을 가진다.
③ 수평적인 업무 조정이 용이하다.
④ 권한과 책임의 한계가 명확하다.

25. 번스(Burns)와 스토커(Stalker)는 상반되는 조직 형태의 유형으로서 기계적 조직(mechanic organization)과 유기적 조직(organic organization)을 제시하였다. 다음 중 기계적 조직과 비교할 때, 유기적 조직의 상대적 특성에 대한 설명으로 옳지 않은 것은? [07 7급 · 경영]

① 동태적 환경에서 적합하다.
② 의사결정 권한의 분권화 정도가 높다.
③ 업무의 분업화 정도가 높다.
④ 업무의 공식화 정도가 낮다.

26. 매트릭스 구조에 대한 설명으로 옳은 것은? [11 9급 · 행정]

① 산출물에 기초한 사업부서화 방식의 조직구조다.
② 기능 구조와 사업 구조의 화학적 결합을 시도하는 조직구조다.
③ 조직 구성원을 핵심 업무를 중심으로 배열하는 조직구조다.
④ 핵심 기능 이외의 기능은 외부 기관들과 계약관계를 통해 수행하는 조직구조다.

27. 업무 세분화에 대한 설명으로 부적절한 것은? [4회]

① 분업에 의한 효율성을 추구하고자 직무의 전문성을 강조하였다.
② 분화된 업무 간 조정에 비용이 든다.
③ 직무수행에 대한 활발한 환류가 일어난다.
④ 업무의 단조로움이 발생한다.

28. 직무설계에 대한 설명으로 옳지 않은 것은? [08 지방 · 행정]

① 직무의 분업 정도를 전문화라고 한다.
② 비숙련 직무일수록 수평적 · 수직적 전문화가 낮다.
③ 지나친 전문화의 문제점은 직무의 포괄성과 복합적 직무설계로 보완할 수 있다.
④ 전문화는 수평적 차원에서 직무의 범위를 결정한다.

29. 네트워크 조직의 특징을 설명한 것으로 가장 거리가 먼 것은? [09 7급 · 행정]
① 수평적, 공개적 의사전달이 강조된다.
② 고도의 적응성과 유연성을 가진 유기적 구조를 가진다.
③ 외부 기관과의 협력이 강화되기 때문에 대리인 문제의 발생 가능성이 낮다.
④ 의사결정 체계는 분권적이며 동시에 집권적이다.

30. 이사회에 대한 설명으로 바른 것은? [3회]
① 최고집행기관이다.
② 최종적인 의사결정을 한다.
③ 구성은 기관의 직원으로 되어 있다.
④ 기관장을 참석시키지는 않는다.

정답 19. ④ 20. ④ 21. ① 22. ③ 23. ⑤ 24. ④ 25. ③ 26. ② 27. ③ 28. ② 29. ③ 30. ②

제5장 사회복지 전달체계

31. 독거노인을 위한 복지서비스 전달체계 구축 원칙과 내용이 옳지 않은 것은? [17회]
① 충분성 : 치매예방 서비스 양을 증가시킴
② 연속성 : 치매예방 및 관리서비스를 중단 없이 이용하게 함
③ 접근성 : 치매예방 서비스 비용을 낮춤
④ 책임성 : 치매예방 서비스 불만사항 파악 절차를 마련함
⑤ 통합성 : 치매예방 서비스를 적극적으로 홍보함

32. 공공 사회복지전달체계에 관한 설명으로 옳은 것은? [22회]
① 사회복지전담공무원 제도 이후 사회복지전문요원 제도가 실시되었다.
② 보건복지사무소와 사회복지사무소 시범사업은 동시에 진행되었다.
③ 읍 · 면 · 동 복지허브화 사업 이후 읍 · 면 · 동사무소가 주민자치센터로 변경되었다.
④ 지역사회복지협의체가 지역사회보장협의체로 명칭이 변경되었다.
⑤ 사회서비스원 설치 후 전자바우처 방식의 사회서비스 사업이 시작되었다.

33. 사회복지전달체계 구축 원칙에 관한 설명으로 옳지 않은 것은? [22회]
① 서비스 비용 부담을 낮춤으로써 접근성을 높일 수 있다.
② 서비스 간 연계성을 강화함으로써 연속성을 높일 수 있다
③ 양 · 질적으로 이용자 욕구에 부응함으로써 적절성을 높일 수 있다.
④ 최소 비용으로 최대 효과를 얻음으로써 전문성을 높일 수 있다.
⑤ 이용자의 요구나 불만을 파악함으로써 책임성을 높일 수 있다.

34. 개별 동사무소에 분산 배치되어 있던 사회복지사들을 하나의 복지사무소로 집중 배치하여 근무하게 할 경우, 사회복지 전달체계가 갖추어야 할 요건 중 가장 심대하게 위협받을 수 있는 것은? [08 9급 · 복지]
① 충분성 ② 전문성
③ 접근성 ④ 책임성

정답 31. ⑤ 32. ④ 33. ④ 34. ③

제6장 인적자원관리

35. 동기부여이론에 관한 설명으로 옳지 않은 것은? [17회]
① 매슬로(A. Maslow)의 욕구단계이론에서 최상위 단계는 자아실현욕구다.
② 알더퍼(C. Alderfer)의 ERG 이론은 인간의 욕구를 세 가지 범주로 나누었다.
③ 허즈버그(F. Herzberg)의 동기-위생이론에 의하면 감독, 안전은 위생 요인에 해당한다.
④ 매클렌드(D. McClelland)의 성취동기이론에 의하면 성장욕구는 관계욕구보다 상위 단계다.
⑤ 애덤스(J. S. Adams)는 공평성 이론에서 조직이 공평성을 실천함으로써 구성원을 동기부여할 수

있다고 하였다.

36. 다음에서 공통적으로 설명하는 인적자원관리 방식은? [17회]

> ㅇ 인적자원관리의 기초가 된다.
> ㅇ 직무에 대한 업무 내용과 책임을 종합적으로 분류한다.
> ㅇ 직무명세서 작성의 전 단계다.

① 직무평가 ② 직무분석
③ 직무순환 ④ 직무수행평가
⑤ 직무충실

37. 사회복지조직의 인적자원관리에 관한 설명으로 옳은 것은? [17회]

① 직무만족은 조직몰입에 부정적인 영향을 미친다.
② 신규채용은 비공개 모집을 원칙으로 한다.
③ 브레인스토밍은 제시된 아이디어의 양보다는 질을 더욱 중시한다.
④ 갈등은 조직 내에 비능률을 가져오는 역기능만을 갖는다.
⑤ 소진은 일반적으로 열성-침체-좌절-무관심의 단계로 진행된다.

38. 인력 개발에 관한 사항 중 옳은 것은? [9회]

① 장기간의 교육기간을 설정하는 것이 중요하다.
② 직무현장을 떠나 별도의 장소에서 이루어지는 것이 좋다.
③ 현장에서 직무를 그대로 수행하도록 하면서 지도함으로써 직무수행능력을 개발시킨다.
④ 인력 개발은 1회성으로 집중적으로 실시하도록 한다.

39. 공무원 교육훈련 방법에 대한 설명으로 옳지 않은 것은? [09 7급 · 행정]

① 강의(lecture)는 교육 내용을 다수의 피교육자에게 단시간에 전달하는 데 효과적인 방법이다.
② 역할연기(role playing)는 실제 직무 상황과 같은 상황을 실연시킴으로써 문제를 빠르게 이해시키고 참여자들의 태도 변화와 민감한 반응을 촉진시킨다.
③ 감수성 훈련(sensitivity training)은 어떤 사건의 윤곽을 피교육자에게 알려 주고 그 해결책을 찾게 하는 방법이다.
④ 시뮬레이션(simulation)은 업무수행 중 직면할 수 있는 어떤 상황을 가상적으로 만들어 놓고 피교육자가 그 상황에 대처해 보도록 하는 방법이다.

40. 고과자가 피고과자를 평가함에 있어 쉽게 기억할 수 있는 최근 업적이나 능력을 중심으로 평가하려는 데서 나타나는 오류는? [08 7급 · 경영]

① 시간적 오류(recency errors)
② 논리적 오류(logical errors)
③ 후광 효과(halo effect)
④ 주관의 객관화(projection)

41. 사회복지사가 소진되었을 때 나타나는 현상으로 틀린 것은? [7회]

① 클라이언트에 대한 부정적 태도 유발
② 업무관리 저하
③ 서비스 질 저하
④ 서류 업무 증가

42. 갈등관리에 대한 설명으로 옳지 않은 것은? [08 지방 · 행정]

① 갈등관리란 갈등을 해소하거나 완화하는 것뿐만 아니라 상황에 따라서는 갈등을 용인하고 나아가 조성할 수도 있다는 의미이기도 하다.
② 갈등관리에서의 갈등은 표면적으로 드러나는 것만을 말하는 것이 아니라 당사자들이 느끼는 잠재적 갈등 상태까지도 포함한다.
③ 갈등의 유형 중에서 생산적 갈등이란 조직의 팀워크와 단결을 희생하고 조직의 생산을 중요시하는 유형이다.
④ 갈등의 긍정적인 측면을 고려하는 입장에서는 적정 수준의 갈등은 조직성과에 도움을 줄 수 있다고 주장한다.

43. 허즈버그(F. Herzberg)의 욕구충족요인이원론에서 제시하는 동기 요인(motivator) 내지 만족 요인(satisfier)과 가장 거리가 먼 것은? [10 9급 · 행정]

① 보다 많은 책임을 부여받는다.
② 상사로부터 직무성취에 대한 인정을 받는다.

③ 보다 많은 개인적인 성장과 발전을 경험하고 있다.
④ 원만한 대인관계를 유지하고 있다.

44. 여러 학자들이 제시한 동기부여의 내용이론을 고차욕구와 저차욕구로 나누어 볼 때, 적절하지 않은 것은? [10 7급 · 경영]

	고차욕구	저차욕구
① 매슬로	자아실현 욕구	생리적 욕구
② 알더퍼	성장 욕구	존재 욕구
③ 매클렌드	성취 욕구	권력 욕구
④ 허즈버그	동기 요인	위생 요인

45. 다음 사례와 같은 학교장의 경영방침과 관련 있는 학자의 이론은? [09 9급 · 교육]

A교장은 평소 학교경영에서 명령이나 통제 대신에 교사 개개인의 자발적인 근무 의욕과 동기유발을 위해 노력하고 있다. 그의 교사들에 대한 기본 입장은 교사들이 타인의 간섭 없이도 자발적으로 일을 하고 싶어 하는 성향이 있다는 것이다.

① 맥그리거(McGreger)의 Y이론
② 테일러(Tayor)의 과학적 관리법
③ 애덤스(Adams)의 공정성이론
④ 허즈버그(Herzberg)의 위생이론

정답 35. ④ 36. ② 37. ⑤ 38. ③ 39. ③ 40. ① 41. ④ 42. ③ 43. ④ 44. ③ 45. ①

제7장 재정관리

46. 사회복지조직의 예산 수립 원칙으로 옳은 것은? [17회]
① 회계연도 개시와 동시에 결정되어야 한다.
② 수지 균형을 맞춰 흑자 예산이 되어야 한다.
③ 회계연도가 중첩되도록 다년도로 수립되어야 한다.
④ 예산이 집행된 후 즉시 심의 · 의결을 거쳐야 한다.
⑤ 세입과 세출은 모두 예산에 계상하여야 한다.

47. 사회복지법인 및 사회복지시설 재무 · 회계 규칙상 다음에서 설명하는 예산은? [16회]

회계연도 개시 전까지 법인 예산이 성립되지 아니한 때에는 시장 · 군수 · 구청장에게 그 사유를 보고하고 예산 성립 전까지 임 · 직원의 보수, 법인 및 시설 운영에 직접 사용되는 필수경비, 법령상 지급의무가 있는 경비는 전년도 예산에 준하여 집행할 수 있다.

① 계획예산 ② 본예산
③ 특별예산 ④ 준예산
⑤ 추가경정예산

48. 사회복지조직의 재정관리에 관한 설명으로 옳지 않은 것은? [22회]
① 「사회복지법인 및 사회복지시설 재무 · 회계 규칙」을 따른다.
② 사회복지법인과 시설은 매년 1회 이상 감사를 실시한다.
③ 시설운영 사회복지법인인 경우, 시설회계와 법인회계는 통합하여 관리한다.
④ 사회복지법인의 회계연도는 정부의 회계연도를 따른다.
⑤ 사회복지법인이 설치 · 운영하는 시설의 경우 시설운영위원회에 보고하고 법인 이사회의 의결을 통해 예산편성을 확정한다.

49. 동일 회계연도 예산의 성립을 기준으로 볼 때 시기적으로 빠른 것부터 순서대로 바르게 나열한 것은? [22 9급 · 행정]
① 본예산, 수정예산, 준예산
② 준예산, 추가경정예산, 본예산
③ 수정예산, 본예산, 추가경정예산
④ 잠정예산, 본예산, 준예산

50. 예산제도의 특징에 대한 설명으로 옳은 것은? [09 9급 · 행정]
① 품목별 예산은 사업 대안의 우선순위에 필요한 정보를 제공한다.
② 계획 예산은 정보들을 의사결정 패키지별로 조직한다.
③ 영기준 예산은 장기적 계획과 단기적 예산을 영(zero) 수준의 프로그램을 통해 연계한다.
④ 성과 예산은 업무량 또는 활동별 지출을 단위비용으로 표현하고자 한다.

51. 기획 예산제도(PPBS)의 특성에 해당하는 것은? [08 9급 · 행정]

① 예산이 조직의 일선기관들에 의하여 분산되어 편성되기 쉽다.
② 투입 중심의 예산편성으로 인해 목표가 불명확하다.
③ 장기적인 안목을 중시하며 비용편익분석 등 계량적인 분석기법의 사용을 강조한다.
④ 정책 결정 단위가 정책 결정 패키지를 작성함에 있어 신축성을 가지며, 체제적 접근을 선호한다.

52. 다음 내용에 해당하는 교육예산 편성기법은? [08 9급 · 교육]

전년도의 사업, 목표, 방법, 배정금액에 구애되지 않으면서 모든 업무 계획을 새롭게 수립하고, 채택된 사업과 활동에 한해서 예산을 편성하는 방법으로, 학교의 모든 사업을 총체적으로 분석하여 우선순위를 결정한 뒤 예산을 편성한다.

① 품목별 예산제도 ② 성과주의 예산제도
③ 기획 예산제도 ④ 영기준 예산제도

53. 다음 중 예산 방법에 대한 설명으로 옳은 것은? [5회]

가. 품목별로 예산 방법은 프로그램의 목표와 내용을 이해하는 데 용이하다.
나. 성과주의 예산 방법은 비용 절감에 용이하다.
다. 영기준 예산 방법은 전년도 예산을 고려한다.
라. 프로그램 기획 예산 방법은 목표와 프로그램을 명확히 알 수 있다.

① 가 · 나 · 다 ② 가 · 다
③ 나 · 라 ④ 라

54. 사회복지법인의 예산과 재정관리에 관한 설명 중 옳은 것은? [9회]

① 사회복지법인의 회계는 재정의 투명성을 기하기 위해 복식부기가 원칙이다.
② 사회복지법인은 중장기적 사업 수행을 위해 3년 단위의 재정활동에 대한 예산을 수립한다.
③ 동일 관내 항간의 전용은 시장 · 군수 · 구청장의 승인을 얻어야 한다.
④ 법인의 대표이사와 시설의 장은 후원금을 후원자가 지정한 사용용도 외의 용도로 사용하지 못한다.

정답 46. ⑤ 47. ④ 48. ③ 49. ③ 50. ④ 51. ③ 52. ④ 53. ④ 54. ④

제8장 정보관리

55. 정보화에 따른 사회복지 부문의 통합 전산 정보시스템 구축에 대한 설명으로 적절하지 않은 것은? [18 지방 9급]

① 2000년대 이후 보편적 사회서비스의 확대로 인해 정부 부처들과 지방자치단체 및 민간 부문의 정보들이 연결될 필요성이 높아졌다.
② 사회보장정보시스템(행복e음)은 지방자치단체에서 수행하는 복지사업을 지원하기 위한 통합 정보시스템이다.
③ 사회복지시설정보시스템은 민간부문의 사회복지서비스 기관들이 생산하는 자료들을 직접 수집하지 않는다.
④ 통합 정보를 통한 트래킹 시스템(tracking system, 이력관리시스템)은 생애주기별 사례관리에 긴요하지만, 클라이언트 비밀 보장이나 개인정보 보호에 취약성을 가질 수 있다.

56. 사회복지조직에서 정보관리시스템을 도입하는 목적으로 옳지 않은 것은? [8회]

가. 기관의 책임성 증대
나. 정보의 중요성 증대
다. 정보의 체계적 관리
라. 클라이언트의 사생활 보장을 위해

① 가 · 나 · 다 ② 가 · 다
③ 나 · 라 ④ 라

57. 정보관리체계(MIS)의 도입이 사회복지조직 운영에 미치는 변화로 옳지 않은 것은? [4회]

① 업무수행 방법의 변화를 가져옴
② 의사소통 및 의사결정 방식에 영향을 줌
③ 사회복지서비스의 통합성과 효과성 증진
④ 클라이언트 비밀보장의 원칙 강화

정답 55. ③ 56. ② 57. ④

제9장 성과관리

58. 사회복지조직의 서비스 질 관리에 관한 설명으로 옳은 것은? [21회]
① 서비스 질 관리를 위하여 위험관리가 필요하다.
② 총체적 품질관리(TQM)는 기업의 소비자 만족을 극대화하기 위한 기법이므로 사회복지기관에 적용하기에는 적합하지 않다.
③ 총체적 품질관리는 지속적인 개선보다는 현상유지에 초점을 둔다.
④ 서브퀄(SERVQUAL)의 요소에 확신성(assurance)은 포함되지 않는다.
⑤ 서브퀄에서 유형성(tangible)은 고객 요청에 대한 즉각적 반응을 말한다.

59. 다음에서 설명하는 관리기법은? [16회]

ㅇ 안전 확보는 서비스 질과 연결된다.
ㅇ 작업환경의 안전과 사고 예방책이다.
ㅇ 이용자 권리옹호가 모든 대책에 포함된다.

① 목표관리법 ② 무결점운동
③ 위험관리 ④ 품질관리
⑤ 직무만족관리

60. 다음 중 목표관리제(MBO)가 성공하기 쉬운 조직은? [10 지방 · 행정]
① 집권화되어 있고 계층적 질서가 뚜렷하다.
② 성과와 관련 없이 보수를 균등하게 지급한다.
③ 목표를 계량적으로 측정하기가 용이하다.
④ 업무환경이 가변적이고 불확실성이 크다.

61. 조직의 글로벌화, 정보지식사회화가 진전되면서 많은 조직들이 무형의 가치 측정까지도 포함된 균형성과표(balanced scorecard : BSC)에 의한 평가 방법을 도입하고 있다. 균형성과표의 네 가지 관점에 포함되지 않는 것은? [09 7급 · 경영]
① 재무적 관점
② 학습과 성장 관점
③ 경쟁력과 차별화 관점
④ 고객 관점

정답 58. ① 59. ③ 60. ③ 61. ③

제10장 리더십과 수퍼비전

62. 리더십이론에 대한 설명으로 옳은 것은? [18 9급]
① 리더십 특성이론은 리더가 가진 특성이나 자질을 강조하면서, 그러한 특성과 자질을 학습하면 누구나 리더가 될 수 있다고 주장한다.
② 허시와 블랜차드(Hersey & Blanchard)의 상황이론에서는 리더십 유형의 유효성을 높일 수 있는 상황조절변수로 리더의 성숙도를 들고 있다.
③ 피들러(Fiedler)의 상황이론에서는 상황의 주요 구성요소로 리더와 부하의 관계, 과업이 구조화되어 있는 정도, 관리자의 지위 권력 정도를 제시한다.
④ 블레이크와 머튼(Blake & Mouton)이 제시하는 관리격자이론에서는 중도(middle-of-the-road)형 리더십을 가장 이상적인 리더십으로 간주한다.

63. 다음 ( )에 들어갈 내용으로 옳은 것은? [17회]

매클렌드(D. McClelland)의 성취동기이론을 자원봉사자 관리에 적용할 경우 자원봉사자의 욕구 유형에 따라 배정할 업무가 다를 것이다. 가령 (ㄱ) 욕구가 강한 자원봉사자에게는 말벗 되기 등 대면서비스를 담당하도록 배정하고, (ㄴ) 욕구가 강한 자원봉사자에게는 팀장 등 관리 업무를 맡기고, (ㄷ) 욕구가 강한 자원봉사자에게는 후원자 개발 등 다소 어려운 업무를 배정한다.

① ㄱ: 인간관계, ㄴ: 성취, ㄷ: 권력
② ㄱ: 친교, ㄴ: 권력, ㄷ: 성취
③ ㄱ: 관계, ㄴ: 성장, ㄷ: 자아실현
④ ㄱ: 사회적, ㄴ: 권력, ㄷ: 성장
⑤ ㄱ: 친교, ㄴ: 존경, ㄷ: 권력

64. 다음에서 설명하는 리더십 이론은? [16회]

ㅇ 리더의 지위 권력 정도, 직원과의 관계, 과업의 구조화가 중요하다.
ㅇ 직원의 성숙도가 중요하다.
ㅇ 한 조직에서 성공한 리더가 타 조직에서도 반드시 성공하는 것은 아니다.

① 행동이론 ② 상황이론
③ 특성이론 ④ 공동체이론
⑤ 카리스마이론

65. 리더십 이론과 그 특성이 잘못 연결된 것은? [08 7급 · 행정]

① 특성이론-리더의 개인적 자질을 강조
② 행태이론-리더 행동의 상대적 차별성 강조
③ 거래이론-리더와 부하 간의 사회적 교환관계를 강조
④ 변혁이론-부하에 대한 지시와 지원을 강조

66. 리더십의 유형 중 참여적 리더십의 특성에 대한 설명으로 옳지 않은 것은? [08 9급 · 복지]

① 조직 목표에 대한 구성원들의 참여 동기를 증대시킨다.
② 책임이 집중되어 효율성이 증대된다.
③ 집단의 지식과 기술 활용이 용이하다.
④ 참여에 따르는 시간 소모가 많다.

67. 리더십 이론에 대한 설명 중 옳은 것은? [5회]

① 리더십 특성이론은 리더십 행동이론을 비판한 것이다.
② 행동이론의 종류에는 상황적합이론, 경로-목표이론, 카리스마 리더십론이 있다.
③ 관리격자이론에서는 중도형 리더십이 가장 적절하다고 보았다.
④ 미시간 연구에서는 구성원 중심적 리더십이 직무위주 리더십보다 효과적이다.

68. 섬김 리더십(servant leadership)에 관한 설명으로 옳은 것을 모두 고른 것은? [22회]

ㄱ. 인간 존중, 정의, 정직성, 공동체적 윤리성 강조
ㄴ. 가치의 협상과 계약
ㄷ. 청지기(stewardship) 책무 활동
ㄹ. 지능, 사회적 지위, 교육 정도, 외모 강조

① ㄱ, ㄷ ② ㄴ, ㄹ
③ ㄷ, ㄹ ④ ㄱ, ㄴ, ㄷ
⑤ ㄱ, ㄴ, ㄷ, ㄹ

69. 배스(B. Bass) 등이 제시한 변혁적 리더십(Transformational Leadership)의 주된 요인으로 옳지 않은 것은? [10 9급 · 행정]

① 영감적 리더십
② 합리적 과정
③ 카리스마적 리더십
④ 개별적 배려

70. 사회복지 슈퍼비전에 관한 설명으로 옳지 않은 것은? [21회]

① 행정적 기능, 교육적 기능, 지지적 기능이 있다.
② 소진 발생 및 예방에 영향을 미친다.
③ 동료집단 간에는 슈퍼비전이 수행되지 않는다.
④ 슈퍼바이저는 직속상관이나 중간관리자가 주로 담당한다.
⑤ 직무를 수행하면서 훈련을 받을 수 있다는 장점이 있다.

71. 일선 수퍼바이저의 수퍼비전에 대한 설명으로 틀린 것은? [9회]

① 개별 사례에 대한 목표와 과업 결정에 대한 정보를 제공한다.
② 일선 사회복지사와 함께 서비스를 전달하는 활동이다.
③ 업무 계획, 업무 협조 등 의사소통을 촉진한다.
④ 일선 사회복지사의 동기와 사기를 증진시킨다.

정답 62. ③ 63. ② 64. ② 65. ④ 66. ② 67. ③ 68. ① 69. ② 70. ③ 71. ②

제11장 기획과 의사결정, 커뮤니케이션

72. 조직의 의사결정에 대한 설명으로 옳지 않은 것은? [19 9급 · 행정]

① 전통적 델파이 기법은 전문가들의 다양성을 고려해 의견 일치를 유도하지 않는다.
② 현실의 세계에서는 완벽한 합리성이 아닌 제한된 합리성의 상황에서 의사결정이 이루어진다.
③ 브레인스토밍 과정에서는 타인의 아이디어를 비

판하거나 평가하지 말아야 한다.

④ 고도로 집권화된 구조나 기능을 중심으로 편제된 조직의 의사결정은 최고관리자 개인이 주도하는 경우가 많다.

73. 사회복지 기획과 관리기법에 관한 설명으로 옳은 것은? [17회]

① PERT는 최초로 시도되는 프로그램 관리에는 유용하지 않다.

② 간트 차트는 임계통로에 대한 정확한 정보 파악에 유용하다.

③ 책임행렬표는 목표, 활동, 책임 유형을 구성원별로 제시한다.

④ 사례 모델링이란 클라이언트의 서비스 이용경로를 제시하는 것이다.

⑤ 마일스톤은 월별 활동 내용을 파악하는 주된 기법이다.

74. 논리 모델을 적용하여 치매부모부양 가족원 스트레스 완화 프로그램을 설계했을 때, 옳은 것을 모두 고른 것은? [17회]

ㄱ. 투입 : 스트레스 완화 프로그램 실행 비용 1,500만 원
ㄴ. 활동 : 프로그램 참여자의 스트레스 완화
ㄷ. 산출 : 상담전문가 10인
ㄹ. 성과 : 치매부모부양 가족원 삶의 질 향상

① ㄱ ② ㄱ, ㄹ ③ ㄴ, ㄷ ④ ㄷ, ㄹ ⑤ ㄴ, ㄷ, ㄹ

75. 다음 중 기획 기법과 의사결정 기법에 대한 설명으로 옳지 않은 것은? [7회]

① PERT : 계획과 시간을 계산한 방법이다.

② 간트 도표 : 월별 및 일별 세부 계획을 도표식으로 나타내는 방법

③ 델파이 기법 : 전문가에게 먼저 설문조사를 실시하여 우선순위를 정하는 방법

④ 초점집단 기법 : 전문가들의 심층적 상호작용을 통한 의사결정

76. 의사결정을 위한 근거 자료가 부족한 상황에서 전문가 집단의 각 구성원에게 설문을 보내고 이에 대한 응답을 모아 요약 정리한 후, 다시 전문가에게 보내는 과정을 반복함으로써 의사결정을 행하는 방법은? [08 7급 · 경영]

① 델파이(Delphi)법

② 브레인스토밍(Brainstorming)법

③ 캔미팅(can meeting)법

④ 변증법적(dialectic) 토론법

77. 문제해결을 위해 선택 가능한 대안을 놓고 각 대안별로 선택했을 때와 선택하지 않았을 때 나타날 결과를 분석하여 대안들이 갖게 될 장단점을 알 수 있도록 균형감각을 돕는 결정은? [9회]

① 의사결정 나무분석 ② 대안선택 흐름도표

③ 델파이 기법 ④ 명목집단 기법

78. 쓰레기통 모형에 대한 설명으로 옳지 않은 것은? [08 지방 · 행정]

① 조직의 구조는 체계적이기보다는 느슨한 형태로 구조화되어 운영된다.

② 조직화된 혼란의 주요 원인은 시간적 제약 때문이다.

③ 쓰레기통은 의사결정을 위한 선택의 기회를 의미한다.

④ 최종 의사결정은 간과(oversight) 또는 탈피(flight)보다는 문제해결에 의해 이루어진다.

79. 의사전달의 장애 요인에 대한 설명으로 옳지 않은 것은? [10 7급 · 행정]

① 어의상 문제, 의사전달 기술의 부족 등 매체의 불완전성으로 인해 의사전달의 장애가 발생할 수 있다.

② 수신자의 선입관은 준거틀을 형성하여 발신자의 의도를 왜곡할 수 있다.

③ 환류의 차단은 의사전달의 정확성을 제고할지 모르나 신속성이 우선되는 상황에서는 장애가 될 수 있다.

④ 시간의 압박, 의사전달의 분위기, 계서제적 문화는 의사전달에 영향을 미칠 수 있다.

80. 비공식 의사전달 체계의 장점은? [7회]

① 권한관계를 명확히 한다.

② 구성원의 심리사회적 만족감을 높인다.

③ 책임소재가 분명해진다.
④ 정보의 흐름을 파악하기 쉽다.

정답 72. ④ 73. ③ 74. ② 75. ④ 76. ① 77. ① 78. ④ 79. ③ 80. ②

제12장 사회복지마케팅과 자원개발

81. 사회복지 마케팅 기법에 관한 설명으로 옳지 않은 것은? [22회]

① 다이렉트 마케팅은 방송이나 잡지 등 대중매체를 활용하는 방식이다.
② 기업연계 마케팅은 명분마케팅이라고도 한다.
③ 데이터베이스 마케팅은 이용자에 대한 각종 정보를 수집, 분석하여 활용하는 방식이다.
④ 사회 마케팅은 대중에 대한 캠페인 등을 통해 행동변화를 유도하는 방식이다.
⑤ 고객관계관리 마케팅은 개별 고객특성에 맞춘 서비스를 지속적으로 제공하는 방식이다.

82. 다음 중 우리나라 비영리조직 모금활동의 최근 경향으로 보기 어려운 것은? [7회]

① 지속적 기부자를 체계적으로 개발한다.
② 비영리 조직에 마케팅 이론 및 원칙을 적용한다.
③ 기부자의 욕구에 반응하는 기부 요청 프로그램을 설계한다.
④ 비영리 조직의 모금을 중앙정부가 대행하는 추세다.

83. 시장세분화의 장점이라고 보기 어려운 것은? [07 7급 · 경영]

① 시장세분화를 통하여 목표시장을 뚜렷이 설정할 수 있다.
② 마케팅 4P를 목표시장의 요구에 적합하도록 조정할 수 있다.
③ 규모의 경제와 경험 효과를 충분히 활용할 수 있다.
④ 기업의 경쟁적 강약점에 따라 유리한 목표시장을 선택할 수 있다.

84. 비영리조직 마케팅의 특성으로 옳지 않은 것은? [21회]

① 이윤추구보다는 사회적 가치 실현에 주안점을 둔다.
② 마케팅에서 교환되는 것은 유형의 재화보다는 무형의 서비스가 대부분이다.
③ 영리조직에 비해 인간의 태도나 행동을 변화시키는 것이 어렵다.
④ 서비스의 생산과 소비의 동시성을 고려한다.
⑤ 조직의 목표달성과 측정이 용이하다.

85. 마케팅믹스 4P에 관한 설명으로 옳은 것을 모두 고른 것은? [9회]

ㄱ. 유통(Place): 고객이 서비스를 쉽게 이용할 수 있도록 하는 조직적 활동
ㄴ. 가격(Price): 판매자가 이윤 극대화를 위하여 임의로 설정하는 금액
ㄷ. 제품(Product): 고객의 욕구를 충족시키기 위하여 제공하는 재화나 서비스
ㄹ. 촉진(Promotion): 판매 실적에 따라 직원을 승진시키는 제도

① ㄱ, ㄴ ② ㄱ, ㄷ
③ ㄱ, ㄴ, ㄷ ④ ㄴ, ㄷ, ㄹ
⑤ ㄱ, ㄴ, ㄷ, ㄹ

정답 81. ① 82. ④ 83. ③ 84. ⑤ 85. ②

제13장 프로그램 개발과 평가

86. 사회복지평가의 유형에 관한 설명으로 옳은 것은? [17회]

① 총괄평가는 주로 프로그램 개발을 목적으로 한다.
② 형성평가의 대표적인 예는 효과성 평가다.
③ 총괄평가는 모니터링 평가라고도 한다.
④ 형성평가는 목표 달성도에 주된 관심을 갖는다.
⑤ 총괄평가는 성과와 비용에 관심이 크다.

87. 사회복지 평가기준과 내용이 바르게 연결된 것은? [17회]

① 노력 : 클라이언트의 변화정도로 측정됨
② 효율성 : 목표 달성 정도로 측정됨
③ 효과성 : 대안 비용과의 비교로 측정됨
④ 영향 : 서비스가 인구집단에 형평성 있게 배분된 정도로 측정됨

⑤ 과정 : 절차나 규정준수 여부 등으로 측정됨

88. 브래드쇼(Bradshaw)가 제시한 욕구(need)의 범주에 포함되지 않는 것은? [08 9급 · 복지]

① 잠재적 욕구(latent need)
② 규범적 욕구(normative need)
③ 비교 욕구(comparative need)
④ 느낀 욕구(felt need)

89. 브래드쇼의 네 가지 욕구와 그에 대한 설명으로 바른 것은? [7회]

① 규범적 욕구-다른 사람과 비교하여 정해지는 욕구
② 귀속적 욕구-서비스의 수요에 기초한 욕구
③ 표현적 욕구-대기자의 명단(리스트)을 통한 욕구
④ 인지적 욕구-전문가의 판단에 의해 규정된 욕구

90. 사회복지 프로그램의 기획과 평가에 활용되는 논리 모형(logic model)에 대한 설명으로 옳지 않은 것은? [21 9급 · 복지]

① 프로그램을 체계 이론의 관점에서 분석하고 이해한다.
② 프로그램의 구성 부분을 활동(process), 성과(outcome), 산출(output), 투입(input)으로 나눈다.
③ 산출은 프로그램 활동의 직접적인 결과에 해당하는 생산물을 말한다.
④ 성과는 투입의 결과로서 산출에 앞서서 발생한다.

91. 사회복지기관의 평가를 외부에서 할 경우 장점은 무엇인가? [7회]

① 중요한 전후 맥락상의 정보를 알 수 있다.
② 정보의 양적 측면뿐 아니라 질적 측면에 대해 알 수 있다.
③ 긍정적 평가를 하게 될 가능성이 높다.
④ 평가의 신뢰성을 확보할 수 있다.

92. '사회복지 평가'의 목적을 설명한 것으로 옳지 않은 것은? [10 9급 · 복지]

① 역기능적 상호작용을 수정한다.
② 사회복지실천에 관한 이론 형성에 기여한다.
③ 프로그램 계획이나 운영에 필요한 정보를 제공한다.
④ 국가나 사회로부터의 책임성을 이행한다.

정답	86. ⑤ 87. ⑤ 88. ① 89. ③ 90. ④ 91. ④ 92. ①

제14장 조직환경과 책무성

93. 사회복지조직의 환경에 관한 설명으로 옳은 것을 모두 고른 것은? [17회]

ㄱ. 인구사회학적 조건은 사회문제와 욕구를 가늠할 수 있게 한다.
ㄴ. 빈곤이나 실업에 대한 사람들의 태도는 정책 수립과 실행에 영향을 미친다.
ㄷ. 과학기술 발전 정도는 사회복지조직 운영에 영향을 미친다.
ㄹ. 조직에 미치는 영향에 따라 일반환경과 과업환경으로 구분할 수 있다.

① ㄷ, ㄹ ② ㄱ, ㄴ, ㄷ
③ ㄱ, ㄴ, ㄹ ④ ㄴ, ㄷ, ㄹ
⑤ ㄱ, ㄴ, ㄷ, ㄹ

94. 사회복지조직의 과업환경에 해당하지 않는 것은? [15회]

① 클라이언트
② 재정자원 제공자
③ 보충적 서비스 제공자
④ 문화적 조건
⑤ 경쟁 조직

95. 최근 사회복지행정의 환경 변화에 관한 설명으로 옳지 않은 것은? [15회]

① 사회서비스 공급에서 영리 부문의 참여가 감소되고 있다.
② 사회복지조직 관리에서 기업경영기법이 도입되고 있다.
③ 품질관리를 통한 이용자 중심 서비스가 요구되고 있다.
④ 사회서비스의 시장화 경향성이 뚜렷해지고 있다.
⑤ 서비스 이용자의 권리가 강조되고 있다.

96. 조직문화에 관한 설명으로 옳지 않은 것은? [22회]

① 조직의 정체성을 결정하는 일련의 가치와 신념이다.

② 조직과 일체감을 갖게 함으로써 구성원의 정체감 형성에 기여한다.
③ 조직의 믿음과 가치가 깊게 공유될 때 조직문화는 더 강해진다.
④ 경직된 조직문화는 불확실한 환경에 대처하도록 돕는다.
⑤ 조직 내에서 자연적으로 생길 수 있다.

97. 사회복지조직을 설명하면서 외부 환경과의 연관성을 중시하는 이론을 모두 고른 것은? [8회]

가. 인간관계론	나. 정치경제이론
다. X · Y이론	라. 제도이론

① 가 · 나 · 다 ② 가 · 다
③ 나 · 라 ④ 라

98. 사회복지행정 조직의 업무환경에 해당하는 것은? [4회]

가. 인구사회학적 요인	나. 문화적 요인
다. 법적 · 정치적 요인	라. 클라이언트 제공자

① 가 · 나 · 다 ② 가 · 다
③ 나 · 라 ④ 라

99. 사회복지시설 및 기관에 대한 평가제도에 대한 설명으로 옳지 않은 것은? [22 9급 · 복지]

① 사회복지기관의 조직관리, 인사관리, 프로그램관리, 재정관리 등 사회복지 전반의 실천적 노력을 증대시켰다.
② 1997년에 「사회복지사업법」을 개정하여 1998년 사회보장정보원이 평가를 실시하였다.
③ 사회복지기관 운영의 책임성, 효과성, 효율성을 높일 수 있다는 관점에서 사회복지행정의 중요성을 증대시켰다.
④ 사회복지시설의 평가 목적은 투명성과 서비스의 질 향상을 통한 국민의 복지 수준 향상에 기여하는 것이다.

100. 사회복지행정환경의 변화에 관한 설명으로 옳지 않은 것은? [21회]

① 책임성 요구가 높아지고 있다.
② 서비스 이용자의 소비자주권이 강해지고 있다.
③ 빅데이터 활용이 증가하고 있다.
④ 사회서비스 공급에 민간의 참여가 증가하고 있다.
⑤ 기업의 경영관리 기법 도입이 줄어들고 있다.

정답 93. ⑤ 94. ④ 95. ① 96. ④ 97. ③ 98. ④ 99. ② 100. ⑤

참고문헌

강종수(2005). 노동법과 노무관리실무. 경남: 노무법인 정평.

강종수(2006). 사회복지사가 지각한 조직공정성과 상사 신뢰 및 조직몰입의 관계 연구. 사회복지정책, 27, 5-26.

강종수(2007). 사회복지사의 다중몰입(multiple commitment)에 관한 연구: 조직특성과 조직효과성과의 관계 중심으로. 부산대학교 대학원 박사학위논문.

강종수(2008). 지역사회복지관 조직문화가 사회복지사 다중몰입에 미치는 영향 연구. 한국사회복지행정학, 10(2), 31-56.

강종수(2011). 사회복지관의 리더-구성원 교환관계(LMX)가 직무태도에 미치는 영향 연구. 한국지역사회복지학, 36, 117-135.

강종수, 류기형(2007). 사회복지사의 직무특성이 조직시민행동에 미치는 영향 연구. 사회복지연구, 32, 185-206. 117-135.

경기복지재단(2012). 경기도 사회복지인력의 교육체계 개발연구.

국립 사회사업지도자훈련원(1969). 사회사업교직자연찬회 토의자료집. 국립사회사업지도자훈련원 교수부.

김교성, 김종건, 안현미, 김성욱(2007). 우리나라 사회복지 자원총량 추계에 관한 연구. 한국사회복지학, 59(4), 319-346.

김동철, 서영우(2008). 경영전략 수립 방법론. 시그마인사이트컴.

김병식(2000). 사회복지행정의 책임성과 통제에 관한 연구. 한국사회복지행정학, 2, 29-50.

김영종(2017). 사회복지행정(4판). 서울: 학지사.

김원형, 남승규, 이재창(2006). 新 산업 및 조직심리학. 서울: 학지사.

김이배(2014). 공동사회복지전달체계 개편의 특징과 한계. 비판사회정책, 42, pp. 44-91.

김인(2008). 공공기관 BSC 도입의 효과에 관한 연구. 지방정부연구, 12(3), 1-26.

김제선(2021). 사회복지행정론. 경기: 공동체.

김형식, 이영철, 신준섭(2009). 사회복지행정론. 경기: 양서원.

김호섭 외(1999). 새조직 행태론. 경기: 대영문화사.

김희정(2010). '회사 팀장'에게 가장 불만스러운 점?, 한경닷컴, 2010. 6. 8. E-life.

남기민(1989). 사회복지조직에서의 리더십에 관한 연구. 서울대학교 대학원 박사학위논문.

류기형, 강종수(2006). 사회복지사가 지각한 경력개발 장애요인이 경력태도에 미치는 영향 연구. 한국지역사회복지학, 20, 21-42.

문수열(2015). 지역사회복지관 수행사업에 대한 중요도-수행도 분석(IPA)에 관한 연구. 한국지역사회복지학, 제53집, pp. 51-86.

박경규(2014). 조직행동. 서울: 홍문사.

박경문(1995). 인사관리론. 부산: 세종출판사.

박경일(2003). '사회복지기관의 TQM 진단평가'. 한국사회복지행정학회 편. 한국의 사회복지행정. 서울: 양서원.

박차상(2008). 사회복지행정론. 서울: 창지사.

보건복지부(2014). 희망복지지원단 업무 안내. 서울: 보건복지부.

보건복지부(2024). 2024년 사회복지시설 관리안내. 보건복지부.

보건복지부(2024). 2024년 사회복지시설 종사자 인건비 가이드라인. 보건복지부.

보건복지부, 중앙사회서비스원(2024). 2024년 사회복지시설평가 사회복지관 평가지표.

볼런티어21(2002). 자원봉사센터 운영매뉴얼. 서울: 행정자치부.

사회복지공동모금회(2023). 2024 배분사업 안내. 서울: 사회복지공동모금회.

서울시복지재단(2005). 복지지설 종사자 위험관리 실태조사. 서울: 서울시복지재단.

서울시복지재단(2006). 복지시설 종사자 위험관리 매뉴얼. 서울: 서울시복지재단.

서울시복지재단(2008). 미션과 비전 세우기. 서울: 서울시복지재단.

서울시복지재단(2011). 상반기 사회복지시설종사자 회계교육. 서울: 서울시복지재단.

설기문(2002). 인간관계와 정신건강(개정판). 서울: 학지사.

성규탁(1993). 사회복지행정론. 서울: 법문사.

신복기, 박경일, 이명현(2008). 사회복지행정론. 경기: 공동체.

신유근(2005). 인간존중경영-조직행위론적 접근 -. 서울: 다산출판사.

신준섭(2021). 사회복지조직관리. 경기: 양서원.

양승일, 정혁인(2009). 사회복지행정론. 서울: 동문사.

양용희, 김범수, 이창호(1997). 비영리조직의 모금전략과 자원개발. 아시아미디어리서치.

우종모, 김재호, 조당호(2004). 사회복지행정론. 서울: 양서원.

원석조(2009). 사회복지행정론. 경기: 양서원.

이봉주(2009). 사회복지학적 관점에서 본 복지경영. 경기: 경기복지재단.

이유재(1999). 서비스 마케팅(제2판). 서울: 학현사.

이재규, 김성국, 권중생(1996). 최신 인적자원관리론. 서울: 문영사.

이준영(2016). 사회복지행정론. 서울: 학지사.

이화조, 한가영, 이옥진, 김유신(2010). 사회복지조직의 실제채용기준을 반영할 수 있는 채용공고에 대한 탐색적 연구. 사회과학연구논총, 24, 5-28.

장연진, 정선욱(2008). 사회복지 지원자의 채용면접 인상관리전략에 관한 질적 연구. 한국사회복지학,

60(1), 77-102.

장중탁(1998). 사회복지관의 효율적 운영을 위한 정보체계의 성공모형. 부산대학교 대학원 박사학위논문.

전동일, 엄미선, 최종복(2009). 사회복지 자원개발론. 경기: 대왕사.

정무성(2005). 사회복지 프로그램 개발론. 서울: 학현사.

정무성, 정진모(2001). 사회복지 프로그램 개발과 평가. 서울: 양서원.

정선욱, 권지성, 장연진(2006). 사회복지관의 사회복지사 채용실태 연구. 사회복지연구, 31, 47-76.

정익준(2005). 비영리마케팅. 서울: 형설출판사.

지은구, 김민주, 이원주(2018). 사회복지관 자기주도형 성과관리모형. 서울: 학지사.

최성재, 남기민(2016). 사회복지행정론(개정 3판). 경기: 나남.

한국사회복지사협회(2023). 2023년 사회복지사 통계연감. 서울: 한국사회복지사협회.

한국사회복지행정학회(1999, 2000, 2001, 2002). 학술대회 및 Workshop 자료집.

한동우(2000). '사회복지프로그램 평가의 방향과 실천'. 추계학술대회 자료집. 전북: 한국사회복지행정학회.

한상미, 전진호, 김기덕(2008). 실천 현장에서 요구하는 신입 사회복지사의 자질에 관한 연구: 충남지역을 중심으로. 한국지역사회복지학, 25, 1-29.

홍석자(2006). 노인요양시설의 복지성과에 관한 연구. 광운대학교 대학원 박사학위논문.

홍현미라, 정진경, 이은정, 심선경, 김가율, 함수연(2014). 사회복지행정론. 경기: 공동체.

황성철(2014). 사회복지 프로그램 개발과 평가. 경기: 공동체.

황성철, 정무성, 강철희, 최재성(2014). 사회복지행정론. 경기: 정민사.

Abbatielo, A. A., & Bistrup, R. T. (1969). Listening and Understanding. *Personnel Journal, 48*, 590-598.

Ables, P., & Murphy, M. J. (1981). *Administration in the Human Service: A Normative System Approach.* Englewood Cliffs, NJ: Prentice-Hall.

Adams, J. S. (1965). "Injustice in Social Exchange". In L. Berkowitz (Ed.), *Advances in Experimental Social Psychology, 12,* 267-299. NY: Academic Press.

Alderfer, C. P. (1972). *Existence, Relatedness, and Growth.* New York: Free Press.

Aldrich, H. E., & Pfeffer, J. (1976). "Environments of Organizations". *Annual Review of Sociology, 2,* 79-105.

Andersen, R., & Newman, J. F. (1973). Societal and Individual Determinants of Medical Care Utilization in the United States. The Milbank Memorial Fund Quarterly. *Health and Society, 51,* 95-124.

Armstrong, M., & Baron, A. (2005). *Managing Performance: Performance Management in Action.* London: CIPD publishing.

Austin, M. J. (1981). *Supervisory Management for the Human Service.* Englewood Cliffs, NJ: Prentice-Hall.

Barnard, C. I. (1938). *The Functions of the Executive*. London: Oxford University Press.

Bass, B. M. (1985). *Leadership and Performance Beyond Expectation*. NY: Free Press.

Bauer, T., & Erdogan, B. (2009). *Organizational Behavior*. Flatworld Knowledge.

Bennett, E. C., & Weisinger, M. (1974). *Program Evaluation: A Resource Handbook for Vocational Rehabilitation*. NY: ICD Rehabilitation and Research Center.

Bennis, W. (1989). *On becoming a leader*. Reading, Mass: Addison-Wesley.

Blake, R. R., & Mouton, J. S. (1968). *Corporate Excellence Through Grid Organizational Development*. Houston, TX: Gulf Publishing.

Blau, P. M., & Scott, W. R. (1962). *Formal Organization: A Comparative Approach*. SF: Chandler.

Borden, N. H. (1964). The Concept of the Marketing Mix. *Journal of Advertising Research, 4*, 2-7.

Bradshow, J. (1977). "The Concept of Social Need". *New Society, 30*, 640-643.

Breaugh, J. A. (1984). "Relationship between recruiting sources and employee performance, absenteeism and work attitude. *Academy of Management Journal, 24*(1), 142-147.

Burns, T., & Stalker, G. M. (1961). *The Management of Innovation*. London: Tavistock.

Carson, K. A. (2008). *Organizational Theory: A Libertarian Perspective*. SC: BookSurge.

Cohen, A. (2003). *Multiple Commitments in the Workplace: An Integrative Approach*. Lawrence Erlbaum Associates, Inc.

Cohen, A. C., & Rhodes, G. B. (1977). "Social Work Supervision: A View Toward Leadership Style and Job Orientation in Education and Practice". *Administration in Social Work, 1*, 289-290.

Denhardt, J., & Denhardt, R. (2007). *The New Public Service*. ME Sharpe Inc.

Dior, Y. (1968). *Public Policy Making Reexamined*. CA: Chandler Publishing Co.

Drucker, P. F. (2001). *Managing the Non-Profit Organization*. Gulf Professional Publishing.

Edvardsson, B., & Gustavsson, B. (2003). Quality in the work environment: a prerequisite for success in new service development. *Managing Service Quality: An International Journal, 13*(2), 148-163.

Edwards, R. L., & Benefield, E. A. S. (1997). *Building a Strong Foundation: Fundraising for Nonprofits*. NASW Press.

Etzioni, A. (1961). *The Comparative Analysis of Complex Organization*. NY: Free Press.

Etzioni, A. (1964). *Modern Organizations*. Englewood Cliffs, NJ: Prentice-Hall.

Fayol, H. (1949). *General and Industrial Management*. translated by C. Storrs. London: Sir Isaac Pitman & Sons.

Festinger, L. (1957). *A theory of cognitive dissonance*. Stanford University Press.

Fiedler, F. E. (1964). A Contingency Model of Leadership Effectiveness. *Advances in Experimental Social Psychology, 1*, 149-190.

Fine, S. H. (1992). *Marketing the Public Sector*. New Brunswick, NJ: Transaction Publishers.

Flanagan, J. (2002). *Successful fundraising.* 안재권 역(2002). **성공적인 모금전략.** 서울: 학지사.

Flynn, J. (1985). *Social Agency Policy: Analysis and presentation for Community Practice.* Chicago: Nelson-Hall.

Gates, B. L. (1980). *Social Program Administration: The Implementation of Social Policy.* Englewood Cliffs, NJ: Prentice-Hall.

Gerber, G. J., & Prince, P. N. (1999). "Measuring Client Satisfaction with Assertive Community Treat". *Psychiatric Service, 50,* 546-550.

Gilbert, N., & Specht, H. (1986). *Dimensions of Social Welfare Policy.* Englewood Cliffs, NJ: Prentice-Hall.

Greenleaf, R. K. (1977) *Servant Leadership: A Journey into the Nature of Legitimate Power and Greatness.* NY: Paulist Press.

Gronbjerg, K. (1993). *Understanding Nonprofit Funding.* SF: Jossey-Bass.

Gross, M. J. (1978). "The Importance of Budgeting". *Social Administration,* 231-245.

Gulick, L., & Urwick, L. (1937). *Papers on the Science of Administration.* New York: Institute of Public Administration, Columbia University.

Hackman, J. R., & Oldham, G. R. (1976). "Motivation through the Design of Work: Test of a Theory". *Organizational Behavior and Human Performance, 16,* 250-278.

Hall, D. T. (1976). *Career in Organizations.* CA: Goodyear Publishing Co.

Hasenfeld, Y. (1983). *Human Service Organization.* Englewood Cliffs, NJ: Prentice-Hall.

Hatch, M. J. (1997). *Organization Theory.* London: Oxford University Press.

Hersey, P., Blanchard, K. H., & Johnson, D. E. (2007). *Management of Organizational Behavior: Leading Human Resources* (9th ed.). NJ: Prentice-Hall.

Herzberg, F. (1966). *Work and the Nature of Man.* Ohio: World Publishing Co.

Herzberg, F., Mausner, B., & Snyderman, B. B. (1959). *The Motivation to Work* (2nd ed.). NY: John Wiley & Sons.

Hood, C. C. (1986). *The Tools of Government.* Books on Demand.

House, R. J. (1971). A Path-Goal Theory of Leader Effectiveness. *Administrative Science Quarterly, 16,* 321-328.

Hoy, W. K., & Miskel, C. G. (2008). *Educational Administration: Theory, Research, and Practice* (8th ed.). NY: McGraw-Hill, Inc.

Kadushin, A. (1977). *Consultation in Social Work.* NY: Columbia University Press.

Kaplan, R. S., & Norton, D. P. (1992). "The Balanced Scored-Measures that Drive Performance". *Harvard Business Review, 70*(1), 71-79.

Katz, D., & Kahn, R. L. (1978). *The social psychology of organization* (2nd ed.). NY: John Wiley & Sons Inc.

Kettner, P. M. (2002). *Achieving Excellence in the Management of Human Service Organizations.* MA: Allyn & Bacon.

Kidneigh, J. C. (1950). Social Work Administration: an Area of Social Work Practice? *Social Work Journal, 31*(2), 57-79.

Kilmann, R. H. (1984). *Beyond the Quick Fix.* SF: Jossey Bass.

Kimberly, J. R., & Quinn, R. E. (1984). *Managing Organizational Transitions.* Homewood: Irwin.

Kotler, P., & Andreasen, A. (1991). *Strategic Marketing for Nonprofit Organizations* (4th ed.). Englewood Cliffs, NJ: Prentice-Hall.

Kramer, R. (1981). *Voluntary Agencies in the Welfare State.* Berkeley: University of California Press.

Kreitner, R., & Kinicki, A. (2010). *Organizational Behavior* (9th ed.). NY: McGraw-Hill.

Kurzman, P. A. (1995). Professional Liability and Malpractice. In R. L. Edwards (Ed.), *Encyclopedia of Social Work Vol. 3* (19th ed., pp. 1921-1927). Washington DC: NASW Press.

Lane, W., Corwin, R., & Monahan, W. (1967). *Foundations of Educational Administration: A Behavioral Analysis.* NY: Macmilian.

Lewin, K., Lippitt, R., & White, R. (1939). "Patterns of Aggressive Behavior in Experimentally Created 'Social Climate'". *Journal of Social Psychology, 10,* 271-299.

Lewis, J. A., Packard, T. R., & Lewis, M. D. (2011). *Management of Human Service Programs* (5th ed.). NY: Cengage Learning. 2010. 6. 8.

Lindblom, C. E. (1968). *The Policy-making Process.* NJ: Prentice-Hall.

Lohmann, R. A. (1980). *Breaking Even: Financial Management in Human Service Organizations.* Philadelphia: Temple University Press.

March, J. G., & Simon, H. A. (1958). *Organization.* NY: John Wiley & Sons.

Martin, L. K., & Kettner, P. M. (1996). *Measuring the Performance of Human Service Programs.* Thousand Oaks, CA: Sage Human Services Guides.

Martin, L. L. (1993). *Total Quality Management in Human Service Organization.* Newbury Park, CA: Sage Publications.

Maslow, A. H. (1954). *Motivation and Personality.* NY: Harper & Row.

Mayo, E. (1933). *The Human Problems of An Industrial Civilization.* NY: McMillian Co.

McCarthy, E. J. (1960). *Basic Marketing.* IL: Richard D. Irwin.

McClelland, D. C. (1961). *The achieving society.* Oxford, England: Van Nostrand.

McGregor, D. (1960). *The Human Side of Enterprise.* NY: McGraw-Hill.

Miles, R. E., & Snow, C. C. (1978). *Organizational Strategy, Structure and Process.* McGraw-Hill.

Mintzberg, H. (1983). *Images organization.* Beverly Hills, CA: Sage.

Mooney, J. D., & Reiley, A. C. (1939). *The Principles of Organization.* NY: Harper and Brothers.

Mor Barak, M., Nissly, J., & Levin, A. (2001). Antecedents to retention and turnover among child welfare, social work and other human service employees: What can we learn from past research? A review and metanalysis. *Social Service Review, 75*(4), 625-661.

Moreno, J. L. (1953). *Who Shall Survive?.* New York: Bacon House.

Neugeboren, B. (1985). *Organization, Policy and Practice in the Human Service.* NY: Longman.

Newstrom, J. W. (2007). *Organizational Behavior* (12th ed.). New Delhi: Tata McGraw.

Ouchi, W. G. (1981). *Theory Z: How American Business Can Meet the Japan Challenge.* MA: Addison-Wesley.

Parasuraman, A., Zeithaml, V. A., & Berry, L. L. (1988). "SERVQUAL: A Multi-item Scale for Measuring Perceptions of Service Quality". *Journal of Marketing, 64*, 12-40.

Patti, R. J. (1983). *Social Welfare Administration: managing social program in a development context.* NJ: Prentice-Hall.

Perman, R. (1975). *Consumers and Social Services.* NY: Wiley.

Poister, T. H. (2008). *Measuring Performance in Public and Nonprofit Organizations.* NY: John Wiley & Sons.

Quinn, R. E., Bright, D., Faerman, S. R., Thompson, M. P., & McGrath, M. R. (2015). *Becoming a Master Manager: A Competing Values Approach* (6th ed.). NY: Wiley.

Rapp, C. A., & Poertner, J. (1992). *Social Administration: A Client-Centered Approach.* NY: Longman.

Reamer, F. G. (1994). *Social Work Malpractice and Liability: Strategies for Prevention.* NY: Columbia University Press.

Reid, W. J., & Smith, A. D. (1981). *Research in Social Work.* NY: Columbia University Press.

Redfield, C. E. (1958). *Communication in Management* (Revised Edition). Chicago: University of Chicago Press.

Robbins, S. P., & Judge, T. A. (2007). *Essentials of Organizational Behavior* (12th ed.). NJ: Pearson Education.

Robbins, S. P., & Judge, T. A. (2010). *Organizational Behavior.* NJ: Prentice-Hall.

Rogers, C. R. (1942). *Counseling and Psychotherapy.* Boston: Houghton Mifflin.

Sargeant, A. (1999). *Marketing Management for Nonprofit Organization.* Oxford University Press.

Schiff, M., & Bargal, D. (2000). Helping Characteristics of Self-Help and Support Groups. *Small Group Research, 31*(3), 275-304.

Schumid, H. (1992). Executive leadership in human service organization. In T. Hasenfeld (Ed.), *Human service as complex organizations*. Newbury Park, CA: Sage Publications, Inc.

Scott, W. R. (1987). *Organizations: Rational, Natural, and Open System* (2nd ed.). Englewood Cliffs, NJ: Prentice-Hall.

Senge, P. (2000). *The Art and Practice of the Learning Organization.* New York: Doubleday.

Simon, H. A. (1971). "Decision Making and Organizational Design". In D. S. Pugh (Ed.), *Organization Theory* (pp. 189-214). NY: Penguin Books.

Skidmore, R. A. (1995). *Social Work Administration*. Allyn & Bacon.

Smith, G. (1982). *Social Work and Sociology of Organizations*. 장인협 역(1984). **사회복지조직론**. 서울: 집문당.

Spears, L. C. (1995). Reflections on leadership: How Robert K. Greenleaf's *Theory of Servant-Leadership influenced Today's Top Management Thinkers*. NY: John Willey.

Spencer, L. M., & Spencer, S. M. (1993). *Competence at Work*. NY: Wiley.

Spencer, S. (1959). *The Administration Method in Social Work Education*. NY: Council on Social Work Education.

Stogdill, R. M. (1948). Personal Factors Associated with Leadership: A Survey of the Literature. *Journal of Psychology, 25*, 35-71.

Swiss, K. E. (1992). "Adapting Total Quality Management to Government". *Public Administration Review, 53*, 356-362.

Tannenbaum, R., & Schmidt, W. (1958). How to choose a leadership pattern. *Harvard Business Review, 36*(2), 95-101.

Taylor, F. W. (1911). *The Principles of Scientific Management*. NY: Harper & Brothers.

Tead, O. (1935). *The Art of Leadership*. NY: McGraw-Hill.

Thomas, K. W. (1992). Conflict and Conflict Management: Reflections and Update. *Journal of Organizational Behavior, 13*(3), 265-274.

Thompson, J. D. (1967). *Organizations in action: Social science bases of administrative theory*. NY: McGraw-Hill.

Thompson, J. D., & McEwen, W. J. (1958). Organizational Goals and Environment: Goal-Setting as an Interaction Process. *American Sociological Review, 23*(1), 23-31.

Titmuss, R. M. (1976). *Commitment to Welfare*. Routledge.

Toffler, A. (1984). *Future Shock*. Random House Publishing Group.

Trecker, H. B. (1977). *Social Work Administration: Principles and Practice*. NY: Association Press.

Tripodi, T. (1983). *Evaluation Research for Social Workers*. Englewood Cliffs, NJ: Prentice-Hall.

Vroom, V. H. (1964). *Work and Motivation*. NY: John Wliey & Sons.

Wamsley, G. L., & Zald, M. N. (1976). *The political economy of public organizations: A critique and approach to the study of public administration*. Bloomington: Indiana University Press.

Weber, M. (1930). *The Protestant Ethic and the Spirit of Capitalism*. NY: Routledge.

Weinbach, R. W. (2002). *The Social Worker as Manager: Theory and Practice*. NY: Longman.

Weiner, M. E. (1990). *Human Service Management: Analysis and Application* (2nd ed.). Belmont, CA: Wadsworth Publishing.

Whyte, W. H. (1956). *The Organization Man*. NY: Simon and Schuster.

Wilensky, H., & Lebeaux, C. (1965). *Industrial Society and Social Welfare*. NY: The Free Press.

Wilson, M. (1976). *The effective management of Volunteer Program*. Colorado: Volunteer Management Associates.

Woodward, J. (1965). *Industrial Organization: Theory and Practice*. London: Oxford University Press.

York, R. O. (1982). *Human Service Planning: Concepts, Tools and Methods*. Chapel Hill, NC: The University of North Carolina Press.

Zastrow, C. (1992). *The Practice of Social Work* (4th ed.). Belmont, CA: Wadsworth Publishing Company.

http://www.ssis.or.kr

http://www.samcheok.org

찾아보기

저자 소개

강종수(Kang Jong Soo)

e-mail: jskang@kangwon.ac.kr

대구대학교 산업복지학과를 졸업하고, 부산대학교 대학원 사회복지학과에서 사회복지학박사(사회복지정책 및 제도전공)를 취득했다. 노무법인 정평(J&P)의 대표 공인노무사로 10년간 일했고, 강원지방노동위원회 공익위원, 경남 · 강원사회복지공동모금회 배분부위원장, 행정고시 및 사회복지사 1급 출제위원, 사회복지시설평가위원, 한국사회복지행정학회 이사, 한국노동법률원 공인노무사로 활동하고 있다. 『사회복지조사론(4판)』(공동체), 『산업복지론』(양서원) 등의 저서가 있고, 〈2기 · 3기 강원도지역사회복지계획〉 등의 과제를 수행하였다. 「사회복지사의 경력몰입 결정요인 및 직무태도에 미치는 영향」(한국사회복지학), 「Psychological Empowerment to the Organizational Commitment and Turnover Intention of Social Worker」(IJoC) 등의 논문이 있다. 현재 강원대학교 사회복지학과 교수로 재직 중이며, 앞으로도 사회복지정책과 행정을 연구하며 노동현장과 사회복지현장을 기쁘게 뛰어다닐 것이다.

저자의 블로그(blog.naver.com/nomu119)를 방문하시면 온라인 학습자료 및 추가 기출문제 등을 보실 수 있고, 무료로 노동상담을 받으실 수 있습니다.

사회복지행정의 이해(3판)

Social Welfare Administration (3rd ed.)

2011년 8월 10일 1판 1쇄 발행
2016년 8월 20일 1판 6쇄 발행
2019년 2월 20일 2판 1쇄 발행
2021년 2월 25일 2판 2쇄 발행
2024년 7월 15일 3판 1쇄 발행

지은이 • 강종수
펴낸이 • 김진환
펴낸곳 • (주) 학지사
04031 서울특별시 마포구 양화로 15길 20 마인드월드빌딩
대표전화 • 02-330-5114 팩스 • 02-324-2345
등록번호 • 제313-2006-000265호

홈페이지 • http://www.hakjisa.co.kr
인스타그램 • https://www.instagram.com/hakjisabook

ISBN 978-89-997-3137-2 93330

정가 24,000원

저자와의 협약으로 인지는 생략합니다.
파본은 구입처에서 교환해 드립니다.